Bert Kaminski | Günther Strunk

Besteuerung unternehmerischer Tätigkeit

Bert Kaminski | Günther Strunk

Besteuerung unternehmerischer Tätigkeit

Grundlagen – Auswirkungen – Beispiele

2., überarbeitete Auflage

GABLER

Bibliografische Information Der Deutschen Nationalbibliothek
Die Deutsche Nationalbibliothek verzeichnet diese Publikation in der
Deutschen Nationalbibliografie; detaillierte bibliografische Daten sind im Internet über
<http://dnb.d-nb.de> abrufbar.

Prof. Dr. habil. Bert Kaminski ist Inhaber des Lehrstuhls für ABWL und Rechnungs-, Revisions- sowie betriebliches Steuerwesen an der Ernst-Moritz-Arndt-Universität Greifswald.

Prof. Dr. habil. Günther Strunk ist Inhaber des Lehrstuhls für Allgemeine Betriebswirtschaftslehre an der Fachhochschule Lübeck.

Die erste Auflage des Werkes erschien im Luchterhand Verlag unter dem Titel „Grundlagen der Besteuerung unternehmerischer Tätigkeiten" im Mai 2001.

2. Auflage April 2007

Alle Rechte vorbehalten
© Betriebswirtschaftlicher Verlag Dr. Th. Gabler | GWV Fachverlage GmbH, Wiesbaden 2007

Lektorat: Jutta Hauser-Fahr | Walburga Himmel

Der Gabler Verlag ist ein Unternehmen von Springer Science+Business Media.
www.gabler.de

Umschlaggestaltung: Ulrike Weigel, www.CorporateDesignGroup.de
Druck und buchbinderische Verarbeitung: Wilhelm & Adam, Heusenstamm
Gedruckt auf säurefreiem und chlorfrei gebleichtem Papier
Printed in Germany

ISBN 978-3-8349-0093-7

Vorwort

Wer ein neues Buch schreibt, der muss sich fragen lassen, warum er meint, den vielen bereits vorhandenen noch ein weiteres hinzuzufügen zu wollen. Gerade im Bereich der Besteuerung gibt es eine kaum noch zu überschauende Menge an Literatur. Wenn wir uns dennoch entschlossen haben, diesem „Berg" ein weiteres Werk hinzuzufügen, dann liegt dies in der Überzeugung begründet, dass die gestiegenen Anforderungen an die Hochschulaus- und Weiterbildung in der Praxis methodisch und didaktisch neue Wege erfordern.

Unser Ziel ist es, eine komprimierte Einführung in die Regelungen der Besteuerung zu geben, die für die Analyse und Beurteilung des Einflusses der Besteuerung auf betriebliche Entscheidungen erforderlich sind. Daraus folgt eine Ausrichtung, die sich an den Erfordernissen der betrieblichen Praxis orientiert. Dabei haben wir uns bemüht, die Schwerpunkte nach Maßgabe der Bedeutung des zu behandelnden Stoffs für die Betriebswirtschaftliche Steuerlehre zu setzen. Das vorliegende Buch soll damit die Grundlagen für ein Studium des Fachs Betriebswirtschaftliche Steuerlehre schaffen. Es richtet sich an Studenten von Universitäten und Fachhochschulen sowie an alle, die an Fragen der Besteuerung aus dem Blickwinkel der Unternehmen und der hinter ihnen stehenden Gesellschafter interessiert sind.

Die letzten Jahre sind von einer Vielzahl von Rechtsänderungen gekennzeichnet. Hieraus folgt, dass eine Orientierung immer schwieriger wird und insbesondere für „Neueinsteiger" problematisch ist. Um sie zu ermöglichen ist es wichtig, besonders auf die grundlegenden Prinzipien abzustellen, ohne dabei wesentliche, vor allem für die Praxis relevante Details zu vernachlässigen. Deshalb erfolgt eine umfassende Erläuterung der Zusammenhänge, die um praxisbezogene Beispiele sowie Rechts-, Verwaltungs- und Literaturverweise ergänzt wird. Diese Hinweise stellen denjenigen weiterführende Fundstellen zur Verfügung, die sich eingehender mit den angesprochenen Regelungen und Sachverhalten beschäftigen wollen. Die Ausführungen berücksichtigen den Referentenentwurf zur sog. *Unternehmenssteuerreform 2008* vom 5. Februar 2007 in einem gesonderten Kapitel. Alle anderen Ausführungen beziehen sich auf den Rechtsstand zum 31. Dezember 2006. Bis zu diesem Zeitpunkt wurde auch die veröffentlichte Finanzverwaltungsauffassung sowie die Rechtsprechung der deutschen Finanzgerichte sowie des EuGH berücksichtigt. Um dem Leser eine möglichst einfache Trennung zwischen den geltenden Regelungen und geplanten Änderungen zu ermöglichen, haben wir die geplanten Neuregelungen in einem gesonderten Kapitel am Ende zusammengefasst. Leider weist die derzeitige Steuergesetzgebung nicht ein solches Maß an Verlässlichkeit und Berechenbarkeit auf, das davon ausgegangen werden kann, dass der Entwurf mit einer hinreichend großen Wahrscheinlichkeit auch

Gesetzeskraft erlangen wird. Dies verdeutlicht zugleich aus Sicht der Unternehmen die Schwierigkeit, sich ständig veränderten steuerlichen Vorgaben gegenüber zu sehen. Hieraus resultieren nicht nur Anpassungsnotwendigkeiten, sondern es droht auch eine Erhöhung der Transaktionskosten, weil bestehende Strukturen allein aus steuerlichen Gründen geändert werden. Selbst deren Überprüfung ohne erfolgende Änderung kann zu einer erheblichen Belastung für die Steuerpflichtigen führen.

Besonderen Wert haben wir auf die Auswahl des zu behandelnden Stoffes und auf eine möglichst übersichtliche Darstellung der Inhalte gelegt. Dieser Zielsetzung dienen die vielen Abbildungen und Tabellen. Fragen zu Beginn eines jeden Kapitels machen auf die wichtigsten Ausführungen in diesem Teil aufmerksam und können zur Lernkontrolle genutzt werden. Sie ermöglichen einen eher komprimierten Überblick über die zentralen Fragestellungen und damit eine Konzentration auf die wesentlichen Aspekte. Wie schon in der Vorauflage, nehmen wir keine steuerartenbezogene Darstellung vor. Vielmehr orientiert sich unsere Vorgehensweise an den unternehmerischen Tätigkeiten. Dadurch wird ein enger Bezug zwischen der unternehmerischen Tätigkeit und der Besteuerung gewahrt. Ergänzend kommt ein Anhang mit einem Glossarium der Grundbegriffe zur Besteuerung hinzu, das eine Orientierung im Fachgebiet erleichtern soll.

Wir sind für Anregungen, Kritik und konstruktive Verbesserungsvorschläge aus dem Kreis der Leser stets dankbar. Zugleich danken wir den aufmerksamen Lesern, die uns auf Unstimmigkeiten und Fehler in der 1. Auflage, die noch im Luchterhand-Verlag erschienen war, hingewiesen haben. In diesen Dank möchten wir Frau Ines Günther, Frau Diplom-Kauffrau Katrin Hofmann, Frau Diplom-Kauffrau Rasa Kaminskaite und Herrn can. rer. pol. Roland Gutsch mit einbeziehen. Sie haben uns bei der grundlegenden Überarbeitung – die in weiten Teilen einem Neuschreiben entsprach – tatkräftig unterstützt. Ihnen allen: Herzlichen Dank!

StB Prof. Dr. habil. Günther Strunk   Univ.-Prof. Dr. habil. Bert Kaminski

Inhaltsverzeichnis

Abbildungsverzeichnis

Abkürzungsverzeichnis

a. a. O.	– am angegebenen Ort
ABl. EG	– Amtsblatt der Europäischen Gemeinschaft
Abs.	– Absatz
Abschn.	– Abschnitt
AfA	– Absetzung für Abnutzung
AG	– Aktiengesellschaft (Zeitschrift/ Rechtsform)
AktG	– Aktiengesetz
Alt.	– Alternative
Anm.	– Anmerkung
AO	– Abgabenordnung
Art.	– Artikel
AStG	– Gesetz über die Besteuerung bei Auslandsbeziehungen (Außensteuergesetz)
Aufl.	– Auflage
BB	– Betriebs-Berater (Zeitschrift)
Bd.	– Band
Beil.	– Beilage
BFH	– Bundesfinanzhof
BFH/NV	– Sammlung der amtlich nicht veröffentlichten Entscheidungen des Bundesfinanzhofs
BFHE	– Entscheidungssammlung des Bundesfinanzhofs
BGB	– Bürgerliches Gesetzbuch
BGBl.	– Bundesgesetzblatt
BMF	– Bundesminister/Bundesministerium der Finanzen
BMG	– Bemessungsgrundlage
BR-Drs.	– Bundesrats-Drucksache
bspw.	– beispielsweise
BStBl.	– Bundessteuerblatt
BT-Drs.	– Bundestags-Drucksache
BVerfG	– Bundesverfassungsgericht
bzw.	– beziehungsweise
ca.	– circa
Co.	– Compagnie
d. b.	– das bedeutet
d. h.	– das heißt
DB	– Der Betrieb (Zeitschrift)

DBA	–	Abkommen zur Vermeidung der internationalen Doppelbesteuerung (Doppelbesteuerungsabkommen)
DStJG	–	Deutsche Steuerjuristische Gesellschaft
DStR	–	Deutsches Steuerrecht (Zeitschrift)
DStZ	–	Deutsche Steuerzeitung (Zeitschrift)
e. V.	–	eingetragener Verein
EFG	–	Entscheidungen der Finanzgerichte (Zeitschrift)
EG	–	Europäische Gemeinschaft
ErbStG	–	Erbschaftsteuer- und Schenkungsteuergesetz
EStG	–	Einkommensteuergesetz
EStR	–	Einkommensteuer-Richtlinien
EU	–	Europäische Union
EuGH	–	Europäischer Gerichtshof
EUR	–	Euro
evtl.	–	eventuell
f.	–	folgende
ff.	–	fortfolgende
FG	–	Finanzgericht
FGO	–	Finanzgerichtsordnung
FK	–	Fremdkapital
Fn.	–	Fußnote
FR	–	Finanzrundschau (Zeitschrift)
FS	–	Festschrift
GbR	–	Gesellschaft bürgerlichen Rechts
GenG	–	Gesetz betreffend die Erwerbs- und Wirtschaftsgenossenschaften
GewStG	–	Gewerbesteuergesetz
GG	–	Grundgesetz für die Bundesrepublik Deutschland
ggf.	–	gegebenenfalls
GmbH & Co. KG	–	Kommanditgesellschaft mit mindestens einer GmbH als Komplementär
GmbH	–	Gesellschaft mit beschränkter Haftung
GmbHG	–	Gesetz betreffend die Gesellschaften mit beschränkter Haftung
GmbHR	–	GmbH-Rundschau (Zeitschrift)
Gr.	–	Gruppe
GrESt	–	Grunderwerbsteuer
GrEStG	–	Grunderwerbsteuergesetz
GrS	–	Großer Senat
GWG	–	Geringwertige Wirtschaftsgüter
h	–	Hebesatz bei der Gewerbesteuer
H	–	Hinweis in den Einkommensteuerrichtlinien

h. M.	–	herrschende Meinung
HGB	–	Handelsgesetzbuch
Hrsg.	–	Herausgeber
hrsg. v.	–	herausgegeben von/vom
Hs.	–	Halbsatz
i	–	Kalkulationszinsfuß (Bruttozinssatz)
i. d. F.	–	in der Fassung
i. d. R.	–	in der Regel
i. H.	–	in Höhe
i. H. v.	–	in Höhe von
i.S.d.	–	im Sinne des
i. S. v.	–	im Sinne von
i. V. m.	–	in Verbindung mit
i. w. S.	–	im weiteren Sinne
INF	–	Die Information über Steuer und Wirtschaft (Zeitung)
InvZulG	–	Investitionszulagengesetz
I^O	–	Intervallobergrenze
I^U	–	Intervalluntergrenze
IStR	–	Internationales Steuerrecht (Zeitschrift)
IWB	–	Internationale Wirtschafts-Briefe (Zeitschrift/Loseblattwerk)
JbFStR	–	Jahrbuch der Fachanwälte für Steuerrecht
KapGes.	–	Kapitalgesellschaft
Kfz	–	Kraftfahrzeug
KG	–	Kommanditgesellschaft
KG aA	–	Kommanditgesellschaft auf Aktien
KSt.	–	Körperschaftsteuer
KStG	–	Körperschaftsteuergesetz
KStR	–	Körperschaftsteuerrichtlinien
lit.	–	Buchstabe
Losebl.	–	Loseblattsammlung
m	–	Steuermesszahl bei der Gewerbesteuer
m.a.W.	–	mit anderen Worten
m. w. N.	–	mit weiteren Nachweisen
mbH	–	mit beschränkter Haftung
Mio.	–	Millionen
n	–	Ende des Planungszeitraums bzw. Nutzungsdauer der Investition
NJW	–	Neue Juristische Wochenschrift (Zeitschrift)
No.	–	Numero
Nr.	–	Nummer
o. g.	–	oben genannten

OECD	– Organization for Economic Cooperation and Development
OECD-MA	– OECD-Musterabkommen zur Vermeidung der Doppelbesteuerung auf dem Gebiet der Steuern vom Einkommen und Vermögen
OFD	– Oberfinanzdirektion
OHG	– Offene Handelsgesellschaft
p. a.	– pro anno
R	– Richtlinie in den Einkommensteuerrichtlinien
rd.	– rund
RFH	– Reichsfinanzhof
RGBl.	– Reichsgesetzblatt
RIW	– Recht der Internationalen Wirtschaft (Zeitschrift)
rkr.	– rechtskräftig
Rn.	– Randnummer
Rs.	– Rechtssache
Rz.	– Randziffer
S.	– Seite
s_{er}	– kombinierter Ertragsteuersatz
s_{er}^{EPU}	– Ertragsteuersatz für Einzelunternehmen und Personengesellschaften
s_{ESt}	– Steuersatz Einkommensteuer
s_{GewSt}	– Steuersatz der Gewerbesteuer
s_k	– Körperschaftsteuersatz
s_{KSt}	– Steuersatz der Körperschaftsteuer
sog.	– sogenannte
SolZ	– Solidaritätszuschlag
SolZG	– Solidaritätszuschlagsgesetz
Sp.	– Spalte
s_{SolZ}	– Solidaritätszuschlagssatz
StÄndG	– Steueränderungsgesetz
StbJb	– Steuerberaterjahrbuch
StBKonR.	– Steuerberater-Kongreß-Report
StBp	– Steuerliche Betriebsprüfung (Zeitschrift)
SteuerStud	– Steuer und Studium (Zeitschrift)
StuW	– Steuer und Wirtschaft (Zeitschrift)
T	– Gesamtsteuerbelastung
t	– Periodenindex (t = 0, 1, ..., n)
Tz.	– Textziffer
u.	– und
u. a.	– und andere
u.dgl.	– und dergleichen

u.E.	–	unter Einschränkungen
u. U.	–	unter Umständen
U.'	–	Unternehmer im Sinne des Umsatzsteuergesetzes
UmwG	–	Umwandlungsgesetz
UmwSt-Erlass	–	Schreiben betreffend Umwandlungsteuergesetz 1995 – Zweifels- und Auslegungsfragen
UmwStG	–	Umwandlungsteuergesetz
Urt.	–	Urteil
USt.	–	Umsatzsteuer
UStG	–	Umsatzsteuergesetz
UStR	–	Umsatzsteuer-Richtlinien
usw.	–	und so weiter
v.	–	von/vom
v. H.	–	vom Hundert
Verf.	–	Verfasser
Vfg.	–	Verfügung
vGA	–	verdeckte Gewinnausschüttung
vgl.	–	vergleiche
VO	–	Verordnung
vs.	–	versus
Vz.	–	Veranlagungszeitraum
WG	–	Wirtschaftsgut(-güter)
z. B.	–	zum Beispiel
z. T.	–	zum Teil
Ziff.	–	Ziffer(-n)
z.v.E.	–	zu versteuerndes Einkommen
zw.	–	zwischen

1 Einleitung

■ Warum gehört die Beschäftigung mit Steuern zum Gegenstand der Betriebswirtschaftslehre?

■ In welchem Verhältnis stehen Finanzwissenschaft, Steuerrecht und Betriebswirtschaftliche Steuerlehre zueinander?

■ Welche Bedeutung hat die Kenntnis der steuerrechtlichen Regelungen für die Betriebswirtschaftliche Steuerlehre?

■ Was wird unter dem Begriff der Steuerplanung verstanden und in welchem Verhältnis steht er zu allgemeinen Umgehungsverboten des Steuerrechts?

Untersuchungsobjekt der Allgemeinen Betriebswirtschaftslehre ist der Betrieb bzw. das Unternehmen, wobei der Begriff **Betrieb** üblicherweise definiert wird als „eine planvoll organisierte Wirtschaftseinheit ..., in der Sachgüter und Dienstleistungen erstellt und abgesetzt werden".[1] Im Schrifttum gibt es keine einheitliche Abgrenzung zwischen den Begriffen „Betrieb" und „**Unternehmen**". Im Folgenden wird unter einem „Unternehmen" die rechtlich-finanzielle Einheit verstanden, während der „Betrieb" als die technisch-organisatorische Seite aufgefasst wird. Während Entscheidungen innerhalb des technisch-organisatorischen Bereiches eines Unternehmens, dem Betrieb im engeren Sinne, i. d. R. unabhängig von bestehenden Rechts- und Wirtschaftssystemen getroffen werden müssen, ist dies bei Unternehmensentscheidungen anders, da diese von der Einbindung des Unternehmens in ein gegebenes Rechts- und Wirtschaftssystem abhängen. Daher konzentrieren sich die weiten Aussagen auf Unternehmensentscheidungen mit Außenwirkung, die rechtliche wie steuerliche Konsequenzen nach sich ziehen.

Die Wissenschaft, die sich mit der Erforschung von Unternehmen und Betrieben beschäftigt, ist die **Allgemeine Betriebswirtschaftslehre**. Ihre Aufgabe liegt in der Beschreibung und Erklärung der betrieblichen Erscheinungen und Probleme, die alle Unternehmen gleichermaßen betreffen, unabhängig davon, in wessen Eigentum sie stehen, in welcher Rechtsform sie geführt werden und in welcher Branche sie tätig sind.[2] Dabei erfolgt i. d. R. eine Betrachtung des einzelnen Unternehmens. Abhängigkeiten zwischen mehreren Unternehmen finden nur in dem Ausmaß Beachtung, in

---

[1] So etwa Wöhe, G., Einführung in die Allgemeine Betriebswirtschaftslehre, 22. Aufl., München 2005, S. 2.

[2] Vgl. Schierenbeck, H., Grundzüge der Betriebswirtschaftslehre, 15. Aufl., München 2000, S. 9 und ähnlich Corsten, H./Reiß, M., Betriebswirtschaftslehre, München 1999, S. 27 ff. sowie Jacob, H., Allgemeine Betriebswirtschaftslehre, 5. Aufl., Wiesbaden 1988, S. 29 f.

1

dem sie sich auf das Wirtschaften innerhalb eines Unternehmens auswirken können. Die Betriebswirtschaftslehre zählt zu den sog. **Realwissenschaften:** Sie beschäftigt sich mit in der Wirklichkeit vorhandenen, individuellen räumlich und zeitlich feststellbaren Tatsachen. Hierbei handelt es sich nicht um natürliche, von Menschen unabhängige Tatsachen, sondern um solche, die von Menschen für Menschen im weitesten Sinne gestaltet werden können. Hieraus entstehen vielfältige Wechselwirkungen mit anderen Bereichen, so z. B. mit rechtlichen und/oder technischen Fragestellungen.

Die **Zielsetzungen** der Allgemeinen Betriebswirtschaftslehre lassen sich wie folgt zusammenfassen:[3]

■ **Beschreibungsziel**
Deskription realer Sachverhalte, um dadurch theoretische Erklärungen oder praktische Gestaltungsempfehlungen entwickeln zu können. Voraussetzung hierfür wird oft eine Systematisierung (z. B. Klassifizierung oder Typenbildung) oder Strukturierung von Sachverhalten sein.

■ **Erklärungsziel**
Es soll begründet werden, warum bestimmte reale Sachverhalte sich so ereignet haben oder zu bestimmten Ergebnissen führen. Dies kann z. B. durch das Bilden von Theorien geschehen. Dadurch wird es möglich, „gesetzesartige" Aussagen abzuleiten, die dann mit Hilfe von empirischen Daten überprüft oder falsifiziert werden können.

■ **Gestaltungsziel**
Es sollen Regelungen und Empfehlungen für die Gestaltung betrieblicher Sachverhalte unter Beachtung des allgemeinen ökonomischen Prinzips hergeleitet werden. Insbesondere von *Heinen*[4] wurde eine *„entscheidungsorientierte Betriebswirtschaftslehre"* vertreten. Danach soll es Aufgabe der (Allgemeinen) Betriebswirtschaftslehre sein, Instrumente zu entwickeln, um in einer bestimmten Situation aus der Gesamtheit der Handlungsalternativen diejenige auswählen zu können, die eine größtmögliche Zielerreichung gewährleistet. Hierbei ist es erforderlich, dem Entscheidungsträger möglichst alle Informationen zur Verfügung zu stellen, die für die Entscheidungsfindung erforderlich sind. In diesem Sinne sind auch steuerliche Konsequenzen aus unternehmerischen Entscheidungen Bestandteil der Betriebswirtschaftslehre und werden daher im Rahmen dieses Buches detaillierter dargestellt.

Literaturhinweise:
Zum Erkenntnisobjekt der Allgemeinen Betriebswirtschaftslehre wird auf die in diese Disziplin einführenden Lehrbücher verwiesen.

---

3 Vgl. Zelewski, S., Grundlagen, in: Corsten, H./Reiß, M. (Hrsg.), Betriebswirtschaftslehre, S. 31 ff.
4 Vgl. grundlegend Heinen, E., ZfB 1969, S. 208 ff.

Innerhalb der Allgemeinen Betriebswirtschaftslehre hat sich bereits recht frühzeitig die Erkenntnis durchgesetzt, dass es Erscheinungen und Bereiche gibt, die nicht gleichermaßen für alle Unternehmen unabhängig von ihrer Rechtsform, ihrer Finanzierungsart bzw. ihrer sonstigen Verhältnisse zu anderen Einrichtungen innerhalb des Systems gelten. Da hierzu auch die Besteuerung gehört, bildete sich eine besondere Teildisziplin heraus, die sich mit dem Einfluss der Besteuerung auf Unternehmen, unternehmerische Entscheidungen und die dahinter stehenden Gesellschafter beschäftigt. Dies ist die **Betriebswirtschaftliche Steuerlehre**. Ihre Aufgaben lassen sich wie folgt zusammenfassen:

▦ „Erklärung steuerlicher Wirkungen und Erarbeitung von Kriterien und Entscheidungsregeln für rational begründbare einzelwirtschaftliche Gestaltungsmaßnahmen unter Berücksichtigung der Besteuerung,

▦ kritische Würdigung bestehenden oder geplanten Steuerrechts aus einzelwirtschaftlicher Sicht und die Erarbeitung von Vorschlägen zu seiner Verbesserung,

▦ empirische Überprüfung der auf entscheidungslogischem Wege gefundenen Ergebnisse,

▦ Untersuchung der steuerlichen Institutionen,

▦ Vermittlung steuerrechtlicher Kenntnisse und Hilfestellung innerhalb steuerrechtlicher Untersuchungen"[5].

Dem Gedanken der Realwissenschaft folgend, orientiert sich sowohl das Steuerrecht als auch die Betriebswirtschaftliche Steuerlehre an tatsächlichen Lebenssachverhalten und Erscheinungsformen unternehmerischen Tätigwerdens, um hieraus steuerrechtliche Konsequenzen und ggf. Gestaltungen abzuleiten. Insoweit lassen sich zwei zentrale Begriffe benennen, die für die weiteren Erläuterungen von besonderer Bedeutung sind: Unternehmen bzw. Unternehmenstätigkeiten sowie Steuern.

Der Begriff „**Steuern**" wird in § 3 Abs. 1 AO[6] definiert als Geldleistungen, die keine Gegenleistung für eine besondere Leistung darstellen, und zur Erzielung von Einnahmen allen von einem öffentlich-rechtlichen Gemeinwesen auferlegt werden, bei denen der Tatbestand verwirklicht ist, an den das Gesetz die Leistungspflicht knüpft. Die Erzielung von Einnahmen ist i. d. R. Hauptzweck der Erhebung von Steuern, doch sind auch weitergehende politische Zielsetzungen (z. B. Gesundheitsförderung oder Förderung des Umweltschutzes) denkbar, so dass die Einnahmeerzielung als Motiv nur untergeordnete Bedeutung hat. Eine Abgrenzung hat gegenüber den Gebühren und Beiträgen zu erfolgen. **Gebühren** sind Geldleistungen, die als Gegenleistung für eine besondere Leistung der Verwaltung (z. B. die Erteilung einer Bescheinigung) oder

---

5   Fischer, L./Schneeloch, D./Sigloch, J., DStR 1980, S. 701.

6   Die Abgabenordnung (AO) ist eine Art steuerliches Grundgesetz, in der sich sowohl grundlegende Begriffsdefinitionen befinden, als auch verfahrensrechtliche Vorschriften, die für alle Steuern in gleicher Weise gelten.

für die Inanspruchnahme von öffentlichen Einrichtungen oder Anlagen (z. B. Benutzungsgebühr in einer öffentlichen Bibliothek) hoheitlich zur Finanzbedarfsdeckung denjenigen auferlegt werden, die diese Leistungen in Anspruch nehmen. **Beiträge** sind Aufwendungsersatzleistungen für die Herstellung, Anschaffung oder Erweiterung öffentlicher Einrichtungen und Anlagen oder für die Verbesserung von Straßen, Wegen und Plätzen, die hoheitlich zur Finanzbedarfsdeckung denjenigen auferlegt werden, die die Möglichkeit haben, die Leistung in Anspruch zu nehmen. Der Aufwendungsersatz wird erhoben, weil (kausaler Zusammenhang!) eine konkrete Gegenleistung, ein konkreter wirtschaftlicher Vorteil in Anspruch genommen werden kann, wobei die Möglichkeit der Inanspruchnahme genügt. Die Differenzierung zeigt, dass bei Steuern die Frage, ob eine Nutzung einer öffentlichen Einrichtung erfolgt, unbedeutend ist. Insbesondere kann keine Verweigerung der Zahlung mit dem Hinweis erfolgen, es erfolge keine Nutzung der öffentlichen Güter.

Alle drei Termini lassen sich unter dem Oberbegriff „**Abgaben**" zusammenfassen. Diese dürfen jedoch nicht mit den in jüngster Zeit immer häufiger von den Gesetzgebungskörperschaften eingesetzten „**Sonderabgaben**" verwechselt werden. Hierbei handelt es sich um Abgaben, die zur Finanzierung besonderer Aufgaben erhoben werden, die nicht in die allgemeinen Haushaltspläne einfließen, sondern in Sonderfonds (sog. Parafisci). Das Bundesverfassungsgericht lässt Sonderabgaben nur dann zu, wenn:

- die Gruppe der in Anspruch genommenen durch eine gemeinsame, in der Rechtsordnung oder in der gesellschaftlichen Wirklichkeit vorgegebenen Interessenlage oder durch gesonderte gemeinsame Gegebenheiten von der Allgemeinheit abzugrenzen ist,

- der Gruppe eine besondere Verantwortlichkeit zugewiesen wird, d. h., sie muss dem Abgabenzweck näher stehen als jede andere Gruppe oder die Allgemeinheit der Steuerzahler (sog. Gruppenverantwortlichkeit) und das

- Aufkommen innerhalb der Gruppe der Abgabepflichtigen verwendet wird (sog. Gruppennützigkeit).[7]

In der Vergangenheit wurden einige Sonderabgaben vom Bundesverfassungsgericht als nicht mit dem Grundgesetz vereinbar erklärt, so z. B. die Feuerwehrabgabe[8] und der Kohlepfennig[9].

---

[7] Vgl. grundlegend das Urt. des BVerfG vom 6.11.1984, 2 BvL 19, 20/83, 2 BvR 363, 491/83, BVerfGE 67, S. 256 (= HFR 1985, S. 34).
[8] Vgl. BVerfGE vom 24.1.1995, 1 BvL 18/93, 5, 6, 7/94, 1 BvR 403, 569/94, BVerfGE 92, S. 91.
[9] Vgl. BVerfGE vom 11.10.1994, 2 BvR 633/86, BVerfGE 91, S. 186.

Literaturhinweise:

Auf das Verhältnis zwischen Steuern, Gebühren, Beiträgen und Sonderabgaben wird insbesondere auch in steuerrechtlichen Lehrbüchern sehr ausführlich eingegangen. Beispielhaft wird auf folgende Werke verwiesen:

- Tipke, K./Lang, J., Steuerrecht, 18. Aufl., München 2005, § 3 Rz. 12 ff.,

- Birk, D., Steuerrecht, 9. Aufl., Heidelberg 2006, S. 30 ff., und

- Kirchhof, F., Grundriß des Steuer- und Abgabenrechts, 2. Aufl., Heidelberg 2001, S. 4 ff.,

sowie auf die dort genannten weiterführenden Literatur- und Rechtsprechungsquellen hingewiesen.

Diese Zusammenhänge werden in der folgenden **Abbildung 1-1** nochmals verdeutlicht.

Abbildung 1-1: *Abgaben, Steuern, Gebühren, Beiträge und Sonderabgaben*

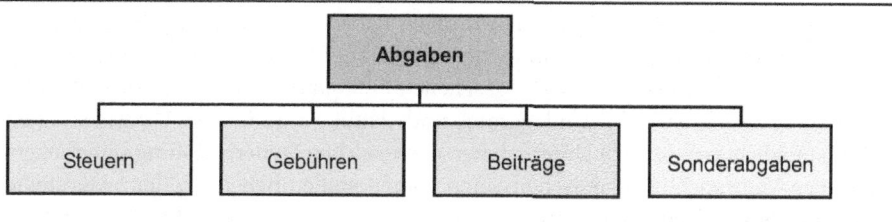

Steuern werden erhoben, weil der Staat nicht in der Lage ist, seine Ausgaben durch Einnahmen zu decken, die aus Vermögenserträgen stammen oder als Entgelte für seine konkreten Leistungen erhoben werden.[10] Dies liegt u. a. an sog. öffentlichen Gütern und Leistungen. Bei diesen ist es nicht möglich, diejenigen von der Nutzung auszuschließen, die nicht bereit sind, hierfür ein Entgelt zu bezahlen. Dies gilt z. B. für die Landesverteidigung. Folglich muss der Staat diese Leistungen entweder unentgeltlich anbieten oder auf die „freiwillige" Zahlungsbereitschaft seiner die Leistung nutzenden Bürger hoffen. Dabei wird zugleich deutlich, dass die Möglichkeiten des Staates zum Angebot von Leistungen an „seine" Bürger auch davon abhängig sind, wie dessen Steuersystem ausgestaltet ist. Hierdurch wird der finanzielle Handlungsspielraum bestimmt. Die Entscheidung, ob eine Leistung vom Staat – kostenlos oder gegen Gebühren bzw. Beiträge – angeboten wird, ist letztlich eine politische Frage, die für betriebswirtschaftliche Überlegungen als determiniert anzusehen ist. Gleichwohl darf

---

10 Vgl. zur Frage der Rechtfertigung einer Besteuerung z. B. Tipke, K., Die Steuerrechtsordnung, Band 1, 2. Aufl., Köln 2000, S. 228 ff. und Vogel, K., Der Staat 1986, S. 481 ff.

– gerade im internationalen Kontext – keine isolierte Betrachtung der Steuerbelastung folgen. Vielmehr müssen auch die hiermit möglicherweise verbundenen Vorteile berücksichtigt werden. Für Unternehmen ist beispielsweise ein funktionierendes Rechtssystem mit klaren Regeln und Möglichkeiten der Durchsetzung durch Inanspruchnahme des Staates ein kaum zu überschätzender Vorteil.

Von den Steuern zu unterscheiden sind sog. **steuerliche Nebenleistungen**. Sie stellen keine Steuern dar, sondern verfolgen das Ziel, die Steuerpflichtigen zu einem bestimmten Tun oder Unterlassen im Zusammenhang mit der Steuerzahlungspflicht zu bewegen. So besteht z. B. gem. § 152 Abs. 1 AO die Möglichkeit, gegen denjenigen, der seine Steuererklärung nicht fristgerecht abgibt, einen Verspätungszuschlag festzusetzen. Die steuerlichen Nebenleistungen werden im § 1 Abs. 4 AO definiert. Hierzu gehören außerdem insbesondere Zinsen (§§ 233 ff. AO), Säumniszuschläge (§ 240 AO) und Zwangsgelder (§ 329 AO).

Das deutsche Steuersystem ist dadurch charakterisiert, dass eine Vielzahl von Steuern erhoben wird. Diese und ihr Aufkommen sind in **Abbildung 1-2** dargestellt. Im Rahmen dieser Einführung werden lediglich die Steuerarten behandelt, die für betriebswirtschaftliche Überlegungen von besonderer Bedeutung sind. Dies schließt nicht aus, dass im Einzelfall (insbesondere in speziellen Branchen) andere Steuern erheblichen Einfluss auf unternehmerische Entscheidungen haben können. Dies gilt speziell für solche Unternehmen, die Waren produzieren, die einer Verbrauchssteuer unterliegen. Infolge von besonderen, unvorhergesehenen Ereignissen (z. B. Diebstahl oder Schwund im Rahmen einer Umlagerung und damit verbundenen Verdunstungen) können möglicherweise auch Unternehmen einer solchen Steuerbelastung unterliegen, die keinen Verbrauch im klassischen Sinne vorgenommen haben, da der festgestellte Schwund aus sog. Steuerlagern als steuerpflichtiges „in den Verkehr bringen" angesehen wird und zur Steuerzahlungspflicht beim Unternehmer führt.

Auch die Grunderwerbsteuer kann für Unternehmen eine nicht zu unterschätzende finanzielle Belastung darstellen. Sie ist zu zahlen, wenn rechtsgeschäftliche Transaktionen durchgeführt werden, die auf die Übertragung des rechtlichen Eigentums an Grundvermögen gerichtet sind. Die besondere Bedeutung der Grunderwerbsteuer hat durch das Föderalismusreform-Begleitgesetz vom 5. September 2006[11] zugenommen. Danach ist vorgesehen, dass der Steuersatz für die Grunderwerbsteuer durch die Bundesländer zu bestimmen ist. Folglich gilt nicht mehr der bundeseinheitliche Steuersatz von 3,5 %, sondern je nach Bundesland ein unterschiedlicher Satz. Das Land Berlin hat mit Wirkung zum 1. Januar 2007 die Grunderwerbsteuer von 3,5 auf 4,5 % erhöht.

---

[11] BGBl. I 2006, S. 2098.

Abbildung 1-2: *Steueraufkommen im Jahr 2005*

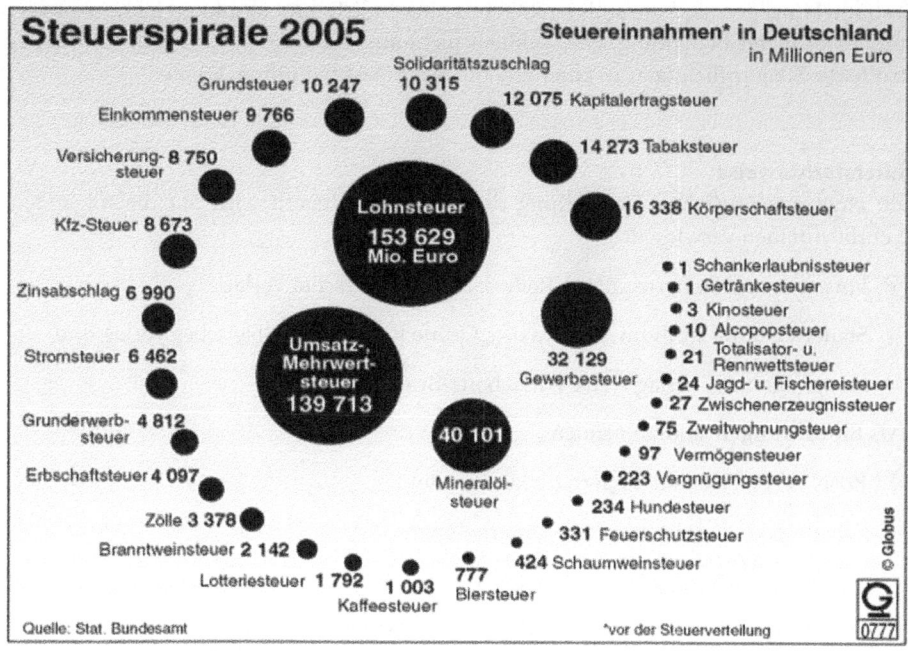

Steuerspirale 2005 — **Steuereinnahmen* in Deutschland** in Millionen Euro

Grundsteuer 10 247 — Solidaritätszuschlag 10 315 — 12 075 Kapitalertragsteuer

Einkommensteuer 9 766

Versicherung- 8 750 steuer — 14 273 Tabaksteuer

Kfz-Steuer 8 673 — Lohnsteuer 153 629 Mio. Euro — 16 338 Körperschaftsteuer

Zinsabschlag 6 990

Stromsteuer 6 462 — Umsatz-, Mehrwertsteuer 139 713 — 32 129 Gewerbesteuer

Grunderwerb- 4 812 steuer

Erbschaftsteuer 4 097 — 40 101 Mineralölsteuer

Zölle 3 378

Branntweinsteuer 2 142

Lotteriesteuer 1 792 — 1 003 Kaffeesteuer — 777 Biersteuer

- 1 Schankerlaubnissteuer
- 1 Getränkesteuer
- 3 Kinosteuer
- 10 Alcopopsteuer
- 21 Totalisator- u. Rennwettsteuer
- 24 Jagd- u. Fischereisteuer
- 27 Zwischenerzeugnissteuer
- 75 Zweitwohnungsteuer
- 97 Vermögensteuer
- 223 Vergnügungsteuer
- 234 Hundesteuer
- 331 Feuerschutzsteuer
- 424 Schaumweinsteuer

Quelle: Stat. Bundesamt — *vor der Steuerverteilung

© Globus 0777

Die Abbildung verdeutlicht, dass es eine Vielzahl von Steuern gibt und einige davon ein sehr geringes Aufkommen haben. Dies gilt insbesondere für die Steuern, mit denen nicht in erster Linie Einnahmen erzielt, sondern Lenkungszwecke verfolgt werden. Dies zeigt sich z. B. an der Steuer auf sog. Alcopops. Diese dient der Verteuerung von alkoholischen Getränken[12], die unter Zusatz von Limonaden und Zucker oder Süßgetränken hergestellt werden und trinkfertig gemischt verkauft werden.[13]

Aus Sicht der Unternehmen ergibt sich zwar die Pflicht, Lohnsteuer bei der Auszahlung von Arbeitslohn einzubehalten, doch ist dies eine Vorauszahlung auf die Einkommensteuer des Arbeitnehmers. Auch wenn hiermit erhebliche praktische Probleme und Risiken (insbesondere hinsichtlich der Haftung) verbunden sein können, ist die **Umsatzsteuer** von besonderem Interesse. Diese soll zwar „nur" Endverbraucher wirtschaftlich belasten, doch gibt es viele Fälle, bei denen es auch bei Unternehmern zu einer endgültigen Belastung mit Umsatzsteuer kommt. Ferner sind die Steuern von besonderem Interesse, die an den **Unternehmensertrag** anknüpfen. Dies gilt nament-

---

12 Mehr als 1,2 % Vol. und weniger als 10 % Vol.

13 Die Steuer beträgt bei einer 0,275-Liter-Flasche und einem Alkoholgehalt von 5,5 % Vol. rd. 84 Cent je Flasche.

lich für die Gewerbesteuer, die Einkommensteuer und die Körperschaftsteuer. Hinzu kommt, dass auch die Erbschaftsteuer zum Teil auf den unternehmerischen Bereich entfällt. Hingegen sind die anderen Steuern hinsichtlich ihrer absoluten Höhe eher von untergeordneter Bedeutung. Dies schließt nicht aus, dass sie im Einzelfall für die betroffenen Steuerpflichtigen zu einer erheblichen Belastung führen können.

Literaturhinweise:

Zu einer **ausführlichen Darstellung** der einzelnen Steuern wird auf die folgenden Lehrbuchreihen verwiesen:

- Finanzen und Steuern, „Blaue Reihe", Schäffer Poeschel Verlag,

- Steuerrecht für Studium und Praxis, „Grüne Reihe", Erich Fleischer Verlag und

- Steuerfachkurs, Verlag Neue Wirtschafts-Briefe.

Als **Einführungen** sind zu nennen:

- Rose, G., Betrieb und Steuern (5 Bände) oder

- Scheffler, W., Besteuerung von Unternehmen.

Im Weiteren gehen wir davon aus, dass die betrachteten Unternehmen nicht unter die Regelungen zur sog. **Gemeinnützigkeit** fallen. Diese in §§ 52 ff. AO enthaltenen Vorgaben[14] können dazu führen, dass eine grundsätzlich zu besteuernde Tätigkeit nicht der Besteuerung unterliegt. Hierzu gehören beispielsweise die Förderung von Wissenschaft und Forschung, Kunst und Kultur, der Religion, der Völkerverständigung, der Entwicklungshilfe, der Jugend- und Altenpflege, des öffentlichen Gesundheits- und Wohlfahrtswesen, des Sports, des demokratischen Staatswesens sowie der Förderung des Brauchtums, wenn die in der AO genannten Voraussetzungen erfüllt sind.

Eine Orientierung der Betriebswirtschaftlichen Steuerlehre an den realen Gegebenheiten erhöht den **praktischen Wert** der gewonnenen Erkenntnisse. Auch in der Praxis von Unternehmen und Steuerberatern müssen sehr komplexe Probleme analysiert und gelöst werden, für die es noch keine herrschende Meinung im Schrifttum oder noch keine (gefestigte) Rechtsprechung gibt. Daher muss oftmals der Versuch unternommen werden, diese Probleme auf einfache Grundentscheidungen zu reduzieren. Dies sind genau die Fragestellungen, mit denen sich auch die Betriebswirtschaftliche Steuerlehre u. E. befassen muss. So stellt z. B. aus Sicht der Steuerberatungspraxis die Frage, zu welcher Rechtsform einem Mandanten geraten werden soll, eine klassische Beratungsaufgabe dar. Aus Sicht der Betriebswirtschaftlichen Steuerlehre handelt es

---

14   Vgl. zu deren Erläuterung die Kommentierung zu §§ 51 ff. AO sowie Kießling, H./Buchna, J., Gemeinnützigkeit im Steuerrecht, 7. Aufl., Achim 2000, sowie Jachmann, M. (Hrsg.), Gemeinnützigkeit, DStJG 26, Köln 2003.

sich hierbei um ein Entscheidungsproblem: Welche der möglichen Rechtsformen soll aus steuerlicher Sicht gewählt werden? U. E. muss die Betriebswirtschaftliche Steuerlehre sich zur Aufgabe setzen, die Grundlagen, die für eine Lösung eines solchen Problems erforderlich sind, stärker zu gewichten. Dies bedeutet jedoch nicht, dass die Betriebswirtschaftliche Steuerlehre als **„Steuerberatungswissenschaft"** anzusehen ist. Vielmehr hat sie zusätzliche Aufgaben (insbesondere im Bereich der Normativen Betriebswirtschaftlichen Steuerlehre sowie im Rahmen der Systematisierung und Erläuterung von in der Praxis zu beobachtenden Verhaltensweisen und Ereignissen) und die Praxis der Steuerberatung zum Teil andere Probleme, die sich nicht theoretisch lösen lassen, wie z. B. Fragen der Daten- und Informationsbeschaffung, oder Unsicherheitsaspekte. Außerdem werden sich die folgenden Ausführungen auf die Bereiche der Steuerberatung beschränken, die sich mit Unternehmen und den hinter ihnen stehenden Gesellschaftern beschäftigen, während die Steuerberatungspraxis häufig ein breiteres Betätigungsfeld hat. So beschäftigt sie sich z. B. auch mit der Betreuung von Personen, die nicht unternehmerisch tätig sind.

Die Betriebswirtschaftliche Steuerlehre ist Teil der **Steuerwissenschaften,** die neben dieser auch noch die Finanzwissenschaft und die Steuerrechtswissenschaft umfassen. Die **Steuerrechtswissenschaft** beschäftigt sich mit der verfassungsmäßigen Ausgestaltung der Steuergesetze, der „richtigen" Auslegung der Steuergesetze und schließlich mit Fragen, die im Zusammenhang mit dem Rechtschutz des Steuerpflichtigen stehen, wie z. B. der Finanzgerichtsbarkeit. Hinzu kommt die steuerrechtswissenschaftliche Systemlehre, die auf der Grundlage des Rechtsstaatsprinzips eine Ordnung des Steuerrechts entwickeln will, die vom Prinzip formaler und materieller Rechtsstaatlichkeit getragen wird. Außerdem erlangen Aspekte des Völker- und des Europarechts und damit verbunden der internationalen Rechtsvergleichung eine wachsende Bedeutung. Hingegen wird im Rahmen der **Finanzwissenschaft** auf die gesamtwirtschaftlichen Aspekte der Besteuerung eingegangen, insbesondere Fragen, die sich aus dem Einsatz und der Verwendung von Einnahmen und Ausgaben des Staates ergeben. Dabei stehen Überlegungen der volkswirtschaftlich „optimalen" Verteilung der Lasten der Besteuerung, die Minimierung von aus der Besteuerung entstehenden Wohlfahrtsverlusten und von negativen Auswirkungen der Besteuerung auf die Bereiche Produktion, Konsum, Preisgestaltung, Wettbewerb, Konjunktur, Wachstum, Beschäftigung, Kapitalbildung und Investition im Mittelpunkt.

Nach unserem Verständnis bestimmen die **steuerrechtlichen Regelungen die Rahmenbedingungen für betriebliche Entscheidungen.** Deshalb ist es erforderlich, dass sich der Entscheidungsträger zunächst Klarheit über den Umfang der vermögensmäßigen Beeinträchtigung durch Steuern, aber auch über den „Raum" möglicher Lösungen zur Minimierung der Steuerbelastung verschafft. Nur so kann sichergestellt werden, dass die steuerlichen Auswirkungen im Vorfeld der Verwirklichung einer Entscheidung ermittelt werden und beabsichtigte Steuergestaltungsmaßnahmen rechtlich zulässig sind. Danach stehen i. d. R. mehrere Entscheidungsmöglichkeiten offen. Durch die Kenntnis der rechtlichen Normen wird die Voraussetzung geschaffen, um

die Frage zu beantworten, welche dieser Alternativen den höchsten Zielerreichungsgrad vermittelt, also die „optimale" Lösung unter den gegebenen Rahmenbedingungen darstellt.

Beispiel:

Ein Steuerpflichtiger will bestimmte Investitionsentscheidungen treffen und betrachtet
hierfür alternative Finanzierungsmöglichkeiten. Zunächst ist es erforderlich, sich einen
Überblick über alle bestehenden Möglichkeiten zu verschaffen und die damit verbundenen – nichtsteuerlichen und steuerlichen – Konsequenzen zu analysieren. Damit ist
der „Raum" der Lösungsmöglichkeiten umschrieben. Darauf aufbauend kann der
Entscheidungsträger prüfen, welche der möglichen Alternativen diejenige ist, die zum
höchsten Zielerreichungsgrad führt. Hierbei sind sowohl nichtsteuerliche als auch
steuerliche Faktoren zu berücksichtigen. Ist unter den gegebenen Bedingungen aus
nichtsteuerlichen Gründen z. B. die Alternative „Fremdfinanzierung" vorzugswürdig,
ist nach den steuerlichen Auswirkungen zu fragen. Kommt es im Staat, in dem die
Investition erfolgt, zu einer Umqualifizierung des Fremdkapitals in Eigenkapital mit
der Folge, dass die gezahlten Zinsen im Ausland nicht als Betriebsausgaben abgezogen werden können[15], ist dies bei der Entscheidungsfindung zu berücksichtigen.

Außerdem muss beachtet werden, dass mit der Wahl für eine der Alternativen sich
Rückwirkungen in anderen Bereichen ergeben können, die bei den zunächst vorgenommenen Überlegungen nicht berücksichtigt wurden. Hieraus resultiert die Notwendigkeit, das Entscheidungsproblem zu erweitern und diese neuen Aspekte mit
einzubeziehen. Damit wird deutlich, dass die steuerrechtlichen Regelungen zwar den
Rahmen für unternehmerisches Handeln vorgeben, jedoch keine Aussage darüber
beinhalten, welche der sich bietenden Möglichkeiten optimal im Sinne einer vom Steuerpflichtigen verfolgten Zielsetzung ist.

Dieses Ziel besteht in der Regel in einer **relativen Steuerminimierung**. Der Steuerpflichtige will bestimmte unternehmerische Aktivitäten vornehmen. Dies führt zwingend zu einer Steuerbelastung, wenn davon ausgegangen wird, dass die Einstellung
der Unternehmenstätigkeit – und damit eine absolute Steuerminimierung – keine
Alternative darstellt. Aus Sicht des Investors sind Steuern negative Zielbeiträge, die
die Rendite nach Steuern aus einem Investitionsvorhaben verringern. Folglich müssen
diese Belastungen mit in die Entscheidungsfindung einbezogen werden, um einen
möglichst hohen Zielerreichungsgrad realisieren zu können. Die Zielsetzung der relativen Steuerminimierung erweist sich häufig als zu abstrakt, um eine konkrete Entscheidungsfindung zu ermöglichen. Deshalb erfolgt eine Konkretisierung, um der
jeweiligen Entscheidungssituation Rechnung zu tragen. Diese kann z. B. in der gezielten Periodisierung von Einkünften bestehen, wenn damit dem Gesamtziel „relative
Steuerminimierung" gedient wird. Insoweit ist die **Beschreibung einer Rechtslage
oder steuerlicher Konsequenzen** aus bestimmten betrieblichen Entscheidungen nur

---

15   Dies könnte z. B. aufgrund einer Regelung zur Gesellschafterfremdfinanzierung der Fall sein,
     vgl. hierzu S. 194 ff.

notwendige Voraussetzung für eine betriebswirtschaftliche Analyse. **Ergänzt** werden muss sie um die hinreichende Bedingung der **optimalen Handlungsweise** für den Steuerpflichtigen.

Vor dem Hintergrund dieser Überlegungen stellt sich die Frage, inwieweit der Steuerpflichtige überhaupt die Möglichkeit hat, durch gezielte Maßnahmen seine Steuerbelastung zu minimieren. In diesem Zusammenhang wird häufig der Begriff der **Steuerplanung** verwendet. Dieser Terminus ist schillernd und wird im Schrifttum nicht einheitlich definiert.[16] Im Folgenden wird hierunter die gedankliche Vorwegnahme von entstehenden Steuerbelastungen verstanden, um auf Grundlage einer bestimmten Zielsetzung eine Auswahl zu treffen. Hingegen soll nach dem hier vertretenen Verständnis unter dem Begriff der **Steuerpolitik** die konkrete Umsetzung von Maßnahmen verstanden werden.[17] Insoweit kann die Steuerplanung in der Steuerpolitik münden und diese baut auf den Ergebnissen der Steuerplanung auf. Dieser Differenzierung kommt jedoch keine rechtliche Bedeutung zu.

Als **Grenzen** für die Steuerplanung (und die Steuerpolitik) sind die Vorgaben der Rechtsordnung zu beachten. Dies führt dazu, dass einerseits die jeweils materiellrechtlichen Anforderungen einzuhalten sind. Andererseits gibt es eine Reihe von Verfahrensvorschriften, die ebenfalls zu beachten sind. So wurden einige Regelungen von der Erfüllung besonderer Aufzeichnungs- und Nachweispflichten abhängig gemacht. Darüber hinaus gibt es von der Rechtsordnung aufgezeigte Grenzen. Diese bestehen in speziellen Missbrauchsklauseln sowie in den steuerstrafrechtlichen Grenzen. Es ist selbstverständlich, dass ein Unternehmen diese Vorgaben einzuhalten hat (sog. **Legalitätsgrundsatz**) und nur solche Maßnahmen ergreifen kann, die von diesen Regelungen nicht erfasst werden. Gleichwohl setzt dies die Kenntnis der zu beachtenden Grenze voraus.

Der **Missbrauch** von Gestaltungsmöglichkeiten (zum Teil wird auch von einer **Steuerumgehung** gesprochen) ist in § 42 AO als allgemeiner Tatbestand definiert. Seine konkrete Anwendung bereitet häufig Schwierigkeiten, wofür auch die unbestimmte Gesetzesformulierung mit verantwortlich ist. Nach ständiger Rechtsprechung[18] liegt ein Gestaltungsmissbrauch vor, wenn folgende Voraussetzungen erfüllt sind:

---

[16] Vgl. zu einer Übersicht z. B. Grotherr, S., in: Grotherr, S. (Hrsg.), Handbuch der internationalen Steuerplanung, 2. Aufl., Herne/Berlin 2003, S. 5 ff., m. w. N.

[17] Im Schrifttum wird teilweise eine Gleichsetzung von Steuerplanung und Steuerpolitik vorgenommen, so z. B. Schneeloch, D., Besteuerung und betriebliche Steuerpolitik, Band 2: Betriebliche Steuerpolitik, 2. Aufl., München 2001, S. 3, vgl. zum Begriffsverständnis auch Heinhold, M., Betriebliche Steuerpolitik mit quantitativen Methoden, München 1979, S. 20 ff.

[18] Vgl. aus der jüngeren Rechtsprechung z. B. BFH-Urt. vom 18.3.2004, III R 25/02, BStBl. II 2004, S. 787 ff.

▣ Der Steuerpflichtige wählt eine rechtliche Gestaltung, die zur Erreichung des angestrebten Ziels **unangemessen** ist,[19]

▣ der **Steuerminderung** dienen soll und

▣ durch wirtschaftliche oder sonst beachtliche **Gründe nicht gerechtfertigt** werden kann.

Die Anwendung von § 42 AO hat zur Folge, dass der Tatbestand so nicht der Besteuerung zu Grunde gelegt wird, sondern der Tatbestand besteuert wird, der bei einer dem angestrebten wirtschaftlichen Ziel angemessenen Gestaltung entstanden wäre. Dies kann z. B. bedeuten, dass bestimmte Vorgänge (wie z. B. die Vermögensübertragung auf Familienangehörige oder die Errichtung von substanzlosen Gesellschaften) steuerlich gar nicht anerkannt werden. Im Ergebnis kommt es damit zur Besteuerung nicht des angestrebten, sondern des angemessenen Sachverhaltes. Weitere (insbesondere strafrechtliche) Konsequenzen sind hiermit nicht verbunden.

Hiervon streng zu trennen ist die **Steuerhinterziehung**. Sie liegt gem. § 370 AO vor, wenn der Steuerpflichtige vorsätzlich unrichtige oder unvollständige Angaben über besteuerungserhebliche Tatsachen macht oder die Finanzbehörde pflichtwidrig über steuerlich erhebliche Tatsachen in Unkenntnis lässt und dadurch Steuern verkürzt.[20] Bereits der Versuch ist strafbar. Folge solcher Taten sind nicht nur die Nachzahlung der hinterzogenen Steuern (einschließlich Zinsen), sondern auch Geld- und/oder Freiheitsstrafen.

Über die rechtlichen Grenzen zur Steuerplanung hinaus, stellt sich die Frage nach deren **Legitimität**. Die Rechtsprechung hat sehr deutlich herausgestellt, dass kein Steuerpflichtiger gezwungen ist, einen Sachverhalt so zu gestalten, dass ein Steueranspruch entsteht. Vielmehr stehe es ihm frei, die Steuer zu vermeiden und eine Gestaltung zu wählen, die eine geringere Steuerbelastung nach sich zieht.[21] Da die Steuergesetzgebung in die Freiheitsrechte der Steuerpflichtigen eingreift, muss es zulässig bleiben, sich in dem gesetzgeberisch aufgezeigten „Raum" zu bewegen, sofern dies nicht zu einer Kollision mit Missbrauchs- und Steuerhinterziehungsvorschriften führt. Andernfalls käme es nicht nur zu einer – problematischen – Einschränkung der Freiheitsrechte, sondern auch zu erheblichen Abgrenzungsproblemen. Es müsste die Frage diskutiert werden, welche nicht verwirklichten Sachverhalte allein aus steuerlichen Gründen nicht verwirklicht wurden und welche grundsätzlich als steuerlich irrelevant anzusehen sind. In den zuerst genannten Fällen müssten die Missbrauchsregelungen

---

[19]   Dies ist regelmäßig der Fall, wenn der Steuerpflichtige seine wirtschaftlichen Ziele nicht mit dem zweckmäßigen rechtlichen Weg erreicht, sondern auf eine umständliche, ungewöhnliche oder unökonomische Vorgehensweise zurückgreift.

[20]   Vgl. zu einer ausführlichen Erläuterung der Tatbestandsmerkmale die Kommentierung zu §§ 370 ff. AO und z. B. Franzen, K./Gast-de Haan, B./Joecks, W., Steuerstrafrecht mit Zoll- und Verbrauchsteuerstrafrecht, 6. Aufl., München 2004.

[21]   Vgl. BFH-Beschluss vom 20.5.1997, VIII B 108/96, BFHE 183, S. 174, unter II. 2.a).

zur Anwendung kommen. Es zeigt sich, dass diese Abgrenzung nicht praktikabel ist und den Anforderungen an eine gleichmäßige Besteuerung nicht genügen kann.[22]

Hieraus folgt, dass für die Steuerplanung zwar die rechtlichen Grenzen zu beachten sind, aber der Steuerpflichtige sich innerhalb des so ergebenden Bereichs frei entscheiden kann. Die Steuerplanung ist in die **Gesamtplanung des Unternehmens** einzubeziehen. Ausschlaggebend hierfür ist, dass viele unternehmerische Entscheidungen mit unterschiedlich hohen Steuerbelastungen verbunden sind. Diese müssen detailliert im Rahmen der Planung berücksichtigt werden, um entstehende Be- und Entlastungen den einzelnen Alternativen zuordnen zu können. Hierbei bestehen – wie bei allen Planungsmodellen – **Unsicherheiten** hinsichtlich der Datenbasis. Außerdem entsteht eine sehr große Komplexität, die der Berücksichtigung von Interdependenzen Grenzen setzt. Folglich wird häufig mit Partialmodellen gearbeitet, die nur einen Ausschnitt aus dem gesamten Planungsproblem beinhalten. Hierbei ist zu beachten, dass die häufigen Änderungen der steuerrechtlichen Rahmenbedingungen – sei es infolge von Gesetzesänderungen oder einer geänderten bzw. neuen Rechtsprechung – zu erheblichen Anpassungsmaßnahmen führen können. Deshalb sind häufig solche Alternativen vorzugswürdig, die ein hohes Maß an Anpassungsflexibilität aufweisen und keine präjudizierende Wirkung für andere Sachverhalte in der Zukunft haben. So sollte z. B. bei Finanzierungsentscheidungen im Jahr 2007 auf einen ausreichend großen Änderungsspielraum geachtet werden, um auf die konkrete Ausgestaltung der zukünftigen Besteuerung von Kapitalerträgen reagieren zu können.

---

[22] Im Ergebnis gleicher Auffassung z. B. Schneider, D., DB 1997, S. 489, Jacobs, O. H., Internationale Unternehmensbesteuerung, 5. Aufl., München 2002, S. 712, Grotherr, S. in: Grotherr, S. (Hrsg.), Handbuch der internationalen Steuerplanung, 2. Aufl., Herne/Berlin 2003, S. 27.

2 Die unternehmerische Tätigkeit als Grundlage

2.1 Begriffsbestimmung

2.1.1 Begriff der unternehmerischen Tätigkeit

▪ Wodurch lässt sich eine unternehmerische Tätigkeit allgemein charakterisieren?

▪ Welche unterschiedlichen Ausprägungsformen unternehmerischer Tätigkeit lassen sich unterscheiden?

Unternehmen werden allgemein als **organisatorisch-rechtliche Einheiten definiert, die wirtschaftliche Zwecke verfolgen.**[23] Der Begriff wird in zahlreichen, unterschiedlichen Bereichen genutzt und entsprechend definiert, so zum Beispiel im rechtlichen Sinne. In den Wirtschaftswissenschaften wird üblicherweise von der Unternehmung als wirtschaftlich-rechtlich organisiertem Gebilde gesprochen, in dem nachhaltig, mit Gewinn-, zumindest mit Einnahmeerzielungsabsicht eine Leistung erbracht wird, die am Markt gegenüber einer zumeist unbestimmten Zahl potenzieller Kunden angeboten wird. Wesensmerkmal jeder unternehmerischer Tätigkeit ist, dass der Unternehmer oder Unternehmensleiter mit privatem Vermögen oder mit ihm anvertrautem Vermögen versucht, mittels seines kaufmännischen Geschicks eine Mehrung des eingesetzten Vermögens herbeizuführen. Dieser Chance der Vermögensmehrung steht das Risiko des – teilweisen oder vollständigen – Verlustes des Vermögens gegenüber. In Abhängigkeit von der Rechtsform, in der die unternehmerische Tätigkeit ausgeübt wird, ist das Ausmaß des Risikos sehr unterschiedlich. Während bei einem Einzelunternehmer oder Gesellschaftern einer OHG oder einem Komplementär einer Kommanditgesellschaft grundsätzlich das Verlustrisiko das gesamte betriebliche wie private Vermögen des Unternehmers umfasst, ist dies bei Beteiligungen an einer Personengesellschaft und gleichzeitiger Übernahme einer Kommanditistenstellung ebenso auf die Einlagenhöhe beschränkt, wie dies bei Kapitalgesellschaften in Höhe des eingesetzten Kapitals der Gesellschafter regelmäßig der Fall ist.[24]

Der Einsatz eigenen Vermögens führt allerdings auch dazu, dass der Unternehmer in seiner Unternehmensentscheidung selbständig ist und nicht den Weisungen eines Dritten unterliegt. Der Unternehmer oder Unternehmensleiter wird in der Regel nur

---

[23] Vgl. Swinn, R., Betriebswirtschaftslehre, München 1993, S. 4.

[24] Dies schließt jedoch nicht aus, dass eine Inanspruchnahme auf einer anderen Grundlage wie z. B. infolge von zu Gunsten der Gesellschaft abgegebenen Bürgschaftserklärungen erfolgt.

dann zur Übernahme eines solchen Risikos bereit sein, wenn er allein oder zusammen mit anderen Unternehmern entscheiden kann oder die Entscheidungen soweit kontrollieren kann, dass er zu gegebener Zeit korrigierend eingreifen kann. Die Unternehmensentscheidungen beinhalten sowohl **konstitutive als auch laufende Entscheidungen**. Zu der ersten Gruppe gehören alle Entscheidungen, die grundlegend für die unternehmerische Tätigkeit sind. Hierzu zählt z. B. die Wahl des Standortes oder der Rechtsform des Unternehmens. Unter den laufenden Entscheidungen sind jene Fragestellungen zu verstehen, die nicht von grundlegender Bedeutung für die Struktur des Unternehmens sind. Dies gilt z. B. für das Produktangebot, die Produktmenge, die Preiskalkulation sowie die Beschaffung, die Mitarbeiterzahl und die Finanzierung des Unternehmens. Unternehmer im engeren Sinne ist nach unserem Verständnis nur eine Person, die **über alle wesentlichen Entscheidungsbereiche selbständig entscheiden kann**.

Welche konkrete Ausgestaltung die unternehmerische Tätigkeit hierbei annimmt ist für die grundsätzliche Qualifikation als Unternehmen ohne Bedeutung. Typischerweise wird es sich jedoch um Tätigkeiten handeln, die in die drei Bereiche Produktion, Handel und Erbringung von Dienstleistungen einzuteilen sind. Darüber hinaus kann sich die Tätigkeit des Unternehmens auch auf die Überlassung von Kapital oder anderen Wirtschaftsgütern erstrecken. Die eigentliche unternehmerische Nutzung der überlassenen Güter erfolgt dann durch einen Anderen (Unternehmer oder ggf. einen Nichtunternehmer), wobei sich die Tätigkeit auf die Überlassung und hiermit verbundene Aktivitäten (wie z. B. die Vermietungstätigkeit) bezieht.

Abbildung 2-1:   *Inhaltliche Ausprägungsformen unternehmerischer Tätigkeiten*

Produktion	Handel	Dienstleistung	Kapitalüber-lassung	Vermietung
Erzeugung von Gütern durch Kombination der Produktionsfaktoren	Beschaffung von Waren in eigenem Namen und auf eigene Rechnung sowie Verkauf der im Wesentlichen unveränderten Waren	Schaffung immaterieller Güter, wobei in der Regel zum Zeitpunkt der Produktion auch gleichzeitig der Verbrauch stattfindet	Überlassung von Kapital zur unternehmerischen Nutzung	Überlassung von Wirtschaftsgütern zur unternehmerischen Nutzung

Die betriebswirtschaftlichen Entscheidungsprobleme sind in Abhängigkeit von der Branche, in der das Unternehmen tätig ist, sehr unterschiedlich. Entsprechendes gilt auch für steuerliche Fragestellungen, da die Einkünfte aus den unterschiedlichen Unternehmenstätigkeiten verschiedenen steuerlichen Einkunftsarten zugerechnet werden. Hierbei bleibt jedoch in jedem Fall sichergestellt, dass die Einkünfte aus der Tätigkeit, zumindest in Fällen der unbeschränkten Steuerpflicht mit inländischer Steuer belastet werden. Gleichwohl können sich unterschiedliche Steuerbelastungen ergeben.

2.1.2 Unterscheidung in unternehmerische Tätigkeit im engeren und im weiteren Sinne

Personen, deren unternehmerische Tätigkeit in der Überlassung von Kapital oder materiellen wie immateriellen Gütern gegenüber Dritten zur unternehmerischen Nutzung besteht, sind nicht als Unternehmer im engeren Sinne anzusehen. Zwar hängt auch bei diesen Personen der mit der Überlassung verbundene Erfolg vom Ertrag der mittelbar vorzunehmenden Unternehmenstätigkeit im engeren Sinne ab, doch bestehen in der Regel eindeutige vertragliche Vereinbarungen über die Höhe der Entgelte für die Nutzungsüberlassung, die oftmals unabhängig vom geschäftlichen Erfolg des Schuldners oder Mieters ist. Das unternehmerische Risiko des Gläubigers bzw. Vermieters liegt im teilweisen oder vollständigen Ausfall der vereinbarten Entgelte. Wenngleich idealtypischerweise hierunter der Abschluss von Nutzungsverträgen mit konkreten Unternehmen steht, gehören im weiteren Sinne auch Eigenkapitalüberlassungen in Form des Erwerbs von Aktien börsennotierter Gesellschaften hierzu. Entsprechendes gilt für die Beteiligung an Vermögensverwaltungs- und Leasinggesellschaften, bei denen Wirtschaftsgüter Unternehmen zur entgeltlichen Nutzung überlassen werden.

Die folgenden Überlegungen unterscheiden danach, wie ausgeprägt die **Beteiligung am unternehmerischen Risiko** ist. Auf dieser Grundlage lässt sich zwischen einer unternehmerischen Tätigkeit im engeren und weiteren Sinne differenzieren. Ausschlaggebend für diese Unterscheidung ist, dass u. E. aus Sicht eines Entscheidungsträgers ganz wesentlich ist, welches Risiko er mit seinem Engagement eingeht. Hiervon hängt nicht nur ab, ob er überhaupt bereit ist, sich zu beteiligen, sondern auch wie hoch das von ihm erwartete Entgelt als Gegenleistung für seine Beteiligung sein soll. Dabei ist – rationales Verhalten unterstellt – davon auszugehen, dass ein größeres Risiko nur eingegangen wird, wenn dafür mit höheren „Vergütungen" gerechnet werden kann. Erfolgt hingegen lediglich eine Verzinsung des investierten Kapitals, die unter dem Marktzins für festverzinsliche Wertpapiere liegt, wäre es rational nicht in das Unternehmen zu investieren, sondern am Kapitalmarkt. Die in der jüngeren Vergangenheit immer häufiger anzutreffenden sog. hybriden Finanzierungsinstrumente, wie Wandelanleihen, stille Beteiligungen oder Genussrechte zeichnen sich insbesondere dadurch aus, dass ihre Ausgestaltung individuell auf das Chancen-Risiko-Verhältnis jedes Kapitalgebers abgestimmt werden kann.

Eine solche Betrachtungsweise darf allerdings nicht verkennen, dass sobald die Entscheidung für ein unternehmerisches Engagement gefallen ist, diese Wahlmöglichkeit

u. U. eingeschränkt wird. Dies wäre etwa der Fall, wenn die Gesellschafter von den Gläubigern verpflichtet werden, das Unternehmen mit einem „angemessenen" Eigenkapital auszustatten. Ferner lassen sich einmal getroffene Entscheidungen häufig nicht ohne Weiteres ändern, so dass ggf. **Transaktionskosten** in die Entscheidungsfindung einfließen müssen.

Die **unternehmerische Tätigkeit im engeren Sinne** ist dadurch charakterisiert, dass eine unmittelbare Beteiligung am Erfolg aus dieser Betätigung besteht. Dabei gibt das Zivilrecht unterschiedliche Möglichkeiten, wie ein solches Engagement gesellschaftsrechtlich ausgestaltet wird. Dies sind die folgenden Möglichkeiten:

Abbildung 2-2: *Rechtliche Ausprägungsformen einer unternehmerischen Tätigkeit im engeren Sinne*

Einzelunternehmen	Personengesellschaften	Kapitalgesellschaften
Eine einzelne natürliche Person ist Trägerin des unternehmerischen Risikos und der Verantwortung. Eine haftungsrechtliche Abgrenzung des eigenen Privatvermögens gegenüber dem Betriebsvermögen ist nicht möglich.	Eine gesellschaftsrechtliche, zivilrechtlich als eigenständiges Rechtssubjekt zu qualifizierende Konstruktion, bei der sich mehrere natürliche oder juristische Personen zum Betrieb eines Unternehmens zusammenschließen. In der Regel steht der persönliche Einsatz der Gesellschafter im Vordergrund, nicht die kapitalmäßige Beteiligung. Voll haftende Gesellschafter sind in der Regel zur Geschäftsführung und -vertretung befugt bzw. verpflichtet.[25]	Eine Rechtsform mit eigener zivil- (und steuerrechtlicher) Subjekteigenschaft an der sich natürliche Personen, Personengesellschaften und Kapitalgesellschaften kapitalmäßig beteiligen können. Die Kapitalbeteiligung steht im Vordergrund des unternehmerischen Engagements der Gesellschafter. Geschäftsführung und -vertretung erfolgt durch gewählte bzw. bestimmte natürliche Personen, die Gesellschafter sein können, aber nicht müssen.

Von einer **unternehmerischen Tätigkeit im weiteren Sinne** wird gesprochen, wenn keine unmittelbare Beteiligung am unternehmerischen Engagement erfolgt, sondern lediglich eine mittelbare. Hiermit ist gemeint, dass „lediglich" **Kapital** zur unternehmerischen Nutzung **überlassen** wird. Dies kann in unterschiedlichen Ausprägungsformen geschehen: Entweder erfolgt die Hingabe von Geld als Darlehen, so dass der Kapitalgeber als Gegenleistung hierfür eine **Zinszahlung** erhält. Alternativ kann auch

---

25 Hierbei umfasst die Geschäftsführung das Verhältnis zwischen den Gesellschaftern, das sog. Innenverhältnis, während die Vertretung das Außenverhältnis, also das Verhältnis gegenüber Dritten beinhaltet.

die Überlassung von Sachkapital erfolgen. Dies ist z. B. der Fall, wenn eine **Vermietung** eines Gebäudes an die Gesellschaft erfolgt. Diese beiden unterschiedlichen Ausprägungsformen werden im Folgenden näher betrachtet.

2.2 Mögliche rechtliche Ausprägungsformen einer unternehmerischen Tätigkeit im engeren Sinne

▨ Welche Ausprägungsformen einer unternehmerischen Tätigkeit im engeren Sinne lassen sich unterscheiden?

Wie die obigen Ausführungen gezeigt haben, geben die gesellschaftsrechtlichen Vorschriften die Rahmenbedingungen für die unterschiedlichen unternehmerischen Ausprägungsformen vor. Daraus folgt, dass in Abhängigkeit von diesen Regelungen sich die drei folgenden **Grundtypen** unterscheiden lassen:

▨ Einzelunternehmen,

▨ Personengesellschaften und

▨ Kapitalgesellschaften.

Zu beachten ist, dass es sich hierbei lediglich um die Grundformen handelt und „Mischformen" möglich sind. So können z. B. wechselseitige Beteiligungen bestehen, indem sich beispielsweise eine Kapitalgesellschaft an einer Personengesellschaft beteiligt oder ein Einzelunternehmer Anteile an einer Kapitalgesellschaft erwirbt. Hieraus können zwar zusätzliche Probleme entstehen, gleichwohl ändern sich dadurch die Grundaussagen für die jeweiligen Ausprägungsformen einer unternehmerischen Tätigkeit im engeren Sinne nicht. Dies gilt auch für die GmbH & Co. KG. Bei dieser ist der – in der Praxis regelmäßig einzige – Komplementär einer KG eine GmbH, an der die Kommanditisten der Kommanditgesellschaft im entsprechenden Verhältnis beteiligt sind. Eine solche Gestaltung ermöglicht es, die Vorteile von Personen- und Kapitalgesellschaften miteinander zu kombinieren. Während diese Rechtsform im Handelsrecht in weiten Teilen mit einer Kapitalgesellschaft gleichgestellt wird[26], liegt steuerlich unstreitig eine Personengesellschaft vor.[27]

Als eine weitere Ausprägungsform der unternehmerischen Tätigkeit im engeren Sinne könnte an den **Konzern** gedacht werden. Dieser lässt sich definieren als die Zusam-

---

[26] Vgl. etwa § 172a HGB, der die Regelungen für die Rückgewährung von Gesellschafterdarlehen gem. §§ 32a f. GmbHG für sinngemäß anwendbar erklärt, oder § 264a HGB für Zwecke der Bilanzierung und Prüfung des handelsrechtlichen Jahresabschlusses.

[27] Vgl. BFH-Urt. vom 22.8.1951, IV 246/50 S, BStBl. III 1951, S. 181.

menfassung mehrerer rechtlich selbständiger, aber wirtschaftlich voneinander abhängiger Unternehmen unter der einheitlichen Leitung eines anderen Unternehmens (§ 18 Abs. 1 AktG). Im Regelfall besteht zwischen dem abhängigen und dem beherrschenden Unternehmen ein sog. Beherrschungsvertrag i. S. d. §§ 291 ff. AktG.[28] Damit stellt die abhängige Gesellschaft ihre Leitung unter die eines anderen Unternehmens. Auch wenn die Verbreitung von Konzernen – national wie international – immer mehr zunimmt, kann hierin jedoch keine Ausprägungsform der unternehmerischen Tätigkeit im engeren Sinne gesehen werden. Dies liegt darin begründet, dass infolge einer gegebenen Konzerneigenschaft zwar der Muttergesellschaft, also der beherrschenden Gesellschaft, zusätzliche Pflichten obliegen, aber sich an der rechtlichen Selbständigkeit der einzelnen Konzernglieder nichts ändert.[29] Auch für Zwecke der Besteuerung unterliegt nicht der Konzern als solcher der Besteuerung, sondern die jeweilige Gesellschaft, wobei sich gegebenenfalls Besonderheiten ergeben können, wenn die Voraussetzungen einer steuerlichen Organschaft bestehen.[30] Auch in diesen Fällen wird jedoch nicht an den Konzern als solchen angeknüpft, sondern an die einzelnen Gesellschaften.

Von einer unternehmerischen Tätigkeit im engeren Sinne wird im Folgenden nur gesprochen, wenn es sich um eigene, selbst **zu beeinflussende Aktivitäten** handelt. Folglich übt z. B. eine Kapitalgesellschaft nach diesem Verständnis eine unternehmerische Tätigkeit aus, nicht jedoch der an ihr beteiligte Gesellschafter.[31] Da es sich bei Kapitalgesellschaften um selbständige juristische Personen handelt, hat eine konsequente Trennung zwischen der Ebene der Gesellschaft und der des Gesellschafters zu erfolgen, während bei den anderen Ausprägungsformen der unternehmerischen Tätigkeit im engen Sinne eine solche Differenzierung nur bedingt möglich bzw. nötig ist.

2.2.1   Tätigkeit im Rahmen eines Einzelunternehmens

▉ Wodurch ist die Tätigkeit im Rahmen eines Einzelunternehmens charakterisiert?

Ein Einzelunternehmen ist dadurch gekennzeichnet, dass eine Person **alleiniger Eigentümer** des Unternehmens ist. Er trägt das **gesamte Risiko** der unternehmerischen Betätigung und er muss mit seinem gesamten Vermögen für die hieraus entstehenden Verbindlichkeiten haften. Daher haftet er gegebenenfalls auch mit seinem Privatvermögen. Die Gründung eines Einzelunternehmens erfolgt formlos. Setzt die Tätigkeit

---

28 Diese Regelungen gelten für die GmbH analog.
29 Dies zeigt sich z. B. an der Rechnungslegungspflicht: Eine evtl. Pflicht zur Aufstellung eines Konzernabschlusses gem. §§ 290 ff. HGB bzw. §§ 11 ff. PublG gilt für die Muttergesellschaft als zusätzliche Pflicht, kann aber die Rechnungslegungspflichten (und damit die handelsrechtlichen Einzelabschlüsse) der Tochtergesellschaften nicht ersetzen
30 Vgl. zu diesen Regelungen z. B. Kaminski, B./Strunk, G., Einfluss von Steuern auf unternehmerische Entscheidungen, Kriftel 2003, S. 163 ff.
31 Vgl. zu den hiermit verbundenen steuerlichen Konsequenzen S. 220 ff.

einen in kaufmännischer Weise eingerichteten Geschäftsbetrieb voraus, ist eine Eintragung in das Handelsregister bzw. zukünftig das Unternehmensregister geboten. Dabei muss die Firma des Einzelkaufmanns, dies ist der Name, unter dem er seine Geschäfte betreibt und seine Unterschrift abgibt[32], die Bezeichnung „eingetragener Kaufmann" bzw. „eingetragene Kauffrau" enthalten.[33] Außerdem müssen der Familienname und mindestens ein ausgeschriebener Vorname im Firmennamen enthalten sein. Erfordert der Umfang der Tätigkeit keinen in kaufmännischer Weise eingerichteten Geschäftsbetrieb, kann die Eintragung im Handelsregister bzw. Unternehmensregister unterbleiben. Der Einzelunternehmer ist in der Regel selbst als Geschäftsführer tätig und hat einen engen Bezug zu seinem Geschäft.

Ob ein in kaufmännischer Weise eingerichteter Geschäftsbetrieb erforderlich ist, hängt sehr stark vom jeweiligen Einzelfall ab. Als grobe Richtwerte lassen sich aber die in **Abbildung 2-3** genannten Grenzwerte heranziehen.

Abbildung 2-3:   *Kriterien für das Vorliegen eines in kaufmännischer Weise eingerichteten Geschäftsbetriebs*

Umsatz	– Einzelhandel – Handwerkliche Produktion – Dienstleistung – Industrielle Produktion – Großhandel	über 250.000 €
Kapitalausstattung	ab ca. 125.000 € Verkehrswert	
Angestellte	nicht unter fünf	

Quelle: In Anlehnung an Brehm, B./Mihm, F./Scheel, T., Handelsrecht, Gesellschaftsrecht und Steuerrecht, 7. Aufl., Stuttgart 2004, S. 3, unter Hinweis auf die Registerpraxis.

2.2.2   Tätigkeit im Rahmen einer Personengesellschaft

▣ Wodurch ist die Tätigkeit im Rahmen einer Personengesellschaft charakterisiert?

Eine **Gesellschaft** lässt sich allgemein dadurch charakterisieren, dass es sich um den Zusammenschluss mehrerer (mindestens zweier) Personen zur Verfolgung eines gemeinsamen Zwecks handelt. Hierbei entsteht jedoch – anders als bei Kapitalgesellschaften – keine eigenständige juristische Person. Wesentlich ist i. d. R. weniger die Kapitalbeteiligung als vielmehr die **Person des Gesellschafters sowie sein persönli-**

---

[32]   Vgl. § 17 Abs. 1 HGB.
[33]   Vgl. § 19 Abs. 1 Nr. 1 HGB.

ches Tätigwerden. Diese arbeiten häufig in der Gesellschaft mit und haften mit ihrem gesamten Vermögen. Eine Ausnahme besteht lediglich für Kommanditisten, bei denen die Haftung auf die Einlage beschränkt ist. Eine Kapitalbeteiligung ist nicht erforderlich, aber üblich. Das in die Gesellschaft eingelegte Vermögen wird sog. **Gesamthandsvermögen**. Es steht allen Gesellschaftern zur gemeinsamen Hand zur Verfügung. Die Haftungsmasse erstreckt sich einerseits auf das Gesamthandsvermögen und andererseits auf das Vermögen der unbeschränkt haftenden Gesellschafter.

In der Praxis ist es vielfach erwünscht, zwar einerseits die übrigen Vorteile einer Personengesellschaft nutzen zu können, andererseits aber die drohende vollständige Haftung zu vermeiden. In solchen Fällen kann es sich anbieten, eine Personengesellschaft zu gründen, an der Kapitalgesellschaften als Komplementäre beteiligt sind. I. d. R. wird eine GmbH & Co. KG verwendet, wobei die GmbH alleiniger Komplementär der KG und regelmäßig nicht am Kommanditkapital der KG beteiligt ist. Deren Kommanditist ist zugleich alleiniger Gesellschafter der GmbH.[34] Im Ergebnis kann der Gesellschafter damit seine Vorstellungen von der Geschäftsführung vollständig durchsetzen, gleichzeitig ist das Haftungsrisiko für ihn auf das Vermögen der KG sowie das Vermögen der GmbH als Komplementärin begrenzt.

Eine Entscheidungsfindung innerhalb der Gesellschaft erfolgt, soweit nichts anderes vertraglich geregelt ist, nach den gesetzlichen Vorschriften des HGB und orientiert sich daher weitgehend an der Anzahl der Gesellschafter und nicht an der Höhe der jeweiligen Kapitalbeteiligung. Die enge Bindung zwischen der Gesellschaft und ihrem Gesellschafter kommt auch in der eingeschränkten Übertragbarkeit der Beteiligung zum Ausdruck. Sie ist regelmäßig nicht oder nur mit Zustimmung der übrigen Gesellschafter möglich. Das Recht der Personengesellschaften bietet große Gestaltungsmöglichkeiten. Viele der gesetzlich vorgesehenen Regelungen können durch abweichende gesellschaftsvertragliche Vereinbarungen ersetzt werden. Hierfür sind zumeist keine besonderen Formerfordernisse, wie eine notarielle Beurkundung der Gesellschafterbeschlüsse, erforderlich. Dies stellt oftmals eine erhebliche Erleichterung gegenüber der Rechtsform einer Kapitalgesellschaft dar.

Abbildung 2-4:   *Grundformen der Personengesellschaften*

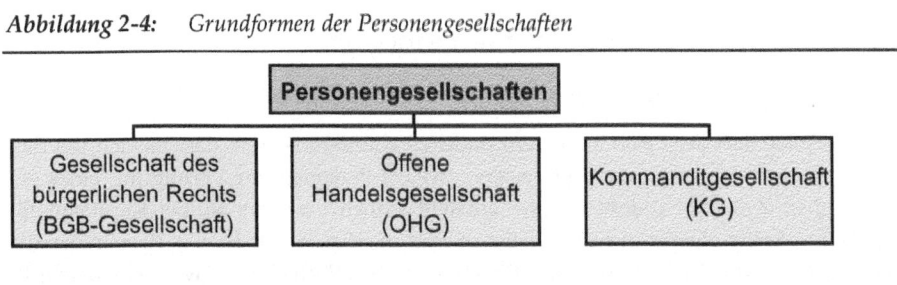

---

[34]   In einem solchen Fall wird von einer typischen GmbH & Co. KG gesprochen.

2.2.3   Tätigkeit im Rahmen einer Kapitalgesellschaft

▧ Wodurch ist die Tätigkeit im Rahmen einer Kapitalgesellschaft charakterisiert?

Wie bei Personengesellschaften handelt es sich bei Kapitalgesellschaften um den Zusammenschluss von i. d. R. mehreren Personen zur Verfolgung eines gemeinsamen Zwecks.[35] Anders als bei Personengesellschaften steht jedoch i. d. R. die **kapitalmäßige Beteiligung** im Vordergrund. Eine Kapitalgesellschaft ist eine **juristische Person**, die rechtlich von den hinter ihr stehenden Gesellschaftern verselbständigt ist. Eine persönliche Mitarbeit der Gesellschafter ist zwar möglich, aber nicht zwingend. Insbesondere bei großen Gesellschaften ist die sog. Fremdgeschäftsführung üblich, d. h., dass ein außenstehender Dritter mit der Geschäftsführung beauftragt wird. Insbesondere bei kleineren Kapitalgesellschaften ist es üblich, dass der Gesellschafter auch – regelmäßig alleiniger – Geschäftsführer der Gesellschaft ist. Hieraus drohen aus steuerlicher Sicht potentiell immer Interessenkonflikte zwischen Gesellschaft und Gesellschafter.[36]

Die Anteile an Kapitalgesellschaften sind regelmäßig übertragbar, ohne dass durch den Gesellschafterwechsel, das Ausscheiden oder Eintreten von Gesellschaftern der Bestand der Gesellschaft beeinflusst wird. Die Willensbildung innerhalb der Gesellschaft erfolgt i. d. R. nach Maßgabe der Stimmrechte des einzelnen Gesellschafters, der grundsätzlich wie ein Kommanditist einer Kommanditgesellschaft haftet und behandelt wird.

Wesensmerkmal ist die beschränkte Haftung: Wenn die Gesellschafter ihre Einlage geleistet haben, sind sie grundsätzlich vor allen Haftungsansprüchen der Gläubiger gegenüber der Gesellschaft geschützt. Eine Ausnahme stellt lediglich der persönlich haftende Gesellschafter einer Kommanditgesellschaft auf Aktien dar. Bei dieser Rechtsform handelt es sich um eine Kombination von Elementen der KG und der AG. Während für den oder die Komplementäre die Grundsätze der KG gelten[37], hat die Gesellschaft an Stelle eines oder mehrer Kommanditisten ein in Aktien zerlegtes Kommanditkapital. Damit lassen sich einerseits die engen Bindungen zwischen Gesellschafter und Gesellschaft nutzbar machen, andererseits wird eine Handelbarkeit von Unternehmensanteilen und damit verbunden die Möglichkeit des Zugangs zum Kapitalmarkt erreicht.

---

[35] Eine Kapitalgesellschaft kann auch durch einen Gesellschafter gegründet werden, so dass nicht zwingend mehrere Personen erforderlich sind.

[36] Die Finanzverwaltung versucht dies unter Rückgriff auf den Fremdvergleichsgrundsatz zu lösen, indem Transaktionen zwischen Gesellschaft und Gesellschafter nur insoweit anerkannt werden, wie sie dem entsprechen, was fremde Dritte in vergleichbaren Situationen vereinbart hätten, vgl. zu diesem Problemkreis ausführlich S. 186 ff.

[37] Dies gilt insbesondere für den Umfang der persönlichen Haftung. In der Praxis werden deshalb – vergleichbar der GmbH & Co. KG – auch GmbH & Co. KG aA eingesetzt. Bei dieser ist der persönlich haftende Gesellschafter der KG aA eine Kapitalgesellschaft, so dass im Ergebnis eine Haftungsbegrenzung erreicht wird.

Abbildung 2-5: *Im Folgenden betrachtete Formen von Kapitalgesellschaften*

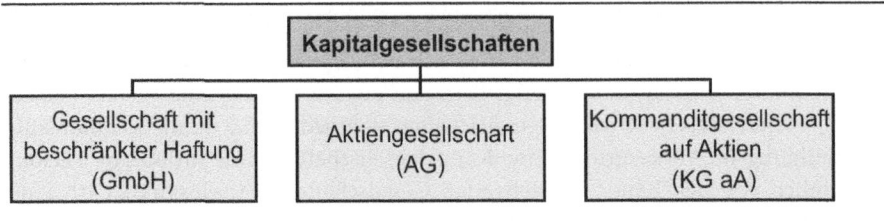

In jüngster Zeit gewinnen **ausländische Kapitalgesellschaften** zunehmend an Bedeutung für deutsche Unternehmen. Hintergrund dieser Entwicklung bildet die Rechtsprechung des Europäischen Gerichtshofs (EuGH) zur Niederlassungsfreiheit von Kapitalgesellschaften und deren Recht, Zweigniederlassungen in einem anderen Mitgliedsstaat der Gemeinschaft zu errichten.[38] Die betriebswirtschaftliche Motivation für den Einsatz ausländischer Gesellschaften im Inland (insbesondere der britischen Limited) liegt darin, dass zwar einerseits die gleiche Rechtsstellung wie bei einer Beteiligung an einer Kapitalgesellschaft erlangt werden kann, aber andererseits die strengen deutschen Anforderungen an die Gründung einer Kapitalgesellschaft (wie z. B. hinsichtlich der Gründungsformalitäten und der erforderlichen Mindesteinlage) nicht beachtet werden müssen. Vielmehr richten sich diese Fragen nach ausländischem Recht. Zu beachten ist jedoch, dass die strengen deutschen Regelungen zur Verschuldenshaftung in Insolvenzfällen auch auf die ausländischen Gesellschaften und ihre Geschäftsleitungen zur Anwendung kommen.

2.3 Mögliche Ausprägungsformen einer unternehmerischen Tätigkeit im weiteren Sinne

▨ Welche Ausprägungsformen einer unternehmerischen Tätigkeit im weiteren Sinne lassen sich unterscheiden?

Die unternehmerische Tätigkeit im weiteren Sinne ist durch eine nur mittelbare Beteiligung am Erfolg des Unternehmens gekennzeichnet. Dies geschieht in der Form, dass bestimmte „Dinge" an die Gesellschaft überlassen werden und hierfür eine „Vergütung" vereinbart wird. Auf dieser Grundlage lässt sich nach der Art des Überlassenen

---

[38] Vgl. aus der Rechtsprechung des EuGH insbesondere die Urt. vom 27.9.1988, Rs. C-81/87, Daily Mail, Slg. 1988, S. 5483, vom 9.3.1999, Rs. C-212/97, Centros, Slg. 1999, I S. 1459, vom 5.11.2002, Rs. C-208/00, Überseering, Slg. 2002, I S. 9919, und vom 30.9.2003, Rs. C-167/01, Inspire Art, Slg. 2003, I S. 10155.

differenzieren. Entweder erfolgt die Einlage von Kapital, das der Gesellschaft als Eigenkapital zur Verfügung gestellt wird oder es werden Wirtschaftsgüter (ggf. einschließlich finanzieller Mittel) als Darlehen bzw. auf schuldrechtlicher Grundlage zur Verfügung gestellt. Die Nutzung der überlassenen Wirtschaftsgüter erfolgt durch einen anderen, so dass sich die unternehmerische Tätigkeit auf die Zurverfügungstellung von Ressourcen an einen Unternehmer erstreckt.

2.3.1 Überlassung von Kapital in Form von Eigen- oder Fremdmitteln

▪ Wodurch ist die Überlassung von Kapital zur unternehmerischen Nutzung charakterisiert?

Überlassen die Gesellschafter ihrer Gesellschaft zusätzliches Eigenkapital, erhöht sich das Vermögen der Gesellschaft. Dabei kann sowohl eine Zuführung von **Geld** erfolgen, als auch von **Sachmitteln**. Hierbei ist insbesondere die Einlage von Wirtschaftsgütern zu nennen, die sich bisher im Privatvermögen des Gesellschafters befanden. Denkbar ist auch, dass der Gesellschafter von der Unternehmung benötigte Wirtschaftsgüter privat erwirbt und er ihr diese dann zur Nutzung überlässt. Charakteristisch für solche Maßnahmen ist, dass sie der Gesellschaft dauerhaft zusätzliche Mittel zur Verfügung stellen. In Abhängigkeit von der Rechtsform stehen diese Zuwendungen den Gläubigern häufig als zusätzliche Haftungsmasse zur Verfügung.[39] Die jeweiligen Regelungen, nach denen sich der technische Ablauf der Kapitalzuführungen vollzieht, sind unterschiedlich ausgestaltbar und rechtsformspezifisch geregelt. Denkbar ist z. B. eine Erhöhung des Nennkapitals oder eine sog. verdeckte Einlage. Hierbei kommt es zwar zu einer Zunahme des Eigenkapitals, aber das Nennkapital der Gesellschaft bleibt unverändert.

Gesonderte Vergütungen werden für die Verstärkung des Eigenkapitals nicht gezahlt. Vielmehr erfolgt ihre Honorierung durch Gewinnausschüttungen. Hieraus ergibt sich für die Gesellschaft der Vorteil, dass gegenüber zusätzlichem Fremdkapital die laufende Belastung mit Zinsaufwand geringer wird. Aus Sicht der Anteilseigner erweist sich die Frage, ob sie eine Vergütung für die Kapitalüberlassung erhalten und wie hoch diese ist, als abhängig vom Erfolg der Gesellschaft. Zwar können ggf. auch Gewinne aus vergangenen Geschäftsjahren ausgeschüttet werden, doch sind diese Möglichkeiten regelmäßig – mehr oder weniger stark – begrenzt.

---

[39] Hierbei ist zu beachten, dass das Gesellschaftsrecht unter bestimmten Voraussetzungen eine Umqualifikation von Fremd- in Eigenkapital vornimmt. Dies wäre bei einer GmbH z. B. dann der Fall, wenn ein Gesellschafter seiner Gesellschaft Fremdkapital zur Verfügung stellt, während ein ordentlicher Kaufmann Eigenkapital gewährt hätte. Vgl. hierzu §§ 32a f. GmbHG und für die GmbH & Co. KG § 172a HGB.

Die Gesellschafter haben alternativ zur Ausstattung mit Eigenkapital die Möglichkeit, eine Zuführung von Kapital auf schuldrechtlicher Basis durchzuführen. Wie fremde Dritte gewähren die Gesellschafter der Gesellschaft ein Darlehen. Diese Möglichkeit ergibt sich aus der Trennung zwischen Gesellschaft und Gesellschafter. Bei Kapitalgesellschaften werden – wie noch zu zeigen sein wird – solche Vereinbarungen grundsätzlich anerkannt.[40]

Der Vorteil für die Gesellschafter liegt darin, dass sie eine regelmäßige – und i. d. R. auch vorher festgelegte – Vergütung für ihr Kapital erhalten. Anders als im Fall der Zuführung von Eigenkapital, bekommen sie z. B. auch in den Jahren eine Vergütung für das von ihnen überlassene Vermögen, wenn die Gesellschaft einen Verlust erzielt. Damit wird es möglich, eine Verstetigung der Einnahmen der Gesellschafter zu erreichen. Außerdem nehmen die Gesellschafter im Fall der Insolvenz der Gesellschaft grundsätzlich wie andere Gläubiger am Insolvenzverfahren teil und erhalten – zumindest anteilig – ihre Darlehen bzw. Wirtschaftsgüter zurück, während im Fall der Gewährung von Eigenkapital eine solche Beteiligung an den Liquidationserlösen i. d. R. ausscheidet.[41]

Solche schuldrechtlichen Vereinbarungen werden grundsätzlich anerkannt und zwar im Bereich der Kapitalgesellschaften auch mit steuerlicher Wirkung. Damit verbunden ist die Gefahr, dass es zu Vermögensverschiebungen zwischen der Gesellschaft und dem Gesellschafter zu Lasten der Gesellschaft und deren Gläubiger kommt. Deshalb werden strengere Anforderungen an solche Vereinbarungen gestellt, insbesondere für deren steuerliche Anerkennung.

Beispiel:
Die A-GmbH ist in einer schweren wirtschaftlichen Krise. Um die Zahlungsunfähigkeit abzuwenden, führt Gesellschafter A nicht zusätzliches Eigenkapital zu, wie es eigentlich erforderlich wäre, sondern er gibt seiner Gesellschaft ein Darlehen. Fremde Dritte hätten ein solches Darlehen nicht (mehr) gewährt, weil sie realistischer Weise davon hätten ausgehen müssen, dass die Insolvenz der Gesellschaft unmittelbar bevorsteht. § 32a GmbHG sieht vor, dass wenn es später zu einer Insolvenz der A-GmbH kommt, der Gesellschafter als nachrangiger Gläubiger zu behandeln ist. Im Ergebnis wird damit für zivilrechtliche Zwecke eine Finanzierungsentscheidung des Gesellschafters verändert. Dies gilt jedoch nur für die Fälle der Gewährung oder des Stehenlassens eines Darlehens in der Krise.

Wenn der Gesellschafter sich für die Überlassung von Fremdkapital entscheidet, kann dies in der Form der Gewährung eines Gelddarlehens geschehen. Denkbar ist aber auch, dass ein **Sachdarlehen** vereinbart wird. Dieses sieht vor, dass das Unternehmen dem Gesellschafter bestimmte Wirtschaftsgüter zu einem späteren – in der Regel fest bestimmten – Zeitpunkt zurück gewähren muss. Hierbei kann vereinbart werden, dass

---

40   Vgl. hierzu S. 186 ff.
41   Eine Ausnahme besteht allerdings im Fall der sog. stillen Gesellschaft, vgl. § 236 Abs. 1 HGB.

die gebrauchten Wirtschaftsgüter zurück zu geben sind oder dass die Wirtschaftsgüter in einem technisch vergleichbaren Zustand zu sein haben, wie sie bei der Überlassung durch den Gesellschafter waren. Diese Frage hat insbesondere bei längerfristigen Überlassungen Bedeutung. Denkbar ist auch, dass der zwischenzeitlich eingetretene technische Fortschritt von dem Unternehmen auszugleichen ist und ein neues Wirtschaftsgut unter Berücksichtigung dieser Entwicklung an den Gesellschafter zu geben ist.

2.3.2 Entgeltliche Überlassung von Wirtschaftsgütern zur unternehmerischen Nutzung

▨ Wodurch ist die Überlassung von zusätzlichem Vermögen in Form von Fremdkapital charakterisiert?

Die Gesellschafter können die Gesellschaft nicht nur mit Kapital ausstatten, sondern sie können ihr auch Wirtschaftsgüter auf schuldrechtlicher Basis überlassen. Diese Wirtschaftsgüter bleiben zivilrechtlich im **Eigentum des Gesellschafters**. Ein Übergang in das Gesellschaftsvermögen findet nicht statt. Hieraus folgt auch, dass bei Personengesellschaften die überlassenen Wirtschaftsgüter nicht zum Gesamthandsvermögen der Gesellschaft gehören. Wie bei der Gewährung von Fremdkapital erfolgt eine Gleichstellung mit fremden Gesellschaftern, indem die Trennung zwischen Gesellschaft und Gesellschafter anerkannt wird.

Beispiel:
Die G-GmbH gehört zu 100 % dem Gesellschafter G. G vermietet als natürliche Person Büroräume an die GmbH. Da G eine Person und die GmbH eine andere (juristische) Person ist, werden solche schuldrechtlichen Verträge anerkannt.[42] Insoweit wird G genauso behandelt wie fremde Dritte. Die Einzelheiten der Vermietung richten sich nach den vertraglichen Regelungen bzw. den gesetzlichen Bestimmungen in §§ 535 ff. BGB.

Die Vorteile für die Gesellschaft und den Gesellschafter entsprechen denen bei der Überlassung von Fremdkapital. Daher wird auf die dortigen Ausführungen verwiesen. Hieraus ergeben sich – auch vor dem Hintergrund des Grundsatzes der Vertragsfreiheit – Gestaltungsmöglichkeiten. Der Gesellschafter kann eine Investition in seiner Privatsphäre tätigen, die eigentlich von der Gesellschaft hätte vorgenommen werden sollen. Um dieser dennoch eine – zeitlich beschränkte – Verfügungsmacht über das Wirtschaftsgut zu vermitteln, erfolgt eine Vermietung oder Verpachtung. Damit wird deutlich, dass im Ergebnis die wirtschaftlichen Folgen sehr ähnlich sind: Die Gesellschaft kann das Wirtschaftsgut nutzen. Der Gesellschafter wird – in Abhängigkeit von

---

[42] Auf die erforderliche Suspendierung vom Selbstkontrahierungsverbot des § 181 BGB wird hingewiesen.

entstehenden Vor- und Nachteilen – sich für die Alternative entscheiden, die ihm einen möglichst hohen Erreichungsgrad seiner Ziele ermöglicht. Zugleich zeigt sich, dass die Notwendigkeit zur Abgrenzung besteht, denn wirtschaftlich gleiche Sachverhalte dürfen nicht willkürlich unterschiedlich besteuert werden. Hieraus ergibt sich die Folgefrage, wie Sachverhalte zu gestalten sind, damit die angestrebten steuerlichen Konsequenzen auch tatsächlich eintreten.

2.4 Einkunftsarten in Abhängigkeit von der Tätigkeit

▨ Welches Verhältnis besteht zwischen den unterschiedlichen Ausprägungsformen einer unternehmerischen Tätigkeit (im engeren und im weiteren Sinne) zu den Regelungen zur Besteuerung?

Die grundsätzliche Trennung zwischen unternehmerischer Tätigkeit im engeren und weiteren Sinne findet sich – wenn auch nur mittelbar – in der steuerlichen Behandlung dieser Einkünfte wieder. Im Einkommensteuergesetz (EStG) wird in § 2 Abs. 2 zwischen den sog. **Gewinneinkunftsarten** und den **Überschusseinkunftsarten** unterschieden. Diese Abgrenzung gibt **Abbildung 2-6** wieder. Der Unterschied zwischen diesen beiden Arten besteht in der Frage, wie die Einkünfte zu ermitteln sind: Bei den Gewinneinkunftsarten wird nach besonderen Vorschriften ein Gewinn ermittelt, während bei den Überschusseinkunftsarten von den Einnahmen lediglich die damit im Zusammenhang stehenden Aufwendungen (sog. **Werbungskosten**) abgezogen werden. Der Begriff der Einkünfte stellt immer eine Nettogröße dar, indem die Aufwendungen im Zusammenhang mit der Tätigkeit mindernd berücksichtigt werden.

Abbildung 2-6: *Abgrenzung zwischen Gewinn- und Überschusseinkunftsarten*

Gewinneinkunftsarten	Überschusseinkunftsarten
– Einkünfte aus Land- und Forstwirtschaft	– Einkünfte aus nichtselbständiger Arbeit
– Einkünfte aus Gewerbebetrieb	– Einkünfte aus Kapitalvermögen
– Einkünfte aus selbständiger Arbeit	– Einkünfte aus Vermietung und Verpachtung
	– Sonstige Einkünfte i. S. d. § 22 EStG

Diese Unterscheidung dient dem Gesetzgeber zur Abgrenzung der Form der Einkunftsermittlung. Gleichwohl kommt in ihr die Unterscheidung in unternehmerische

Tätigkeit im engeren und im weiteren Sinne zum Ausdruck. Im Folgenden wird zunächst die Besteuerung der Einkünfte aus einer unternehmerischen Tätigkeit im engeren Sinne behandelt, wobei der Schwerpunkt auf den gewerblichen Einkünften liegt.[43] Danach werden die steuerlichen Konsequenzen von Einkünften einer unternehmerischen Tätigkeit im weiteren Sinne analysiert.

---

[43] Hierbei ist zu beachten, dass die einzelnen Formen der Gewinneinkunftsarten eine unterschiedliche steuerliche Behandlung erfahren. So unterliegen z. B. Einkünfte aus Gewerbebetrieb zusätzlich zur Einkommen- oder Körperschaftsteuer der Gewerbesteuer, während dies bei den Einkünften aus Land- und Forstwirtschaft sowie aus selbständiger Tätigkeit im Sinne von § 18 EStG nicht der Fall ist.

3 Steuerliche Konsequenzen der unternehmerischen Tätigkeit

▨ Welches Verhältnis besteht zwischen den unternehmerischen Tätigkeiten und der Besteuerung?

▨ Gibt es Grenzen, auf die sich der Steuerpflichtige gegenüber dem Fiskus im Rahmen der Besteuerung berufen kann?

▨ Inwieweit müssen Unternehmen und ihre Gesellschafter eine rückwirkende Verschärfung von steuerlichen Regelungen akzeptieren?

Zentrale Überlegung des Steuerrechts ist die **Tatbestandsmäßigkeit** der Besteuerung, die eine zwingende verfassungsrechtliche Voraussetzung darstellt. Der Gesetzgeber versucht dieser Forderung durch eine weitgehende Orientierung an und Bezugnahme auf zivilrechtliche Vorgänge Rechnung zu tragen. Diese können z. B. schuldrechtliche Verträge oder gesellschaftsrechtliche Gegebenheiten sein. Im Folgenden werden die sich hieraus ergebenden steuerlichen Konsequenzen sowie steuergesetzliche Besonderheiten hinsichtlich der Wertung von Unternehmenstätigkeiten erläutert.

Da es sich beim Steuerrecht um Eingriffsrecht handelt, das als besonderes Verwaltungsrecht dem öffentlichen Recht zugeordnet ist und die Steuergesetze Grundrechte der Bürger einschränken, ist es für alle Steuerpflichtigen wichtig, das rechtsstaatliche wie **verfassungsrechtliche Grenzen** der Besteuerung eingehalten werden. Hierbei ist sowohl die Gesetzmäßigkeit als auch die oben genannte Tatbestandsmäßigkeit der Besteuerung zu beachten. Letztere folgt dem Grundsatz, dass ein Steuertatbestand nach Inhalt, Gegenstand und Ausmaß bestimmt sein muss.[44]

Darüber hinaus ist in den letzten Jahren in Deutschland als weitere wichtige Voraussetzung für die Rechtmäßigkeit der Steuergesetze das **Rückwirkungsverbot** in den Vordergrund gerückt. Zahlreiche gesetzliche Änderungen standen und stehen unter dem Verdacht der verfassungswidrigen Rückwirkung. Eine solche, echte Rückwirkung liegt vor, wenn der zeitliche Anwendungsbereich einer Neuregelung auf einen Zeitpunkt zurückbezogen wird, der vor dem Zeitpunkt des Inkrafttretens der neuen Regelung liegt. Demgegenüber liegt eine sog. tatbestandliche Rückanknüpfung vor, wenn eine Norm den Eintritt ihrer Rechtsfolge von Gegebenheiten aus der Zeit vor ihrer Verkündung abhängig macht. In diesen Fällen genießt das Vertrauen des Steuer-

---

[44] Vgl. den BVerfG-Beschluss vom 10.10.1961, 2 BvL 1/59, BVerfGE 13, S. 153, sowie zur weiterführenden Literatur Birk, D., Steuerrecht, 9. Aufl. 2006, Heidelberg, S. 46.

pflichtigen in den Fortbestand der Regelung geringeren Schutz als das Wohl der Allgemeinheit, welches durch die Gesetzesänderung gefördert werden soll.

Beispiel für eine echte Rückwirkung:

Durch ein Gesetz, das zum 1. Mai eines Jahres in Kraft tritt und eine Rechtsfolge für Vorgänge begründet, die vor diesem Datum lagen, ist eine Rückwirkung von Rechtsfolgen gegeben, die verfassungsrechtlich nicht zulässig ist. Ausnahmen sind jedoch dann gegeben, wenn es sich um eine sog. Jahressteuer handelt. Bei diesen entsteht die Steuer erst mit Ablauf eines Kalenderjahres. Die noch herrschende Meinung der Finanzverwaltung und in der Rechtsprechung geht davon aus, dass ein Gesetz, das im laufenden Jahr verkündet wird, bereits für das gesamte Jahr Anwendung finden kann. Eine solche Sichtweise hat gravierende Auswirkungen auf unternehmerische Entscheidungen, da die Planungssicherheit fehlt.

Beispiel für eine tatbestandliche Rückanknüpfung:

Eine natürliche Person hat im Jahr 1997 eine Beteiligung an einer GmbH in Höhe von 8 % erworben und hoffte diese Beteiligung mit Gewinn im Jahre 2001 nicht steuerbar verkaufen zu können, da die Frist des § 23 Abs. 1 Nr. 1 EStG von 1 Jahr bereits abgelaufen war. Wenngleich zum Zeitpunkt der Anschaffung der Anteile die Beteiligungsquote für einen steuerbaren und steuerpflichtigen Verkauf der Anteile gem. § 17 Abs. 1 EStG bei mehr als 25 % lag, hat sich das Gesetz insoweit geändert. Ab dem Veranlagungszeitraum 2001 führt bereits eine Beteiligungsquote von 1 % an einer Kapitalgesellschaft zur Steuerpflicht der Veräußerungsgewinne. Der Steuerpflichtige genießt in diesen Fällen keinen Vertrauensschutz, so dass die Steuerpflicht durch den Verkauf in 2001 begründet wird, ungeachtet des Umstandes, dass zum Zeitpunkt des Erwerbs eine andere Beteiligungshöhe für die Steuerbarkeit gegeben war.[45]

Besonderes Augenmerk muss auch dem **Gleichheitsgrundsatz** des Steuerrechts gewidmet werden. Die Steuerpflichtigen sollen darauf vertrauen können, dass sich die Höhe der Besteuerung an der individuellen Leistungsfähigkeit orientiert. Aufgrund des Leistungsfähigkeitsprinzips, welches vor allem im Einkommensteuerrecht Bedeutung hat, ist sowohl die Berücksichtigung von Einnahmen als auch von Aufwendungen notwendig. Der Gleichheitsgrundsatz des Steuerrechtes führt allerdings nicht zu einem Anspruch auf Gleichheit in einer als ungerecht empfundenen steuerlichen Behandlung. So ist beispielsweise die Durchführung einer Betriebsprüfung bei einem Steuerpflichtigen nicht mit dem Hinweis anfechtbar, andere Steuerpflichtige würde einer solchen Prüfung nicht unterzogen.

---

[45] Etwas anderes würde nach den Neuregelungen durch die Unternehmenssteuerreform 2008 gelten. Vgl. hierzu die Ausführungen des 4. Kapitels.

3.1 Gemeinsames steuerliches Fundament

3.1.1 Bestandteile des Steuerrechts und ihre Bindungswirkung für Unternehmensentscheidungen

▪ Welche unterschiedlichen Rechtsquellen gibt es im Bereich der Besteuerung?

▪ Welche rechtliche Bedeutung kommt diesen unterschiedlichen Quellen zu, insbesondere: inwieweit sind sie für den Steuerpflichtigen bindend?

▪ Kann der Steuerpflichtige für bestimmte Sachverhalte eine verbindliche Auskunft durch die Finanzverwaltung bekommen, um so Rechts- und Planungssicherheit zu erhalten?

Aufgrund der Zuordnung des Steuerrechtes zum öffentlichen Recht muss der steuerpflichtige Unternehmer diese Regelungen zwingend beachten. Neben den gesetzlichen Regelungen hat der Steuerpflichtige weitere Bestandteile des Steuerrechts zu berücksichtigen, da diese unterschiedliche Bindungswirkungen für ihn entfalten und insoweit ebenso wichtige Rahmenbedingungen für seine Entscheidung sind.

Abbildung 3-1: *Bestandteile des Steuerrechts und ihre Bindungswirkung*

Gesetze	Zwingende Einhaltung durch Verwaltung wie Steuerpflichtigen
Durchführungs-verordnungen / Rechtsverordnungen	Aufgrund einer gesetzlichen Ermächtigungsvorschrift kann die Finanzverwaltung den Steuerpflichtigen bindende Regelungen treffen (Quasi-Gesetzes-Charakter, z. B. EStDV, LStDV, AfA-Tabellen, Gewinnabgrenzungsaufzeichnungsverordnung)
Verwaltungsanweisungen	Binden ausschließlich die Finanzverwaltung. Der Steuerpflichtige hat Anspruch auf Behandlung wie nach Richtlinien oder BMF-Erlassen, koordinierten Ländererlassen oder OFD-Verfügungen (letztere nur regional begrenzt anwendbar)
Rechtsprechung	Urteile der Finanzgerichte haben nur Wirkung im entschiedenen Einzelfall und es besteht in Fällen von grundlegender Bedeutung oder Abweichung von der bisherigen Rechtsprechung die Möglichkeit zur Revision beim Bundesfinanzhof. Dessen Urteile können über den Einzelfall hinaus insoweit Wirkung entfalten, wenn die Finanzverwaltung den Urteilstenor zu ihrer Rechtsauffassung werden lässt und die Entscheidung im Bundessteuerblatt veröffentlicht.[46] Auf Entscheidungen des EuGH können sich Steuerpflichtige als unmittelbar anwendbares Recht berufen.
Schrifttum	Das Schrifttum in Form der Kommentierung, Aufsätze oder Monografien hat nur eine Hilfsfunktion zur Auslegung gesetzlicher Vorschriften. Eine Bindungswirkung wird hierdurch nicht begründet.

---

[46] Aus Gründen der Klarstellung erklärt die Finanzverwaltung in Einzelfällen auch, dass sie das erstrittene Urteil über den Einzelfall hinaus nicht anwenden wird, sog. Nichtanwendungserlasse.

Durchführungsverordnung/Rechtsverordnung

Mittels einer solchen Verordnung wird die Verwaltung ermächtigt, ergänzend zu einzelnen gesetzlichen Vorschriften Bestimmungen zu erlassen, die für die Steuerpflichtigen wie die Finanzverwaltung bindend sind.

Verwaltungsanweisungen

Bei den Verwaltungsanweisungen sind drei unterschiedliche Ausprägungsformen zu unterscheiden. Die **Richtlinien** zu den jeweiligen Steuergesetzen werden in Abstimmung des Bundesfinanzministeriums und den Landesfinanzministerien ausformuliert und binden ausschließlich die Finanzverwaltung in der von ihr zu vertretenden Rechtsauffassung. Neben den Richtlinien erlässt das Bundesfinanzministerium sog. **BMF-Schreiben**, die ebenfalls mit Zustimmung der Landesfinanzministerien besondere Einzelregelungen der Gesetze (z. B. § 8 Abs. 4 KStG zur Verlustnutzung bei Kapitalgesellschaften[47]) sowie vollständige Gesetze (BMF-Schreiben zum Umwandlungsteuergesetz 1995[48]) erfasst und die Sichtweise bzw. Auslegung der Vorschriften einheitlich für die Finanzverwaltung festlegt. Hierbei erstreckt sich die Bindungswirkung nur auf die Finanzverwaltung, da der Steuerpflichtige ungehindert eine andere Rechtsauffassung vertreten kann, die gegebenenfalls vor den Finanzgerichten überprüft werden muss. Die Richtlinien wie die BMF-Schreiben binden alle Finanzverwaltungen deutschlandweit, so dass der Steuerpflichtige zumindest weiß, welche Position von der Finanzverwaltung in einem konkreten Fall vertreten werden wird. Demgegenüber sind Oberfinanzdirektionen als sog. gemeinsame Mittelbehörden des Bundes- wie der Landesfinanzministerien berechtigt, für Einzelfragen, zu denen bisher noch kein BMF-Schreiben ergangen ist und die nicht durch die Richtlinien erfasst werden, **Verfügungen** über eine einheitliche Behandlung und Auslegung bestimmter Rechtsfragen und -grundlagen innerhalb des OFD-Bezirks zu erlassen. Für den Steuerpflichtigen ist wichtig, dass eine Berufung auf eine entsprechende Behandlung durch die Finanzverwaltung nur von den Steuerpflichtigen erfolgen kann, die innerhalb des OFD-Bezirks ansässig sind. Zur Sicherstellung der Gleichbehandlung aller Steuerpflichtigen werden regelmäßig sog. **koordinierte Ländererlasse** veröffentlicht, bei denen sich das Bundesfinanzministerium und die Länderfinanzministerien auf eine einheitliche Handhabung verständigt haben.

Bindungswirkung durch Handeln der Finanzverwaltung

Die Steuerpflichtigen haben aufgrund z. T. erheblicher steuerlicher Risiken hinsichtlich zukünftiger Steuerbelastungen ein großes Interesse, die Planungsunsicherheit zu überwinden. Diesem Bedürfnis wird mit mehreren Instrumenten Rechnung getragen. Zum Einen besteht gem. § 204 AO die Möglichkeit der Beantragung und Erteilung einer „**Verbindlichen Zusage**" im Anschluss an eine Au-

---

47 Vgl. BMF-Schreiben vom 29.6.1993, IV B 7 – S 2742 – 54/93, BStBl. I 1993, S. 556.
48 Vgl. BMF-Schreiben vom 25.3.1998, IV B 7 – S 1978 – 21/98, IV B 2 – S 1909 – 33/98, BStBl. I 1998, S. 268.

ßenprüfung. Hierbei hat der Steuerpflichtige das Recht, für einen Sachverhalt, der für die Vergangenheit bereits geprüft und im Prüfungsbericht dargestellt wurde, von der Finanzverwaltung zu verlangen, die erfolgte steuerliche Würdigung auch für die Zukunft fortzuschreiben, sofern der Vorgang keiner Änderung unterliegt. Typischer Anwendungsbereich ist zum Beispiel die Ermittlung der Herstellungskosten für Wirtschaftsgüter des Umlaufvermögens, die aus der Prüfung in der Vergangenheit steuerlich für die Zukunft fortgeschrieben wird. Erfolgt in der Zwischenzeit eine Gesetzesänderung erlischt die „Verbindliche Zusage" .

Für den Bereich der Lohnsteuer ergibt sich ein gesetzlicher Anspruch auf Zusage über die steuerliche Behandlung einer noch vorzunehmenden Maßnahme des Unternehmers durch § 42e EStG. Danach hat das Finanzamt auf Antrag des Unternehmens darüber Auskunft zu geben, ob und inwieweit im einzelnen Fall die Vorschriften über die Lohnsteuer anzuwenden sind. Des Weiteren bestehen Auskunftsmöglichkeiten mit verbindlicher Wirkung auch für den Bereich des Zolls sowie mit nicht bindender Wirkung, aber gleichwohl indizieller Wirkung für den Bereich der Umsatzsteuer.

Neben diesen gesetzlich normierten Möglichkeiten der Erlangung einer steuerlichen Bindungswirkung für Sachverhalte, die erst in der Zukunft vorgenommen werden, hat das BMF in seinem Schreiben vom 29. Dezember 2003[49] die Möglichkeit eröffnet, **verbindliche Auskünfte** nach § 242 BGB „Treu und Glauben" zu erlassen, um einen individuellen Sachverhalt eines Steuerpflichtigen mit unmittelbarer Wirkung nur für diesen Steuerpflichtigen vor Verwirklichung des beabsichtigten Sachverhaltes abschließend steuerlich zu würdigen. § 89 Abs. 2 AO enthält hierfür eine gesetzliche Grundlage sowie eine Rechtsverordnungsermächtigung zur Regelung von Form, Inhalt und Voraussetzungen der Zusage. Darüber hinaus wurde durch das Jahressteuergesetz 2007[50] eine Gebührenpflicht für solche Auskünfte eingeführt. Deren Höhe richtet sich nach dem Wert, den die verbindliche Auskunft für den Antragsteller hat. Die Gebührenpflicht orientiert sich an den Angaben des Gerichtskostengesetzes und findet nur Anwendung auf die zuletzt genannte Form der Zusage, während die sonstigen Formen weiterhin unentgeltlich durch die Finanzverwaltung gewährt werden.

Rechtsprechung

Im Finanzgerichtsverfahren gibt es nur einen zweizügigen Klageweg. Das **Finanzgericht**, vergleichbar einem Landgericht in Zivilsachen, ist die Instanz, in der die Entscheidung über die streitige Rechtsfrage unter Aufnahme und Würdigung des konkreten Sachverhaltes gefällt wird. Dieses Urteil hat nur für den betroffenen Steuerpflichtigen Bedeutung, der geklagt hat. In der Mehrzahl der Fälle wird die Entscheidung des Finanzgerichtes allerdings nicht definitiv sein. Vielmehr wird der im Rechtsstreit Unterlegene häufig beim **Bundesfinanzhof** Revision beantragen

---

49 IV A 4 – S 0430 – 7/03, BStBl. I 2003, S. 742.
50 Vom 13.12.2006, BGBl. I 2006, S. 2878.

und insoweit eine Korrektur der erstinstanzlichen Entscheidung anstreben.[51] Der BFH entscheidet jedoch nicht mehr in der Sache, sondern nur noch, ob die Entscheidung der Vorinstanz gegen den Gesetzeswortlaut oder gegen allgemein anerkannte Denkgesetze verstoßen hat. Die Wirkung der BFH-Entscheidung ist entweder die Abweisung einer Revision und damit eine Bestätigung des erstinstanzlichen Urteils oder die Zurückverweisung der Entscheidung an das Finanzgericht mit dem Hinweis, den Sachverhalt unter Einbeziehung der Urteilsgründe des BFH neu zu entscheiden. Ist der Sachverhalt bereits vollständig aufgeklärt, kann der BFH auf dieser Grundlage ein Urteil fällen. Da eine rechtliche Würdigung der Tatsachen nur durch das FG erfolgt, ist der Gang zum BFH nur sinnvoll, wenn es um die Frage der Anwendung und Auslegung einer bestimmten Rechtsnorm in genereller Hinsicht geht, nicht jedoch um die Würdigung im Einzelfall.

Das BFH-Urteil hat zunächst nur unmittelbar Auswirkung auf den zu entscheidenden Einzelfall. Eine mittelbare Bindungswirkung der Rechtsprechung des Bundesfinanzhofes auf andere Steuerpflichtige mit vergleichbaren Besteuerungsproblemen, liegt immer dann vor, wenn die Finanzverwaltung durch eine Veröffentlichung im Bundessteuerblatt (BStBl.) faktisch erklärt, dass die im BFH-Urteil vertretene Rechtsauffassung von ihr auch in anderen, als dem entschiedenen Einzelfall, zur Anwendung kommen wird. Durch die Veröffentlichung sind die nachgelagerten Finanzbehörden an die Anwendung der in den Urteilen vertretenen Rechtsauffassung gebunden. Ist demgegenüber die Finanzverwaltung der Auffassung, ein BFH-Urteil solle nicht über den entschiedenen Einzelfall hinaus angewandt werden, weil die dort vertretene Rechtsauffassung nicht geteilt wird, erfolgt entweder keine Veröffentlichung im Bundessteuerblatt oder es ergeht ein sog. **Nichtanwendungserlass** mit dem die Finanzverwaltung eine Beschränkung der Anwendung der vom Gericht vertretenen Rechtsauffassung auf den entschiedenen Einzelfall deutlich macht und explizit jede darüber hinausgehende Anwendung für gleiche oder weitgehend ähnliche Fälle ausschließt. Dem Steuerpflichtigen bleibt in diesen Fällen keine andere Wahl, als selbst zu klagen und zu hoffen, dass die Gerichte in seinem Fall entsprechend der bisherigen Rechtsprechung entscheiden werden.[52]

Demgegenüber sind die Entscheidungen des **Europäischen Gerichtshofes** (EuGH), in denen die Unvereinbarkeit einer nationalen Steuernorm mit dem Gemeinschaftsrecht festgestellt wird, unmittelbar vom Steuerpflichtigen gegenüber seiner Finanzverwaltung einsetzbar. Da der EuGH generell bestehende nationale Rechtsnorm entweder als EU-rechtskonform oder als EU-Rechtsverstoß beurteilt, kann

---

51 Dies setzt jedoch voraus, dass das Finanzgericht die Revision zugelassen hat. Ist dies nicht der Fall, muss eine sog. **Nichtzulassungsbeschwerde** erhoben werden. Dies ist eine Klage beim BFH auf Zulassung der Revision.

52 In Fällen der Aufgabe der bisherigen Rechtsprechung macht der erkennende Senat des BFH dies öffentlich, so dass sich die Klageparteien nicht auf einen entsprechenden Richterspruch wie in der Vergangenheit verlassen können.

hieraus unmittelbar ein Nutzen gezogen werden. Ein festgestellter Verstoß gegen das EU-Recht kann nur durch den Gesetzgeber korrigiert werden und entzieht sich einer Überprüfung durch weitere Gerichte. Dies schließt nicht aus, dass eine mögliche Neuregelung ihrerseits Gegenstand eines EuGH-Verfahrens wird.

Schrifttum

Eine direkte Bindungswirkung durch die im Schrifttum vertretene Auffassung ist nicht gegeben. Dennoch sind die Bedeutung und der Einfluss des Schrifttums auf die Entscheidungen der Finanzverwaltungen und Gerichte nicht zu unterschätzen. Vor allem bei sehr komplexen und/oder neuartigen Sachverhalten mit entsprechenden Rechtsfragen, fehlt es an weiteren Anhaltspunkten, so dass der veröffentlichten Meinung im Fachschrifttum eine gewisse Beachtung zukommt.

Literaturhinweise:

Birk, D., Steuerrecht, 9. Aufl., Heidelberg 2006

Lammerding, J., Abgabenordnung und FGO, 15. Aufl., Achim 2005

3.1.2 Persönliche Steuerpflicht und sonstige steuerliche Obliegenheiten

Die Aufnahme einer unternehmerischen Tätigkeit durch eine Einzelperson, Personengesellschaft oder Kapitalgesellschaft ist mit dem Entstehen steuerlicher Pflichten verbunden. Die offensichtlichste Pflicht besteht in der Zahlungspflicht, wenn die gesetzlichen Tatbestandsvoraussetzungen erfüllt sind und die Steuer festgesetzt ist. Neben der Zahlungspflicht für eigene, selbst geschuldete Steuern[53] ist an die Möglichkeit der Inanspruchnahme als **Haftungsschuldner**, also dem Eintreten für die Steuerschuld eines anderen, zu denken. Diese Pflicht ergibt sich bei der Beschäftigung von Arbeitnehmern hinsichtlich der abzuführenden Lohnsteuer aus § 42d EStG sowie bei der Beauftragung beschränkt steuerpflichtiger Nichtarbeitnehmer aus § 50a Abs. 6 EStG.[54] Voraussetzung für eine Inanspruchnahme ist allerdings die Verletzung bestimmter Steuereinbehaltungspflichten nach § 39b EStG bzw. § 50a Abs. 4 EStG durch den zum Steuerabzug verpflichteten Unternehmer.

---

[53] Neben der Einkommensteuer ist dies auch bei der USt nach § 14 Abs. 2 UStG bei zu hoch ausgewiesener Umsatzsteuer der Fall.

[54] In einigen wenigen Fällen kann es auch zur Einbehaltung von Kapitalertragsteuern kommen, vgl. § 44 EStG.

3.1.2.1 Persönliche Steuerpflicht

Die persönliche Steuerpflicht bestimmt sich nach den jeweiligen Einzelsteuergesetzen. Der Einzelunternehmer unterliegt als natürliche Person der Einkommensteuer, erfüllt aber gleichzeitig die Voraussetzungen für die persönliche Steuerpflicht hinsichtlich der Umsatzsteuer sowie der Gewerbe- und Grunderwerbsteuer. Entsprechendes gilt für eine Kapitalgesellschaft, die als Körperschaft sowohl der Körperschaftsteuer unterliegt als auch die Voraussetzungen für die Steuerpflicht nach dem UStG, dem GewStG sowie dem Grunderwerbsteuergesetz erfüllt. Dem gegenüber besteht die persönliche Steuerpflicht einer Personengesellschaft nur hinsichtlich der Gewerbesteuer, der Umsatz- sowie der Grunderwerbsteuer, während für Zwecke der Einkommen- oder Körperschaftsteuer sie nur das Einkunftsermittlungssubjekt der Mitunternehmer darstellt, selbst allerdings keine Steuerpflicht nach EStG oder KStG begründet.

3.1.2.2 Sonstige steuerliche Obliegenheiten

▪ Welche weiteren steuerlichen Verpflichtungen muss der Steuerpflichtige erfüllen?

▪ Mit welchen Konsequenzen muss ein Steuerpflichtiger rechnen, wenn er diesen Verpflichtungen nicht nachkommt?

▪ Mit Hilfe welcher Instrumente erlangt die Finanzverwaltung in solchen Fällen die erforderlichen Informationen?

Neben diesen Zahlungs-, Einbehaltungs- und Haftungspflichten sind weitere, in **Abbildung 3-2** dargestellte Mitwirkungspflichten zu berücksichtigen. Weitere, branchenspezifische Mitwirkungspflichten, wie z. B. für Banken und Kreditinstitute im Rahmen der Besteuerung von Kapitaleinkünften ihrer Kunden, werden im Folgenden nicht näher erläutert.

Eine Verletzung der oben genannten Anzeigepflichten kann als **Steuergefährdung** mit Bußgeld geahndet werden (§ 379 Abs. 2 Nr. 1 AO). Die Nichtbenennung von Gläubigern oder Zahlungsempfängern nach § 160 AO bzw. § 16 AStG kann zur **Versagung des Betriebsausgabenabzugs** führen.

Sofern die Mitwirkung für den Steuerpflichtigen mit Kosten verbunden ist, müssen diese von ihm getragen werden. Der von den Unternehmen zu erbringende Aufwand für die Mitwirkung sowie die Steuereinbehaltung kann betriebswirtschaftlich ein gewichtiger Faktor sein und muss stets in die Kalkulation mit einbezogen werden. So sind beispielsweise Kosten für den, dem Betriebsprüfer zur Verfügung zu stellenden Raum im Rahmen einer Betriebsprüfung ebenso zu tragen wie die Erstellung und Beschaffung von Informationen bei Auslandssachverhalten gem. § 90 Abs. 2 AO.

Abbildung 3-2:   *Mitwirkungspflichten*

Anzeigepflicht §§ 137 ff. AO	Buchführungspflicht §§ 140 ff. AO	Elektronischer Datenzugriff § 147 Abs. 6	Steuererklärungspflicht § 149 AO	Allgemeine Mitwirkung bei der Sachverhaltsermittlung § 90 AO[55]	Besondere Mitwirkung im Rahmen der Außenprüfung § 200 AO
Anzeige über die Aufnahme einer unternehmerischen Tätigkeit im engeren Sinne gem. § 138 AO (z. B. bei Gründung und Erwerb von Betrieben und Betriebsstätten im Ausland oder einer Beteiligung an einer ausländischen Personengesellschaft).	Originäre oder abgeleitete Buchführungsund Bilanzierungspflicht sowie alternativer Verpflichtung zur besonderen Aufzeichnung	Pflicht des Unternehmers seine elektronisch erzeugten oder empfangenen steuerlich relevanten Informationen in digitalisierter Form zu archivieren und der Finanzverwaltung im Rahmen einer Betriebsprüfung Zugriff auf die Daten zu gewähren.	Steuererklärungen sind auf amtlich vorgeschriebenen Vordrucken nach ausdrücklicher Aufforderung oder entsprechender einzelgesetzlicher Verpflichtung abzugeben.	Die Veranlagung der Steuer durch die Finanzämter erfordert umfassende Mitwirkungspflichten des Steuerpflichtigen, die vor allem in der Benennung von Geschäftspartner (§ 160 AO Zahlungsempfänger) und der Vorlage von Belegen besteht.	Im Rahmen von Außenprüfungen bestehen erweiterte Mitwirkungspflichten, wie zum Beispiel zur Auskunftserteilung und Erläuterung der vorgelegten Geschäftspapiere und Urkunden sowie die Zurverfügungstellung räumlicher und sachlicher Mittel für die Finanzverwaltung zur Durchführung der Prüfung.

Gleichwohl kann dem Steuerpflichtigen nicht empfohlen werden, seiner Mitwirkungspflicht nicht nachzukommen, denn die hiermit verbundenen Rechtsfolgen sind beträchtlich. Kommt der Steuerpflichtige seinen Mitwirkungspflichten nicht nach und ist der Finanzbehörde eine Aufklärung nicht möglich oder nicht zumutbar, treten folgende Rechtsfolgen ein:

1. Minderung der Sachverhaltsaufklärungspflicht der Finanzbehörden[56],

2. Reduzierung des Beweismaßes, mit dem Ergebnis, dass der sog. Beweisverderber aus seinem Handeln keinen Vorteil ziehen darf[57],

---

[55] Für grenzüberschreitende Leistungsbeziehungen zwischen verbundenen Unternehmen sowie zwischen Betriebsstätte und Stammhaus sieht § 90 Abs. 3 AO seit dem 31.12.2003 eine besondere Gewinnabgrenzungsaufzeichnung vor. Vgl. hierzu Kaminski, B./Strunk, G., Steuern in der internationalen Unternehmenspraxis, Wiesbaden 2006, S. 183 ff.

[56] Vgl. BFH-Urt. vom 15.2.1989, X R 16/86, BStBl. II 1989, S. 462.

[57] Vgl. BFH-Urt. vom 15.2.1989, X R 16/86, BStBl. II 1989, S. 462.

3. Außerkraftsetzung der regulären Beweislastregeln mit der Folge der Umkehrung der Beweislast.

Ziel der **Schätzung** ist es, dem Sachverhalt möglichst nahe zu kommen, der sich beim sicheren Ermitteln ergeben würde. Lässt sich ein Sachverhalt nicht mit an Sicherheit grenzender Wahrscheinlichkeit feststellen, ist der Besteuerung der Sachverhalt mit der größtmöglichen Wahrscheinlichkeit zu Grunde zu legen. Sind überhaupt keine Bücher oder Aufzeichnungen vorhanden, weil sie entweder nicht geführt oder nicht vorgelegt worden sind, muss der gesamte Gewinn geschätzt werden, sog. **Vollschätzung**. Sind Bücher oder Aufzeichnungen vorhanden, müssen diese zunächst auf ihre Richtigkeit und Vollständigkeit geprüft werden. Mängel formeller oder sachlicher Art, die das Ergebnis der Buchführung beeinflussen und nicht berichtigt werden können, sind möglichst durch ergänzende Schätzungen (sog. **Teil- oder Zuschätzungen**) auszugleichen. Nur wenn dies im Einzelfall nicht möglich ist, darf der ganze Gewinn unter Berücksichtigung der verwertbaren Teile der Buchführung geschätzt werden. Da Schätzungen regelmäßig dann vorzunehmen sind, wenn Verletzungen der Mitwirkungspflichten des Steuerpflichtigen vorliegen, ist es nahezu unmöglich gegen das Ergebnis der Schätzung mit Erfolg vorzugehen. Dies gilt auch, wenn dieses als zu hoch empfunden wird. Eine abweichende Beurteilung kann sich ergeben, wenn im Nachhinein Informationen und Dokumente zur Verfügung gestellt werden, zu deren Vorlage der Steuerpflichtige bereits zuvor verpflichtet war.

Literaturhinweise:

▨ Birk, D., Steuerrecht, 9. Aufl. Heidelberg 2006

▨ Lammerding, J., Abgabenordnung und FGO, 15. Aufl. Achim 2005

3.2 Sachlicher Umfang der Besteuerung bei Ausübung in Form eines Einzelunternehmens

3.2.1 Umsatzsteuer

▨ Welche Bedeutung hat die Umsatzsteuer für Unternehmen im Vergleich zu den Ertragsteuern?

▨ Welche haftungsrechtlichen Risiken bestehen für Leistende im Zusammenhang mit der in Rechnung gestellten Umsatzsteuer?

▨ Welche Dokumentationspflichten müssen erfüllt werden, damit Steuerfreiheit, Steuerbegünstigung oder Vorsteuerabzug erlangt werden können?

▨ Welche Gestaltungsmöglichkeiten bietet das Umsatzsteuerrecht?

Grundsätzlich sind die Steuern und deren Höhe von der gewählten Rechtsform der unternehmerischen Tätigkeit abhängig. Bei der Umsatzsteuer ist dies grundlegend anders, denn diese ist als allgemeine **Verbrauchsteuer** von allen Unternehmen zu entrichten.[58] Aus der Zwecksetzung der Steuer, das derjenige, der die Steuer schuldet in den allermeisten Fällen nicht derjenige ist, der sie wirtschaftlich zu tragen hat, sondern der private Endkunde hinsichtlich seines Verbrauchs von Gütern und Dienstleistungen durch die Umsatzsteuer belastet ist, ergibt sich eine Qualifizierung als Besteuerung des Verbrauchs.

Die besondere Bedeutung der Umsatzsteuer ergibt sich daraus, dass jede unternehmerische Betätigung umsatzsteuerlich zu würdigen und die Steuer- und Zahlungspflicht **unabhängig vom wirtschaftlichen Erfolg** der vorgenommenen Unternehmensaktivität ist. Nicht die Leistungsfähigkeit des einzelnen Unternehmers steht im Vordergrund der Besteuerung, sondern ausschließlich der Umstand, dass Güter oder Leistungen verbraucht werden bzw. eine zusätzliche Wertschöpfung erbracht wird. Der Begriff der **Verkehrsteuer** orientiert sich daran, dass eine Besteuerung von rechtsgeschäftlichen Transaktionen erfolgt. Bei diesen Vorgängen des Rechtsverkehrs ist die Besteuerung unabhängig von dem wirtschaftlichen Ergebnis der Tätigkeit. Vielmehr wird an den rechtsgeschäftlichen Vorgang als solchen angeknüpft. Nicht die Leistungsfähigkeit des einzelnen Unternehmers steht im Vordergrund der Besteuerung, sondern ausschließlich der Umstand, dass Güter oder Dienstleistungen verbraucht werden bzw. eine zusätzliche Wertschöpfung, sei es auch nur in der Form einer Preissteigerung, erbracht wird.

Unzutreffend ist die Behauptung, dass die Umsatzsteuer für ein Unternehmen einen quasi durchlaufenden Posten darstelle, der generell weder zu einer Be- noch einer Entlastung führe. Vielmehr kann es – auch bei vorsteuerabzugsberechtigten Unternehmen – regelmäßig zu einer nicht unerheblichen Belastung kommen.

Daher ist es für Unternehmen besonders wichtig, sich mit der umsatzsteuerlichen Behandlung der Leistungen auseinanderzusetzen und die umsatzsteuerlichen Besteuerungsfolgen, insbesondere die Möglichkeit zum Vorsteuerabzug, exakt zu berücksichtigen. So sind beispielsweise unternehmerische Entscheidungen hinsichtlich der Preisfindung bei Kunden zu nennen. Bei Kunden, die nicht zum Vorsteuerabzug berechtigt sind, ergibt sich eine andere Preisschwelle als bei denjenigen, die vorsteuerabzugsberechtigt sind.

Der Unternehmer ist verpflichtet in den Fällen, in denen er steuerbare und steuerpflichtige Umsätze ausführt, die gesetzliche Umsatzsteuer an das Finanzamt abzuführen. Eine Verpflichtung zur Abführung von in einer Rechnung ausgewiesener Umsatzsteuer besteht auch dann, wenn die Umsatzsteuer überhaupt nicht oder in anderer

---

[58] Hinsichtlich der in der Literatur ebenfalls anzutreffenden Qualifizierung der Umsatzsteuer als Verkehrssteuer, vgl. Lippross, O.-G., Umsatzsteuer, 21. Aufl., Achim 2005, S. 45 ff.

Höhe gesetzlich angefallen wäre. Der Unternehmer schuldet somit die gesetzliche Umsatzsteuer, zumindest aber die in der Rechnung ausgewiesene Umsatzsteuer.

Abweichend von dieser Grundregel ist Schuldner der Umsatzsteuer nicht der leistende Unternehmer sondern der empfangende Unternehmer, wenn die Voraussetzungen des § 13b UStG erfüllt sind. Zu denken ist hierbei u. a. an die vorgezogene Lieferung bzw. Erbringung von Dienstleistungen für Privathaushalte vor einer Umsatzsteuererhöhung, wie sie zum Jahreswechsel 2006/2007 zu beobachten war. Auch ganze unternehmerische Konzepte, wie z. B. die des Outsourcings von Leistungen aus dem Gesundheitsbereich von Krankenhäusern, stehen unter dem Vorbehalt der Lösung der umsatzsteuerlichen Probleme. Hierbei kann ein sich möglicherweise ergebender Effizienzvorteil der Ausgliederung unternehmerischer Tätigkeiten durch die aufgrund der geänderten Struktur erforderliche Rechnungstellung von Umsatzsteuer, die nicht als Vorsteuer abgezogen werden kann und somit Preisbestandteil ist, überkompensiert werden.

In Abhängigkeit von den anzubietenden Leistungen, der Eigenschaft der Kunden sowie der Ansässigkeit der Mitkonkurrenten, aber auch der Ansässigkeit der Kunden können sich im Einzelfall nicht unerhebliche Wettbewerbsvor- oder -nachteile eröffnen, die dem Unternehmer große Gestaltungsmöglichkeiten bieten. Hierbei ist insbesondere die zunehmende Internationalisierung der Geschäftsaktivitäten als auch die Möglichkeit für umsatzsteuerliche Zwecke, bestimmte Produkte als digitalisierte sonstige Leistung oder als körperliche Lieferung anzubieten, Beispiele für Steuergestaltungen mit erheblichen wirtschaftlichen Konsequenzen.

Aber auch die sich ergebenden Haftungsrisiken für die einzubehaltende und abzuführende Umsatzsteuer sowie die zum Teil ausufernden Dokumentationsanforderungen für das leistende wie das empfangende Unternehmen, sind zu berücksichtigende Aspekte.

Literaturhinweise:

Zu den Grundlagen der Umsatzsteuer:

- Rose, G., Umsatzsteuer, 16. Aufl., Wiesbaden 2006
- Völkel, D./Klos, H., Umsatzsteuer, 19. Aufl., Stuttgart 2006
- Lippross, O.-G., Umsatzsteuer, 21. Aufl., Achim 2005

sowie als weiterführende Literatur:

- Weimann, R. (Hrsg.), Umsatzsteuer – national und international – Kompakt Kommentar, Stuttgart 2004

und zum internationalen Umsatzsteuerrecht:

- Sender, A./Weilbach, D./Weilbach, A., Praktiker Handbuch zur EU-Umsatzsteuer, 2. Aufl., Heidelberg 2003.

3.2.1.1 Charakter der Umsatzsteuer und Abgrenzung zu anderen Verkehr- und Verbrauchsteuern

▦ Durch welche Merkmale lässt sich die Umsatzsteuer charakterisieren?

▦ Welches Verhältnis besteht zwischen der Umsatzsteuer und anderen Verkehr- und Verbrauchsteuern?

▦ Welche grundlegenden Fragestellungen sind im Rahmen der Umsatzsteuer aus Sicht der Unternehmen zu beachten?

Steuersystematisch knüpft die Umsatzsteuer sowohl an den **Verbrauch** von Gütern oder Dienstleistungen als auch an den **rechtsgeschäftlichen Vorgang** der dem Verbrauch der Güter und Dienstleistungen vorangeht an. Der Zeitpunkt des Verbrauches wird unabhängig vom tatsächlichen Zeitpunkt für steuerliche Zwecke fiktiv bestimmt. Die Besteuerung eines Verbrauches bestimmter Güter, wie z. B. von Mineralöl und Schaumwein mit besonderen Verbrauchsteuern, schließt die Besteuerung nach den Grundsätzen des Umsatzsteuergesetzes nicht aus. Hierdurch entstehen Mehrfachbesteuerungen, die dazu führen, dass Steuern in die Bemessungsgrundlage anderer Steuern einfließen und somit Steuern auf Steuern gezahlt werden müssen.

Beispiel:
Die Kosten für Mineralöl bzw. für Kraftstoffe an Tankstellen ergeben sich zum einen aus dem von dem Mineralölkonzern geforderten Warenpreis plus der Mineralölsteuer und zusätzlich der Umsatzsteuer. Dies führt beispielsweise dazu, dass eine Erhöhung der Mineralölsteuer um 6 % für einen privaten Endkunden faktisch zu einer Erhöhung um mehr als 7 % führt, wenn auf die Erhöhung um 6% noch eine Umsatzsteuer von 19 % hinzugerechnet wird.

Das in Deutschland praktizierte System einer **Allphasen-Netto-Umsatzsteuer** sieht vereinfachend so aus, dass jeder Unternehmer auf seine Umsätze Umsatzsteuer erheben muss, auf der anderen Seite für alle Lieferungen und Leistungen die er bezieht, die darauf lastende Umsatzsteuer, die sog. **Vorsteuer**, erstattet bekommt. Dies veranschaulicht **Abbildung 3-3**, in der davon ausgegangen wird, dass sowohl der Produzent als auch der Händler Unternehmer i. S. d. Umsatzsteuergesetzes sind.[59]

---

[59] Vgl. zur Unternehmereigenschaft i. S. d. UStG ausführlich S. 48 ff.

Abbildung 3-3:   *Grundprinzip der Allphasen-Netto-Umsatzsteuer*

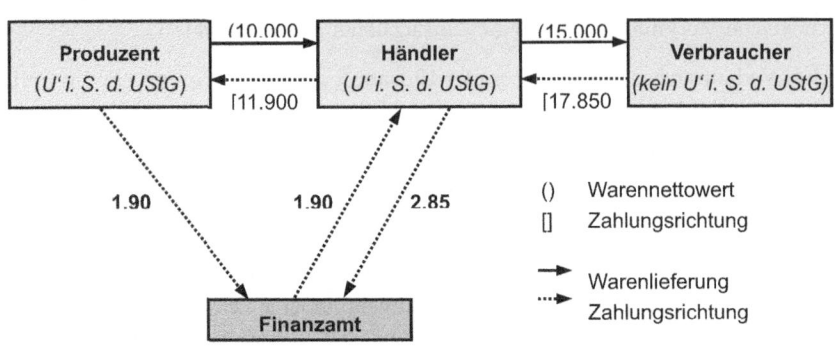

Im Ergebnis führt dieses System dazu, dass bei einem Leistungsaustausch innerhalb einer Kette von Unternehmern jeder einzelne Unternehmer stets nur auf den **von ihm geschaffenen Mehrwert** Umsatzsteuer in Rechnung stellen und abführen muss.[60] Die abzuführende Umsatzsteuer bemisst sich allerdings nach der in Rechnung gestellten Umsatzsteuer abzüglich der anzurechnenden Vorsteuer. Dies ist die Steuer, die der Unternehmer für seine Eingangsumsätze an einen anderen Unternehmer entrichtet hat. Wirtschaftlich führt die Besteuerung auf jeder Ebene der Leistungserbringung bzw. jeder Handelsstufe in Verbindung mit dem Vorsteuerabzug zu einer steuerlichen Belastung in Höhe der Umsatzsteuer auf den geschaffenen Mehrwert. Ob der Unternehmer die Umsatzsteuern wirtschaftlich tragen muss, hängt von seiner Fähigkeit ab, diese Steuer als Preisbestandteil im Rahmen seiner Kalkulation an die Kunden weiterzugeben. Dies dürfte gegenüber ebenfalls zum Vorsteuerabzug berechtigten unternehmerischen Kunden vergleichsweise einfach sein. Bei nicht zum Vorsteuerabzug berechtigten Personen, z. B. bestimmten Unternehmern und allen Privatpersonen, hängt die Überwälzung der Steuer von der wirtschaftlichen Marktmacht des Unternehmers ab.[61] Gelingt es einem Handelsunternehmen mit einer Umsatzrendite von 3 % zum Beispiel nicht, die zum 1. Januar 2007 erfolgte Erhöhung der Umsatzsteuer von 16 % auf 19 % auf die Kunden durch eine entsprechende Preiserhöhung zu überwälzen, kann der gesamte Ertrag des Unternehmens hierdurch aufgezehrt werden. Entsprechende Probleme ergeben sich auch immer dann, wenn eine Erhöhung der Preise um die erhöhte Umsatzsteuer aus preispolitischen Gründen nicht dargestellt

---

60 Hieraus leitet sich der gebräuchliche, aber vom Gesetzgeber nicht verwendete Begriff der Mehrwertsteuer ab.

61 Ein solches Umsatzsteuersystem mit Vorsteuerabzug wird auch in den meisten anderen europäischen Ländern angewandt, aber zum Beispiel nicht in den USA und Japan, die abweichende System mit anderen Belastungsfolgen besitzen.

werden kann. Dies kann z. B. der Fall sein, weil die Erhöhung der Preise für ein Getränk in einer Gaststätte nicht um exakt 3 % erfolgen kann. Gerade bei sich abzeichnenden Erhöhungen der Umsatzsteuern haben Hersteller wie Handelsunternehmen über längere Zeiträume versucht, durch unterschiedliche Maßnahmen, wie z. B. Veränderung der Packungsgröße, versteckte Preisanpassungen vorzunehmen. Diese wurden von den Kunden häufig nicht als solche wahrgenommen.

Die Prüfung umsatzsteuerlicher Fragestellungen folgt dabei stets folgendem Schema:

Abbildung 3-4:   *Prüfungsschema zur Umsatzsteuer*

---

1. Zuordnung zu einer Umsatzart des § 1 Abs. 1 UStG und Feststellung der Steuerbarkeit des Umsatzes anhand der weiteren Kriterien des § 1 UStG.

2. Feststellung darüber, ob eine Steuerfreiheit gegeben ist, wobei sowohl eine persönliche im Sinne des § 4 UStG als auch eine sachliche, wie z. B. im Sinne des § 6 UStG, in Frage kommt.

3. Liegt die Steuerpflicht vor, ist die Bemessungsgrundlage zu ermitteln sowie der entsprechende Steuersatz anzuwenden.

4. Bestimmung, ob der Empfänger zum Vorsteuerabzug berechtigt ist und ob Vorsteuer-Korrekturen vorgenommen werden müssen.

Aus betriebswirtschaftlicher Sicht sind regelmäßig drei Fragestellungen von besonderem Interesse, die im Folgenden eingehender behandelt werden:

▨ Liegt ein **steuerbarer und steuerpflichtiger Umsatz** vor, d. h., muss ein Unternehmer auf einer Rechnung, die er ausstellt, zusätzlich zum Warennettowert die Umsatzsteuer berücksichtigen?[62]

▨ Bei Lieferungen oder sonstigen Leistungen an nicht zum Vorsteuerabzug berechtigte Personen stellt sich insbesondere die kaufmännische Frage der Anwendung des reduzierten **Umsatzsteuersatzes** von aktuell 7 %[63], die erheblichen Einfluss auf die Preispolitik des Unternehmens hat.

---

[62]   Hierbei wird regelmäßig nur die deutsche Umsatzsteuer in Betracht gezogen. Ein Vorgang, der nach deutschem Umsatzsteuerrecht nicht in Deutschland steuerbar und steuerpflichtig ist, kann gleichwohl im Ausland zur Umsatzsteuerpflicht des leistenden Unternehmers führen. Zu den besonderen Schwierigkeiten und den Aufwandsbelastungen zur Ermittlung der umsatzsteuerlichen Pflichten im jeweiligen Ausland, vgl. Kaminski, B./Strunk, G., Steuern in der internationalen Unternehmenspraxis, Wiesbaden 2006, S. 42 ff.

[63]   Die früher einmal geltende Regelung, dass der ermäßigte Umsatzsteuersatz die Hälfte des regulären Steuersatzes beträgt, ist mit der Erhöhung der Umsatzsteuer von 14% auf 16% und ab 2007 auf 19% aufgegeben worden, da der reduzierte Satz bei 7% belassen wurde.

▨ Wenn eine Ware oder Leistung bezogen wird: Inwieweit ist im Rechnungsbetrag **Vorsteuer** enthalten, die sich der Unternehmer vergüten lassen kann? Diese Frage entscheidet letztlich über den Preis, den das Unternehmen wirtschaftlich für diese Ware oder Leistung zu tragen hat.

3.2.1.2 Tatbestandsvoraussetzungen der Umsatzbesteuerung

▨ Welche Voraussetzungen müssen erfüllt sein, damit ein Umsatz der Umsatzsteuer unterliegt?

Ob eine geschäftliche Transaktion unter die Regelung des Umsatzsteuergesetzes fällt, bestimmt sich nach den Voraussetzungen des § 1 UStG. Dieser verlangt kumulativ das Vorliegen der in **Abbildung 3-5** genannten Voraussetzungen. Liegt auch nur eine Voraussetzung nicht vor, so unterbleibt eine Anwendung des Umsatzsteuergesetzes, da keine steuerbaren Umsätze vorliegen. Sind diese Tatbestandsmerkmale hingegen erfüllt, so bedeutet dies nicht, dass damit automatisch Umsatzsteuer auf die Umsätze zu bezahlen ist. Vielmehr enthält das UStG eine Reihe von Steuerbefreiungen, nach denen Umsätze, die eigentlich der Umsatzsteuer unterlägen, infolge bestimmter Ausnahmen steuerbefreit werden. Es handelt sich dann um Umsätze, die zwar steuerbar, aber nicht steuerpflichtig sind. Dies veranschaulicht nochmals die folgende Grafik.

Abbildung 3-5:   *Voraussetzungen für steuerbare Umsätze (§ 1 UStG)*

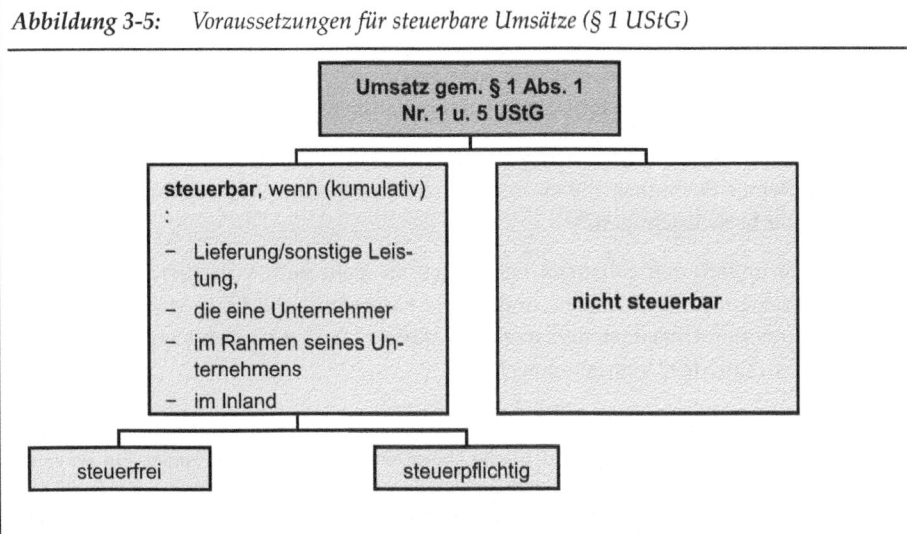

Hiermit wird zugleich die Grundstruktur der Umsatzbesteuerung deutlich. Zunächst muss geprüft werden, ob überhaupt Umsätze i. S. d. Umsatzsteuergesetzes gegeben sind. Bei steuerbaren Umsätzen ist im nächsten Schritt zu prüfen, ob diese steuerpflichtig oder steuerfrei sind, um eine etwaige Be- oder Entlastungswirkung für den steuerpflichtigen Unternehmer zu erkennen. Grundsätzlich ist jeder steuerbare Umsatz steuerpflichtig, es sei denn, er ist ausdrücklich als steuerfrei gekennzeichnet. Diese Steuerfreiheit kann sich entweder aus der Person des Unternehmers oder der Tätigkeit ergeben. Aufgrund der Belastungswirkungen der Umsatzsteuer für den privaten Endkunden sind Steuerbefreiungen zumeist durch soziale oder sonst als förderungswürdig angesehene Gründe gerechtfertigt. Typische Fälle der persönlichen Steuerfreiheit sind:

- Diplomatische Missionen,

- Nato-Partner,

- Zwischenstaatliche Einrichtungen.

Weitaus bedeutender sind die Steuerbefreiungen, die aufgrund bestimmter Tätigkeiten den Unternehmern gewährt werden, die die Voraussetzungen für die Steuerbefreiung erfüllen, wie z. B.:

- Steuerbefreiung für Vermietungs- und Verpachtungsumsätze im Zusammenhang mit Grundstücken und grundstücksgleichen Berechtigungen, wie z. B. die Vermietung von Wohnraum zur langfristigen Nutzung[64],

- Steuerbefreiungen für Export- und Importumsätze,

- Steuerbefreiungen für Umsätze im Geld- und Kapitalverkehr[65],

- Steuerbefreiungen für Umsätze, die bereits mit einer anderen Verkehrsteuer belastet sind[66].

Die Steuerfreiheit der zu erbringenden Ausgangsumsätze hat für die Unternehmen allerdings oftmals zur Folge, dass sie ihre **Vorsteuerabzugsberechtigung** für die Ein-

---

[64] Als Beispiel für die Komplexität des Umsatzsteuerrechts mag es dienen, dass die kurzfristige Überlassung von Räumlichkeiten zur Beherbergung von Personen ebenso nicht steuerbefreit ist wie die Campingplatzvermietung (unabhängig von ihrer Dauer), sondern dem regulären Steuersatz unterworfen wird. Die Abgrenzung wann eine kurzfristige und wann eine langfristige Überlassung vorliegt, kann nur anhand einer ausgiebigen Kasuistik der Finanzgerichte entschieden werden.

[65] Diese Steuerbefreiungstatbestände, die vor allem Banken und Finanzinstitute betreffen sind historisch begründet und stehen seit vielen Jahren in der Diskussion. So bemüht sich beispielsweise die EU die Steuerbefreiungstatbestände für diese Branche aufzuheben, doch ist die Diskussion innerhalb der Union derzeit noch nicht abgeschlossen. Vgl. Weimann, in: Weimann (Hrsg.), Umsatzsteuer, Stuttgart 2004, a. a. O. S. 255 ff.

[66] Die Vorschrift soll verhindern, dass ein Vorgang zweimal einer Verkehrsteuer unterliegt und schließt daher eine erneute Besteuerung mit Umsatzsteuer in den Fällen aus, in denen bereits eine Besteuerung nach dem Grunderwerbsteuergesetz, der Versicherungsteuer oder der Rennwett- und Lotteriesteuer erfolgt ist.

gangsumsätze **verlieren**. In diesen Fällen kann es betriebswirtschaftlich sinnvoll sein, von dem Recht auf **Verzicht** der Umsatzsteuerfreiheit Gebrauch zu machen. Der Verzicht auf Steuerbefreiungen nach § 9 Abs. 1 UStG ist auf die Umsätze nach § 4 Nr. 8 lit. a) – g), Nr. 9 lit. a), Nr. 12, 13 oder 19 beschränkt. Eine solche Vorgehensweise ist immer dann sinnvoll, wenn der Empfänger der Leistung aufgrund der eigenen Vorsteuerabzugsberechtigung die alternativ zu erhebende Umsatzsteuer nicht als wirtschaftliche Belastung empfindet und das leistende Unternehmen für die Erbringung erhebliche Eingangsumsätze getätigt hat, für die die Vorsteuer sonst nicht abziehbar wäre. Anders als bei Ausfuhrlieferungen und innergemeinschaftlichen Lieferungen, bei denen der leistende Unternehmer seine Vorsteuerabzugsberechtigung für seine Eingangsumsätze trotz Steuerfreiheit der Ausgangsumsätze nicht verliert, besteht bei den oben genannten anderen Steuerbefreiungen eine untrennbare Verbindung zwischen Steuerfreiheit und Untersagung des Vorsteuerabzugs.

Beispiel für Verzicht auf Steuerbefreiung:
Der Hausbesitzer X vermietet ein Ladenlokal an eine Bäckerei, ein weiteres Ladenlokal an einen Arzt und mehrere Wohnungen zur privaten Nutzung an diverse Freiberufler und Beamte. Da der Verzicht auf die Steuerbefreiung auch partiell erfolgen kann, bietet sich im vorliegenden Fall der Verzicht auf die Steuerbefreiung und den damit einhergehenden Verlust des Vorsteuerabzugs nur für bestimmte Umsätze an. Die Vermietung gegenüber der vorsteuerabzugsberechtigten Bäckerei erscheint sinnvoll, da dann die zuzurechnenden Eingangsumsätze dem Vorsteuerabzug unterliegen. Eine Miete inklusive Umsatzsteuer werden demgegenüber der Arzt sowie die privaten Mieter kaum akzeptieren, so dass sich die Beibehaltung der Umsatzsteuerbefreiung anbietet. Während die Privatpersonen grundsätzlich nicht zum Vorsteuerabzug berechtigt sind, ergibt sich die Versagung des Vorsteuerabzugs für den Arzt daraus, dass seine Ausgangsumsätze steuerfrei sind und er auch nicht auf die Befreiung gem. § 9 UStG verzichten kann.

Im Folgenden wird zunächst auf die allgemeinen, bereits in **Abbildung 3-5** genannten Tatbestandsvoraussetzungen der Umsatzbesteuerung eingegangen, die unabhängig von der besonderen Leistungsart erfüllt sein müssen. Danach werden die Regelungen über die Steuerbefreiung von steuerbaren Umsätzen behandelt. Voraussetzung für umsatzsteuerlich relevante Vorgänge ist, dass ein Unternehmer im Rahmen seines Unternehmens Umsätze gegen Entgelt im Inland **ausführt.**

3.2.1.2.1   Unternehmereigenschaft

▪ Welche Voraussetzungen müssen erfüllt sein, um die Unternehmereigenschaft im Sinne des Umsatzsteuergesetzes zu erfüllen?

▪ Welches Verhältnis besteht im Bereich der Umsatzsteuer zwischen dem Begriff des Unternehmens und dem des Unternehmers?

▪ Welches Verhältnis besteht zwischen dem Begriff des Unternehmers im Sinne des Umsatzsteuergesetzes und im Einkommensteuergesetz?

Die Frage, ob eine Unternehmereigenschaft i. S. d. Umsatzsteuergesetzes vorliegt, ist sowohl für den Erbringer als auch den Empfänger einer Lieferung oder Leistung von großer Bedeutung. Die Unternehmereigenschaft ist eine der zwingend zu erfüllenden Voraussetzungen zur Annahme **steuerpflichtiger Umsätze beim Leistenden und** gewährt beim Leistungsempfänger regelmäßig den **Vorsteuerabzug**.[67] Die gesetzliche Unternehmerdefinition findet sich in § 2 Abs. 1 UStG. Sie gilt für jede Art der Tätigkeit und wird in der folgenden **Abbildung 3-6** zusammenfasst.

Abbildung 3-6:   *Unternehmerdefinition i. S. d. § 2 Abs. 1 UStG*

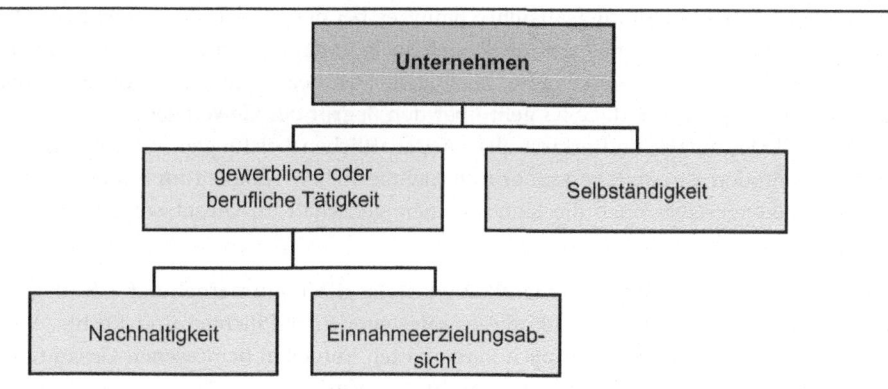

Voraussetzung für die Unternehmereigenschaft ist die selbständige und nachhaltige Ausübung einer gewerblichen oder beruflichen Tätigkeit. Hinsichtlich der Begriffsdefinitionen Nachhaltigkeit, Selbständigkeit sowie Gewerblichkeit knüpft das Umsatzsteuerrecht an die Tatbestandsvoraussetzungen für das Vorliegen gewerblicher Einkünfte an das Einkommensteuerrecht an.[68] Im Ergebnis bedeutet dies, dass ein Einzelunternehmer immer dann Unternehmer sind, wenn er **Einkünfte im Sinne des § 15 EStG** erzielt. Für Zwecke der Umsatzsteuer hat jedoch regelmäßig eine Auslegung nach der 6. EU-Richtlinie[69] zu erfolgen, so dass die Tatbestandsvoraussetzungen des Einkommensteuergesetzes nur insoweit Anwendung finden als sie im Einklang mit dem EU-Recht stehen. Hiervon ist regelmäßig auszugehen.

---

[67]   Ausnahmen sind hierbei die Formen des partiellen oder vollständigen Vorsteuerabzugsverbotes gem. § 15 Abs. 2 UStG.

[68]   Vgl. zu diesem Kriterium S. 93 f.

[69]   Vom 17.5.1977, ABl. Nr. L 145, S. 1.

Allerdings können Einzelpersonen auch dann als Unternehmer i. S. d. Umsatzsteuergesetzes anzusehen sein, wenn sie andere, nicht gewerbliche Tätigkeiten nachhaltig und selbständig ausüben.

Beispiel:

Ein Steuerberater geht gem. § 18 Abs. 1 Nr. 1 EStG einer freiberuflichen Tätigkeit nach. Ausweislich des § 15 Abs. 2 EStG ist Voraussetzung für das Vorliegen eines Gewerbebetriebs, dass es sich hierbei nicht um eine selbständige Tätigkeit i. S. d. § 18 EStG handelt. Daher liegt nach ertragsteuerlichen Grundsätzen keine Gewerblichkeit vor, dem steht die Unternehmereigenschaft (i. S. d. UStG) des Steuerberaters jedoch nicht entgegen.

Der Begriff der beruflichen Tätigkeit führt dazu, dass jede Aktivität mit dem Ziel der Einnahmeerzielung zur Unternehmereigenschaft führt. Auf die für die Ertragsteuer wesentliche **Gewinnerzielungsabsicht** kommt es bei der Umsatzsteuer nicht an. Die Absicht Einnahmen zu erzielen, führt jedoch auch zu dem Erfordernis, sich am allgemeinen wirtschaftlichen Verkehr zu beteiligen. Der Begriff der gewerblichen oder beruflichen Tätigkeit i. S. d. UStG geht über den Begriff des Gewerbebetriebes gem. § 15 Abs. 2 EStG hinaus und erfasst alle wirtschaftlichen Leistungen.[70] Infolge dieser weiten Definition ist i. d. R. mit einer unternehmerischen Tätigkeit im Sinne des Einkommensteuergesetzes auch die Unternehmereigenschaft im Umsatzsteuerrecht verbunden.

Hiervon unberührt bleibt die Qualifikation als sog. **Kleinunternehmer** i. S. d. § 19 UStG. Diese führt zur Einschränkung umsatzsteuerlicher Pflichten und Rechte. Voraussetzung hierfür ist, dass die nach vereinbarten Entgelten bemessenen Gesamtumsätze (i. S. d. § 19 Abs. 3 UStG) nicht überschritten werden:

- Gesamtumsatz des vorangegangenen Kalenderjahres 17.500,- € und

- für das laufende Kalenderjahr voraussichtlich 50.000,- €.

Kleinunternehmer dürfen weder in ihren Ausgangsumsätzen Umsatzsteuer ausweisen noch die aus Eingangsumsätzen zu zahlende Umsatzsteuer als Vorsteuer geltend machen. Diese Rechtsfolge ergibt sich aus § 19 Abs. 1 UStG. Sie kann jedoch durch eine Erklärung des Unternehmers gegenüber seinem Finanzamt nach § 19 Abs. 2 UStG dahingehend aufgehoben werden, dass eine normale Besteuerung mit Umsatzsteuerausweis und Vorsteuerabzugsberechtigung zum Tragen kommt. Aus betriebswirtschaftlicher Sicht kann ein solcher Antrag sinnvoll sein, wenn der Unternehmer aufgrund umfangreicher Eingangsumsätze, aber vergleichsweise geringer Ausgangsumsätze zur Regelbesteuerung und damit zum **Vorsteuerabzug optiert**. Demgegenüber ist er zumeist gut beraten, eine Besteuerung als Kleinunternehmer vorzunehmen, wenn für seine Kunden die ausgewiesene Umsatzsteuer einen Preisbestandteil darstellt, der wegen des fehlenden Vorsteuerabzugs definitiv wird. Auch aufgrund des

---

70 Vgl. BFH-Urt. vom 31.7.1969, V 94/65, BStBl. II 1969, S. 637.

nicht zu unterschätzenden Verwaltungsaufwandes für den Steuerpflichtigen sollte im Einzelfall genau geprüft werden, ob eine Option zur Behandlung als Unternehmer gem. § 19 UStG beantragt wird, an die der Unternehmer für einen Zeitraum von fünf Jahren gebunden ist.

Die unternehmerische Tätigkeit des Steuerpflichtigen erfasst hierbei seine gesamten wirtschaftlichen Aktivitäten soweit sie nicht dem privaten, außerunternehmerischen Bereich zuzuordnen sind. Insoweit hat ein Einzelunternehmer, unabhängig davon, wie vielen unternehmerischen Tätigkeiten er gleichzeitig oder nachgelagert nachkommt, stets nur ein Unternehmen. Diesem einen Unternehmen sind alle Umsätze zuzuordnen. Eine Betrachtungsweise je nach Tätigkeit, z. B. zur Erlangung der Kleinunternehmer-Regelung, ist nicht zulässig.

Tätigkeiten des Einzelunternehmers, die nicht seinem unternehmerischen Bereich zugeordnet werden können, unterliegen auch nicht der Umsatzsteuer oder berechtigen zum Vorsteuerabzug. Folglich sind die Tatbestandsvoraussetzungen für das Vorliegen steuerbarer Umsätze im Hinblick auf den Unternehmer nur erfüllt, wenn diese Umsätze auch **im Rahmen seines Unternehmens** entstehen.

Von besonderer Bedeutung im Rahmen der Unternehmereigenschaft ist die Frage des Besteuerungsverfahrens. Steuerpflichtige Unternehmer müssen regelmäßig die in Rechnung gestellte Umsatzsteuer bereits zum Zeitpunkt der Rechnungsstellung nach erfolgter Leistungserbringung an das Finanzamt abführen. Dies gilt unabhängig davon, ob und wann die Forderung beglichen wird. Eine solche Besteuerung nach vereinbarten Entgelten kann insbesondere für kleine Unternehmen eine erhebliche Liquiditätsbelastung bedeuten. Unter bestimmten Voraussetzungen können Unternehmen eine Besteuerung nach vereinnahmten Entgelten vornehmen. Dies führt dazu, dass nur die Umsatzsteuer aus Rechnungen abzuführen ist, bei denen der Leistungsempfänger die Rechnung bezahlt hat und dem Leistenden Liquidität zugeflossen ist. Die Auswirkungen sind beachtlich. Hierdurch kann die Notwendigkeit einer Vorfinanzierung der Umsatzsteuer durch den Unternehmer verhindert werden. Im Ergebnis kommt es zu einer verbesserten Liquiditätslage, weil die vom Kunden erhaltene Umsatzsteuer nur weitergeleitet werden muss.

3.2.1.2.2   Inland

▨ Inwieweit wird der Bezug zum Inland durch die Umsatzsteuer gewahrt?

▨ Welche unterschiedlichen „Gebiete" müssen für Zwecke der Umsatzsteuer unterschieden werden?

Eine Steuerbarkeit von Umsätzen liegt nur vor, wenn sie „im Inland" ausgeübt werden. Damit wird dem international gebräuchlichen Prinzip der Territorialbesteuerung gefolgt. Zugleich wird dem **Bestimmungslandprinzip** Rechnung getragen. Danach erfolgt die Belastung von Waren mit der Steuer, die im Land der Bestimmung, also des Abnehmers bzw. dem Ort der zukünftigen Verwendung, gilt. Wenngleich die Festlegung des Ortes der Lieferung oder Leistung in Abhängigkeit von der Umsatzart unterschiedlich ist, gilt für alle Umsätze einheitlich die Definition des Inlandes i. S. d. § 1 Abs. 2 UStG. Es handelt sich hierbei um das Gebiet der Bundesrepublik Deutschland mit Ausnahme der Gemeinde Büsingen, der Insel Helgoland, der Freihäfen sowie einiger weiterer im Gesetz abschließend genannter Ausschlussgebiete. Bei letzteren handelt es sich um Gebiete, die zwar zum Hoheitsgebiet der Bundesrepublik Deutschland gehören, umsatzsteuerlich aber nicht als Inland anzusehen sind. Während die Zollausschlussgebiete sowie die Zollfreigebiete (Freihäfen, deutsche Schiffe auf hoher See) nicht zum Inland gehören, sind ausländische Botschaftsgebäude sowie der Luftraum über der Bundesrepublik Deutschland Teil des Inlands.

Im Zusammenhang mit der örtlichen Abgrenzung von Umsätzen ist noch der Begriff des **„übrigen Gemeinschaftsgebiets"** von großer Bedeutung. Er ist entscheidend für die Besteuerung beim sog. innergemeinschaftlichem Erwerb und innergemeinschaftlichen Lieferungen. Hierunter sind Lieferungen und Leistungen zu verstehen, die von einem Unternehmer eines Mitgliedsstaats der Europäischen Union in einen anderen Mitgliedstaat der Union erfolgen[71]. Beim „übrigen Gemeinschaftsgebiet" handelt es sich – unter Berücksichtigung einiger Ausnahmen – um das Staatengebiet der Mitgliedsländer der Europäischen Gemeinschaft.[72] Der Rest der Welt, der nicht Inland im Sinne des § 1 Abs. 2 UStG und nicht übriges Gemeinschaftsgebiet i. S. d. § 1 Abs. 2a UStG ist, wird als **Drittlandsgebiet** bezeichnet. Diese Festlegung ist für die Erlangung der Steuerfreiheit bei Ausfuhrlieferungen von Bedeutung. Die folgende **Abbildung 3-7** fasst die unterschiedlichen, auf das Territorium bezogenen Begriffe nochmals zusammen.

---

[71] Hinsichtlich der Besonderheiten in Abhängigkeit von der Eigenschaft des Kunden (Unternehmer oder Privatperson) bei innergemeinschaftlichen Lieferungen, vgl. Kaminski, B./Strunk, G., Steuern in der internationalen Unternehmenspraxis, Wiesbaden 2006, S. 42 ff .

[72] Zur exakten Bestimmung bedarf es der gesetzlichen Definition der nationalen Umsatzsteuergesetze.

Abbildung 3-7: *Abgrenzung der Territorien für Zwecke der Umsatzsteuer*

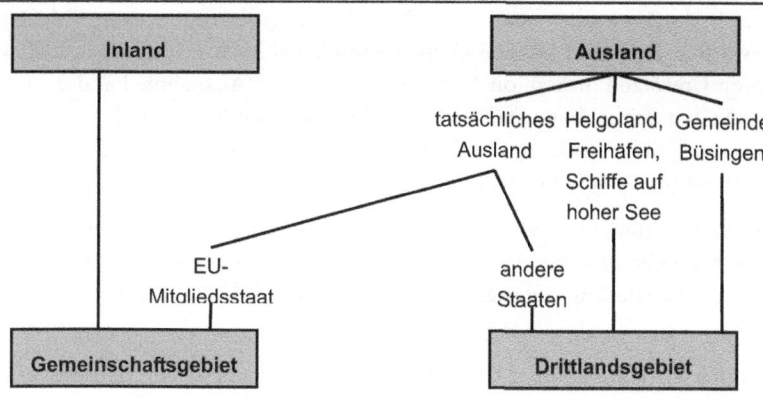

3.2.1.2.3   Entgeltlichkeit als Indiz für einen Leistungsaustausch

▨ Unterliegen nur Leistungen gegen Geld der Umsatzsteuer?

▨ Kann durch die Vereinbarung z. B. eines Warentausches eine Belastung mit Umsatzsteuer vermieden werden, was insbesondere im Verhältnis zu Nichtunternehmern (i. S. d. Umsatzsteuergesetzes) zu erheblichen Vorteilen führen würde?

Die Steuerbarkeit der Umsätze von Unternehmern im Inland setzt voraus, dass diese gegen Entgelt erbracht worden sind.[73] Der Begriff des Entgelts impliziert begrifflich einen **Leistungsaustausch**. Es werden hierfür mindestens zwei Beteiligte benötigt, der Leistende sowie der Leistungsempfänger.

Beispiel:
Ein Unternehmen unterhält Produktionsstätten in München und Hamburg. Vorprodukte werden in Hamburg hergestellt und in München weiterverarbeitet. Wenn Waren aus der Hamburger Betriebsstätte in die Münchener verbracht werden, stellt dies keinen Umsatz im Sinne des UStG dar. Vielmehr handelt es sich um einen sog. Innenumsatz, der nicht steuerbar ist.[74]

Erforderlich für den Leistungsaustausch ist die wirtschaftliche Kausalität zwischen Leistung und Gegenleistung. Jeder Leistung muss die zugehörige Gegenleistung indi-

---

[73] Vgl. zu den Voraussetzungen für steuerbare Umsätze nochmals **Abbildung 3-5** auf S. 46.

[74] Betriebsstätten, selbst wenn sie im Handelsregister eingetragene Zweigniederlassungen darstellen, begründen kein eigenes Unternehmen, sondern sind rechtlich unselbständiger Bestandteil eines Unternehmens.

viduell zugeordnet werden können. Nach der Rechtsprechung des BFH hat diese Beurteilung nach wirtschaftlichen Gesichtspunkten zu erfolgen. Danach soll ein Leistungsaustausch gegeben sein, wenn eine Gegenleistung verlangt wurde, sie üblich oder nur erwartbar ist. Somit können in Ausnahmefällen auch vertragslose Zustände zu steuerbaren Umsätzen führen, doch dürfte dies eher die Ausnahme bei den Unternehmenstätigkeiten sein. Hingegen liegt kein Leistungsaustausch vor, wenn es an dieser Kausalität fehlt. Dies ist typischerweise bei Schenkungen und Schadenersatz durch Naturalrestitution oder Geldzahlung der Fall.

Abweichend vom Grundsatz, dass steuerbare Umsätze nur vorliegen, wenn ein Leistungsaustausch gegeben ist, hat der Gesetzgeber Entnahme- wie Eigenverbrauchstatbestände als fiktive Lieferung gegen Entgelt gem. § 3 Abs. 1b UStG definiert.

Beispiel:
Der Weinhändler W (Unternehmer i. S. d. UStG) entnimmt aus seinem Betriebsvermögen eine Flasche Wein aus dem Geburtsjahrgang seines Freundes F und schenkt ihm diese zum Geburtstag. Zwar fehlt es an einem Entgelt, gleichwohl liegt eine unentgeltliche Lieferung i. S. d. § 3 Abs. 1b UStG vor, weil die Flasche Wein für einen unternehmensfremden Zweck entnommen wird.

3.2.1.2.4 Charakterisierung der steuerbaren Umsätze

▨ Wann liegen steuerbare Umsätze i. S. d. UStG vor?

Zu den steuerbaren Umsätzen gehören gem. § 1 Abs. 1 Nr. 1 UStG Lieferungen und sonstige Leistungen, sowie die Einfuhr von Gegenständen aus dem Drittlandsgebiet, also Gebiete, die nicht Inland und nicht EU-Gemeinschaftsgebiet sind[75], gem. § 1 Abs. 1 Nr. 4 UStG und der innergemeinschaftliche Erwerb gem. § 1 Abs. 1 Nr. 5 UStG. Außerdem wird der Eigenverbrauch besteuert, indem gem. § 3 Abs. 1b UStG Entnahmen und unentgeltliche Zuwendungen an das Personal einer entgeltlichen Lieferung gleichgestellt werden. Hinsichtlich der Bemessungsgrundlage ist gem. § 10 Abs. 4 UStG auf die Kosten oder sich an Märkten ergebende Einkaufspreise abzustellen. Hauptgegenstand der umsatzsteuerlich relevanten Leistungen sind **Lieferungen** und **sonstige Leistungen** gegen Entgelt gegenüber Dritten. Diese werden im Folgenden ausführlicher dargestellt.

3.2.1.2.4.1 Lieferungen

▨ Wann liegen Lieferungen i. S. d. UStG vor?

▨ Wie sieht das Verhältnis zwischen einer Lieferung i. S. d. UStG und der zivilrechtlichen Eigentumsverschaffung aus?

---

[75] Vgl. zur territorialen Abgrenzung nochmals **Abbildung 3-7**.

Eine Lieferung beinhaltet die **Verschaffung der Verfügungsmacht über Gegenstände** sowie über abschließend aufgezählte Erscheinungsformen von Leistungen, die nicht nur im allgemeinen Sprachgebrauch, sondern auch für umsatzsteuerliche Zwecke wie Gegenstände behandelt werden, obgleich sie die körperlichen Eigenschaften hierfür nicht erfüllen.[76] Als Gegenstände im Sinne des § 3 Abs. 1 UStG werden ausschließlich körperliche, materiell fassbare Sachen i. S. d. § 90 BGB sowie § 90a BGB (Tiere), Sachgesamtheiten und solche Wirtschaftsgüter angesehen, die im Wirtschaftsverkehr wie körperliche Sachen behandelt werden, z. B. elektrischer Strom, Wärme, Firmenwert und Kundenstamm. Nicht zu den Gegenständen im umsatzsteuerlichen Sinne gehören Rechte. Deren Übertragung stellt eine sonstige Leistung im Sinne des § 3 Abs. 9 UStG dar.[77] Problematisch ist in der jüngeren Vergangenheit insbesondere der Fall von sog. „copyrighted articles", also Produkten, wie z. B. Standardsoftware oder Film- und Musikstücken in digitalisierter Form, die zur Nutzung des Produktes auch eine begrenzte Einräumung von Rechten an den zugrunde liegenden Urheberrechten erfordern. Werden diese Rechte im Zusammenhang mit der Lieferung einer CD oder DVD eingeräumt ist nach allgemeiner Verkehrsanschauung von einer Lieferung auszugehen. Demgegenüber liegt eine sonstige Leistung vor, wenn beispielsweise das Musikstück im Wege des Downloads über das Internet heruntergeladen wird. Diese Differenzierung hat nicht nur Auswirkungen auf die Bestimmung des Ortes des Umsatzes sondern auch auf die Höhe des anzuwendenden Steuersatzes, wie nachfolgend erläutert wird.

Bei der Lieferung kommt es nicht auf die Art und Weise des schuldrechtlichen Vertragsschlusses oder die Art dessen Herbeiführung an. Entscheidend ist, ob ein **dingliches Erfüllungsgeschäft** vorliegt und wo sich der Ort befindet, an dem die Verfügungsmacht verschafft wird. Dabei soll es nach Auffassung der Finanzverwaltung nicht auf den zivilrechtlichen Übergang des Eigentums ankommen. Vielmehr reicht der übereinstimmende Wille zur Übertragung des Eigentums durch entsprechende Handlungen aus. Gem. Abschn. 24 Abs. 2 UStR ist dies gegeben, wenn der Abnehmer faktisch mit dem Gegenstand nach Belieben verfahren und insbesondere all die Handlungen vornehmen kann, die typischerweise nur dem Eigentümer zustehen.[78] Der Regelfall wird jedoch sein, dass der umsatzsteuerlich relevante Übergang mit dem **zivilrechtlichen Eigentumsübergang** übereinstimmt.[79]

In Ausnahmefällen muss die Besitzverschaffung jedoch unterbleiben. Dies ist z. B. der Fall, wenn der Erwerber bereits im Besitz der Sache ist oder ein Herausgabeanspruch

---

[76] Eine Sachgesamtheit stellt die Zusammenfassung mehrerer selbständiger Gegenstände zu einem einheitlichen Ganzen dar, das wirtschaftlich als ein anderes Wirtschaftsgut angesehen wird als die Summe der einzelnen Gegenstände, z. B. das Inventar bei einer Betriebsverpachtung (vgl. BFH-Urt. vom 25.1.1968, V 161/64, BStBl. II 1968, S. 331).

[77] Vgl. auch die entsprechenden Ausführungen in Abschn. 24 Abs. 1 UStR.

[78] Diese Formulierung entspricht weitgehend dem Gedanken des wirtschaftlichen Eigentums gem. § 39 Abs. 2 Nr. 1 AO.

[79] Keine zwingende Synchronität, vgl. BFH-Urt. vom 12.5.1993, XI R 56/90, BStBl. II 1993, S. 847.

abgetreten wird oder Traditionspapiere, wie z. B. Konnossamente, übergeben werden. Abweichend von den eindeutigen Formen der Eigentumsübertragung sind rechtliche Kreditsicherungsinstrumente, wie z. B. die Sicherungsübereignung und der Eigentumsvorbehalt, für die Umsatzsteuer wie eine Eigentumsübertragung zu behandeln. Kommt es demgegenüber zur Inanspruchnahme des Sicherungsinstrumentes liegt ein neuer, umsatzsteuerlich gesondert zu würdigender Sachverhalt vor.

Beispiel für Sicherungsübereignung:
Ein Juwelier (Unternehmer) übereignet der Bank seinen gesamten Warenbestand zur Sicherung eines Kredits. Zivilrechtlich ist die Bank Eigentümer des Warenlagers, doch darf sie erst über die Waren verfügen, wenn der Juwelier seiner Rückzahlungsverpflichtung nicht nachkommt. Insoweit bleibt der Unternehmer wirtschaftlicher Eigentümer seiner Waren, so dass solange kein Leistungsaustausch vorliegt, wie eine Verwertung des Sicherungsgutes unterbleibt.[80]

Beispiel für Eigentumsvorbehalt:
Will der Unternehmer die Anschaffung einer größeren Anlage ratenweise bezahlen und gewährt ihm der Lieferant die Nutzung unter Eigentumsvorbehalt, so liegt im Zeitpunkt der Anschaffung der Anlage ein umsatzsteuerlich relevanter Umsatz vor, selbst wenn der Lieferant bis zur vollständigen Bezahlung Eigentümer der Anlage bleibt. Wirtschaftlich gesehen ist der erwerbende Unternehmer bereits Eigentümer der Anlage, solange er seinen Ratenzahlungsverpflichtungen nachkommt. Ist dies nicht mehr der Fall, liegt wiederum ein eigenständiger umsatzsteuerlich zu würdigender Vorgang vor.

Beispiel für Übergabe von Traditionspapieren:
Eine Schiffsladung Holz aus Brasilien befindet sich auf hoher See. Hierüber soll ein Verfügungsgeschäft vorgenommen werden. Die über die Fracht ausgestellten Konnossamente werden per Luftpost nach Deutschland geschickt. Mit dem Zugang in Deutschland erlangt der deutsche Abnehmer den Besitz an der Schiffsladung.

Voraussetzung für eine Umsatzsteuerbarkeit ist – wie oben bereits erwähnt – die Lieferung im Inland. Bei Lieferungen von Anbietern aus EG-Mitgliedstaaten an Nichtunternehmer im Inland kann gem. § 3c UStG eine Ortsverlagerung vom Ursprungsland (= EU-Ausland) in das Bestimmungsland (= Inland) gegeben sein, wenn der Anbieter die maßgebende Lieferschwelle überschreitet. Der Steuerausweis von Anbietern aus Drittstaaten richtet sich nach den jeweiligen Vorschriften des Ansässigkeitsstaates. Aus deutscher Sicht sind die zoll- und umsatzsteuerlichen Formalitäten im Rahmen der Einfuhr in die EG, wie z. B. die Entrichtung der Einfuhrumsatzsteuer, zu beachten.

---

[80] Nach Auffassung der Finanzverwaltung unter Bezugnahme auf das BFH-Urt. vom 6.10.2005, V R 20/04, BStBl. II 1996, S. 931 (vgl. BMF-Schreiben vom 30.11.2006, IV A 5 – S 7100 – 166/06, DStR 2006, S. 2259) liegt in der Verwertung des Sicherungsgutes ein Mehrfachumsatz, da zunächst vom Sicherungsgeber an den Sicherungsnehmer übertragen wird und von diesem dann an den Endkunden.

3.2.1.2.4.2 Sonstige Leistungen

▣ Wann liegen sonstige Leistungen vor?

▣ Worin besteht der Unterschied zwischen Lieferungen und sonstigen Leistungen?

▣ Welche Fälle können als Beispiele für sonstige Leistungen angeführt werden?

Der Begriff der sonstigen Leistung wird in negativer Abgrenzung zur Lieferung gem. § 3 Abs. 9 UStG als Leistung definiert, die **nicht Lieferung** ist. Im Ergebnis bedeutet dies, dass jedes Tun, Dulden oder Unterlassen als sonstige Leistung zu behandeln ist, wenn hierin nicht eine Lieferung gesehen werden kann. Die praktische Bedeutung dieser Leistungsart ist in einer Dienstleistungsgesellschaft besonders groß. Verstärkt wird diese Entwicklung durch die Internationalisierung und Digitalisierung zahlreicher Leistungsbeziehungen. Alle digital übertragbaren Produkte, die auch tatsächlich in dieser Weise übertragen werden, sind als sonstige Leistungen im Sinne des § 3 Abs. 9 UStG anzusehen. Typische Leistungen sind:

▣ Vermietungsleistung,

▣ Darlehensgewährung,

▣ Beratungsleistungen und vergleichbare Dienstleistungen,

▣ Beförderungsleistungen,

▣ handwerkliche Arbeiten,

▣ Vermittlungsleistungen und

▣ Einräumung bzw. Übertragung von Rechten.

3.2.1.2.5 Konkrete Ortsbestimmung bei unterschiedlichen Leistungsarten

▣ Warum ist eine Ortsbestimmung für Zwecke der Umsatzsteuer überhaupt erforderlich?

Wie die obigen Ausführungen gezeigt haben, ist Voraussetzung für die Steuerbarkeit von Umsätzen, dass ein Unternehmer Lieferungen bzw. sonstige Leistungen im Rahmen seines Unternehmens **im Inland** gegen Entgelt ausführt. Deshalb ist von großer Bedeutung, an welchem Ort die jeweilige Leistungsart als ausgeführt gilt. Dabei ist zu beachten, dass das UStG hierfür unterschiedliche Regelungen in Abhängigkeit davon vorsieht, um welche Leistungsart es sich handelt.

3.2.1.2.5.1 Ortsbestimmung bei Lieferungen

▣ Wie erfolgt die Bestimmung des Ortes bei Lieferungen, insbesondere in den Fällen des Exports?

Nach dem deutschen Umsatzsteuer-Binnenmarktgesetz[81], also dem Umsetzungsgesetz der 6. EG-Richtlinie, wird bei Auslandslieferungen zwischen Lieferungen unterschieden, die entweder in das übrige Gemeinschaftsgebiet gehen (innergemeinschaftliche Lieferungen) oder aus dem Inland ins Drittlandsgebiet (Ausfuhrlieferung) erfolgen. Hierbei sind eine Reihe von Fällen zu unterscheiden, die mit Hilfe von **Abbildung 3-8** erläutert werden.

Abbildung 3-8:   *Umsatzsteuer beim Export*

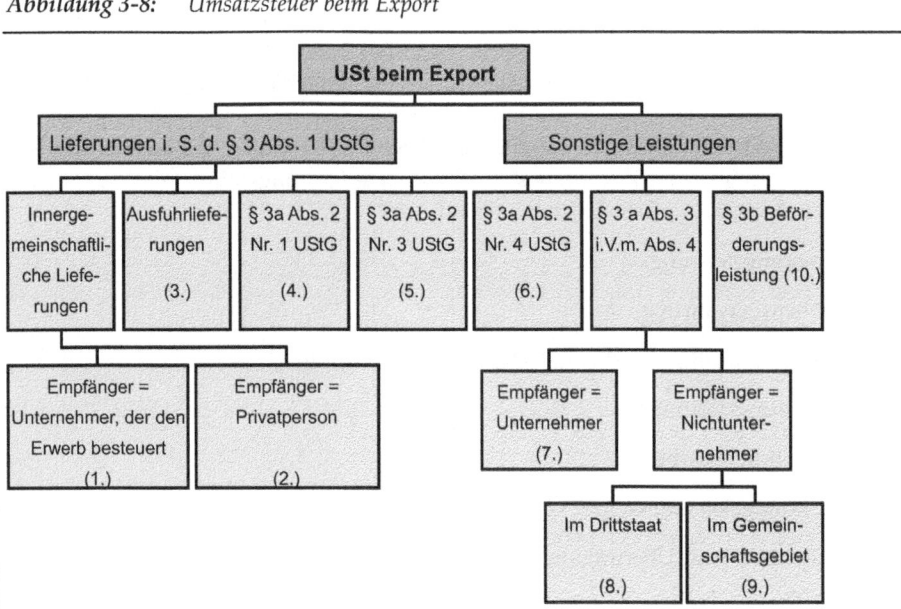

zu 1.:

Wird der Gegenstand der Lieferung nicht befördert oder versendet, wird die Lieferung dort ausgeführt, wo sich der Gegenstand zur Zeit der Verschaffung der Verfügungsmacht befindet (§ 3 Abs. 7 UStG).

In § 3 Abs. 6 UStG wird bezüglich des Ortes der Lieferung festgelegt, dass in den Fällen, in denen der Gegenstand der Lieferung durch den Lieferer, den Abnehmer oder einen vom Lieferer oder vom Abnehmer beauftragten Dritten befördert oder versendet wird, die Lieferung dort als ausgeführt gilt, wo die Beförderung oder Versendung an den Abnehmer oder in dessen Auftrag an einen Dritten beginnt. Dies ist bei einem leistenden Unternehmen im Inland das Inland.

---

[81]   Vom 21.12.1992, BGBl. I 1992, S. 2150, ber. 1993 I, S. 169, das zum 1. Januar 1993 in Kraft trat.

Liefert ein inländischer Unternehmer Waren an einen vorsteuerabzugsberechtigten Unternehmer in einem anderen Staat der EU, so tritt eine Steuerbefreiung gem. § 4 Nr. 1 lit. b) i. V. m. § 6a Abs. 1 UStG ein. Eine der Voraussetzungen dieser Befreiung ist, dass der Gegenstand beim Abnehmer im anderen Mitgliedsstaat der EG der Umsatzbesteuerung unterliegt (§ 6a Abs. 1 Nr. 3 UStG).

Im Ergebnis wird also zunächst die Steuerbarkeit des Umsatzes durch den Ort der Lieferung im Inland bejaht, in einem zweiten Schritt ist festzustellen, dass die Umsätze zwar steuerbar aber nicht steuerpflichtig, also steuerfrei sind.

Bei innergemeinschaftlichen Lieferungen behält der liefernde Unternehmer die Berechtigung zum Vorsteuerabzug (§ 15 Abs. 3 Nr. 1 lit. a) UStG) aus Eingangsumsätzen.

zu 2.:
Liefert ein deutsches Unternehmen an eine im Gemeinschaftsgebiet wohnende Privatperson, liegt der Ort der Lieferung sowohl im Abholfall als auch bei einer Beförderung oder Versendung im Inland (§ 3 Abs. 6 und 7 UStG). Insoweit erfolgt in diesen Fällen eine Besteuerung nach dem Ursprungslandprinzip. Auch im privaten Reiseverkehr wird die Besteuerung nach dem Ursprungslandprinzip durchgeführt, sodass der inländische Unternehmer diese Lieferung mit inländischer Umsatzsteuer zu versteuern hat und voraussichtlich den Leistungsempfänger mit einem entsprechend höheren Kaufpreis belastet. Für den Leistungsempfänger als nicht zum Vorsteuerabzug berechtigten Steuerpflichtigen kann eine solche Vorschrift dann vorteilhaft sein, wenn ein erhebliches Steuersatzgefälle zu seinem Ansässigkeitsstaat besteht. Von dieser Grundregel gibt es im Wesentlichen zwei wichtige Ausnahmen:

- Lieferung neuer Fahrzeuge und

- Versandhandel.

Bei Lieferungen neuer Fahrzeuge gilt weiter das Bestimmungslandprinzip, nach dem die Umsatzbesteuerung nach den Regeln des Landes zu erfolgen hat, in dem der Verbrauch des gelieferten Gegenstandes erfolgen soll. Eine Besteuerung im Ursprungsland kommt somit nicht infrage.

Dies ergibt sich zwangsläufig, wenn neue Fahrzeuge von einem Lieferanten im Inland an einen Unternehmer mit Vorsteuerabzugsberechtigung in einem EU-Staat geliefert werden. Ist der Erwerber eine ausländische Privatperson, so liegt für diese ein innergemeinschaftlicher Erwerb vor, den die Privatperson im Ausland zu versteuern hat. Auf die Unternehmereigenschaft kommt es hier nicht an. In Deutschland wird diese Lieferung von neuen Fahrzeugen als innergemeinschaftliche Lieferung von der Steuer befreit (§ 4 Nr. 1 lit. b), § 6a UStG).

Für den Versandhandel ist, um Wettbewerbsverzerrungen zu Gunsten von Versendern in Ländern mit niedrigem Umsatzsteuersatz zu vermeiden, der Ort der Lieferung im Staat des privaten Abnehmers (§ 3c UStG). Damit hat der deutsche Lieferer die Lieferung im Bestimmungsland zu versteuern. Aufgrund des § 1 Abs. 1 Nr. 1 UStG sind diese Lieferungen im Versandhandel im Inland nicht steuerbar, da der Ort der Lieferung gem. § 3c UStG im Ausland liegt. Der deutsche Unternehmer hat insoweit die Steuer nach den Regelungen des Auslandes an die ausländischen Finanzbehörden zu zahlen.

Um zu vermeiden, dass jede auch noch so kleine Geschäftsbeziehung und Lieferung in das Ausland zu einer Umsatzsteuerpflicht des deutschen Unternehmers im betreffenden Abnehmerland führt, sind sog. **Lieferschwellen** für die jeweiligen Mitgliedsstaaten der EU festgelegt worden (§ 3c Abs. 3 UStG). Werden diese Lieferschwellen in den betreffenden Staaten vom deutschen Lieferanten nicht erreicht, bleibt es bei der Ursprungslandbesteuerung.[82] Entsprechende Regelungen gelten auch im umgekehrten Fall. Die Lieferschwelle gilt nicht bei neuen Fahrzeugen und bei der Lieferung verbrauchsteuerpflichtiger Waren.

zu 3.:
Nach § 1 Abs. 1 Nr. 1 UStG sind Lieferungen von Waren an einen Unternehmer in einem Nicht-EU-Land steuerbar, soweit sich der Ort der Lieferung im Inland befindet, aber von der deutschen Umsatzbesteuerung befreit (§ 4 Nr. 1 lit. a) i. V. m. § 6 UStG). Auch hier gelten die Regelungen des § 3 Abs. 6 und 7 UStG.

Der inländische, liefernde Unternehmer ist zum Vorsteuerabzug hinsichtlich der mit dem ausgeführten Umsatz im Zusammenhang stehenden Eingangsumsatz berechtigt (§ 15 Abs. 3 Nr. 1 lit. a) UStG).

Im Falle einer Ausfuhr in ein Drittland hat der inländische Unternehmer die materiell-rechtlichen Voraussetzungen für die Steuerfreiheit der Ausfuhrlieferung gemäß § 6 Abs. 4 UStG nachzuweisen. Dies geschieht mittels des Ausfuhr- und des Buchnachweises. Für den Beförderungs- bzw. Versendungsfall legen die §§ 8 – 11 UStDV die Anforderungen an den Ausfuhrnachweis fest. Unternehmen ist anzuraten, diese formalen Voraussetzungen sehr genau und umfassend zu erfüllen, da andernfalls eine Versagung der Steuerfreiheit und möglicherweise eine Doppelbesteuerung der Umsätze im In- und Ausland die Folge wäre.

3.2.1.2.5.2 Ortsbestimmung bei sonstigen Leistungen

Vorbemerkung zu den sonstigen Leistungen (4. – 10.):
Diese Leistungen sind nur dann in Deutschland steuerpflichtig, wenn der Ort ihrer Erbringung gem. § 3a UStG im Inland liegt. Anders als bei Lieferungen gibt es bei sonstigen Leistungen keine steuerbaren aber steuerbefreiten Auslandsumsätze, sondern nur solche, die entweder steuerbar und steuerpflichtig sind oder solche, die nicht steuerbar sind, da der Ort der sonstigen Leistung nicht im Inland belegen ist.[83]

---

[82] Vgl. Rondorf, H. D., DStR 1992, S. 1457 ff.

[83] Hiervon unberührt kann es jedoch zu Steuerbefreiungen der Umsätze nach den Vorschriften des § 4 UStG kommen.

Der Ort der sonstigen Leistung bestimmt sich nach § 3a UStG, wobei grundsätzlich der Ort des leistenden Unternehmens als maßgebend angesehen wird (§ 3a Abs. 1 UStG). Alternativ gilt jedoch der Ort als Ort des Leistenden, an dem der Leistende gewöhnlich seine unternehmerische Tätigkeit ausübt. Dies ist grundsätzlich der Ort, an dem das Unternehmen ansässig ist. Wird die Leistung jedoch von einer Betriebsstätte erbracht, so ist für die Ortsbestimmung nach § 3a Abs. 1 UStG dieser Ort maßgebend. Obwohl regelmäßig die Bestimmung, ob eine Leistung von einer Betriebsstätte oder dem Stammhaus ausgeübt wird, unproblematisch ist, sind Fälle denkbar, bei denen die Bestimmung recht schwierig sein kann. Solche Probleme können z. B. bei der Nutzung des Internets entstehen. Dies ist nur ein Problem, wenn es sich um ausländische Betriebsstätten handelt, so dass eine deutsche Umsatzsteuerbarkeit wegen des fehlenden Leistungsortes im Inland nicht gegeben ist.

Da durch diese Generalnorm ein Auseinanderfallen von tatsächlichem und steuerlich bedeutsamem Leistungsort entstehen kann, sind in den Absätzen 2 und 3 des § 3a UStG zahlreiche Ausnahmen vorgesehen. Neben dem Sitzort des leistenden Unternehmens – und ggf. dem Ort der Betriebsstätte (§ 3a Abs. 1 UStG) – ist bei Leistungen an unbeweglichem Vermögen auf dessen Belegenheitsort (§ 3a Abs. 2 Nr. 1 UStG) und bei Leistungen im Sinne des § 3a Abs. 2 Nr. 3 UStG auf den Tätigkeitsort abzustellen.

zu 4.:
Weitgehend unproblematisch ist die Ortsbestimmung bei sonstigen Leistungen, die im Zusammenhang mit einem Grundstück ausgeführt werden. Der Ort dieser Leistung ist der Belegenheitsort des Grundstücks, wobei der steuerliche Grundstücksbegriff über den des BGB hinausgeht.[84] Typische und im Gesetz genannte Leistungen sind hierbei die Vermietung und Verpachtung sowie die Ausführung von Bauleistungen, wobei die Aufzählung nicht abschließend ist.

Ein steuerbarer Inlandsumsatz liegt nur in den Fällen vor, in denen sich der Belegenheitsort des Grundstücks im Inland befindet. Ob die Leistung dann im Inland steuerpflichtig oder steuerfrei ist, bestimmt sich nach den Regelungen des § 4 UStG bzw. der Ausübung der Option gem. § 9 UStG.

zu 5.:
§ 3a Abs. 2 Nr. 3 UStG beinhaltet eine abschließende Aufzählung unternehmerischer Tätigkeiten, für die eine besondere Ortsbestimmung der sonstigen Leistung Anwendung findet. Da hierbei stets ein aktives Handeln des Unternehmers vorgesehen ist, soll der Ort, an dem der Unternehmer tätig wird, für umsatzsteuerliche Zwecke maßgebend sein. Der Tätigkeitsort bestimmt sich danach, wo die entscheidenden Bedingungen für den Erfolg gesetzt werden. Ausgewählte Beispiele sind:

- künstlerische, darstellende Leistungen (Oper, Musical),

---

[84] Vgl. Hundt-Eßwein, H. in: Peter/Burhoff/Stöcker (Hrsg.), UStG-Kommentar, § 3a Rdnr. 27f. sowie Abschn. 34 Abs. 1 UStR.

▨ wissenschaftliche Leistungen (Vorträge),

▨ unterrichtende Leistungen (Seminare) und

▨ sportliche Leistungen (Sportveranstaltungen).

Die deutsche Besteuerung greift somit dann ein, wenn sich der Ort der Tätigkeit im Inland befindet.

zu 6.:
Für Vermittlungsleistungen gilt grundsätzlich, dass sie an dem Ort erbracht werden, an dem der vermittelte Umsatz ausgeführt wird (§ 3a Abs. 2 Nr. 4 Satz 1 UStG). Allerdings gilt diese Regelung nicht für die folgenden Vermittlungsleistungen:

▨ § 3a Abs. 4 Nr. 10: Vermittlungsleistungen der in Abs. 4 beschriebenen Art (insbesondere für die Einräumung, Übertragung und Wahrnehmung von Patenten u. dgl., sonstigen Leistungen, die der Öffentlichkeitsarbeit dienen usw.)

▨ § 3b Abs. 5 und 6: Die Vermittlung der innergemeinschaftlichen Beförderung eines Gegenstandes, Vermittlung des Beladens, Entladens, Umschlagens oder ähnlichen mit der Beförderung eines Gegenstandes zusammenhängenden Leistungen.

Für die Steuerbarkeit ist also entscheidend, wo sich der Ort des vermittelten Umsatzes befindet. Ist dieser in Deutschland belegen, so unterliegt er der deutschen Umsatzsteuer.

vor 7. – 10.:
Die Rechtsfolgen des § 3a Abs. 3 UStG greifen nur dann ein, wenn der Leistungsempfänger ein Unternehmer ist, die Leistung für sein Unternehmen erbracht wurde und die ausgeführte Leistung unter den abschließenden Katalog des § 3a Abs. 4 UStG zu subsumieren ist. Ist dies der Fall, wird die sonstige Leistung im Staat des empfangenden Unternehmens ausgeführt. Es handelt sich hierbei um folgende Leistungen:

▨ die Einräumung, Übertragung und Wahrnehmung von Patenten, Urheberrechten, Markenrechten und ähnlichen Rechten (Nr. 1),

▨ die sonstigen Leistungen, die der Werbung oder Öffentlichkeitsarbeit dienen, einschließlich der Leistungen der Werbungsmittler und der Werbeagenturen (Nr. 2),

▨ die sonstigen Leistungen aus der Tätigkeit als Rechtsanwalt, Patentanwalt, Steuerberater, Steuerbevollmächtigter, Wirtschaftsprüfer, vereidigter Buchprüfer, Sachverständiger, Ingenieur, Aufsichtsratsmitglied, Dolmetscher und Übersetzer sowie ähnliche Leistungen anderer Unternehmen, insbesondere die rechtliche, wirtschaftliche und technische Beratung (Nr. 3),

▨ die Datenverarbeitung (Nr. 4),

▨ die Überlassung von Informationen einschließlich gewerblicher Verfahren und Erfahrungen (Nr. 5),

▓ die sonstigen Leistungen der in § 4 Nr. 8 lit. a) – g) und Nr. 10 UStG bezeichneten Art sowie die Verwaltung von Krediten und Kreditsicherheiten (Nr. 6 lit. a)),

▓ die sonstigen Leistungen im Geschäft mit Gold, Silber und Platin (Nr. 6 lit. b)), mit Ausnahme von Münzen und Medaillen aus diesen Edelmetallen,

▓ die Gestellung von Personal (Nr. 7),

▓ der Verzicht auf Ausübung eines der in Nr. 1 bezeichneten Rechte (Nr. 8),

▓ Verzicht, eine gewerbliche oder berufliche Tätigkeit auszuüben (Nr. 9),

▓ die Vermittlung der in diesem Absatz bezeichneten Leistungen (Nr. 10),

▓ die Vermietung beweglicher körperlicher Gegenstände, ausgenommen Beförderungsmittel (Nr. 11),

▓ die sonstigen Leistungen auf dem Gebiet der Telekommunikation (Nr. 12), [85]

▓ die Rundfunk- und Fernsehdienstleistungen (Nr. 13),

▓ die auf elektronischem Weg erbrachten sonstigen Leistungen (Nr. 14) und

▓ die Gewährung des Zugangs zu Erdgas- und Elektrizitätsnetzen und die Fernleitung, die Übertragung oder Verteilung über diese Netze sowie die Erbringung anderer damit unmittelbar zusammenhängender sonstiger Leistungen (Nr. 15).

Bei diesen Leistungen richtet sich der Ort derselben abweichend vom tatsächlichen Tätigkeitsort in Abhängigkeit vom Leistungsempfänger nach den Regelungen des § 3a Abs. 3 UStG. Wird die Leistung an einen Unternehmer erbracht, so befindet sich der Ort der sonstigen Leistung am Sitzort des Leistungsempfängers.

zu 7.:
Ist der Leistungsempfänger ein Unternehmer, wobei es unerheblich ist, ob er im Inland, Gemeinschafts- oder Drittlandsgebiet ansässig ist, ergibt sich folgendes: Abweichend vom Grundsatz des § 3a Abs. 1 UStG ist der Ort der Leistung nicht beim leistenden Unternehmen, sondern beim Leistungsempfänger. Ist Empfänger der Leistung eine Betriebsstätte, so ist ihr „Sitzort" maßgebend. Eine Steuerbarkeit im Inland kommt nur insoweit in Betracht, wie der leistungsempfangende Unternehmer seinen Sitz im Inland hat.

zu 8.:
Ist der Leistungsempfänger ein Nichtunternehmer und im Drittlandsgebiet ansässig, dann ist der Ort der sonstigen Leistung am Sitz oder Wohnort des Nichtunternehmers. Eine Besteuerung im Inland scheidet somit gem. § 3a Abs. 3 Satz 3 UStG aus.

---

[85] Die einzelnen Leistungen des § 3a Abs. 4 UStG werden in Abschn. 39 UStR detailliert erläutert.

zu 9.:

Der Leistungsempfänger ist Nichtunternehmer und im Gemeinschaftsgebiet ansässig. Durch die Beschränkung der Ortsverlagerung gem. § 3a Abs. 3 Satz 3 UStG auf Nichtunternehmer, die im Drittlandsgebiet ansässig sind, folgt, dass in Fällen, in denen der Leistungsempfänger im Gemeinschaftsgebiet ansässig ist, die Grundnorm des § 3a Abs. 1 UStG Anwendung findet. Der Ort der sonstigen Leistung ist demnach bei dem leistenden deutschen Unternehmen im Inland. Der Umsatz ist im Inland steuerbar und -pflichtig.

Ist der Empfänger der Leistung nach § 3a Abs. 4 Nr. 14 kein Unternehmer und im Gemeinschaftsgebiet ansässig, bestimmt sich der Ort der Leistung nach dem Wohnsitz des Leistungsempfängers wenn der Leistende ein Unternehmer aus einem Drittstaat ist. Durch diese Regelung in § 3a Abs. 3a UStG sollte eine Wettbewerbsverzerrung zu Gunsten von Unternehmen in Drittstaaten verhindert werden. Vor Inkrafttreten dieser Vorschrift konnten Unternehmen aus Drittstaaten inländische private Endkunden mit sonstigen digitalisierten Leistungen über das Internet bedienen, ohne eine deutsche Umsatzsteuer hierfür in Rechnung zu stellen. Dies ist mit einer Vielzahl von weiteren verfahrensrechtlichen Vorschriften EU-einheitlich durch die vorliegende Regelung beseitigt worden.

zu 10.:

Eine Beförderungsleistung wird dort ausgeführt, wo die Beförderung bewirkt wird. Erstreckt sich eine Beförderung nicht nur auf das Inland, so fällt nur der Teil der Leistung unter das UStG, der auf das Inland entfällt. Das Beladen, Entladen, Umschlagen und Ähnliche mit der Beförderung eines Gegenstands im Zusammenhang stehende Leistungen werden dort ausgeführt, wo der Unternehmer jeweils ausschließlich oder zum wesentlichen Teil tätig wird.

Eine weitere Ortsbestimmung ergibt sich nach § 1 Abs. 1 Nr. 2 UStDV (Verwertungs- oder Nutzungsort). Der Leistungsort ist in diesen Fällen dort, wo die Leistung verwertet oder genutzt wird, sofern der Leistungserbringer ein im Drittstaat ansässiges Unternehmen ist und die Leistung als solche im Bereich der Telekommunikation (§ 3a Abs. 4 Nr. 12 UStG) oder Rundfunk- und Fernsehdienstleistungen (§ 3a Abs. 4 Nr. 13 UStG) zu qualifizieren ist.

Den Nachweis über die Voraussetzungen der Nichtsteuerbarkeit der Umsätze hat nach unserer Auffassung die Finanzverwaltung zu führen, da diese auch den Nachweis der Steuerbarkeit führen muss. Anders als bei der Inanspruchnahme einer Steuerbefreiung nach § 4 UStG in Verbindung mit § 6 UStG versucht nicht der steuerpflichtige Unternehmer eine für sich begünstigende Regelung, hier: die Steuerfreiheit der Ausfuhrlieferung, zu erlangen. Vielmehr geht es um den Nachweis, dass ein Vorgang überhaupt der deutschen Umsatzsteuerpflicht unterliegt. Die Finanzverwaltung kann hierfür die Mitwirkung des leistenden Unternehmers einfordern; etwaige nicht ermittelbare Umstände gehen zu Lasten der Finanzverwaltung.

Aus diesen erheblich divergierenden Bestimmungsregeln für den Ort der sonstigen Leistung folgt, dass die Leistungsqualifikation von großer Bedeutung ist. Bei der Erbringung mehrerer voneinander unabhängiger Leistungen sind Fälle denkbar, in denen einzelne Leistungen aufgrund der Ortsbestimmung des § 3a UStG steuerbar und meist steuerpflichtig sind, während andere wegen des Ortes der Leistung im Ausland in Deutschland nicht steuerbar sind. Bei Leistungsaustauschen, bei denen mehrere Leistungen in einem wirtschaftlichen, rechtlichen oder faktischen Verhältnis zueinander stehen oder bei denen eine der Leistungen gegenüber der oder den anderen als Hauptleistung anzusehen ist, kann sich die Steuerbarkeit auch in diesen Fällen für den unselbständigen Leistungsteil ergeben.

3.2.1.2.5.3 Bestimmung des Ortes des Umsatzes bei zusammenhängenden Leistungen

▨ Wie erfolgt die Bestimmung des Ortes des Umsatzes, wenn es sich um Leistungen handelt, die aus mehreren Teilleistungen bestehen, die sich nicht isoliert betrachten lassen?

Sowohl die Bestimmung des Ortes des Umsatzes, wie auch die Festlegung des Zeitpunktes der Leistung sowie die Inanspruchnahme steuerlicher Vergünstigungen hängen unter anderem davon ab, ob es sich um mehrere getrennt zu beurteilende selbständige Einzelleistungen oder um eine einheitliche Leistung handelt. Grundsätzlich sind Leistungen eines Steuerpflichtigen gesondert zu behandeln. Dies soll nach der Rechtsprechung des BFH sowie des EuGH und nach Auffassung der Finanzverwaltung nicht gelten, wenn ein Leistungsbündel aus der Sicht eines Durchschnittsverbrauchers als Einheit anzusehen ist. Auf die besondere Problematik für den Fall der Steuerbarkeit in Abhängigkeit von der vorzunehmenden Ortsbestimmung soll nachfolgend eingegangen werden. Ausprägungsformen einheitlicher Leistungen können entweder das Bündel von Leistungen sein, bei denen nur das Zusammenwirken aller Einzelleistungen als Leistung im Sinne eines schuldrechtlichen Vertrages verstanden werden kann, oder ein als Einheit zu behandelndes Leistungspaket von Haupt- und Nebenleistung. Hierbei wird der Nebenleistung kein nennenswerter eigener Wert zugerechnet und die Nebenleistung teilt das umsatzsteuerliche Schicksal der Hauptleistung.

Es sind Situationen denkbar, in denen Einzelleistungen, die nicht steuerbar sind, aufgrund der Qualifizierung als unselbständige Nebenleistung zu steuerbaren Umsätzen führen oder umgekehrt.[86] Ferner sind Fälle möglich, bei denen originär steuerpflichtige Leistungen als Nebenleistung zu einer steuerbefreiten Leistung ebenfalls steuerfrei werden[87], weil die Nebenleistung das Schicksal der Hauptleistung teilt.[88] Die sich

---

[86] Vgl. BFH-Urt. vom 12.5.1955, V 85/544, BStBl. III 1955, S. 215.
[87] Vgl. FG Düsseldorf Urt. vom 29.1.1990, 5 V 374/89, EFG 1990, S. 269.
[88] Vgl. BFH-Urt. vom 4.12.1980, V R 60/79, BStBl. II 1981, S. 231.

ergebenden materiellrechtlichen Folgen sind erheblich, sodass dem Steuerpflichtigen kein Wahlrecht eingeräumt wird, Leistungen als unselbständige Nebenleistung oder als bestimmende Hauptleistung zu qualifizieren. Die Beurteilung erfolgt ausschließlich anhand objektiver Kriterien.

Gestaltungsmöglichkeiten durch entsprechende vertragliche Formulierungen werden von der Rechtsprechung[89] nicht anerkannt, da diese grundsätzlich auf den wirtschaftlichen Gehalt der Leistung und die wirtschaftliche Beurteilung des Umsatzes abstellt.[90] Insoweit können auch zivilrechtlich unbestritten getrennte Vorgänge umsatzsteuerlich so behandelt werden, als wenn sie in einem einheitlichen Geschäft entstanden wären.[91] Im umgekehrten Fall führt die vertragliche Zusammenfassung mehrerer Leistungen nicht zwingend zur Annahme einer einheitlichen Leistung. Indizien, aber nicht zwingende Beweise für ein einheitliches Geschäft können die zeitliche Nähe der einzelnen Leistungen, die gemeinschaftliche vertragliche Vereinbarung sowie ein gemeinsamer Leistungserbringer sein.[92]

Zwei Ausprägungsformen zusammenhängender sonstiger Leistungen sind denkbar:

- Vorliegen einer **Hauptleistung**, die dem Umsatz das Gepräge gibt, und einer oder mehrerer Nebenleistungen oder

- **Mehrere Leistungen**, die weitgehend gleichgewichtig sind und nur in der Kombination ein einheitliches Gepräge haben.[93]

Beim Vorliegen einer Haupt- und einer Nebenleistung gilt für die Nebenleistung, das sie das umsatzsteuerliche Schicksal der Hauptleistung teilt. Eine Nebenleistung liegt vor, wenn sie im Vergleich zu der Hauptleistung nebensächlich ist, mit ihr eng – im Sinne einer wirtschaftlich gerechtfertigten Abrundung und Ergänzung – zusammenhängt und üblicherweise in ihrem Gefolge vorkommt.[94] Gegenstand der Nebenleistung kann dabei sowohl eine unselbständige Lieferung als auch eine sonstige Leistung sein.

Beispiele für Haupt- und Nebenleistung:

- Der Kauf eines Buches wird umsatzsteuerlich als eine Lieferung i. S. d. § 3 Abs. 1 UStG angesehen, obwohl der Grund für den Erwerb des Buches i. d. R. der immaterielle Inhalt, das Manuskript, also eine sonstige Leistung, ist. Die Wiedergabe der

---

[89] Vgl. BFH-Urt. vom 20.10.1966, V 169/63, BStBl. III 1967, S. 159.

[90] Vgl. FG Hamburg Urt. vom 22.5.1997, II 209/94, UR 1998, S. 71 ff., welches eine Überlassung von Individual-Software im Rahmen von sog. Pflegeverträgen als einheitliche Leistung mit den sich in der Folgezeit ergebenden Leistungen der Sicherstellung der Funktionalität des Programms gesehen hat.

[91] Vgl. BFH-Urt. vom 22.5.1992, I R 32/90, BStBl. II 1992, S. 94.

[92] Vgl. FG Köln Urt. vom 9.10.1997, 2 K 6081/94, EFG 1998, S. 601 zur Indizwirkung gesonderter Verträge.

[93] Vgl. FG München Urt. vom 8.3.1995, 3 K 3532/94, EFG 1996, S. 611.

[94] Vgl. BFH-Urt. vom 10.9.1992, V R 99/88, BStBl. II 1993, S. 316.

geistigen Leistung des Autors erfolgt in Form von Schrift, die auf Papier materialisiert wird. Nur durch diesen technischen Vorgang erhält diese originäre Leistung eine andere umsatzsteuerliche Beurteilung.

▪ Nach Auffassung der Finanzverwaltung liegt bei der Überlassung von Standardsoftware[95] eine Lieferung i. S. d. § 3 Abs. 1 UStG vor.[96] In Abgrenzung dazu wird gem. Abschn. 25 Abs. 2 Nr. 7 Satz 2 UStR die Erstellung oder individuelle Anpassung von Software für einen Anwender als „sonstige Leistung" erfasst. Demgegenüber sieht die herrschende Literaturmeinung die Überlassung von Standardsoftware als „sonstige Leistung" an, soweit jedenfalls – wie es die Regel ist – der geistige Gehalt der Leistung gegenüber dem materiellen Wert des Speichermediums „Diskette" oder „Compact Disc" deutlich überwiegt.

▪ Der Inhaber eines „Kopierzentrums" erbringt gegenüber seinen Kunden keine Lieferung, sondern eine sonstige Leistung, wenn er eine Fotokopie von einer Vorlage erstellt. Zwar sind sowohl Lieferungselemente (Verschaffung der Verfügungsmacht am Kopierpapier) als auch Elemente sonstiger Leistungen (Übertragung einer schriftlichen oder graphischen Darstellung von der Kopiervorlage auf das Kopierpapier) enthalten. Der gegebene Leistungsanteil überwiegt hierbei den Lieferungsanteil. Dem Gegenstand der Lieferung, dem Kopierpapier, wird nur die Funktion als Träger der übertragenen schriftlichen oder graphischen Darstellung zugewiesen.[97]

Problematisch wird eine Beurteilung hinsichtlich der Einheitlichkeit immer dann, wenn zwei oder mehrere Leistungen, die wirtschaftlich zusammengehören, gleichwertig sind und somit keine der Leistungen gegenüber einer anderen Leistung oder gegenüber dem Ganzen soweit in den Hintergrund tritt, dass das einheitliche Geschäft durch die Leistung nicht wesentlich beeinflusst wird. Folgendes Beispiel aus der Rechtsprechung soll dies verdeutlichen:

Beispiel für eine einheitliche Leistung:
Die Tätigkeit von Motorsportunternehmen, die die Überlassung von Rennwagen, die Organisation der Rennteilnahme, den Transport der Rennwagen und die Betreuung der Fahrer beinhaltet, ist eine einheitliche Leistung „Bereitstellen eines Rennservices mit Fahrzeugen".[98]

---

[95] Dies beinhaltet sowohl Standardsoftware als auch die Unterform hiervon: die Trivialprogramme.
[96] Abschn. 25 Abs. 1 Nr. 7 Satz 2 UStR.
[97] Vgl. BFH-Urt. vom 26.9.1991, V R 33/87, BStBl. II 1992, S. 313.
[98] Vgl. BFH-Urt. vom 26.3.1992, V R 16/88, BStBl. II 1992, S. 929.

3.2.1.3 Bemessungsgrundlage und Steuersatz

3.2.1.3.1 Bemessungsgrundlage

▪ Welche Größe ist als Bemessungsgrundlage für die Umsatzsteuer heranzuziehen?

▪ Welche Bemessungsgrundlage ist heranzuziehen, wenn ein Umsatz nicht gegen Entgelt erfolgt, gleichwohl aber wie ein steuerbarer Umsatz behandelt wird?

Der Regelfall der Bemessungsgrundlage für den Umsatz aufgrund von Lieferungen und sonstigen Leistungen ist gem. § 10 Abs. 1 Satz 1 UStG das **Entgelt**. Hierunter wird all das verstanden, was der Leistungsempfänger aufwendet, um die Leistung zu erhalten, jedoch abzüglich der Umsatzsteuer. Aus dieser Formulierung ergibt sich die Umsatzsteuererhebung auf andere Verbrauchsteuern, da der Leistungsempfänger ggfs. auch andere Steuern aufgewendet hat, um die Leistung zu erhalten. Abweichend von diesem Grundsatz gilt für die Grunderwerbsteuer, dass bei einer Grundstücksveräußerung nur die Hälfte der Grunderwerbsteuer zum Entgelt für die Grundstücksveräußerung zählt, wenn die Parteien des Kaufvertrages vereinbaren, dass der Erwerber die Grunderwerbsteuer allein zu tragen hat.[99] Lediglich die Umsatzsteuer selbst erhöht nicht ihre eigene Bemessungsgrundlage.

Entgeltserhöhungen sowie -minderungen müssen in jedem Fall berücksichtigt werden und zwar auch dann, wenn die Änderungen zeitlich der eigentlichen Zahlung nachgelagert sind. Regelmäßig problematisch ist dies bei der Berücksichtigung von am Jahresende gewährter Boni für die im abgelaufenen Jahr getätigten Umsätze. Weitere Formen der Entgeltsminderung sind:

▪ Skonti,

▪ Rabatte,

▪ Preisnachlässe und

▪ Rückgewährung bereits gezahlter Beträge.

Auf die Gründe für die Entgeltsminderung kommt es nicht an. Für den leistenden wie den empfangenden Unternehmer sind Änderungen an der Bemessungsgrundlage dem Finanzamt anzuzeigen und zuviel gezahlte Umsatzsteuer wie zuviel erhaltene Vorsteuer zu korrigieren.

Neben den Zu- und Abrechnungen bei der Ermittlung des Entgeltes ist zu berücksichtigen, dass Zahlungen im wirtschaftlichen Zusammenhang mit der Entgeltzahlung nicht zwingend zur Bemessungsgrundlage der Umsatzsteuer gehören. So ist zum Beispiel eine gezahlte Vertragsstrafe nicht Entgeltsbestandteil, weil es insoweit an einem Leistungsaustausch fehlt. Als Entgelt ist auch die Übernahme einer Verbindlichkeit anzusehen sowie die Zahlung an Dritte, sofern letztere für Rechnung des leistenden Unternehmers entrichtet wird und im Zusammenhang mit der Leistung steht.

---

[99] Vgl. BFH-Urt. vom 10.7.1980, V R 23/77, BStBl. II 1980, S. 620.

Zahlungen, die unter der Bezeichnung **Zuschuss** geleistet werden, können entweder Entgeltbestandteil sein oder sog. echter, nicht steuerbarer Zuschuss. Zuschüsse sind Entgelte für eine Leistung an den Zahlenden, wenn ein Leistungsaustauschverhältnis besteht und wenn ein unmittelbarer Zusammenhang zwischen der erbrachten Leistung und dem Zuschuss besteht, wie dies typischerweise bei sog. Bierlieferungsverträgen der Fall ist, bei denen eine Brauerei einem Pächter einer gastronomischen Einrichtung einen Zuschuss zur Finanzierung der Einrichtung des Lokals gewährt, der durch die in der Zukunft abzunehmenden Getränke verrechnet wird.[100] Demgegenüber handelt es sich um echte, nicht steuerbare Zuschüsse, wenn die Zahlungen nicht aufgrund eines Leistungsaustauschverhältnisses erbracht werden. Typischerweise handelt es sich hierbei um Zahlungen aus öffentlichen Kassen, wie z. B. Beihilfen für Landwirte nach EU-Recht oder Zuschüsse der Bundesagentur für Arbeit für Kosten der Arbeitserprobung und Probebeschäftigung.

Nicht Bestandteil des Entgelts sind sog. durchlaufende Posten. Sie liegen vor, wenn der Unternehmer, der die Beträge vereinnahmt und verauslagt, im Zahlungsverkehr lediglich die Funktion einer Mittelperson ausübt, ohne selbst einen Anspruch auf den Betrag gegen den Leistenden zu haben. Typische Erscheinungsform sind Gebühren und Auslagen, die Rechtsanwälte und Steuerberater für ihre Mandanten verauslagen.

Während bei Entgeltsvereinbarungen in Geld die Bestimmung der Bemessungsgrundlage in der Regel unproblematisch ist, ergeben sich zahlreiche Probleme bei **tausch- und tauschähnlichen Vorgängen**, bei denen der Wert der Gegenleistung durch Bestimmung des gemeinen Wertes des hingegebenen Wirtschaftsgutes bestimmt wird.

Bei Umsätzen, die gem. § 3 Abs. 1a UStG ohne Entgelt erfolgen, aber wie steuerbare Umsätze behandelt werden, ergibt sich die Bemessungsgrundlage entweder aus den entstanden Kosten oder dem Einkaufs- oder Verkaufspreis (§ 10 Abs. 4 UStG). Bei Lieferungen im Sinne des § 3 Abs. 1b UStG bestimmt sich die Bemessungsgrundlage nach dem Einkaufspreis oder in dessen Ermangelung nach den Selbstkosten zum Zeitpunkt des Umsatzes. Etwaige Nebenkosten zum Einkaufspreis müssen ebenfalls hinzugerechnet werden. Bei sonstigen Leistungen i. S. d. des § 3 Abs. 9a Nr. 1 UStG nach den bei der Ausführung dieser Umsätze entstandenen Kosten, soweit sie zum vollen oder teilweisen Vorsteuerabzug berechtigt haben. Die Ermittlung der Kosten bereitet hierbei in der Praxis häufig große Probleme, da die Exaktheit der Ergebnisse von dem zugrunde liegenden Kostenrechnungssystem abhängt und insoweit vom Steuerpflichtigen zum Teil beeinflusst werden kann.

Sofern Leistungen in Fremdwährungen erbracht oder empfangen werden, bestimmt sich das Entgelt nach dem amtlich für den betreffenden Monat festgestellten Umrechnungskurs der Währung zum Euro.

---

[100] Für weitere Beispiele vgl. Abschn. 150 Abs. 2 UStR.

3.2.1.3.2   Steuersatz

▨ Wie hoch ist der „normale" Umsatzsteuersatz?

▨ Gibt es hiervon abweichende Steuersätze und für welche Lieferungen und sonstigen Leistungen gelten sie?

Grundsätzlich ist bei Umsätzen der Regelsteuersatz von derzeit **19 %** anzuwenden. Es kann auch die Anwendung des **ermäßigten Steuersatzes** gem. § 12 Abs. 2 UStG von derzeit **7 %** erfolgen, wenn die hierfür erforderlichen Tatbestandsvoraussetzungen erfüllt sind. Auswirkungen des ermäßigten Steuersatzes ergeben sich in der Regel nur beim privaten Endkunden oder bei Unternehmern, die partiell oder vollständig vom Vorsteuerabzug ausgeschlossen sind, da für diese die Umsatzsteuer einen Preisbestandteil darstellt. Begünstigt sind hierbei vor allem Umsätze über Grundnahrungsmittel[101], im Bereich der Zahntechnik, im Bereich der Personenbeförderung sowie Umsätze über die Einräumung von Urheberrechten und für Verlagsprodukte. Teilweise ist die Abgrenzung der Produkte, die ermäßigt besteuert werden, nur historisch zu erklären und nicht ohne weiteres nachvollziehbar.

Beispiel für die Abgrenzung ermäßigter und Regelsteuersatz:
Während der Verzehr von Waren einer großen Imbisskette im Restaurant stets zu einer umsatzsteuerlichen Belastung von 19 % führt, ist die Bestellung über einen sog. „Drive Inn", bei dem der Kunde mit dem Pkw vorfährt, seine Bestellung aufgibt und die Ware entgegen nimmt ein Vorgang, bei dem die Lieferung der Speisen einem Umsatzsteuersatz von 7 % unterliegt. Für den Kunden ergibt sich jedoch keine Ent- oder Belastung in Abhängigkeit von der abzuführenden Umsatzsteuer. Für den leistenden Unternehmer stellt sich die Situation anders dar, denn trotz identischem Entgelt ist mal mehr und mal weniger an das Finanzamt an Umsatzsteuer abzuführen. Neben einer Vielzahl von Erfassungsproblemen, zeigt sich an diesem Beispiel auch die unternehmerische Dimension der Kenntnis von Steuern. Betriebswirtschaftlich bedeutet ein Umsatz von 1 Euro an einem „Drive Inn"-Schalter einen Nettozufluss von rund 93,5 Cent und ein Umsatz von 1 Euro im Restaurant einen Nettozufluss von ca. 84 Cent. Die Ausweitung von Außerhausverkäufen oder Käufen am „Drive Inn"-Schalter wäre kaufmännisch deutlich ertragreicher.

Am Beispiel der Verlags- und Musikerzeugnisse sowie der Überlassung von Software soll die Steuerbegünstigung näher dargestellt werden.

---

101 Hiervon ausgenommen ist die erbrachte Leistung in Restaurants, die dem ungemilderten Umsatzsteuersatz unterliegt.

3.2.1.3.2.1 Verlagserzeugnisse

Für Verlagserzeugnisse[102], die in der traditionellen Form geliefert werden, gilt die Begünstigung des ermäßigten Steuersatzes gem. § 12 Abs. 2 Nr. 1 UStG i. V. m. Anlage 1 zum UStG. Demgegenüber sind elektronisch übermittelte individuelle Presseerzeugnisse nach Auffassung der deutschen Finanzverwaltung in Übereinstimmung mit der Europäischen Kommission[103] mit dem Regelsteuersatz zu besteuern. Gleiches gilt für Bücher auf CD-ROM, da sie nicht unter Nr. 49 der Anlage 1 zum UStG fallen, weil sie keine Erzeugnisse des grafischen Gewerbes sind.[104] Demgegenüber ist die Lieferung von Fotokopien, in Buch- oder Broschürenform zusammengefasst, mit dem begünstigten Steuersatz des § 12 Abs. 2 Nr. 1a UStG zu erfassen.[105]

Das Beispiel zeigt, das die Begünstigung nicht an der Verbreitung von Informationen oder der Erhaltung des Kulturgutes „Lesen" geknüpft ist, sondern an die Darreichungsform „Papiererzeugnis". Die sich so ergebende Wettbewerbsverzerrung zwischen traditionellen Zeitungen und den zumeist inhaltsgleichen elektronisch publizierter Presseerzeugnissen hat zu berechtigter Kritik geführt.

3.2.1.3.2.2 Musikübertragungen

Musikübertragungen werden anders als die meisten Verlagserzeugnisse nicht mit dem ermäßigten USt-Satz besteuert, sondern mit dem allgemeinen gem. § 12 Abs. 1 UStG. Diese gesetzliche Regelung ist bereits mehrfach durch das Bundesverfassungsgericht für verfassungskonform erachtet worden.[106] Das Bundesverfassungsgericht führte hierzu aus, dass es weder ein allgemeines Prinzip der umsatzsteuerlichen Begünstigung für jede Form des Kulturschaffens gäbe, noch dass in einer unterschiedlichen Behandlung ein Verstoß gegen Art. 3 GG oder Art. 5 GG zu sehen sei. Demgegenüber unterliegen Darbietungen von Künstlern, ob im Internet oder in physischer Präsenz vor Publikum dem ermäßigten Steuersatz nach § 12 Abs. 2 Nr. 7 lit. a) UStG.[107]

---

[102] Vgl. zur Abgrenzung zwischen Verlagserzeugnissen und der Übertragung von Verlagsrechten das BFH-Urt. vom 16.7.1970, V R 95/66, BStBl. II 1970, S. 706. Zum Ort der sonstigen Leistung eines Autors bei der Einräumung und Übertragung von Urheberrechten vgl. OFD Saarbrücken vom 30.3.1995, S 7117f 8 St 241, StLex 1997, 11 H, 3a – 3b, 1052.

[103] Vgl. Mick, M./Wuermeling, U., IStR 1997, S. 361 m. w. N.

[104] Vgl. Sahm, H., UR 1995, S. 255 f.

[105] Vgl. BFH-Urt. vom 19.12.1991, V R 107/86, BStBl. II 1992, S. 449.

[106] Vgl. BVerfG vom 5.3.1974, 1 BvR 712/68, BStBl. II 1974, S. 267, sowie BVerfG vom 14.9.1995, 1 BvR 1787/94, UR 1996, S. 97.

[107] Vgl. aber die Einschränkungen durch das BFH-Urt. vom 26.4.1995, IX R 20/94, BStBl. II 1995, S. 519. Zur Versagung des begünstigten Steuersatzes bei kombinierter Dia-Multivisions-Veranstaltung vgl. FG Baden-Württemberg vom 17.7.1996, 13 K 174/92, EFG 1997, S. 319.

3.2.1.3.2.3 Softwareüberlassung

Die Rechtsprechung ist der Auffassung von Teilen der Literatur[108] entgegengetreten, derzufolge beim Erwerb von Standardsoftware vorrangig ein Nutzungsrecht aus dem Urheberrechtsgesetz eingeräumt werde mit der Folge, dass gem. § 12 Abs. 2 Nr. 7 lit. c) UStG der ermäßigte Steuersatz in Höhe von 7 % anzuwenden sei. Selbst dann, wenn neben dem Eigentum am Datenträger dem Käufer Rechte aus den §§ 69d und 69e UrhG übertragen würden, die ihm ausnahmsweise die Vervielfältigung und Bearbeitung der überlassenen Software ohne Zustimmung des Inhabers des Urheberrechts gestatten, wären diese allenfalls als unselbständige Nebenleistungen zu qualifizieren, da sie lediglich der bestimmungsgemäßen Anwendung des Programms dienen.

Literaturhinweise:

- Nieskens, H., Die umsatzsteuerliche Behandlung des Vertriebs sog. Standard-Anwender-Software durch den Hersteller an private Endabnehmer im Hinblick auf § 12 Abs. 2 Nr. 7 lit. c) UStG, BB 1996, S. 2656

- Löffler, C., Umsatzsteuerliche Behandlung von Individualsoftware, UR 2000, S. 98

- Zur steuerlichen Behandlung von elektronisch erbrachten Dienstleistungen vgl. Huschens, F., Die Umsatzbesteuerung elektronisch erbrachter Dienstleistungen nach geltendem Recht und dem Richtlinienvorschlag der EU-Kommission, INF 2000, S. 737

Eine Begünstigung durch den ermäßigten Steuersatz muss bei Veräußerung bzw. Nutzungsüberlassung von Standardsoftware ausgeschlossen sein, da durch die Zurverfügungstellung der Informationen eine ungehinderte Verbreitung der urheberrechtlich geschützten immateriellen Wirtschaftsgüter nicht ausgeschlossen werden kann, z. T. sogar erklärtes Ziel eines solchen Geschäftsabschlusses ist. Üblicherweise passiert dies bei der Veröffentlichung und Verbreitung von Schriften, aber auch von Computerprogrammen.

3.2.1.4 Entstehen der Steuer und Vorsteuerabzug

Steuerschuldner der Umsatzsteuer ist der Unternehmer, der den steuerbaren und steuerpflichtigen Umsatz ausgeführt hat. Hiervon ungeachtet bleibt, wer die Steuer wirtschaftlich zu tragen hat. In der Regel wird die Steuer auf den Kunden überwälzt, der sie entweder im Rahmen des Vorsteuerabzuges gegenüber der Finanzverwaltung

---

[108] Vgl. Hoppen, Chr./Pelzer, J., DStR 1993, S. 1780, sowie Flore, I., DB 1994, S. 304. Kritischer und eher unentschieden Amann, R., UR 1994, S. 220 f., Weilbach, E./Sender, A., DStR 1997, S. 1315 ff.

aufrechnen kann oder, in Ermangelung der Vorsteuerabzugsberechtigung, diese als Preisbestandteil wirtschaftlich zu tragen hat.

3.2.1.4.1   Steuerentstehung

■ Wann entsteht die Umsatzsteuerschuld?

■ Worin liegt der Unterschied bei einer Versteuerung nach „vereinbarten" und „vereinnahmten" Entgelten?

Hinsichtlich der Steuerentstehung sind zwei unterschiedliche Verfahren der Versteuerung zu unterscheiden, wobei die Regelversteuerung die nach **vereinbarten** Entgelten und die Ausnahmeversteuerung die nach **vereinnahmten** Entgelten ist. Letztere steht allerdings nur Unternehmern zu, die bestimmte, in § 20 UStG genannte Umsatzgrenzen nicht überschreiten. Betriebswirtschaftlich kann eine solche Versteuerung dann sinnvoll sein, wenn zwischen Rechnungs- und Leistungserstellung sowie Begleichung der Rechnung große Zeiträume liegen, die bei der Besteuerung nach vereinbarten Entgelten zu erheblichen Liquiditätsproblemen führen können. Ungeachtet der Umsatzgrenzen dürfen Angehöriger der freien Berufe hinsichtlich ihrer Umsätze gem. § 20 Abs. 1 Nr. 3 UStG stets zur Besteuerung nach vereinnahmten Entgelten optieren.

Bei der Versteuerung nach vereinbarten Entgelten entsteht die Umsatzsteuer, unabhängig von der tatsächlichen Bezahlung durch den Leistungsempfänger mit **Ablauf des Voranmeldungszeitraums** (i. d. R. der Kalendermonat), in dem die Leistung erbracht wurde. Der Unternehmer hat in seiner Umsatzsteuervoranmeldung des betreffenden Kalendermonats die Umsatzsteuer auszuweisen und an das Finanzamt abzuführen, unabhängig vom tatsächlichen Zahlungseingang. Hierin liegt der wesentliche Unterschied zur Besteuerung nach vereinnahmten Entgelten, denn in diesen Fällen entsteht die Steuer erst mit Ablauf des Voranmeldungszeitraums, in dem das Entgelt vereinnahmt worden ist (§ 13 Abs. 1 Nr. 1 lit. b) UStG).

Bei unentgeltlichen Leistungen bzw. Entnahmen von Gegenständen im Sinne des § 3 Abs. 1b UStG entsteht die Steuer mit Ablauf des Voranmeldungszeitraums, in dem diese Umsätze ausgeführt wurden.

Hinsichtlich des Besteuerungsverfahrens ist darauf hinzuweisen, dass der Unternehmer bis zum 10. des auf den Voranmeldungszeitraum folgenden Monat auf elektronischem Wege eine Voranmeldung abzugeben und die sich ergebende Umsatzsteuerzahllast an das Finanzamt abzuführen hat. Sofern es in einem Voranmeldungszeitraum zu einer Erstattung wegen eines sog. Vorsteuerüberhangs kommt, kehrt die Finanzverwaltung diese Beträge zeitnah aus. Der Voranmeldungszeitraum kann ausnahmsweise das Kalendervierteljahr sein, ist jedoch regelmäßig der Kalendermonat. Am Ende des Kalenderjahres hat der Steuerpflichtige eine Umsatzsteuererklärung abzugeben und die sich ergebende Zahllast zu überweisen. Die umsatzsteuerlichen Sachverhalte und deren steuerliche Konsequenzen werden in einer sog. **Umsatzsteuersonderprüfung** durch die Finanzverwaltung einer besonders intensiven Prüfung unterzogen, wobei diese Prüfung nicht regelmäßig erfolgt oder jeden Steuerpflichtigen gleichermaßen trifft, weil die Finanzverwaltung die Steuerpflichtigen anhand geheim gehaltener Kriterien auswählt.

3.2.1.4.2 Vorsteuerabzug

▨ Welche Voraussetzungen müssen erfüllt sein, damit die Erstattung von gezahlter Vorsteuer erfolgt?

▨ Wird die Vorsteuer stets im vollem Umfang erstattet oder inwieweit bestehen hier Sonderregelungen?

Zur Umsetzung des Prinzips einer Mehrwertsteuer bedarf es der Möglichkeit des Vorsteuerabzugs. Diese besagt, dass Unternehmer, die ihnen im Rahmen einer in Rechnung gestellten Lieferung oder Leistung von einem anderen Unternehmer ausgewiesene und gezahlte Umsatzsteuer als Vorsteuer bei ihrer eigenen Umsatzsteuerzahlung abziehen können.[109]

Voraussetzung für den Vorsteuerabzug ist hierbei im Einzelnen:

▨ Empfänger der Rechnung muss ein **Unternehmer** sein.
Zum Vorsteuerabzug sind ausschließlich Unternehmer im Sinne des § 2 UStG berechtigt, sofern sie im Rahmen ihrer unternehmerischen Betätigung die Leistung empfangen. Auch im Ausland ansässige Unternehmer können den Vorsteuerabzug beantragen, selbst in den Fällen, in denen wegen fehlender eigener Umsätze im Inland keine Umsatzsteuer gezahlt werden muss. Unternehmer, die die Größenklassen des § 19 Abs. 1 UStG nicht überschreiten und eine Behandlung als Kleinunternehmer beantragt haben, sind nicht zum Vorsteuerabzug berechtigt.

▨ **Die abzuziehende Umsatzsteuer muss gesondert in Rechnung gestellt sein.**
Weitere materiellrechtliche Voraussetzung für den Vorsteuerabzug ist, dass der leistende Unternehmer eine Rechnung im Sinne des § 14 Abs. 1 UStG erstellt hat. Diese Rechnung muss folgende Angaben haben:

- den Namen und die Anschrift des leistenden Unternehmers,

- den Namen und die Anschrift des empfangenden Unternehmers,

- das Ausstellungsdatum,

- eine fortlaufende Nummer,

- die Menge und die handelsübliche Bezeichnung des Gegenstandes der Lieferung oder die Art und den Umfang der sonstigen Leistung,

- den Zeitpunkt der Lieferung oder der sonstigen Leistung,

---

[109] Vgl. nochmals **Abbildung 3-3**.

- das Entgelt für die Lieferung oder sonstige Leistung und

- den auf das Entgelt entfallenden Steuerbetrag und den abzuwendenden Steuerersatz.

Seit dem 1. Januar 2002 gilt als Rechnung auch eine mit einer digitalen Signatur versehene elektronische Abrechnung, so dass für die zunehmende Anzahl elektronischer Geschäfte ein dem Medium adäquates Instrument zur Erlangung des Vorsteuerabzugs gefunden werden konnte. In der praktischen Umsetzung bestehen jedoch eine Vielzahl von Problemen, da die Finanzverwaltung nicht nur auf der Ebene des Rechnungsausstellers bestimmte Voraussetzungen verlangt, sondern auch auf Ebene des, den Vorsteuerabzug beanspruchenden Leistungsempfängers, die dieser oftmals nicht erfüllen kann. Gleichwohl ist das kaufmännische Einsparpotential enorm, da beispielsweise jede erstellte und auf dem Postwege versandte Rechnung Kosten von ca. 2 – 3 € verursacht und bei Unternehmen mit mehreren Millionen Kunden, die monatlich Rechnungen erhalten (z. B. Mobilfunkunternehmen), eine erhebliche Kostenbelastung darstellt, die durch eine Übertragung der Rechnungen auf dem Weg über das Internet weitgehend vermieden werden könnten.

Entrichtung der Einfuhrumsatzsteuer gem. § 15 Abs. 1 Nr. 2 UStG
Bei Vorgängen, die der Einfuhrumsatzsteuer unterliegen, kommt ein Vorsteuerabzug erst dann zum tragen, wenn nachgewiesen werden kann, dass die Entrichtung der Steuer stattgefunden hat.

Korrektur der Vorsteuer
Vom Vorsteuerabzug ausgeschlossen ist gem. § 15 Abs. 2 UStG die Steuer für die Lieferungen, die Einfuhr und den innergemeinschaftlichen Erwerb von Gegenständen sowie für die sonstigen Leistungen, die der Unternehmer zur Ausführung bestimmter Umsätze, wie z. B. steuerfreier Umsätze, fiktiver steuerfreier Auslandsumsätze und sonstiger fiktiv steuerfreier Umsätze im Inland, empfangen hat und für die ihm Umsatzsteuer in Rechnung gestellt wurde. Im Ergebnis bedeutet dies, dass der Unternehmer die Vorsteuern für Lieferungen und sonstigen Leistungen nicht vom Finanzamt zurückfordern darf, mit deren Hilfe er selbst steuerfreie Ausgangsumsätze bewirkt hat. Demgegenüber darf der Unternehmer jedoch Vorsteuer aus den Eingangsumsätzen abziehen, wenn er nicht steuerbare Umsätze ausführt, die steuerpflichtig wären, wenn sie im Inland ausgeübt worden wären. Die ausgeprägte Kasuistik sowie die erheblichen finanziellen Mehrbelastungen oder Entlastungen in Abhängigkeit von den Besonderheiten der Umsätze und der Tätigkeiten rechtfertigen es regelmäßig, die umsatzsteuerlichen Fragen sehr genau zu untersuchen.

Während bei der Entgegennahme einer sonstigen Leistung hinsichtlich des Vorsteuerabzugs auf die Verhältnisse zum Zeitpunkt der Erbringung der Leistung abgestellt wird, ist bei Lieferung für einen Zeitraum von bis zu **zehn Jahren** zu prüfen, ob sich die Verhältnisse, die im Kalenderjahr der erstmaligen Verwendung für den Vorsteuerabzug maßgebend waren, geändert haben. Der Vorsteuerabzug soll nur dann vorgenommen werden dürfen, wenn die Verwendungsabsicht, die durch den Unternehmer bestimmt wird und den Vorsteuerabzug rechtfertigt, sich für einen längeren Zeitraum nicht ändert. Hierbei wird unterschieden zwischen beweglichen Wirtschaftsgütern, bei denen der Vorsteuerberichtigungszeitraum fünf Jahre beträgt und unbeweglichen Wirtschaftsgütern, für den der relevante Zeitraum zehn Jahre beträgt.

Typische Anwendungsfälle der Vorsteuerberichtigung sind die Entnahme, die Veräußerung sowie die Nutzungsänderung der Wirtschaftsgüter, die zum teilweisen Wegfall des Vorsteuerabzugsbetrages führen und insoweit eine Korrektur erforderlich machen. Hierbei ist für jedes Jahr, für das ein Vorsteuerabzug nicht mehr zulässig gewesen wäre, eine Korrektur vorzunehmen. Die gesetzliche Regelung des § 15a UStG ist eine Vorschrift, die sicherstellen soll, dass der private Verbrauch tatsächlich besteuert wird.

Literaturhinweise:

▨ Hundt-Eßwein, H. U., Änderungen des Vorsteuerabzugs durch das Steuerentlastungsgesetz 1999/2000/2002, INF 1999, S. 385

▨ Lange, H.-F., Das Recht auf Vorsteuerabzug, DStR 2004, S. 1773

3.2.2 Ertragsteuern

Um die ertragsteuerlichen Konsequenzen der unternehmerischen Tätigkeit würdigen zu können, ist die Person des Einzelunternehmers entscheidend. Das Einzelunternehmen ist als solches nicht Träger von (steuerlichen) Rechten und Pflichten. Vielmehr bestehen diese für den Unternehmer. Daher ist es zunächst erforderlich, dessen persönliche Steuerpflicht zu analysieren. Diese bestimmt darüber, ob und ggf. in welchem Umfang eine Einkommensteuerpflicht in Deutschland besteht. Ist hierüber entschieden, stellen sich die Folgefragen, welche Einkunftsart gegeben ist, wie die Einkünfte ermittelt werden und wie deren Besteuerung erfolgt.

Die im Folgenden behandelten Regelungen gelten in ähnlicher Weise auch für Personengesellschaften, für die jedoch zusätzliche Besonderheiten bestehen. Diese werden im Kapitel 3.3 eingehend betrachtet. Hingegen unterliegen Kapitalgesellschaften – neben der Gewerbesteuer – auch der Körperschaftsteuer, also einer eigenen Unternehmenssteuer. Sie sind selbständige Steuersubjekte, bei denen eine Trennung zwischen Gesellschaft und Gesellschaftern erfolgt.[110] Die zu beachtenden Regelungen sind Gegenstand des Kapitels 3.4.

---

[110] Sog. Trennungsprinzip.

3.2.2.1 Persönliche Steuerpflicht

▦ Welche Formen der Steuerpflicht sind zu unterscheiden?

▦ Welche Einkünfte werden von den verschiedenen Formen der Steuerpflicht erfasst?

▦ Welche Anknüpfungspunkte gibt es für die unterschiedlichen Formen der Steuerpflicht?

Die Bundesrepublik Deutschland verfolgt bei der Ertragsbesteuerung die international übliche Unterscheidung in **unbeschränkte** Steuerpflicht bei Ansässigkeit der Person im Inland und **beschränkte** Steuerpflicht bei Personen, die nicht als im Inland ansässig anzusehen sind. Leitbild ist hierbei die Vorstellung, dass die Besteuerung dem Umfang des wirtschaftlichen und/oder persönlichen Bezugs des Steuerpflichtigen zum jeweiligen Staat Rechnung tragen soll. Dieser ergibt sich bei unbeschränkt Steuerpflichtigen aus der engen Verbindung zwischen der Person des Steuerpflichtigen und dem Inland. Dies kommt durch den inländischen Wohnsitz und/oder gewöhnlichen Aufenthalt zum Ausdruck. Dem sog. **Welteinkommensprinzip** folgend werden bei ihnen alle Einkünfte im Sinne des § 2 Abs. 1 EStG der inländischen Besteuerung unterworfen, unabhängig von der Belegenheit ihrer Quelle. Dabei definiert § 2 Abs. 1 EStG abschließend, welche Einkünfte der deutschen Besteuerung unterliegen. In den §§ 13 ff. EStG wird im Einzelnen normiert, welche Tatbestandsmerkmale für diese Einkunftsarten erfüllt sein müssen.

Beispiel:
Ein inländischer Einzelunternehmer erzielt Einkünfte aus dem Verkauf von Waren nach Saudi Arabien. Unabhängig von der Besteuerung im Ausland unterliegen diese Einkünfte der deutschen Besteuerung.[111]

Hingegen erfolgt bei **beschränkt Steuerpflichtigen** nur eine deutsche Besteuerung der abschließend in **§ 49 Abs. 1 EStG aufgezählten Einkünfte.** Hierbei handelt es sich grundsätzlich um die gleichen Einkünfte, die auch bei der unbeschränkten Steuerpflicht der inländischen Besteuerung unterliegen. Allerdings wird eine territoriale Eingrenzung vorgenommen, denn als weiteres Tatbestandsmerkmal muss ein besonderer Anknüpfungspunkt zum Inland vorliegen. Ist dies nicht der Fall, scheidet eine deutsche Besteuerung aus. Hierbei kann es sich z. B. um die Belegenheit im Inland, die Auszahlung durch eine inländische Gesellschaft oder die Anteile an einem inländischen Unternehmen handeln. Welcher konkrete Inlandsbezug verlangt wird, hat der Gesetzgeber in Abhängigkeit von der jeweiligen Einkunftsart definiert.

Ein weiterer wesentlicher Unterschied zwischen diesen beiden Formen der Steuerpflicht besteht darin, dass im Rahmen der unbeschränkten Steuerpflicht eine sehr

---

111 Teilweise verzichtet die Bundesrepublik Deutschland im Rahmen von völkerrechtlichen Verträgen, sog. Doppelbesteuerungsabkommen, jedoch auf ihr Besteuerungsrecht. Vgl. hierzu Kaminski, B./Strunk, G., Steuern in der internationalen Unternehmenspraxis, Wiesbaden 2006, S. 33 ff.

starke Berücksichtigung der persönlichen Verhältnisse erfolgt. So kann der unbeschränkt Steuerpflichtige z. B. bestimmte privat veranlasste Beträge als Sonderausgaben und außergewöhnliche Belastungen geltend machen, um damit der Beeinträchtigung seiner wirtschaftlichen Leistungsfähigkeit Rechnung zu tragen. Diese Möglichkeiten sind im Rahmen der beschränkten Steuerpflicht in der Regel nicht gegeben. Ausschlaggebend hierfür ist, dass regelmäßig in einem anderen Staat eine unbeschränkte Steuerpflicht besteht und dieser Staat im Rahmen seiner Besteuerung nach Maßgabe seiner nationalen Vorschriften entsprechende Abzüge ermöglichen soll. Insoweit soll eine doppelte Berücksichtigung vermieden werden.

Neben diesen beiden Grundformen sind noch einige **„Sonderformen"** der persönlichen Steuerpflicht zu unterscheiden. Hierbei handelt es sich um die folgenden Fälle:

▪ Die **erweiterte unbeschränkte** Steuerpflicht erfasst Steuerpflichtige, die zwar im Inland weder einen Wohnsitz noch einen gewöhnlichen Aufenthalt haben aber für eine inländische juristische Person des öffentlichen Rechts tätig sind. Dies gilt z. B. für im Ausland akkreditierte Botschafter der Bundesrepublik Deutschland. Bei ihnen erstreckt sich der Umfang der Steuerpflicht auf die weltweit erzielten Einkünfte. Im Ergebnis werden sie mit unbeschränkt Steuerpflichtigen gleichbehandelt.

▪ Bei **fiktiv unbeschränkt** Steuerpflichtigen handelt es sich um Personen, die zwar nicht im Inland ansässig sind aber 90 % ihrer gesamten Einkünfte oder die nicht der deutschen Einkommensteuer unterliegenden Beträge bestimmte Größenordnungen unterschreiten.[112] Bei ihnen erfolgt eine weitgehende Berücksichtigung der persönlichen Verhältnisse, wobei sich die Steuerpflicht nur auf die inländischen Einkünfte im Sinne von § 49 EStG erstreckt. Hintergrund dieser Regelung ist, dass einige Steuerpflichtige wesentliche Teile ihrer Einkünfte in Deutschland erzielen und der Besteuerung unterwerfen. Sind sie nur beschränkt steuerpflichtig, bleiben die persönlichen Verhältnisse unberücksichtigt. Werden im Staat der unbeschränkten Steuerpflicht nur geringe Einkünfte erzielt, reichen diese möglicherweise nicht aus, um die persönlichen Verhältnisse sowie die Besteuerung nach der Leistungsfähigkeit in adäquater Weise zu berücksichtigen. Daher erfolgt bei einem Schwerpunkt der Einkünfte in Deutschland auch eine weitgehende Gleichstellung mit einem in Deutschland ansässigen und daher unbeschränkt Steuerpflichtigen. Hierbei ist zu berücksichtigen, dass die Inanspruchnahme von Abzugsbeträgen jeweils gesondert zu prüfen ist, so dass z. B. für die steuerliche Berücksichtigung von Kindern und/oder Ehegatten weitere Voraussetzungen erfüllt sein müssen.

▪ Die **erweitert beschränkte** Steuerpflicht ist gegeben, wenn ein deutscher Staatsangehöriger fünf der letzten zehn Jahre in Deutschland unbeschränkt steuerpflichtig

---

112 Die Höhe der Beträge hängt von dem jeweiligen Staat ab, wobei die nicht der deutschen Einkommensteuer unterliegenden Einkünfte nicht mehr als 6.136,- EUR im Kalenderjahr betragen dürfen. Vgl. zur länderweisen Kürzung, durch die die unterschiedlichen Lebensverhältnisse in den einzelnen Staaten Rechnung getragen werden soll, das BMF-Schreiben vom 17.11.2003, IV C 4 – S 2285 – 54/03, BStBl. I 2003, S. 637.

war und in einen niedrig besteuernden Staat verzieht.[113] Durch eine solche Regelung sollen die klassischen Fälle der Wohnsitzverlegung in ein niedrig besteuerndes Ausland erfasst werden. § 2 AStG sieht vor, dass in diesem Fall eine höhere steuerliche Belastung der inländischen Einkünfte erfolgt, ohne dass die persönlichen Merkmale der Steuerpflichtigen berücksichtigt werden.

Die folgende **Abbildung 3-9** fasst die Formen der Steuerpflicht nochmals zusammen. Für die Besteuerungspraxis haben die unbeschränkte und die beschränkte Steuerpflicht die größte Bedeutung.

Abbildung 3-9:   *Arten der Einkommensteuerpflicht*

Unbeschränkt	Beschränkt	Erweitert unbeschränkt	Fiktiv unbeschränkt	Erweitert beschränkt
Wenn Wohnsitz oder gewöhnlicher Aufenthalt im Inland: Steuerpflicht mit dem Welteinkommen.	Wenn weder Wohnsitz noch gewöhnlicher Aufenthalt im Inland: Steuerpflicht mit den inländischen Einkünften i. S. d. § 49 Abs. 1 EStG.	Wenn Aufenthalt im Ausland, aber für inl. juristische Person des öffentlichen Rechts tätig: Steuerpflicht mit dem Welteinkommen des Steuerpflichtigen sowie der Familienangehörigen.	Wenn Person, die nicht im Inland ansässig ist, aber 90 % ihrer gesamten Einkünfte der deutschen ESt unterliegen und sie einen Antrag gestellt hat, als unbeschränkt StPfl. behandelt zu werden. Steuerpflicht jedoch nur mit ihren inländischen Einkünften.	Wenn Wegzug in ein Niedrigsteuerland i. S. d. § 2 AStG: steuerliche Höherbelastung der verbleibenden inländischen Einkünfte.

Wie die obigen Ausführungen bereits gezeigt haben, ist für die Abgrenzung zwischen unbeschränkter und beschränkter Steuerpflicht die Ansässigkeit der natürlichen Person im Inland entscheidend. Diese konkretisiert sich in den Merkmalen des inländischen **Wohnsitzes** oder des **gewöhnlichen Aufenthalts im Inland.** Befindet sich zumindest eines der Merkmale im Inland, besteht unbeschränkte Steuerpflicht. Beide Begriffe werden in der AO definiert.

---

[113] Vgl. zur Definition der Niedrigbesteuerung § 2 Abs. 2 AStG. Vereinfachend kann jedoch gesagt werden, dass bei einem steuerpflichtigen Einkommen von 77.000,- EUR die ausländische Steuerbelastung um mehr als ein Drittel geringer sein muss als die Belastung im Inland. Hinzu kommt die Gewährung einer Vorzugsbesteuerung im Ausland.

Einen **Wohnsitz** begründet eine Person dort, wo sie eine **Wohnung** unter Umständen innehat, die darauf schließen lassen, dass sie die Wohnung beibehalten und benutzen wird (§ 8 AO). Dieses Erfordernis ist unabhängig davon erfüllt, ob die Person weitere Wohnungen in anderen Ländern innehat. Unerheblich ist auch, ob die Person einen vertraglichen oder sonstigen rechtlichen Anspruch auf die Nutzung der Wohnung hat, oder ein solcher nur faktischer Natur ist. So kann beispielsweise die Überlassung von Wohnraum innerhalb einer Familie, wie z. B. an im Ausland studierende Kinder, zu deren Innehaben einer Wohnung im Inland führen. Für das Vorliegen eines Wohnsitzes kommt es nicht auf formale Voraussetzungen und Indizien, wie z. B. einen Mietvertrag oder eine Meldebescheinigung, an. Vielmehr ist die faktische Möglichkeit der jederzeitigen Nutzung abgetrennter Räume im Sinne einer Wohnung entscheidend.[114] Allerdings wird allein durch das gelegentliche Übernachten in einem inländischen Büro (z. B. nach Geschäftsessen) kein inländischer Wohnsitz begründet.

Subsidiär zur Prüfung über das Vorliegen eines Wohnsitzes im Inland erfolgt die Feststellung des **gewöhnlichen Aufenthaltes**. Unter dem Gesichtspunkt der Gleichbehandlung von Steuerpflichtigen soll auch derjenige unbeschränkt steuerpflichtig sein, der zwar keinen Wohnsitz im Inland unterhält, sich aber für eine **gewisse Dauer** im Inland aufhält. Gem. § 9 AO hat jemand seinen gewöhnlichen Aufenthalt dort, wo er sich unter Umständen aufhält, die erkennen lassen, dass er an diesem Ort oder in diesem Gebiet nicht nur vorübergehend verweilt. Da diese Definition recht ungenau bleibt, hat der Gesetzgeber eine Konkretisierung vorgenommen. Gem. § 9 Satz 2 AO ist von einem gewöhnlichen Aufenthalt stets auszugehen, wenn ein zeitlich zusammenhängender Aufenthalt von **mehr als sechs Monaten** vorliegt. Etwas anderes gilt lediglich, wenn der Inlandsaufenthalt ausschließlich zu Besuchs-, Erholungs-, Kur- oder ähnlichen privaten Zwecken dient. In einem solchen Fall verlängert sich die Frist auf zwölf Monate.

Im Ergebnis ist festzuhalten, dass bei Vorliegen eines Mietvertrages über eine Wohnung im Inland die Bestimmung des Wohnsitzes recht eindeutig möglich ist. Die Finanzverwaltung hat regelmäßig ein Interesse daran, einem Steuerpflichtigen einen inländischen Wohnsitz und/oder gewöhnlichen Aufenthalt nachzuweisen.

Der sachliche Umfang der unbeschränkten Steuerpflicht bestimmt sich nach § 2 Abs. 1 EStG, der eine abschließende Aufzählung aller **steuerbaren Einkünfte** beinhaltet. Hierzu gehören folgende Einkünfte:

- aus Land- und Forstwirtschaft,

- aus Gewerbebetrieb,

- aus selbständiger Tätigkeit,

---

[114] Ebenfalls nicht erforderlich ist eine vollständige Einrichtung und Ausstattung einer Wohnung, sondern auch das Innehaben einzelner Zimmer kann zur Annahme eines Wohnsitzes führen.

▨ aus nichtselbständiger Tätigkeit,

▨ aus Kapitalvermögen,

▨ aus Vermietung und Verpachtung und die

▨ sonstigen Einkünfte im Sinne von § 22 EStG.

Folglich unterliegen nur bestimmte Vermögensmehrungen, die **steuerbaren Einkünfte**, der Einkommensbesteuerung. Hingegen führen Einnahmen oder Vermögensmehrungen, die nicht unter diese Einkunftsarten fallen, nicht zu einer Belastung mit Einkommensteuer. Solche Fälle sind vergleichsweise selten. Als Beispiele können etwa genannt werden: Erbschaften und Schenkungen[115], Lottogewinne usw.

Die Aufnahme der unternehmerischen Tätigkeit ist zumeist mit Ausgaben und Aufwendungen sowie Einnahmen und Erträgen verbunden. Die sich aus diesen Positionen ergebende Saldogröße geht als Einkunftsgröße mit (positivem oder negativem) Vorzeichen in die Ermittlung des **zu versteuernden Einkommens** ein. Hierbei sind noch einige Abzugsbeträge zu beachten. Dies gilt für den Steuerabzug gem. § 35 EStG[116] und den sog. Verlustabzug[117], sowie für eine Reihe von weiteren Positionen. Diese übrigen Beträge betreffen die persönliche Lebenssphäre des Steuerpflichtigen. Sie werden im weiteren Verlauf nur am Rande erläutert. Weder die Berücksichtigung von Sonderausgaben, noch die Abzugsfähigkeit außergewöhnlicher Belastungen noch die Gewährung von Haushalts- und Kinderfreibeträgen sind Gegenstand der Betriebswirtschaftlichen Steuerlehre, wenngleich sie Einfluss auf die Steuerbelastungshöhe des unternehmerisch Tätigen haben können. Vielmehr liegen sie außerhalb des Erkenntnisobjektes der Betriebswirtschaftslehre und damit der Betriebswirtschaftlichen Steuerlehre.

Die folgenden Ausführungen werden zeigen, dass jede unternehmerische Tätigkeit durch eine der sieben Einkunftsarten zu erfassen ist. Allerdings können die Tatbestandsmerkmale der Einkunftsart „Einkünfte aus nichtselbständiger Arbeit"[118] nicht vorliegen. Hierbei handelt es sich definitionsgemäß nicht um eine unternehmerische Tätigkeit. Es fehlt an dem Charakteristikum der Risikoübernahme durch den Handelnden.[119] Entsprechendes gilt auch für die sonstigen Einkünfte. Diese liegen nur vor,

---

115 Dies schließt jedoch nicht aus, dass eine Belastung mit Schenkungsteuer erfolgt.

116 Dieser erfasst Fälle, in denen bestimmte Einkünfte aus Gewerbebetrieb erzielt werden, die bereits der Gewerbesteuer unterlagen. Zur Verringerung der Doppelbelastung wird eine Ermäßigung von der tariflichen Einkommensteuer gewährt. Vgl. zu diesen Regelungen S. 135 ff.

117 Hierbei handelt es sich um Verluste, die in einem anderen Veranlagungszeitraum entstanden sind und sich nun steuerlich auswirken. Vgl. zu diesen Regelungen S. 112 ff.

118 Vgl. § 2 Abs. 1 Nr. 4 i. V. m. § 19 EStG.

119 Zwar hat auch ein Arbeitnehmer ein Risiko zu tragen, insbesondere das des Verlusts des Arbeitsplatzes, doch handelt es sich hierbei nicht um ein Risiko, das Ausfluss seiner eigenen Entscheidungen und Handlungsmöglichkeiten ist.

wenn die Einkünfte nicht bereits unter eine der anderen Einkunftsarten zu subsumieren bzw. zu erfassen sind.[120] Bei den unternehmerischen Tätigkeiten wird dies regelmäßig der Fall sein. Folglich ist eine Zuordnung der unternehmerischen Tätigkeiten zu den fünf verbleibenden Einkunftsarten vorzunehmen. Dies kann auf folgende Weise geschehen:

▨ Einkünfte aus **Gewerbebetrieb** (§§ 15 ff. EStG) ergeben sich bei folgenden unternehmerischen Tätigkeiten:

- Handelsaktivität,

- Herstellung, Bearbeitung oder Verarbeitung materieller Güter,

- Entwicklung immaterieller Wirtschaftsgüter und Veräußerung oder Lizenzierung der Nutzungsrechte hieran,

- Erbringung von gewerblichen Dienstleistungen.

▨ Einkünfte aus **Land- und Forstwirtschaft** (§§ 13 ff. EStG) ergeben sich aus folgenden unternehmerischen Tätigkeiten:

- Landwirtschaftliche Urproduktion in Form der Landwirtschaft, Forstwirtschaft, Weinbau, Gartenbau, Baumschulen usw.

▨ Einkünfte aus **selbständiger Tätigkeit** (§ 18 EStG) ergeben sich bei folgenden unternehmerischen Tätigkeiten:

- Erbringung von Dienstleistungen, die nicht gewerbliche sind[121].

▨ Einkünfte aus **Kapitalvermögen** (§ 20 EStG) ergeben sich bei folgenden unternehmerischen Tätigkeiten:

- Unternehmenstätigkeit im weiteren Sinne in Form der Überlassung von Eigen- oder Fremdkapital zur unmittelbaren unternehmerischen Nutzung durch Dritte.

▨ Einkünfte aus **Vermietung und Verpachtung** (§ 21 EStG) ergeben sich bei folgenden unternehmerischen Tätigkeiten:

- Unternehmenstätigkeit im weiteren Sinne in Form der Überlassung von Sachen, Sachinbegriffen und Rechten zur unternehmerischen Nutzung durch Dritte.

Hierbei zeigt sich, dass es sich bei den Einkünften aus Gewerbebetrieb, aus Land- und Forstwirtschaft und aus selbständiger Tätigkeit in der Regel um Einkünfte aus einer unternehmerischen Tätigkeit im engeren Sinne handelt. Hingegen liegen bei den Ein-

---

[120] Vgl. z. B. § 22 Satz 1 Nr. 1 2. Hs. EStG oder § 23 Abs. 2 EStG.
[121] Vgl. zur Abgrenzung zwischen den Gewinneinkunftsarten S. 93 ff.

künften aus Kapitalvermögen sowie Vermietung und Verpachtung unternehmerische Einkünfte im weiteren Sinne vor.[122]

In Abhängigkeit von der vorgenommenen unternehmerischen Tätigkeit ergeben sich in der steuerlichen Behandlung teilweise erhebliche Unterschiede, die die Belastungshöhe beeinflussen. Diese können z. B. in Folgendem bestehen:

- der Art der Ermittlung der steuerbaren Einkünfte (Bilanzierung im Vergleich zu einer eher pagatorisch ausgerichteten Einzahlungs- und Auszahlungsbetrachtung im Rahmen der sog. Einnahme-Überschuss-Rechnung),

- der Gewährung von Freibeträgen oder -grenzen[123] (z. B. § 20 Abs. 4 EStG), die nur für eine bestimmte Einkunftsart gewährt werden,

- der Bemessung der sich ergebenden Steuerbelastung („Anrechnung" nach § 35 EStG und Anwendung des Zuschlages zur Einkommensteuer auf hohe Einkünfte[124]),

- der zusätzlichen Belastung mit Gewerbesteuer, die nur bei gewerblichen Einkünften erfolgt, nicht aber bei einer selbständigen oder land- und forstwirtschaftlichen Tätigkeit, und

- im Umfang des möglichen Verlustausgleichs und -abzugs (wobei der Gesetzgeber verstärkt zu einer verlustquellenbezogenen Betrachtung übergegangen ist[125]).

3.2.2.1.1 Gewerbliche Einkünfte als Haupterscheinungsform der unternehmerischen Tätigkeit im engeren Sinne

- Welche ertragsteuerlichen Konsequenzen sind mit der unternehmerischen Tätigkeit eines Einzelunternehmers verbunden?

Wird eine unternehmerische Tätigkeit im Rahmen eines Einzelunternehmens ausgeübt, führt dies regelmäßig zu **gewerblichen Einkünften** (§ 15 EStG). Nur in Ausnahmefällen liegen hingegen Einkünfte aus selbständiger Tätigkeit (§ 18 EStG) oder aus Land- und Forstwirtschaft (§ 13 EStG) vor. Deshalb wird zunächst der Hauptanwendungsfall behandelt, um darauf aufbauend die Abweichungen in den anderen Fällen zu analysieren.

---

[122] Vgl. nochmals zu dieser Abgrenzung S. 17 ff.

[123] Der Unterschied besteht darin, dass ein Freibetrag von der Bemessungsgrundlage abgezogen wird und steuerfrei bleibt, während bei einer Freigrenze ab dem Überschreiten eines bestimmten Grenzwertes der gesamte Betrag der Besteuerung unterliegt.

[124] Die sog. Reichensteuer sieht vor, dass ab einen zu versteuernden Einkommen von 250.000,- EUR (bzw. 500.000,- EUR bei zusammen Veranlagten) der Spitzensteuersatz auf 45% steigt, vgl. hierzu S. 131 ff.

[125] Vgl. hierzu etwa den für beschränkt haftende Gesellschafter einer Personengesellschaft geltenden § 15a EStG und die Ausführungen auf S. 172 ff. oder die Sonderregelung für Verluste aus sog. Steuerstundungsmodellen im Sinne von § 15b EStG.

3.2.2.1.1.1 Tatbestandsvoraussetzungen

▣ Unter welchen Voraussetzungen führt die Tätigkeit als Einzelunternehmer zu gewerblichen Einkünften?

Die Tatbestandsvoraussetzungen für das Vorliegen gewerblicher Einkünfte sind in § 15 EStG definiert. Bei einem Einzelunternehmen ist auf die Definition des Gewerbebetriebes in § 15 Abs. 2 EStG zu verweisen. Danach sind vier positive Tatbestandsvoraussetzungen erforderlich. Sind diese erfüllt, hat die Ermittlung der Einkünfte und damit der steuerlichen Bemessungsgrundlage zu erfolgen. Im Ergebnis wird die Größe gesucht, auf die der Einkommensteuertarif anzuwenden ist. Auf Verluste ist dabei gesondert einzugehen, weil diese einer steuerlichen Sonderbehandlung unterliegen. Dabei ist zu beachten, dass sowohl eine Belastung mit Einkommen- als auch mit Gewerbesteuer erfolgt und die Ermittlung der Bemessungsgrundlagen bei diesen Steuern nicht einheitlich ist. Ferner bestehen infolge von § 35 EStG Wechselwirkungen hinsichtlich der entstehenden Steuerbelastung.

3.2.2.1.1.1.1 Einkommensteuer

▣ Unter welchen Voraussetzungen liegt einkommensteuerlich ein Gewerbebetrieb vor?

▣ Nach welchen Kriterien erfolgt die Abgrenzung gegenüber anderen Einkunftsarten, insbesondere gegenüber einer freiberuflichen Tätigkeit und einer solchen aus Land- und Forstwirtschaft?

Gem. § 15 Abs. 1 Satz 1 EStG führen Einkünfte aus gewerblichen Unternehmen bzw. aus gewerblichen Betätigungen zu **Einkünften aus Gewerbebetrieb**. Zu den typischen gewerblichen Betätigungen gehören insbesondere solche in den Bereichen Handel, Handwerk, Fabrikation und Dienstleistungen, sofern Letztere keine freie Berufstätigkeit i. S. d. § 18 EStG darstellen.[126] Dabei werden von dieser Vorschrift die **laufenden Einkünfte** aus Gewerbebetrieb einer natürlichen Person erfasst. Ergänzend kommen Spezialregelungen für Gewinne aus der Veräußerung oder Aufgabe des Gewerbebetriebs (§ 16 Abs. 1 Nr. 1 EStG) und nachträgliche Einkünfte (§ 24 Nr. 2 EStG) hinzu.

Entsprechend der Legaldefinition des **§ 15 Abs. 2 EStG** müssen die Folgenden positiven und negativen, in **Abbildung 3-10** genannten, Voraussetzungen für einen Gewerbebetrieb vorliegen. Sie entsprechen den Anforderungen, die auch das GewStG an das Vorhandensein eines Gewerbebetriebs stellt.[127] Diese sollen im Weiteren eingehender betrachtet werden. Der Begriff des Gewerbebetriebs (i. S. d. EStG) ist nicht identisch mit gleich lautenden Begriffen in anderen Gesetzen, insbesondere auch nicht mit den des Gewerbebetriebs oder des Handelsgewerbes i. S. v. §§ 1, 2 HGB.

---

[126] Vgl. zur Abgrenzung zwischen gewerblicher und selbständiger Tätigkeit S. 93 f.
[127] Vgl. Abschn. 8 Abs. 1 GewStR.

Literaturhinweise:

- Schmidt-Liebig, A., Der Gewerbetrieb in der Einkommen- und Gewerbesteuer, BB 1984, Beilage 14

- Steisslinger, J., Der Gewerbebegriff im Handels- und Steuerrecht, München 1989

Abbildung 3-10: *Tatbestandsmerkmale des § 15 Abs. 2 EStG*

Positivmerkmale	Negativmerkmale
– Selbständigkeit	– keine Land- und Forstwirtschaft
– Nachhaltigkeit	– keine selbständige Arbeit i. S. d. § 18 EStG
– Gewinnerzielungsabsicht	– keine reine Vermögensverwaltung
– Beteiligung am allgemeinen wirtschaftlichen Verkehr	

Einkünfte aus Gewerbebetrieb setzen eine **Selbständigkeit** der Tätigkeit voraus.[128] Hiermit wird eine Abgrenzung gegenüber Arbeitnehmern angestrebt, die Einkünfte aus nichtselbständiger Arbeit (§ 19 EStG) erzielen. Das gleichzeitige Vorliegen beider Einkunftsarten bezogen auf eine einheitliche Tätigkeit gegenüber der gleichen Person scheidet aus. Allerdings kann ein Steuerpflichtiger gleichzeitig Einkünfte aus nichtselbständiger Arbeit und aus Gewerbebetrieb beziehen. Dies wäre dann der Fall, wenn er z. B. einerseits als Angestellter und andererseits als Einzelunternehmer tätig ist. Außerdem muss eine **sachliche** Selbständigkeit gegeben sein. Diese liegt vor, wenn das Unternehmen für sich eine wirtschaftliche Einheit bildet, also nicht „nur" ein unselbständiger Teil eines anderen Unternehmens oder eines Gesamtunternehmens ist.

Beispiel:[129]
A ist bei der B-Bank in der Wertpapierabteilung als Abteilungsleiter beschäftigt. Im Rahmen dieser Tätigkeit bezieht er Einkünfte aus nichtselbständiger Arbeit (§ 19 EStG). Infolge unzureichender bankinterner Kontrollen gelingt es A über Jahre hinweg, den Bankapparat einschließlich der Gelder der Bank und von Kunden für eigene Wertpapiergeschäfte einzusetzen, woraus er beträchtliche Vermittlungsprovisionen erzielt. Der BFH sah hierin eine gewerbliche Tätigkeit, denn die Handlungen erfolgen nicht aufgrund arbeitsrechtlicher Verpflichtungen und nicht in Erfüllung von Ver-

---

[128] Vgl. zur Erläuterung dieses Kriteriums auch R und H 15.1 EStR.
[129] In Anlehnung an BFH-Urt. vom 3.7.1991, X R 163-164/87, BStBl. II 1991, S. 802.

pflichtungen aus dem Arbeitsvertrag, sondern außerhalb, aus eigenem Antrieb und außerhalb der zwischen ihm und der Bank bestehenden Rechtsbeziehungen.[130]

Die Selbständigkeit ist gegeben, wenn die Tätigkeit auf eigene Rechnung (**Unternehmensrisiko**) und auf eigene Verantwortung (**Unternehmensinitiative**) ausgeübt wird.[131] Erforderlich ist, dass das Erfolgsrisiko der eigenen Tätigkeit getragen wird. Die Rechtsprechung prüft das Vorliegen von Selbständigkeit auf der Grundlage des Gesamtbildes der tatsächlichen Verhältnisse unter Berücksichtigung der Verkehrsauffassung.[132] **Abbildung 3-11** gibt einen Überblick über die Faktoren, die für die jeweilige Qualifikation sprechen. Nach ständiger Rechtsprechung wird die Frage der Selbständigkeit einheitlich für Zwecke der Einkommen-, der Gewerbe- und der Umsatzsteuer beantwortet.[133]

Abbildung 3-11: *Indizien für das Vorliegen einer Selbständigkeit*

für eine Selbständigkeit sprechen	für eine Unselbständigkeit sprechen
– zeitlich nur kurze Berührung mit dem Betrieb	– Weisungsgebundenheit bzgl. Ort, Zeit und Inhalt der Tätigkeit
– Einnahmen weitgehend von den eigenen Aktivitäten abhängig	– feste Arbeitszeit
– weitgehend freie Entscheidung über Ort, Zeit und Umfang der Tätigkeit, wobei insbesondere die Möglichkeit der Delegation (z. B. an eigene Mitarbeiter) besteht	– kein Kapitaleinsatz
	– überwiegend feste, erfolgsunabhängige Bezüge
	– Entgeltfortzahlung bei Krankheit und Urlaub
– kein Anspruch auf Lohnfortzahlung bei Urlaub und/oder Krankheit	– Schulden der (i. d. R. ganzen) Arbeitskraft, nicht eines bestimmten Arbeitserfolges

---

Die Rechtsprechung hat der Frage, ob Lohnsteuer[134] einbehalten wurde, mehrfach indiziellen Charakter für die Art der Tätigkeit beigemessen.[135] Hingegen ist die Be-

---

[130] Auch das noch zu behandelnde Negativkriterium der Vermögensverwaltung war nicht erfüllt, denn A setzte unbefugt fremdes Vermögen zur Gewinnerzielung ein.

[131] Vgl. BFH-Urt. vom 27.9.1988, VIII R 193/83, BStBl. II 1989, S. 414 und H 15.1 Satz 1 EStH.

[132] Vgl. z. B. BFH-Urt. vom 12.10.1989, IV R 119/87, BStBl. II 1990, S. 64, und vom 18.1.1991, VI R 122/87, BStBl. II 1991, S. 409. Ähnlich auch die Finanzverwaltung in H 134 Gesamtbeurteilung EStR.

[133] Vgl. z. B. BFH-Urt. vom 18.1.1995, XI R 71/93, BStBl. II 1995, S. 559.

[134] Die Lohnsteuer ist eine Quellensteuer, die vom Arbeitgeber auf Löhne an Arbeitnehmer einzubehalten ist. Sie stellt eine Art Vorauszahlung auf die Steuerschuld des Arbeitnehmers dar, vgl. hierzu und zur drohenden Haftung für den Arbeitgeber §§ 38 ff. EStG.

[135] So z. B. im BFH-Urt. vom 8.6.1967, IV 162/63, BStBl. III 1967, S. 598.

zeichnung des Vertragsverhältnisses durch die Beteiligten irrelevant. So kommt z. B. der Benennung als „freier Mitarbeiter" insoweit keine Bedeutung zu.

Nicht ausschlaggebend ist die **sozial- und arbeitsrechtliche Einordnung** der Tätigkeit als selbständig oder unselbständig.[136] Zwar kann es im Rahmen der steuerlichen Beurteilung als Indiz gewertet werden, wenn das Arbeitsrecht bzw. das Sozialversicherungsrecht ein nichselbständiges Beschäftigungsverhältnis annimmt. Es besteht jedoch in dieser Frage keine Bindung zwischen Arbeits- bzw. Sozialversicherungsrecht einerseits und Steuerrecht andererseits. Daher vermag die neuere zivil- und arbeitsrechtliche Rechtsprechung zur sog. **Scheinselbständigkeit** die steuerrechtliche Beurteilung nicht vorzuprägen. Auch der Umstand, dass nicht alle für die Leistungserbringung erforderlichen Arbeiten vom Steuerpflichtigen selbst vorgenommen werden, sondern an andere Personen im Wege des Outsourcing ausgelagert werden, ändern an der Beurteilung der gewerblichen Tätigkeit und der Übernahme des Risikos für den Steuerpflichtigen nichts.

Außerdem muss eine **Nachhaltigkeit der Betätigung** vorliegen. Dies ist der Fall, wenn die Absicht besteht, die Tätigkeit zu wiederholen und daraus eine ständige Erwerbsquelle zu machen. Da es letztlich darauf ankommt, dass die Nachhaltigkeit für einen Dritten erkennbar wird, ist entscheidend, ob ein mehrfaches Auftreten auf der Absatzseite erfolgt. Eine wiederholte Tätigkeit, die sich auf die Beschaffungsseite beschränkt, ist i. d. R. nicht nachhaltig.[137] Ist die Absicht der Wiederholung erkennbar, kann schon eine einmalige Handlung den Beginn einer fortgesetzten Tätigkeit begründen. Nachhaltigkeit liegt auch dann vor, wenn zwar die **Absicht** besteht, eine Tätigkeit zu wiederholen, es hierzu jedoch nicht kommt.

Beispiel:[138]
Ein Steuerpflichtiger erbt ein Grundstück. Hoch erfreut stellt er fest, dass hierauf ein beträchtliches Torfvorkommen lagert. Der Steuerpflichtige fängt sofort an, dieses abzubauen und beschafft hierfür diverse Maschinen. Als der erste mit Torf beladene Lkw das Grundstück verlässt, schließt das Ordnungsamt den Torfbetrieb, weil der Steuerpflichtige die für den Abbau von Torf erforderlichen Genehmigungen nicht eingeholt hat und diese aus Gründen des Umweltschutzes auch nicht erhalten hätte. Folglich müssen die angeschafften Geräte wieder verkauft werden. Hieraus entsteht ein Verlust. Fraglich ist, ob dieser als Verlust aus Gewerbebetrieb anzuerkennen ist.

Der BFH entschied zu Gunsten des Steuerpflichtigen, indem er nicht darauf abstellte, ob eine Wiederholung tatsächlich erfolgte, sondern darauf, ob sie beabsichtigt war. Dies erwies sich im vorliegenden Fall als unstreitig, sodass eine Anerkennung der Verluste als (negative) Einkünfte aus Gewerbebetrieb zu erfolgen hatte.

---

[136] Ständige Rechtsprechung, vgl. BFH-Urt. vom 13.2.1980, I R 17/78, BStBl. II 1980, S. 303, vom 20.4.1988, X R 40/81, BStBl. II 1988, S. 804, vom 14.12.1988, X R 34/82, BFH/NV 1989, S. 541 und vom 2.12.1998, X R 83/96, BStBl. II 1999, S. 534.

[137] Vgl. BFH-Urt. vom 12.7.1991, III R 47/88, BStBl. II 1992, S. 143, S. 146, m.w.N.

[138] In Anlehnung an BFH-Urt. vom 28.4.1977, IV R 98/73, BStBl. II 1977, S. 728.

Ist noch unsicher, ob eine Wiederholung erfolgen soll, wird es an der Nachhaltigkeit fehlen. Dies gilt auch, wenn die Wiederholung genauso wahrscheinlich ist, wie die Nichtwiederholung. Nachhaltigkeit ist nicht gegeben, wenn eine Betätigung in Wirklichkeit nur eine einzige einheitliche Handlung darstellt, die ohne die Absicht der Wiederholung vorgenommen wird. Schafft ein Steuerpflichtiger durch eine einmalige Handlung einen Dauerzustand, in dem für einen längeren Zeitraum Vergütungen anfallen, liegt keine Nachhaltigkeit vor. Ist nicht feststellbar, ob eine Nachhaltigkeit gegeben ist, trifft denjenigen die Beweislast, der sich auf deren Vorliegen beruft.

Schließlich muss die Tätigkeit mit **Gewinnerzielungsabsicht** unternommen werden, wobei es ausreichend ist, wenn diese nur ein Nebenzweck der Betätigung ist.[139] Hierfür wird auf das **Streben** nach einer Mehrung des Vermögens in Form eines **Gewinns aus der Totalperiode** abgestellt, sog. Totalgewinn. Dies heißt, dass das Gesamtergebnis der Tätigkeit von deren Begründung bis zur Aufgabe oder Veräußerung positiv sein und das eingesetzte Eigenkapital überschreiten muss. Für die Abgrenzung der in diese Betrachtung einzubeziehenden Beträge kommt es nicht darauf an, ob evtl. entstehende Gewinne auch steuerpflichtig sind.[140] Einen Mindestumfang für den Totalgewinn (z. B. im Sinne einer Mindestverzinsung des eingesetzten Kapitals oder der Opportunitätskosten) gibt es nicht. Für die Berechnung ist auf die tatsächlichen Aufwendungen und Erträge (einschließlich direkter Subventionen) abzustellen, nicht aber auf kalkulatorische Größen, wie sie im Rahmen der Kostenrechnung verwendet werden. Gleichwohl kommt es nicht darauf an, ob tatsächlich ein Gewinn erzielt worden ist, sondern ob die Absicht bestand, einen Gewinn zu erzielen.[141] Um den Totalgewinn bestimmen zu können, bedarf es einer **Prognose**. Diese umfasst bei neu eröffneten Betrieben die Ergebnisse des Unternehmens von der Gründung bis zu Veräußerung bzw. Liquidation oder Aufgabe. Bei einem bereits bestehenden Betrieb sind die in der Vergangenheit erzielten Gewinne ohne Bedeutung.[142]

Ohne Gewinnerzielungsabsicht handelt, wer Einnahmen nur erzielt, um seine Selbstkosten zu decken.[143] Fehlt es hieran, wird von sog. **Liebhaberei** gesprochen. Hierbei handelt es sich um ein von der Rechtsprechung entwickeltes Rechtsinstitut. Es zielt darauf ab, insbesondere die Geltendmachung von Verlusten zu versagen, wenn diese aus einer **„nicht wirtschaftlichen", persönlichen Betätigung** resultieren. Liebhaberei ist eine Betätigung, die nicht Ausdruck eines wirtschaftlichen, auf Erzielung von Erträgen gerichteten Verhaltens ist, sondern auf privaten Neigungen beruht.[144] Damit folgt das Steuerrecht einer eigenständigen Beurteilung, inwieweit eine unternehmerische Tätigkeit steuerlich zu beachten ist.

---

[139] Vgl. § 15 Abs. 2 Satz 3 EStG.
[140] Vgl. BFH-Urt. vom 18.9.1996, I R 69/95, BFH/NV 1997, S. 408, S. 410.
[141] Vgl. BFH-Beschl. vom 25.6.1984, GrS 4/82, BStBl. II 1984, S. 751.
[142] Vgl. BFH-Urt. vom 26.2.2004, IV R 43/02, BStBl. II 2004, S. 455.
[143] Vgl. BFH-Urt. vom 26.6.1985, IV R 149/93, BStBl. II 1985, S. 549.
[144] Vgl. BFH-Urt. vom 22.11.1979, IV R 88/76, BStBl. II 1980, S. 152.

Beispiel:

Ein Steuerpflichtiger erzielt im Rahmen seines Einzelunternehmens hohe positive Einkünfte. Zugleich begeistert er sich für die Zucht von Westernpferden. Um die aus dieser Tätigkeit entstehenden Verluste steuerlich zu nutzen, kommt er auf die Idee, die beiden Tätigkeiten zukünftig im Rahmen des Einzelunternehmens auszuüben. Dadurch soll erreicht werden, dass die Verluste aus der Zucht, mit den übrigen unternehmerischen Einkünften ausgeglichen werden können.

Liebhaberei ist gegeben, wenn eine Tätigkeit nicht mit der Absicht betrieben wird, daraus einen Gewinn zu erzielen. Hierbei handelt es sich um ein subjektives Kriterium. Allerdings soll für dessen Überprüfung auf objektive Merkmale abgestellt werden. Hierbei kommt es nicht auf eine entsprechende Erklärung des Steuerpflichtigen an, sondern diese Zielsetzung muss anhand von **objektiv vorhandenen und äußerlich erkennbaren Merkmalen** nachprüfbar sein.[145] Deshalb wird eine zweigliedrige Prüfung vorgenommen:[146]

1. die Ergebnisprognose und

2. die einkommensteuerrechtliche Relevanz der Tätigkeit.

Sofern die Ergebnisprognose positiv ausfällt, d. h. wenn langfristig mit einem Totalgewinn gerechnet werden kann, ist die Einkunftserzielungsabsicht stets zu bejahen. Fällt diese Würdigung jedoch negativ aus, ist in einem zweiten Schritt zu prüfen, welche Gründe hierfür ausschlaggebend sind.

Führt die Ertragsprognose zu einem negativen Ergebnis, bedeutet dies nicht automatisch das Vorliegen von Liebhaberei. Dies ist lediglich dann der Fall, wenn die Tätigkeit auf **einkommensteuerrechtlich unbeachtlichen Motiven** beruht. Eine solche Situation liegt z. B. vor, wenn der Steuerpflichtige die verlustbringende Tätigkeit aus Gründen ausübt, die in seiner privaten Lebensführung begründet sind. Hierzu gehören u. a. die Absicht zur Erzielung von Steuerersparnissen oder die Art der Tätigkeit wie z. B. der Betrieb eines Weinbergs[147], die Vermietung eines Motorboots[148] oder die temporär eigengenutzte Ferienwohnung[149]. Weitere Gründe können z. B. in der Möglichkeit bestehen, Gehaltszahlungen an Angehörige als Betriebsausgaben geltend machen zu können[150] oder um das Renommee oder Prestige, das mit der Ausübung eines bestimmten Berufs verbunden ist, zu erhalten.[151]

---

[145] Ständ. Rspr., vgl. z. B. BFH-Urt. vom 21.8.1990, VIII R 25/86, BStBl. II 1991, S. 564, vom 4.3.1996, IV R 2/92, BStBl. II 1996, S. 369, S. 372.

[146] Vgl. auch Weber-Grellet, H., DStR 1998, S. 873.

[147] Vgl. BFH-Urt. vom 15.5.1997, IV B 74/96, BFH/NV 1997, S. 668.

[148] Vgl. BFH-Urt. vom 28.8.1987, III R 273/83, BStBl. II 1988, S. 10.

[149] Vgl. BFH-Urt. vom 26.11.1992, IV R 6/91, BFH/NV 1994, S. 240.

[150] Vgl. BFH-Urt. vom 26.2.2004, IV R 43/02, BStBl. II 2004, S. 455.

[151] Vgl. BFH-Urt. vom 14.12.2004, XI R 6/02, BStBl. II 2005, S. 392 zur Tätigkeit als Rechtsanwalt.

Liebhaberei ist auch dann gegeben, wenn der Steuerpflichtige eine Tätigkeit oder einen Betrieb **trotz langjähriger Verluste fortführt**, ohne die Verlustursachen zu ermitteln und/oder ihnen zu begegnen.[152] Hingegen führen Anlaufverluste und Verluste während einer Umstrukturierungsphase alleine nicht zur Liebhaberei. Der BFH hat hingegen (für den Fall der hauptberuflichen Rechtsanwaltstätigkeit) entschieden[153], dass bei dauerhaften Verlusten zu prüfen ist, ob diese auf einer unwirtschaftlichen Betriebsführung beruhen oder ob dauerhaft mit einem Totalüberschuss nicht gerechnet werden kann. Der erste Fall stellt die Gewinnerzielungsabsicht nicht in Frage. Es sei bei den einzelnen Aufwendungen hingegen zu prüfen, ob sie – ganz oder teilweise – durch die persönlichen Verhältnisse des Steuerpflichtigen beeinflusst sind und insoweit eine Berücksichtigung nach § 4 Abs. 5 Nr. 7 EStG ausscheide. Dieser sieht vor, dass solche Aufwendungen nicht abzugsfähig sind, die nach allgemeiner Verkehrsauffassung als unangemessen anzusehen sind. Auch stellt das Gericht klar, dass bei vorliegenden anderen hohen Einkünften und dauerhaften Verlusten nicht automatisch der Tatbestand der Liebhaberei erfüllt ist. Vielmehr sind hierfür entsprechende persönliche Motive des Steuerpflichtigen erforderlich. **Abbildung 3-12** fasst noch einmal die Prüfungsfolge zusammen.

Abbildung 3-12: *Prüfungsschema zur Gewinnerzielungsabsicht*

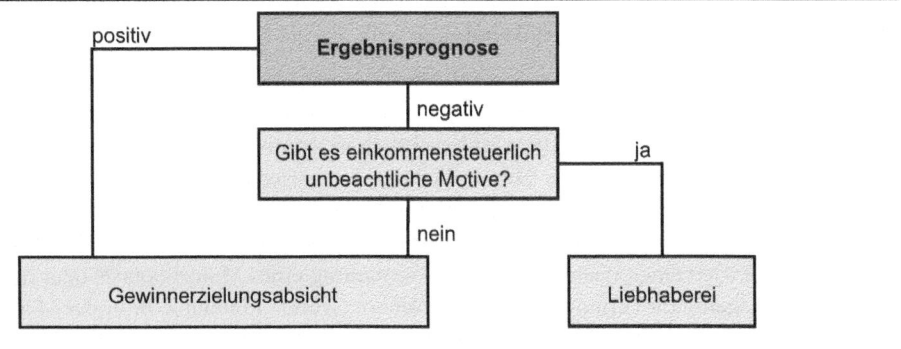

Die Ergebnisse einer Tätigkeit, die als Liebhaberei qualifiziert wird, werden steuerlich – unabhängig davon, ob es sich um Gewinne oder Verluste handelt – **nicht berücksichtigt**.[154] Dabei hat sich die Prüfung, ob Liebhaberei vorliegt, auf den gesamten Betriebszweig, Teilbetrieb oder eine Kapitalanlage zu beziehen. Einzelnen Aufwen-

---

152 Ständ. Rspr., vgl. z. B. BFH-Urt. vom 29.6.1995, VIII R 68/93, BStBl. II 1995, S. 722.

153 Vgl. BFH-Urt. vom 22.4.1998, XI R 10/97, BStBl. II 1998, S. 663.

154 Vgl. BFH-Urt. vom 25.6.1984, GrS 4/82, BStBl. II 1984, S. 751, vom 22.8.1984, I R 102/81, BStBl. II 1985, S. 61, und vom 14.3.1985, IV R 8/84, BStBl. II 1985, S. 424.

dungen kann auf der Grundlage der Grundsätze zur Liebhaberei nicht der Abzug versagt werden. Werden im Rahmen eines einheitlichen Unternehmens mehrere Betriebszweige unterhalten, sind die Kriterien für jeden Zweig gesondert zu analysieren.[155]

Literaturhinweise:

- Braun, N., Objektivierung der Gewinnerzielungsabsicht bei Liebhaberei, BB 2000, S. 283

- Sommer, U., Einkunftserzielungsabsicht oder Liebhaberei, Steuer und Studium 2005, S. 241

- Theisen, M. R., Die Liebhaberei – Ein Problem des Steuerrecht und der betriebswirtschaftlichen Steuerlehre, StuW 1999, S. 255

- Weber-Grellet, H., Liebhaberei im Ertragsteuerrecht, DStR 1998, S. 873

- Weber-Grellet, H., Wo beginnt die Grenze zur „Liebhaberei"?, DStR 1992, S. 561, S. 602

Schließlich muss eine **Beteiligung am allgemeinen wirtschaftlichen Verkehr** vorliegen. Dies ist der Fall, wenn ein Steuerpflichtiger mit Gewinnerzielungsabsicht nachhaltig am Leistungs- oder Güteraustausch teilnimmt.[156] Die Tätigkeit des Steuerpflichtigen muss nach außen hin in Erscheinung treten, indem er sich mit seiner Tätigkeit an eine – wenn auch begrenzte – Allgemeinheit wendet und damit seinen Willen zu erkennen gibt, ein Gewerbe zu betreiben. Dabei genügt die grundsätzliche Bereitschaft an jeden Marktteilnehmer zu verkaufen, der die Kaufbedingungen erfüllt. Es ist nicht erforderlich, dass die Leistungen einer Vielzahl von Interessenten angeboten werden. Ob der Kundenkreis tatsächlich groß oder eng begrenzt ist, erweist sich als bedeutungslos. Gibt es lediglich einen Auftraggeber, liegt dennoch eine Beteiligung am allgemeinen wirtschaftlichen Verkehr vor, wenn dies vertraglich vereinbart wurde oder infolge einer Selbstbeschränkung geschieht. Nicht erforderlich ist das persönliche Angebot am Markt, hierfür können auch andere Personen (z. B. Makler oder Handelsvertreter) eingesetzt werden.

---

[155] Vgl. BFH-Urt. vom 13.12.1990, IV R 1/89, BStBl. II 1991, S. 452 zur Gewinnerzielungsabsicht im Bereich der Land- und Forstwirtschaft, wenn sowohl eine Land- als auch eine Forstwirtschaft betrieben wird.

[156] Vgl. H 15.4 EStH Allgemeines.

Beispiele:

- Ein Handelsvertreter entschließt sich lediglich die Produkte eines Geschäftsherrn zu vertreiben. Dennoch liegt eine Beteiligung am allgemeinen wirtschaftlichen Verkehr vor.[157]

- Ein Einzelhändler betreibt auf dem Campus-Gelände einer Universität einen Kiosk. Da er lediglich eine vergleichsweise geringe Miete bezahlen muss, hat er sich im Gegenzug verpflichtet, moderate Preise für die von ihm angebotenen Speisen und Getränke zu verlangen. Allerdings ist der Abnehmerkreis auf Angehörige der Universität beschränkt. Hier erweist sich der Kreis der Abnehmer zwar aufgrund eines sachlichen Kriteriums (Zugehörigkeit zur Universität) als begrenzt, gleichwohl liegt eine Beteiligung am allgemeinen wirtschaftlichen Verkehr vor.

- Ein Einzelhandelsgeschäft bezieht sein gesamtes Sortiment über einen Großhändler. Auch wenn hier nur ein Lieferant gegeben ist, liegt dennoch eine Beteiligung am allgemeinen wirtschaftlichen Geschäftsverkehr vor.

Als weiteres Kriterium für das Vorliegen von gewerblichen Einkünften darf es sich **nicht** um solche aus **Land- und Forstwirtschaft** handeln. Land- und Forstwirtschaft ist die planmäßige Nutzung der natürlichen Kräfte des Bodens und die Verwertung der dadurch gewonnenen Erzeugnisse.[158] Gewerbebetriebe, die einem land- und forstwirtschaftlichen Hauptbetrieb dienen, führen als sog. land- und fostwirtschaftliche **Nebenbetriebe** zu Einkünften aus § 13 EStG. Dies soll der Fall sein, wenn

„1. überwiegend im eigenen Hauptbetrieb erzeugte Rohstoffe be- oder verarbeitet werden und die dabei gewonnenen Erzeugnisse überwiegend für den Verkauf bestimmt sind

oder

2. ein Land- und Forstwirt Umsätze aus der Übernahme von Rohstoffen (z. B. organische Abfälle) erzielt, diese be- oder verarbeitet und die dabei gewonnenen Erzeugnisse nahezu ausschließlich im eigenen Betrieb der Land- und Forstwirtschaft verwendet

und

die Erzeugnisse im Rahmen einer ersten Stufe der Be- oder Verarbeitung, die noch dem land- und forstwirtschaftlichen Bereich zuzuordnenden ist, hergestellt werden".[159]

Kauft ein Betrieb dauernd und nachhaltig fremde Erzeugnisse hinzu, so liegt ein Gewerbebetrieb vor, wenn dieser Zukauf über den betriebsnotwendigen Umfang des land- und forstwirtschaftlichen Betriebes hinausgeht. Dabei gelten Erzeugnisse, die der Weiterzucht im Rahmen des Erzeugungsprozesses im eigenen Betrieb dienen (z. B.

---

[157] Vgl. BFH-Urt. vom 19.10.1961, IV 213/69, HFR 1965, S. 193.
[158] Vgl. BFH-Urt. vom 11.10.1988, VIII R 419/83, BStBl. II 1989, S. 284.
[159] R. 15.5 Abs. 3 EStR.

Saatgut), nicht als fremde Erzeugnisse. Beläuft sich der Zukauf auf bis zu 30 % des Umsatzes, so ist grundsätzlich ein Betrieb der Land- und Forstwirtschaft anzunehmen. Beträgt der dauernde und nachhaltige Zukauf mehr als 30 % des Umsatzes, so ist i. d. R. steuerlich ein Gewerbebetrieb anzunehmen.[160] Unter Umständen hat eine getrennte Betrachtung der Aktivitäten zu erfolgen, so dass der Handel einen Gewerbebetrieb begründet und die übrige Tätigkeit dem land- und forstwirtschaftlichen Betrieb zuzuordnen ist.

Weiterführende Quellen:

■ BMF-Schreiben betr. Ertragsteuerliche Behandlung von Biogasanlagen und der Erzeugung von Energie aus Biogas; Steuerliche Folgen aus der Abgrenzung der Land- und Forstwirtschaft vom Gewerbebetrieb vom 6.3.2006, IV C 2 – S 2236 – 10/05; IV B 7 – S 2734 – 4/05, BStBl. I 2006, S. 248

Gewinne aus **selbständiger Arbeit** führen nicht zu gewerblichen Einkünften und unterliegen nicht der Gewerbesteuer.[161] § 18 EStG enthält eine nicht abschließende Aufzählung der Tätigkeiten, die als freiberuflich anzusehen und damit als selbständige Arbeit zu behandeln sind (§ 18 Abs. 1 Nr. 1 EStG). In diese Gruppe fallen auch die Steuerpflichtigen, die einen Beruf ausüben, der einer im Gesetz genannten Tätigkeit ähnlich ist. **Abbildung 3-13** gibt einen Überblick über diese Tätigkeiten. Außerdem erzielen Einnehmer einer staatlichen Lotterie Einkünfte aus selbständiger Arbeit, wenn die Tätigkeit nach Art und Umfang nicht als Gewerbebetrieb anzusehen ist. Ein Gewerbebetrieb liegt vor, wenn er zum Absatz der Lose einen kaufmännisch eingerichteten Geschäftsbetrieb unterhält oder wenn er die Lose im Rahmen eines anderen von ihm geführten Geschäftsbetriebs absetzt. Schließlich führt noch eine „sonstige selbständige Arbeit" zu Einkünften i. S. d. § 18 EStG. Hierfür nennt das Gesetz in § 18 Abs. 1 Nr. 3 EStG lediglich die folgenden Beispiele: Vergütungen für die Vollstreckung eines Testaments, für Vermögensverwaltung und für die Tätigkeit als Aufsichtsratsmitglied.

Die Abgrenzung zwischen den sog. Katalogberufen und den ihnen „ähnlichen" Tätigkeiten bereitet in der Praxis oft erhebliche Schwierigkeiten, weil es keine entscheidenden Begriffsmerkmale für die Eingruppierung gibt. Ein Beruf ist einem Katalogberuf ähnlich, wenn er in wesentlichen Punkten mit ihm verglichen werden kann. Dies setzt eine Vergleichbarkeit der Ausbildung und der beruflichen Tätigkeit voraus. Zur Frage, wann dies der Fall ist, hat es in der Vergangenheit eine Vielzahl von höchstrichterlichen Entscheidungen gegeben. Hierzu wird auf die beispielhafte Aufzählung in H 15.6 EStR und die Kommentierung zu § 18 EStG verwiesen. Hierbei setzt eine ähnliche

---

[160] Vgl. R. 15.5 Abs. 6 EStR. Hierbei ergeben sich oftmals Abgrenzungsschwierigkeiten bei Baumschulen, die über eigene Gartencenter Pflanzen verkaufen und durch die eigene Baumschule nur einen Teil selbst „herstellen".

[161] Wobei durch die Anrechnungsmöglichkeit der Gewerbesteuer auf die Einkommensteuer des Steuerpflichtigen nach § 35 EStG eine steuerliche und damit wirtschaftliche Besser- oder Schlechterstellung nicht mehr im früherem Umfang eintritt.

Tätigkeit eine vergleichbare Qualifikation voraus. Diese kann auch im Wege des Selbststudiums erworben werden, was jedoch im Einzelfall zu erheblichen Nachweisproblemen führen kann.

Die freiberufliche Tätigkeit verliert ihren Charakter nicht ohne Weiteres dadurch, dass der freiberuflich Tätige sich der Mithilfe fachlich vorgebildeter Arbeitskräfte bedient. Da einerseits die selbständige Arbeit aufgrund eigener Fachkenntnisse leitend und eigenverantwortlich ausgeübt wird, und da andererseits der menschlichen Leistungsfähigkeit Grenzen gesetzt sind, kann die Mithilfe von Arbeitskräften nur in einem gewissen Umfang in Betracht kommen, ohne dass die Tätigkeit ihren Charakter verliert. Bei der Frage, ob ein bisher freiberuflich Tätiger nunmehr Gewerbetreibender wird, ist nicht auf die möglicherweise besonders gelagerten Umstände eines einzelnen Veranlagungszeitraum abzustellen. Vielmehr ist zu prüfen, ob die allgemeine Tendenz zur Entwicklung eines Gewerbebetriebs hingeht. Wird neben einer selbständigen Tätigkeit im Sinne von § 18 EStG eine gewerbliche Tätigkeit ausgeübt, hat – soweit wie dies praktisch möglich ist – eine Aufteilung in die beiden Einkunftsarten zu erfolgen.

Abbildung 3-13: *Abgrenzungsschema zur freiberuflichen Tätigkeit*

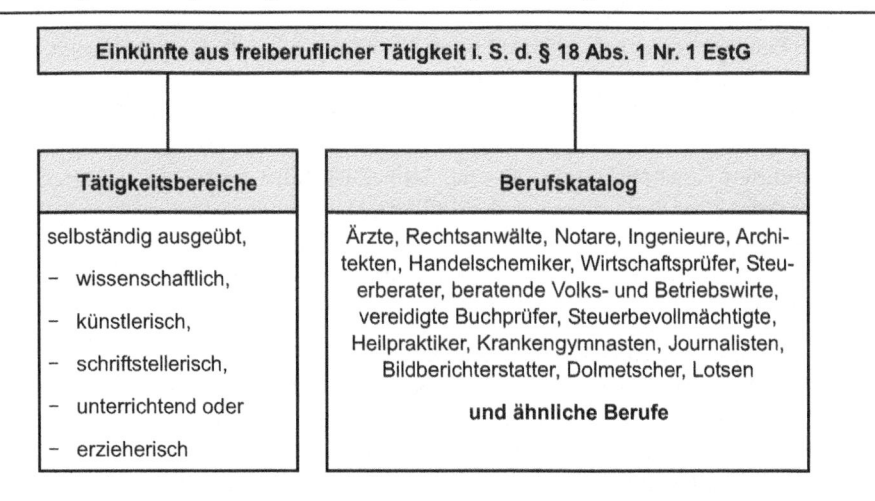

Die **bloße Verwaltung eigenen Vermögens** ist regelmäßig keine gewerbliche Tätigkeit. Dies gilt grundsätzlich auch dann, wenn ein Gewerbebetrieb im Ganzen oder ein Teilbetrieb verpachtet wird. Vermögensverwaltung liegt vor, „wenn sich die Betätigung noch als Nutzung von Vermögen im Sinne einer Fruchtziehung aus zu erhaltenden Substanzwerten darstellt und die Ausnutzung substanzieller Vermögenswerte durch Umschichtung nicht entscheidend in den Vordergrund tritt".[162] Wird dieser Umfang überschritten, liegt ein Gewerbebetrieb vor.

Die private Vermögensverwaltung fällt – mit Ausnahme der Erträge, die zu Einkünften aus Kapitalvermögen (§ 20 EStG) oder aus Vermietung und Verpachtung (§ 21 EStG) führen – in den steuerfreien Bereich.[163] Hierbei kommt es auf den Umfang des Vermögens nicht an, sodass auch ein sehr umfangreiches Vermögen noch nicht zur Begründung eines Gewerbebetriebs führt. Die Rechtsprechung stellt darauf ab, ob die Anschaffung und die Veräußerung von Wirtschaftsgütern lediglich als der Beginn bzw. als die Beendigung einer primär auf Fruchtziehung gerichteten Tätigkeit ist oder ob die Umschichtung der Vermögenssubstanz entscheidend in den Vordergrund tritt.[164] Eine Abgrenzung ist nur nach den Umständen des Einzelfalls möglich, wobei das durch die einzelnen Faktoren gebildete Gesamtbild und die Verkehrsanschauung maßgebend sind. Im Zweifel ist entscheidend, ob die Tätigkeit dem Bild entspricht, das nach der Verkehrsauffassung einen Gewerbebetrieb ausmacht und einer Vermögensverwaltung fremd ist.[165]

Die Vermietung und Verpachtung von Grundvermögen stellt auch dann eine bloße Vermögensverwaltung dar, wenn das vermietete Grundvermögen sehr umfangreich ist. Allerdings handelt es sich um eine gewerbliche Tätigkeit, wenn zu der bloßen Nutzungsüberlassung eine fortgesetzte Tätigkeit tritt und die Nutzung des Vermögens im Einzelfall hinter die andere Tätigkeit zurücktritt.

Beispiel:[166]
G betreibt in einem gemieteten Gebäude ein Wohnheim. Neben dem üblichen Mietvertrag über die Nutzung von Räumen bestehen Vereinbarungen mit namhaften Industrieunternehmen. Diese Firmen haben jeweils eine bestimmte Zahl von Wohnschlafplätzen in dem Arbeiterwohnheim gemietet. In den Verträgen sind genaue Abmachungen über die Wohnheim- und Zimmerausstattung und über die von G zu erbringenden Leistungen enthalten. Die besonderen Leistungen bestehen in Folgendem: Die Ausstattung der Räume in einer den ins Einzelne gehenden Wünschen und Bedürfnissen der Firmen entsprechenden Weise, insbesondere die Bereitstellung eines Tagesraumes mit Fernsehgerät, die Reinigung der Räume, die Bereitstellung der Bettwäsche und deren 14-tägiger Wechsel, die Heimleitung einschließlich Verwaltungs-, Reinigungs- und Wachpersonal und die Gestellung eines Dolmetschers. Darüber hinaus ergab sich ein häufiger Mieterwechsel.

---

162 R 15.7 Abs. 1 Satz 2 EStR.

163 Etwas anderes gilt lediglich in den Fällen der privaten Veräußerungsgeschäfte im Sinne von § 23 EStG und bei der Veräußerung eines Anteils an einer Kapitalgesellschaft im Sinne von § 17 EStG.

164 Vgl. BFH-Urt. vom 31.7.1990, I R 173/83, BStBl. II 1991, S. 66.

165 Vgl. BFH-Urt. vom 19.11.1985, VIII R 104/85, BStBl. II 1986, S. 424.

166 In Anlehnung an BFH-Urt. vom 18.1.1973, IV R 196/71, BStBl. II 1973, S. 561.

Die Grenze zum Gewerbebetrieb ist in diesem Fall überschritten. Es wird eine „Organisation" bereitgestellt. Die Mieter – die Firmen – haben Aufgaben, mit denen sie sich nicht belasten wollten, auf den Vermieter abgewälzt. Die Zahl und der Kreis der Heimbenutzer wechseln ständig. Charakteristisch ist die vorteilhafte Nutzung einer Marktchance durch Anmietung eines Gebäudes und Weitervermietung.[167]

Die Abgrenzung zwischen Vermögensverwaltung und Gewerbebetrieb lässt sich nicht klar ziehen. In Zweifelsfällen stellen BFH und Finanzverwaltung auf die Verkehrsauffassung ab. Der BFH[168] hat entschieden, dass wenn nicht mehr als drei Objekte in fünf Jahren veräußert werden grundsätzlich kein gewerblicher Grundstückshandel vorliegt, sog. **Drei-Objekt-Grenze**. Ziel dieser Regelung war die Schaffung einer absoluten Untergrenze aus Vereinfachungsgründen. Eine Umgehung dieser Grenze durch die Zwischenschaltung einer Personengesellschaft/-gemeinschaft ist nicht möglich. Vielmehr sind ihre Grundstücksveräußerungen – auch wenn sie selbst ausschließlich vermögensverwaltend tätig ist – beim Gesellschafter/Gemeinschafter zu berücksichtigen und können dort – weiter Grundstücks- oder Anteilsveräußerungen vorausgesetzt – einen Gewerbebetrieb begründen.[169]

Weiterführende Quellen:

▨ BMF-Schreiben betr. Abgrenzung zwischen privater Vermögensverwaltung und gewerblichem Grundstückshandel vom 26.3.2004, IV A 6 – S 2240 – 46/04, BStBl. I 2004, S. 434

3.2.2.1.1.1.2 Gewerbesteuer

▨ Unter welchen **zusätzlichen** Voraussetzungen entsteht darüber hinaus eine Belastung mit Gewerbesteuer?

Voraussetzung für das Bestehen einer Gewerbesteuerpflicht ist gem. § 2 Abs. 1 Satz 1 GewStG, dass im Inland ein stehender Gewerbebetrieb gegeben ist. Dies bedeutet einerseits, dass die oben genannten Voraussetzungen für eine gewerbliche Tätigkeit i. S. d. § 15 Abs. 2 EStG erfüllt sein müssen und andererseits, dass **im Inland** eine **Betriebsstätte** unterhalten wird. Dies ergibt sich aus dem Grundsatz, dass die inländische Gewerbesteuer nur insoweit entstehen kann, wie ihr ein im Inland betriebener Gewerbebetrieb zu Grunde liegt.

Eine Betriebsstätte ist nach § 12 AO jede **feste Geschäftseinrichtung** oder Anlage, die der Tätigkeit des Unternehmens **dient**. Dazu gehören auch bewegliche Geschäftseinrichtungen mit vorübergehend festem Standort, z. B. fahrbare Verkaufsstätten mit

---

[167] Vgl. BFH-Urt. vom 11.7.1984, I R 182/79, BStBl. II 1984, S. 722.
[168] Vgl. BFH-Urt. vom 9.12.1986, VIII R 317/83, BStBl. II 1988, S. 244, vom 3.6.1987, III R 209/83, BStBl. II 1988, S. 277, und vom 23.10.1987, III R 275/83, BStBl. II 1988, S. 293.
[169] Vgl. BFH-Beschl. vom 3.7.1995, GrS 1/93, BStBl. II 1995, S. 617.

wechselndem Standplatz.[170] Der Begriff der festen Geschäftseinrichtung oder Anlage erfordert keine besonderen Räume oder gewerblichen Vorrichtungen. Es genügt, wenn der Unternehmer über die Räumlichkeiten oder eine bestimmte Fläche eine gewisse, nicht nur vorübergehende Verfügungsmacht besitzt. Als Beispielsfälle für Betriebsstätten nennt das Gesetz u. a.:

- die Stätte der Geschäftsleitung,

- Zweigniederlassungen,

- Geschäftsstellen,

- Fabrikations- oder Werkstätten,

- Warenlager und

- Ein- oder Verkaufsstellen.

Aus dem Anknüpfen der Gewerbesteuerpflicht an die Tatbestandsmerkmale des § 15 Abs. 2 EStG folgt unmittelbar, dass die in negativer Weise aus der Gewerblichkeit ausgegrenzten Betätigungen der Land- und Forstwirtschaft (§§ 13 ff. EStG), der selbständigen Tätigkeit (§ 18 EStG) sowie der Vermögensverwaltung nicht der Gewerbesteuer unterliegen. Folglich kommt es damit zu einer unterschiedlichen Behandlung. Dabei ist zu berücksichtigen, dass bei den gewerblichen Einkünften mit § 35 EStG eine Entlastungsregelung geschaffen wurde, die eine Kompensation der Belastung mit Gewerbesteuer erreichen sollten.[171] Diese Vorschrift findet folgerichtig auf die nicht der Gewerbesteuer unterliegenden Einkünfte keine Anwendung. Zugleich wird deutlich, dass die auf S. 92 ff. ausführlich diskutierte Abgrenzung zwischen den einzelnen Einkunftsarten auf den ersten Blick zu unterschiedlich hohen materiellen Steuerbelastungen führen kann, die sich jedoch häufig ausgleichen.

3.2.2.1.1.2 Ermittlung der gewerblichen Einkünfte[172]

3.2.2.1.1.2.1 Gewinnermittlung nach dem EStG

- Wie hat die Gewinnermittlung bei den gewerblichen Einkünften zu erfolgen?

- Wie wird der Begriff des Gewinns steuerlich definiert?

- Was ist unter einer Steuerbilanz zu verstehen?

---

[170] In diesen Fällen kann ein sog. Reisegewerbebetrieb vorliegen, vgl. § 35a GewStG i. V. m. § 35 GewStDV und Abschn. 82 GewStR.

[171] Vgl. ausführlich zu dieser Regelung S. 135 ff.

[172] Die folgenden Aussagen sollen nur einen ersten Überblick vermitteln, der für das Verständnis der weiteren Ausführungen zwingend erforderlich ist. Zu einer eingehenden Analyse wird auf Strunk, G./Kaminski, B., Steuerliche Gewinnermittlung bei Unternehmen, Kriftel 2001, verwiesen.

▨   Wie sind Einlagen und Entnahmen definiert und wie werden sie im Rahmen der steuerlichen Gewinnermittlung behandelt?

Die Vorschriften über die Gewinnermittlung sind in den §§ 4 bis 7k EStG enthalten. Diese Regelungen lassen sich in vier Gruppen gliedern:

▨   Gewinnbegriff und Formen der Gewinnermittlung (§§ 4 bis 5 EStG),

▨   Sondervorschriften für die Gewinnermittlung von Schiffen im internationalen Verkehr (§ 5a EStG),

▨   Bewertungsvorschriften (§§ 6 – 6d EStG),

▨   Vorschriften über Absetzung für Abnutzung und Abschreibungen (§§ 7 – 7k EStG).

Die steuerlichen Gewinnermittlungsvorschriften verfolgen den Zweck, den „**wahren**" **Gewinn** zu ermitteln. Dies geschieht nicht nur zur Sicherung des Steueraufkommens des Staates, sondern vor allem im Interesse der Gleichmäßigkeit der Besteuerung. Hingegen wird im Rahmen des handelsrechtlichen Gewinns[173] stärker auf Vorsichtskriterien und die zutreffende Darstellung des Vermögens abgestellt.

Für die steuerliche Gewinnermittlung gibt es vier verschiedene Möglichkeiten, nämlich die beiden Formen der Gewinnermittlung durch Betriebsvermögensvergleich (§ 4 Abs. 1 und § 5 EStG), die Form der Gewinnermittlung ohne Vermögensvergleich (§ 4 Abs. 3 EStG) und die sog. Tonnagesteuer für die Gewinnermittlung bei Seeschiffen im internationalen Verkehr (§ 5a EStG). Wenn der Gewinn nach diesen Verfahren nicht ermittelt oder berechnet werden kann, ist er aufgrund von § 162 AO zu schätzen, sodass die Schätzung nicht als „normale" Gewinnermittlungsmethode angesehen werden kann. Die Vorschriften über die Gewinnermittlung beziehen sich immer nur auf einen bestimmten Betrieb. Hat ein Steuerpflichtiger mehrere Betriebe, so sind hierfür jeweils gesonderte Gewinnermittlungen durchzuführen, wobei unterschiedliche Formen der Gewinnermittlung zur Anwendung kommen können. Die unterschiedlichen Gewinnermittlungsmethoden sind in **Abbildung 3-14** dargestellt.

---

[173] Vgl. §§ 238 ff., 320, 336 f. HGB, §§ 152, 160 AktG, § 42 GmbHG, § 33 GenG.

Abbildung 3-14: *Formen der steuerlichen Gewinnermittlung*

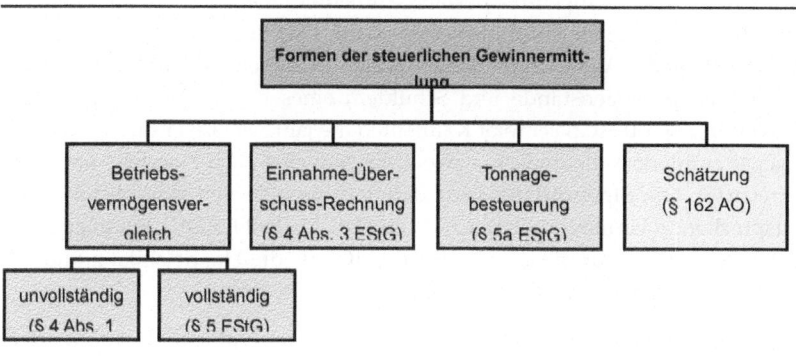

Trotz der unterschiedlichen Formen der Gewinnermittlung gibt es im EStG grundsätzlich nur einen Gewinnbegriff, der in § 4 Abs. 1 EStG definiert wird.[174] Danach ist „Gewinn ... der Unterschiedsbetrag zwischen dem Betriebsvermögen am Schluss des Wirtschaftsjahres und dem Betriebsvermögen am Schluss des vorangegangenen Wirtschaftsjahres ...". Der „Gewinn" umfasst auch den Begriff der **Verluste**, der im Gesetz nichtselbständig bestimmt wird. Da aber das Ergebnis einer unternehmerischen Betätigung nicht notwendig positiv ist, sondern auch negativ sein kann, stellt sich der Verlust als negativer Gewinn dar. Der Gesetzgeber verwendet in jüngerer Zeit als Synonym für den Verlustbegriff auch den Ausdruck „negative Einkünfte".

Bei der Gewinnermittlung durch Vermögensvergleich (§§ 4 Abs. 1 und 5 EStG) kann grundsätzlich von dem in **Abbildung 3-15** dargestellten Schema ausgegangen werden.

Abbildung 3-15: *Schema zur Gewinnermittlung*

	Betriebsvermögen am Schluss des Wirtschaftsjahres
./.	Betriebsvermögen am Schluss des vorangegangenen Wirtschaftsjahres
+	Wert der Entnahmen
./.	Wert der Einlagen
=	Gewinn

---

[174] Einschränkungen gelten lediglich im Bereich der Tonnagebesteuerung.

Ein solcher Vermögensvergleich setzt voraus, dass das Betriebsvermögen für einen bestimmten Zeitpunkt durch Inventur (Bestandsaufnahme) mengenmäßig festgestellt, bewertet und in übersichtlicher Form dargestellt wird. Das Ergebnis der Inventur ist das Inventar. Es stellt das Verzeichnis der einzelnen positiven und negativen Wirtschaftsgüter (Vermögensgegenstände und Schulden) eines Unternehmens nach Art, Menge und Wert dar. § 240 HGB schreibt Kaufleuten die jährliche Inventur vor. Es gibt bei Kaufleuten – zumindest theoretisch – zwei Bilanzen: eine nach Handels- und eine nach Steuerrecht[175]. Die **Steuerbilanz** wird definiert als eine den steuerlichen Vorschriften entsprechende Vermögensübersicht (§ 60 Abs. 2 Satz 2 EStDV). Sie folgt deutlich strengeren Bewertungsvorschriften (vgl. § 6 EStG) als die Handelsbilanz und ermöglicht nur im eingeschränkten Maße die Bildung stiller Reserven.

(Privat-) **Entnahmen** sind alle Wirtschaftsgüter, die der Steuerpflichtige dem Betrieb für sich, für seinen Haushalt oder für andere betriebsfremde Zwecke im Laufe des Wirtschaftsjahres entnommen hat.[176] Der Hauptfall ist die Entnahme von Bargeld zur privaten Lebensführung des Einzelunternehmers. Aber auch Waren, Nutzungen und Leistungen können entnommen werden. Zu den Entnahmen gehören ferner alle Beträge, die zur Zahlung von nicht abzugsfähigen Steuern (z. B. Einkommensteuer) das Betriebsvermögen verringert haben. Eine Entnahme liegt auch vor, wenn Wirtschaftsgüter aus privaten Gründen an Dritte zu Preisen abgegeben werden, die unter ihrem wirklichen Wert liegen. Die Entnahme setzt begrifflich ein Tätigwerden des Steuerpflichtigen voraus, d. h., das Ausscheiden des Wirtschaftsguts aus dem Betriebsvermögen muss auf einem bewussten Willensakt des Steuerpflichtigen beruhen. Ein Beweisanzeichen dafür ist regelmäßig die buchmäßige Behandlung. Sie ist jedoch nicht entscheidend. Die Wirtschaftsgüter müssen dem Betrieb im Lauf eines Wirtschaftsjahres zu betriebsfremden (insbesondere privaten) Zwecken entzogen sein, damit eine Entnahme vorliegt. Infolge einer vom Gesetzgeber geschaffenen Fiktion ist eine Entnahme auch dann gegeben, wenn das Besteuerungsrecht der Bundesrepublik Deutschland hinsichtlich der Veräußerung oder Nutzung eines Wirtschaftsgutes ausgeschlossen oder eingeschränkt wird.

Einlagen sind alle Wirtschaftsgüter, die der Steuerpflichtige dem Betrieb im Laufe eines Wirtschaftsjahres aus seinem Privatvermögen zugeführt hat (§ 4 Abs. 1 Satz 5 EStG). Die Einlagen können in Geld oder in geldwerten Gütern bestehen. Es darf sich dabei jedoch nicht um Gegenstände des notwendigen Privatvermögens (z. B. Einkommensteuer-Erstattungsansprüche, private Bekleidung) handeln. Der Begriff der Einlage setzt voraus, dass bereits ein Betrieb besteht, in den etwas eingelegt wird.

Obwohl im EStG der Begriff des **Betriebsvermögens** häufig Verwendung findet, existiert dort keine gesetzliche Definition. Gleichwohl ist dessen Abgrenzung von beson-

---

[175] Gewinnermittlung nach internationalen Rechnungslegungsvorschriften, wie z. B. IFRS haben für die Besteuerung und die beschriebene Maßgeblichkeit der Handelsbilanz für die Steuerbilanz keine Bedeutung.

[176] Vgl. § 4 Abs. 1 Satz 2 EStG und R 4.3 Abs. 2 Satz 1 EStR.

derer Bedeutung, weil in den Betriebsvermögensvergleich nur Wirtschaftsgüter des Betriebsvermögens einzubeziehen sind und nur solche Einnahmen und Ausgaben den Gewinn mindern dürfen, die durch das Betriebsvermögen veranlasst sind.

Nach der Rechtsprechung des BFH dürfen nur solche Wirtschaftsgüter zum Betriebsvermögen gehören, „die in einem gewissen objektiven Zusammenhang mit dem Betrieb stehen und ihn zu fördern bestimmt und geeignet sind".[177] Dabei kann die Beziehung zum Betrieb je nach der Art des Wirtschaftsgutes und den tatsächlichen Verhältnissen im Einzelfall mehr oder weniger eng sein. Daraus folgt die Unterscheidung zwischen notwendigem Betriebsvermögen und gewillkürten Betriebsvermögen im Gegensatz zum (notwendigen) Privatvermögen.

Abbildung 3-16:   *Abgrenzung zwischen Betriebs- und Privatvermögen*

Wirtschaftsgüter	Vermögenszuordnung	Vermögensart	
Die ihrer objektiven Eignung und Zweckbestimmung nach im Einzelfall nicht Betriebsvermögen sein können (z. B. Hausrat, Kleidung)	Verpflichtung zur Nichterfassung	Notwendiges Privatvermögen	Privatvermögen
Die im Einzelfall sowohl zum Betriebsvermögen als auch zum Privatvermögen gehören können (z. B. Wertpapiere, Pkw, Grundstücke)	Wahlrecht zu Erfassung je nach Nutzung	Zuordnung zum Privatvermögen: Gewillkürtes Privatvermögen	
		Zuordnung zum Betriebsvermögen: Gewillkürtes Betriebsvermögen	Betriebsvermögen
Die ihrer Wesensart nach dem Betrieb zugehören, insbesondere eine wesentliche Grundlage des Betriebes bilden, eine betriebliche Funktion ausüben oder im Betrieb geschaffen werden	Verpflichtung zur Erfassung	Notwendiges Betriebsvermögen	

Wirtschaftsgüter, die ihrer Art nach so eng mit dem Betrieb des Steuerpflichtigen zusammenhängen, dass sie für die Führung des Betriebs wesentlich oder sogar unentbehrlich sind, wie z. B. Maschinen, die ausschließlich in der Produktion eingesetzt werden, sind **notwendiges Betriebsvermögen**. Im Gegensatz dazu gehören Wirt-

---

[177] Vgl. BFH-Urt. vom 15.7.1960, VI 10/60 S, BStBl. III 1960, S. 484.

schaftsgüter, die in keiner Beziehung zum Betrieb stehen bzw. bei denen die Beziehung zur privaten Lebensführung des Steuerpflichtigen besonders eng ist, wie z. B. das vom Steuerpflichtigen selbst bewohnte Einfamilienhaus, zum **notwendigen Privatvermögen**. Schließlich gibt es eine dritte Gruppe von Wirtschaftsgütern, die weder mit dem Betrieb noch mit der privaten Lebensführung des Steuerpflichtigen eng verknüpft sind, die vielmehr ihrer Art nach sowohl zu dem einen als auch dem anderen Bereich gerechnet werden können, wie z. B. Wertpapiere. Bei derartigen Wirtschaftsgütern hat der Steuerpflichtige ein Zuordnungswahlrecht. Rechnet er diese Wirtschaftsgüter dem Betriebsvermögen zu, bilden sie in vollem Umfang **gewillkürtes (gewähltes) Betriebsvermögen**.

Die Unterschiede zwischen der Gewinnermittlung nach § 4 Abs. 1 und § 5 EStG sind gering und bewirken allenfalls eine unterschiedliche Periodisierung. Eine wesentliche Abweichung besteht bei der Bewertung des Umlaufvermögens: Bei der Gewinnermittlung nach § 5 EStG ist das sog. **strenge Niederstwertprinzip** bei Wirtschaftsgütern des Umlaufvermögens wegen des Maßgeblichkeitsprinzips zu beachten, nachdem zwingend eine Abschreibung auf den niedrigeren Wert vorzunehmen ist, der sich aus Börsen- oder Marktpreisen am Abschlussstichtag ergibt.[178] Steuerpflichtige, die ihren Gewinn nach § 4 Abs. 1 EStG ermitteln, sind dagegen nur an die Bewertungsvorschriften des § 6 Abs. 1 Nr. 2 EStG (wahlweiser Ansatz des niedrigeren Teilwerts bei einer voraussichtlich dauerhaften Wertminderung) gebunden. Wird das Wirtschaftsgut veräußert, gleicht sich dieser Unterschied im Ergebnis wieder aus, indem im Fall der Gewinnermittlung nach § 5 EStG ein höherer Verlust (bzw. ein niedrigerer Gewinn) entsteht.

Die **Gewinnermittlungsvorschrift des § 5 EStG** trifft lediglich eine besondere Bestimmung für das beim Vermögensvergleich (§ 4 Abs. 1 Satz 1 EStG) anzusetzende Betriebsvermögen, indem sie vorschreibt, dass das Betriebsvermögen anzusetzen ist, das nach den **handelsrechtlichen Grundsätzen ordnungsmäßiger Buchführung** (GoB) auszuweisen ist. Diese Grundsätze sind damit Rechtsvorschriften geworden, die ebenso beachtet werden müssen wie das Gesetz. Das gilt allerdings nur insoweit, als nicht steuerrechtliche Vorschriften den handelsrechtlichen Buchführungs- und Bewertungsvorschriften entgegenstehen. Es haben sich „steuerrechtliche GoB" herausgebildet, die in den R. 5.2 – 5.4 EStR und den ergänzenden Hinweisen der Finanzverwaltung ihren Niederschlag gefunden haben. Diese stimmen mit den handelsrechtlichen GoB überein und gelten gem. R 4.1 Abs. 5 Satz 1 EStR auch bei der Gewinnermittlung nach § 4 Abs. 1 Satz 1 EStG.

Durch die Vorschrift des § 4 Abs. 3 EStG wird kein eigener Gewinnbegriff definiert, sondern nur die Grundform der Gewinnermittlung (§ 4 Abs. 1 EStG) vereinfacht, indem lediglich die Betriebseinnahmen den Betriebsausgaben gegenübergestellt werden, sog. **Einnahme-Überschuss-Rechnung**.

---

[178] Vgl. § 253 Abs. 3 Satz 1 HGB.

Literaturhinweise:

▪ Zum persönlichen Anwendungsbereich der Gewinnermittlung nach § 4 Abs. 3 EStG vgl. Ritzrow, M., Zur Einnahme-Überschussrechung berechtigter Personenkreis, SteuerStud 2000, S. 58

Zentrale Bedeutung für die Gewinnermittlung hat der Begriff der **Betriebseinnahmen**. Dies sind alle Wirtschaftsgüter, die in Geld oder Geldeswert bestehen und dem Steuerpflichtigen im Rahmen (einer selbständigen Tätigkeit bzw. eines land- und forstwirtschaftlichen bzw.) gewerblichen Betriebs zugeflossen sind. Hierunter fallen nicht nur die durch die gewerbliche Tätigkeit bestimmungsgemäß erzielten Einnahmen (z. B. Erlöse aus Warenverkäufen), sondern auch die Einnahmen aus Hilfs- und Nebengeschäften und die Erstattung früherer Betriebsausgaben. Die Betriebseinnahmen setzen wie die Betriebsausgaben einen **ursächlichen Zusammenhang mit dem Betrieb** voraus. Deshalb gehören z. B. auch Entschädigungen, die der Steuerpflichtige als Ersatz für erhöhte Betriebsausgaben bzw. entgangene Betriebseinnahmen erhält, zu den Einnahmen. Dies gilt auch für Zahlungen aus zum Betriebsvermögen gehörenden Schadens- und Haftpflichtversicherungen.

Betriebsausgaben sind die Aufwendungen, die durch den Betrieb veranlasst sind. Zwischen Aufwand und Betrieb des Steuerpflichtigen muss ein **ursächlicher Zusammenhang** bestehen. Dieser kann auch schon vor der Betriebseröffnung gegeben sein und nach der Betriebsaufgabe noch andauern. Deshalb sind die zur Eröffnung des Betriebs getätigten Aufwendungen und die nach der Veräußerung oder Aufgabe eines Betriebs noch entstehenden Aufwendungen als nachträgliche bzw. vorbereitende Betriebsausgaben abzugsfähig. Für den Begriff der Betriebsausgaben kommt es nicht darauf an, ob die Aufwendungen für den Betrieb des Steuerpflichtigen notwendig, zweckmäßig oder üblich sind. Es liegt grundsätzlich im Ermessen des Betriebsinhabers, ob er Aufwendungen für seinen Betrieb tätigen will sowie welcher Art und Höhe diese Aufwendungen sein sollen. Die Entscheidungsfreiheit des Steuerpflichtigen wird allerdings durch **§ 12 Nr. 1 EStG** eingeschränkt. Mit dieser Regelung zieht der Gesetzgeber eine Grenze zwischen betrieblich veranlasstem Aufwand einerseits und den nicht abzugsfähigen Ausgaben (Privatausgaben) andererseits.

§ 12 EStG zählt die wesentlichen Aufwendungen auf, die weder als Betriebsausgaben (bzw. Werbungskosten[179]) abgezogen werden dürfen noch vom Gesamtbetrag der

---

[179] Werbungskosten sind gem. § 9 Abs. 1 EStG alle Aufwendungen, die zur Erwerbung, Sicherung und Erhaltung von Einnahmen getätigt werden. Sie können bei den Überschusseinkünften mindernd berücksichtigt werden, wobei hinsichtlich der steuerlichen Abzugsfähigkeit von Betriebsausgaben und Werbungskosten die gleichen Grundsätze gelten.

Einkünfte, es sei denn, dass es sich um Sonderausgaben[180] handelt. Hierzu gehören insbesondere Repräsentationsaufwendungen und die Aufwendungen für Ernährung, Kleidung und Wohnung des Steuerpflichtigen (sog. **Kosten der Lebensführung**). Es ist dabei bedeutungslos, inwieweit diese Aufwendungen durch die wirtschaftliche oder berufliche Stellung des Steuerpflichtigen bedingt sind (§ 12 Nr. 1 Satz 2 EStG). Dies gilt jedoch nicht bei solchen Aufwendungen, die ausschließlich betrieblich veranlasst sind. Hier ist der Abzug zulässig.

Aufwendungen, die nur zum Teil durch den Betrieb veranlasst sind, im Übrigen aber mit der Lebensführung des Steuerpflichtigen zusammenhängen, werden als **gemischte Aufwendungen** bezeichnet. Eine Aufteilung dieser Aufwendungen in Betriebs- und Privatausgaben ist steuerlich nur dann zulässig, wenn sich dafür ein objektiv nachprüfbarer Maßstab finden lässt. Nur dann ist eine Trennung in einen betrieblich und einen privat veranlassten Teil der Aufwendungen leicht und einwandfrei möglich. Der betriebliche Teil kann in geeigneten Fällen geschätzt werden.[181] Ist eine solche Schätzung jedoch nicht leicht und einwandfrei durchführbar, gehört der Gesamtbetrag nach § 12 Nr. 1 EStG zu den nicht abzugsfähigen Ausgaben.[182]

Grundsätzlich sind alle Aufwendungen als Betriebsausgaben abzugsfähig, unabhängig davon, ob sie zweckmäßig, notwendig, typisch oder wirtschaftlich sind und unabhängig davon, ob ein Zahlungsmittelabfluss bereits erfolgt ist. Der Gesetzgeber hat es jedoch für erforderlich gehalten, den Abzug bestimmter Betriebsausgaben einzuschränken bzw. ganz zu verbieten. Ausschlaggebend hierfür waren u. a. Gründe der Missbrauchsbekämpfung, die Verhinderung einer doppelten Begünstigung, die Erhaltung des Strafcharakters (z. B. von Geldbußen) und eine typisierende Berücksichtigung einer vorhandenen privaten Mitveranlassung oder zumindest das Entstehen von privaten Vorteilen. Aufwendungen, die dem Grunde nach zu den Betriebsausgaben gehören, können im Übrigen dann nicht abgezogen werden, wenn sie im Zusammenhang mit steuerfreien Einnahmen stehen (§ 3c Abs. 1 EStG). Die wichtigsten Anwendungsfälle der Regelung zur Beschränkung des Betriebsausgabenabzugs sind in **Abbildung 3-17** zusammengefasst. Zu einer eingehenden Analyse wird auf unser Lehrbuch „Steuerliche Gewinnermittlung"[183] verwiesen.

---

[180] Sonderausgaben sind Aufwendungen, die der privaten Lebensführung dienen und trotz des generellen Abzugsverbots in § 12 Nr. 1 EStG das zu versteuernde Einkommen mindern. § 10 Abs. 1 EStG enthält, ergänzt durch die Regelungen der §§ 10a und 10b EStG, eine abschließende Aufzählung der Sonderausgaben.

[181] Vgl. R 12.1 Satz 2 EStR.

[182] Vgl. R 12.1 Satz 3 EStR.

[183] Kriftel 2001. Die 2. Auflage wird im Gabler-Verlag, Wiesbaden, erscheinen.

Abbildung 3-17: Einschränkung bzw. Versagung des Betriebsausgabenabzug

Teilweise abzugsfähige Betriebsausgaben	Im vollem Umfang <u>nicht</u> abzugsfähige Betriebsausgaben
– **Bewirtungskosten** dürfen nur zu 70 % abgezogen werden und müssen nach allgemeiner Verkehrsanschauung angemessen sein (§ 4 Abs. 5 Nr. 2 EStG)	– Aufwendungen für **Geschenke** an Personen, die nicht Arbeitnehmer des Steuerpflichtigen sind und deren Anschaffungskosten 35,- EUR übersteigen (§ 4 Abs. 5 Nr. 1 EStG)
– **Verpflegungsmehraufwendungen** nur im Rahmen der im Gesetz genannten Höchstbeträge (§ 4 Abs. 5 Nr. 5 EStG)	– Aufwendungen für **Gästehäuser** sind nicht abziehbar, wenn sie außerhalb des Ortes eines Betriebs des Steuerpflichtigen belegen sind (§ 4 Abs. 5 Nr. 3 EStG)
– **Fahrten** zwischen Wohnung und Betrieb, Familienheimfahrten (§ 4 Abs. 5 Nr. 6 EStG)	– Aufwendungen für **Jagd, Fischerei, Jachten usw.** sind nicht abzugsfähig, es sei denn, der Steuerpflichtige übt diese Tätigkeit mit Gewinnerzielungsabsicht aus (§ 4 Abs. 5 Nr. 4 EStG)
– Aufwendungen für ein **häusliches Arbeitszimmer** nur unter den Voraussetzungen und in den Grenzen des § 4 Abs. 5 Nr. 6b EStG	
– **Unangemessene Aufwendungen** nur insoweit, wie sie angemessen sind (§ 4 Abs. 5 Nr. 7 EStG)	– **Geldbußen**, Ordnungs- und Verwarnungsgelder (§§ 4 Abs. 5 Nr. 8, 12 Nr. 4 EStG)
– 6 % der Entgelte für **Schuldzinsen**, soweit die zu Grunde liegende Verbindlichkeit auf sog. Überentnahmen zurück zuführen ist (§ 4 Abs. 4a EStG)	– **Hinterziehungszinsen** im Sinne von § 235 AO (§ 4 Abs. 5 Nr. 8a EStG)
	– **Ausgleichszahlungen** im Fall der körperschaftsteuerlichen Organschaft (§ 4 Abs. 5 Nr. 9 EStG)
– Betriebsvermögensminderungen, Betriebsausgaben und Veräußerungskosten, die mit **dem § 3 Nr. 40 EStG zu Grunde liegenden Betriebsvermögensmehrungen** im wirtschaftlichen Zusammenhang stehen, dürfen nur zur Hälfte abgezogen werden (§ 3c Abs. 2 EStG)	– **„Bestechungsgelder"** (§ 4 Abs. 5 Nr. 10 EStG)
	– **Betriebsausgaben,** die im wirtschaftlichen Zusammenhang mit der sog. Tonnagesteuer (§ 5a EStG) entstehen (§ 4 Abs. 5 Nr. 11 EStG)
	– **Sanktionen** infolge nicht oder nicht zeitnah erfolgter **Verrechnungspreisdokumentationen** nach § 164 Abs. 4 AO (§ 4 Abs. 5 Nr. 12)
	– Aufwendungen zur Förderung **staatspolitischer Zwecke** (§ 4 Abs. 6 EStG)
	– Ausgaben, die **mit steuerfreien Einnahmen in unmittelbaren wirtschaftlichem Zusammenhang** stehen (§ 3c Abs. 1 EStG)
	– Aufwendungen mit gleichzeitig **privater Veranlassung** (§ 12 Nr. 1 EStG)
	– **Personensteuern und Umsatzsteuer** für Umsätze, die Entnahmen sind und die Vorsteuerbeträge auf Aufwendungen, für die das Abzugsverbot nach § 12 Nr. 1 oder des § 4 Abs. 5 Nr. 1 bis 5, 7 oder Abs. 7 EStG greift (§ 12 Nr. 3 EStG)

Aufwendungen i. S. d. § 4 Abs. 5 EStG müssen gem. § 4 Abs. 7 EStG getrennt von den übrigen Betriebsausgaben aufgezeichnet werden. Es genügt, wenn sie fortlaufend auf besonderen Konten oder – bei der Gewinnermittlung nach § 4 Abs. 3 EStG – getrennt von den übrigen Betriebsausgaben aufgezeichnet werden. Ein Verstoß gegen das Gebot der gesonderten Aufzeichnung hat zur Konsequenz, dass die nicht besonders aufgezeichneten Aufwendungen nicht als Betriebsausgaben abgezogen werden können.

3.2.2.1.1.2.2 Abweichungen bei der Ermittlung des Gewerbeertrags

▪ Welche **Abweichungen** ergeben sich bei der Ermittlung des Gewerbeertrags gegenüber den einkommensteuerlichen Vorschriften?

▪ Welche Motive gibt es für diese Unterschiede?

Der sich nach den Vorschriften des EStG sowie weiterer Gewinnermittlungsvorschriften z. B. aus dem Bereich des Umwandlungssteuerrechts[184] ergebende Gewinn aus Gewerbebetrieb wird erst nach weiteren **gewerbesteuerspezifischen Korrekturen** zur Ausgangsgröße für die Hinzurechnungen und Kürzungen. Dabei handelt es sich gemessen an dem Gewinn aus Gewerbebetrieb, der der Einkommensteuer unterliegt, um sachliche oder zeitliche Einschränkungen des Gewinnbegriffs. Der Grund für diese Vorgehensweise liegt darin, dass nach der Rechtsprechung des BFH nur der Gewinn zur Gewerbesteuer herangezogen werden soll, der aus der **laufenden Tätigkeit des Betriebs** resultiert. Außerdem sind – dem Objektcharakter der Gewerbesteuer folgend – persönliche Steuervergünstigungen, wie solche nach § 3 EStG nicht zu gewähren und bei der Ermittlung des Gewerbeertrages wieder herauszurechnen. Deshalb sind bei der Ermittlung des Gewinns bei natürlichen Personen für Zwecke der Gewerbesteuer nicht einzubeziehen:[185]

1. Veräußerungs- und Aufgabegewinne gem. § 16 EStG[186] und zwar auch dann, wenn es sich um die Veräußerung eines Teilbetriebs oder eines Anteils des Gesellschafters handelt. Hingegen unterliegen solche Gewinne als laufende Gewinne der Gewerbesteuer, soweit auf Seiten des Veräußerers und auf der Seite des Erwerbes dieselben Personen Unternehmen oder Mitunternehmer sind (Abschn. 39 Abs. 1 Nr. 1 GewStR),

---

[184] Dieses Gesetz ermöglicht unter dort näher definierten Voraussetzungen – in Abweichung von den allgemeinen Gewinnermittlungsvorschriften – dass bestimmte Formen der Umwandlung (wie z. B. der Formwechsel) ohne Aufdeckung der stillen Reserven erfolgen können.

[185] Gem. § 7 GewStG sind die gewerblichen Einkünfte Ausgangspunkt für die Ermittlung des Gewerbeertrags. Hieraus folgt u. a., dass eine auf Ebene der Gesellschafter vorzunehmende Verlustberücksichtigung i. S. d. § 10d EStG nicht zum Tragen kommt.

[186] Vgl. hierzu S. 146 ff.

2. Gewinne aus der Veräußerung einer Beteiligung im Sinne von § 17 EStG (Abschn. 39 Abs. 1 Nr. 2 GewStR),

3. Einkünfte aus einer ehemaligen gewerblichen Tätigkeit gem. § 24 EStG – Entschädigungen und dergleichen, wenn sie innerhalb eines Gewerbebetriebs anfallen und unmittelbar Erträge des werbenden Betriebs sind (Abschn. 39 Abs. 1 Nr. 3 GewStR) und

4. Verluste aus gewerblicher Tierzucht und Tierhaltung – § 15 Abs. 4 EStG (Abschn. 39 Abs. 1 Nr. 4 GewStR).

Inwieweit Abweichungen von der einkommensteuerlichen Gewinnermittlung vorliegen, kann letztlich nur im Einzelfall entschieden werden. Denkbar ist, dass diese Tatbestände nicht erfüllt und unmittelbar an die Bemessungsgrundlage, die für Zwecke der Einkommensteuer ermittelt wurde, angeknüpft werden kann. Der Grund für diese Abweichungen wird im Objektsteuercharakter der Gewerbesteuer gesehen. Hieraus folgt, dass einerseits nur das Ergebnis des lebenden Betriebs besteuert werden soll, andererseits eine zumindest teilweise Abstraktion von den individuellen Gegebenheiten des einzelnen Gewerbetriebes erfolgt.

Der Gewinn aus Gewerbebetrieb ist bei mehreren Gewerbebetrieben in der Hand eines Unternehmers für jeden sachlich selbständigen Gewerbebetrieb getrennt zu ermitteln. Hieraus können sich etwa in Verlustfällen unterschiedliche Belastungen ergeben.

Die Besteuerungsgrundlage Gewerbeertrag ergibt sich erst nach Modifikation des tatsächlich erzielten Gewinns aus Gewerbebetrieb (§ 7 GewStG) durch Hinzurechnungen (§ 8 GewStG) und Kürzungen (§ 9 GewStG). Damit werden folgende Zwecke verfolgt:[187]

▨ Die Hinzurechnungen und Kürzungen entsprechen dem Real- oder Objektsteuercharakter der Gewerbesteuer. Der so ermittelte Gewerbeertrag „stellt den Nutzen des gesamten im Unternehmen arbeitenden Kapitals während des Besteuerungszeitraums dar"[188].

▨ Die Doppelbelastung mit Realsteuern (Gewerbesteuer oder Grundsteuer) soll dadurch vermieden werden, dass Anteile am Gewinn einer OHG oder anderer Unternehmergemeinschaften abgesetzt werden, weil diese Gesellschaften selbst der Gewerbesteuer unterliegen, und Kürzungen erfolgen, weil der Grundbesitz bereits der Grundsteuer unterliegt.[189]

---

[187] Vgl. Begründung zum GewStG 1936, RStBl. 1937, S. 693 ff.

[188] Begründung zum GewStG 1936, RStBl. 1937, S. 695.

[189] Vgl. Begründung zum GewStG 1936, RStBl. 1937, S. 696.

▪ Die Ausgliederung des auf die im Ausland gelegenen Betriebsstätten entfallenden Gewerbeertrags hat zu erfolgen, weil der ausländische Betrieb nicht der deutschen Gewerbesteuer unterliegt.[190]

Hinzu kommt als weiterer Grund, dass die Besteuerung an dem Ort erfolgen soll, an dem bewegliche Wirtschaftsgüter tatsächlich eingesetzt werden und nicht am Ort der Ansässigkeit des Vermieters/Verpächters. Die folgende **Abbildung 3-18** fasst die gewerbesteuerlichen Hinzurechnungen und Kürzungen zusammen. Zu einer detaillierten Erläuterung wird auf die Ausführungen im Rahmen unseres Lehrbuchs „Steuerliche Gewinnermittlung bei Unternehmen" verwiesen. Zu beachten ist, dass eine Hinzurechnung nur dann in Betracht kommt, soweit ein entsprechender Abzug bei Ermittlung des Gewinns aus Gewerbebetrieb stattgefunden hat.

Abbildung 3-18:   *Hinzurechnungen und Kürzungen bei der Gewerbesteuer*

Aufrechterhaltung des Objektsteuercharakters	**Einmalige Belastung mit Objektsteuern**	**Besteuerung am Ort des wirtschaftlichen Einsatzes**	**Besteuerung nur der inländischen Gewerbeerträge**
Hinzurechnung der 1. Entgelte für sog. Dauerschulden (50 %) gem. § 8 Nr. 1 2. Renten und dauernde Lasten im Zusammenhang mit Gründung oder Erwerb gem. § 8 Nr. 2 3. Gewinnanteile stiller Gesellschafter gem. § 8 Nr. 3 4. Gewinnanteile persönlich haftender Gesellschafter einer KG aA gem. § 8 Nr. 4 5. Spenden gem. § 9 Abs. 1 Nr. 2 KStG (§ 8 Nr. 9) **Kürzung** um – Spenden gem. § 9 Nr. 5	**Hinzurechnung** der 1. Anteile am Verlust einer Personengesellschaft gem. § 8 Nr. 8 2. ausschüttungsbedingte Gewinnminderungen § 8 Nr. 10 **Kürzung** um 1. 1,2 % vom Einheitswert der Betriebsgrundstücke gem. § 9 Nr. 1 Satz 1 2. Anteile am Gewinn von Personengesellschaften gem. § 9 Nr. 2 3. Gewinne aus bestimmten Anteilen gem. § 9 Nr. 2a und 2b 4. vom Vermieter oder Verpächter nach § 8 Nr. 7 hinzugerechnete Miet- oder Pachtzinsen gem. § 9 Nr. 4	**Hinzurechnung** der – Hälfte der Miet- und Pachtzinsen der nicht in Grundbesitz bestehenden Wirtschaftsgüter des Anlagevermögens gem. § 8 Nr. 7	**Hinzurechnung** der – ausländischen Steuern auf ausländische Einkünfte, die nicht im Gewerbeertrag enthalten sind gem. § 8 Nr. 12 **Kürzung** um 1. den auf eine nicht im Inland belegene Betriebsstätte entfallenden Teil des Gewerbeertrags gem. § 9 Nr. 3 2. die Gewinne aus Anteilen an ausländischen Kapitalgesellschaften gem. § 9 Nr. 7 und an bestimmten ausländischen Gesellschaften gem. § 9 Nr. 8

---

[190] Vgl. Begründung zum GewStG 1936, RStBl. 1937, S. 696.

Literaturhinweise:

- Biergans, E., Einkommensteuer und Steuerbilanz, 6. Aufl., München 1992

- Haberstock, L., Steuerbilanz und Vermögensaufstellung, 3. Aufl., Hamburg 1991

- Knobbe-Keuk, B., Bilanz- und Unternehmensteuerrecht, 9. Aufl., Köln 1993

- Wöhe, G., Betriebswirtschaftliche Steuerlehre I/2, 7. Aufl., München 1992

- Wöhe, G., Bilanzierung und Bilanzpolitik, 9. Aufl., München 1997

- Weber-Grellet, H., Bilanzsteuerrecht, München 1996

3.2.2.1.1.3 Berücksichtigung von Verlusten

- Wie sind Verluste steuerlich zu behandeln?

- Welche Entlastungswirkungen ergeben sich hieraus für den Steuerpflichtigen?

Eine unternehmerische Tätigkeit ist durch die Beteiligung am geschäftlichen Risiko charakterisiert. Hieraus entsteht zwangsläufig die Gefahr von Vermögensverlusten. Im Folgenden wird analysiert, inwieweit sich solche Verluste steuerlich auswirken können. Hierbei ist zunächst zu berücksichtigen, dass eine steuerlich als relevant anzusehende Tätigkeit vorliegt. Führen die bereits auf S. 88 ff. dargestellte Grundsätze zur Liebhaberei dazu, dass bestimmte Einkünfte als nicht zu berücksichtigen qualifiziert werden, sind auch entstehende Verluste steuerlich unbedeutend. Vielmehr führen die insoweit vorrangigen Grundsätze zur **Liebhaberei** dazu, dass keine steuerbaren Einkünfte gegeben sind.

Im Rahmen der steuerlichen Verlustbehandlung ist grundsätzlich zwischen den Fragen zu unterscheiden, inwieweit sich negative Einkünfte innerhalb der gleichen Periode auswirken können, also die Möglichkeit zum sog. **Verlustausgleich** besteht, und inwieweit eine Berücksichtigung in anderen Veranlagungszeiträumen vorgenommen werden kann. Hier wird von einem **Verlustabzug** gesprochen. Der Gesetzgeber hat in den letzten Jahren im zunehmenden Maße den Begriff „Verlust" durch den der **„negativen Einkünfte"** ersetzt. Damit ist jedoch kein inhaltlicher Unterschied verbunden, sodass die beiden Begriffe als Synonyme anzusehen sind. Die folgenden Ausführungen beschäftigen sich zunächst mit den einkommensteuerlichen Regelungen zur Verlustbehandlung, um darauf aufbauend die Besonderheiten bei der Gewerbesteuer zu analysieren.

3.2.2.1.1.3.1 aus der gleichen Periode

- Inwieweit können Verluste, die in einer Periode erzielt werden, sich innerhalb dieser Periode auswirken?

Der Gesetzgeber hat mit Wirkung ab Vz. 2004 die bis dahin geltenden Beschränkungen zum Verlustausgleich[191] durch deutlich einfachere und praktikablere Vorschriften ersetzt.

Hiernach ist zunächst zu prüfen, ob spezielle Regelungen einer Berücksichtigung von negativen Einkünften im Rahmen des Verlustausgleichs entgegenstehen. Hierbei handelt es sich um besondere Vorschriften, mit denen der Gesetzgeber die Anwendung der allgemeinen Regelungen infolge von besonderen Sachverhaltskonstellationen aufgibt. Als Beispiele sind insbesondere zu nennen:[192]

- Verluste aus ausländischen Einkünften gem. § 2a Abs. 1 EStG[193],

- Verluste aus gewerblicher Tierzucht und Tierhaltung sowie aus Termingeschäften gem. § 15 Abs. 4 EStG und

- Verluste im Zusammenhang mit sog. Steuerstundungsmodellen gem. § 15b EStG.

Diese Regelungen führen dazu, dass unter den dort definierten Voraussetzungen ein allgemeiner Verlustausgleich nicht erfolgen kann. Vielmehr können solche negativen Einkünfte erst dann geltend gemacht werden, wenn aus der gleichen Einkunftsart oder aus der gleichen Einkunftsquelle in der Zukunft positive Einkünfte erzielt werden. Insoweit kommt es nicht zur Anwendung des allgemeinen Verlustausgleichs, sondern einer besonders eingeschränkten Form des Verlustabzugs. Hierbei ist zu berücksichtigen, dass aufgrund von verfassungsrechtlichen Vorgaben der Gesetzgeber gezwungen ist, eine Verlustberücksichtigung vorzunehmen, wenn er positive Einkünfte der Besteuerung unterwirft.[194]

Sind diese speziellen Voraussetzungen hingegen nicht erfüllt, kommt der allgemeine Verlustausgleich zur Anwendung. Dieser sieht vor, dass die negativen Einkünfte sich steuerlich auswirken. Hierzu hat der Gesetzgeber in § 2 Abs. 3 EStG Regelungen getroffen. Diese besagen jedoch lediglich, wie der Gesamtbetrag der Einkünfte zu bestimmen ist. Insoweit erfolgt eher eine implizite Regelung, wie die Verluste zu berücksichtigen sind. Aufgrund der hiermit möglicherweise verbundenen unterschiedlichen steuerlichen Konsequenzen kommt dieser Frage erhebliche praktische Bedeutung zu. Die im Folgenden dargestellten Grundsätze beruhen in weiteren Teilen auf Vorgaben der höchstrichterlichen Rechtsprechung, die zur Rechtslage vor Einführung und späteren Abschaffung der Mindestbesteuerung ergangen ist.

---

[191] Vgl. hierzu Kaminski, B./Strunk, G., Grundlagen der Besteuerung unternehmerischer Tätigkeit, Kriftel 2001, S. 98 ff., und zu den sich gegen die Kompliziertheit dieser Vorschriften richtenden verfassungsrechtlichen Bedenken insbesondere den sehr lesenswerten Beschluss des BFH vom 6.9.2006, XI R 26/04, BFH/NV 2006, S. 2351.

[192] Im Fall der Personengesellschaft ist insbesondere auf die weiteren Begrenzungen infolge von § 15a EStG hinzuweisen, vgl. hierzu S. 172 ff.

[193] Vgl. hierzu Kaminski, B./Strunk, G., Steuern in der internationalen Unternehmenspraxis, Wiesbaden 2006, S. 37 ff.

[194] Vgl. BVerfG-Beschl. vom 30.9.1998, 2 BvR 1818/91, BGBl. I 1998, S. 3430.

Negative Einkünfte aus einer Einkunftsart werden zunächst mit den positiven Einkünften aus der gleichen Einkunftsart ausgeglichen, sog. **horizontaler Verlustausgleich**. Wenn hierbei ein negativer Saldo verbleibt, also die negativen Einkünfte größer als die positiven Einkünfte innerhalb dieser Einkunftsart sind, erfolgt ein Ausgleich mit positiven Einkünften aus anderen Einkunftsarten. Dies geschieht in der Weise, dass bei der Bestimmung der Summe der Einkünfte eine Aufsummierung von positiven und negativen Einkunftsarten zu erfolgen hat. Dies bewirkt, dass keine anteilige Verringerung der einzelnen positiven Einkunftsarten zu erfolgen hat, sondern lediglich eine Summenbildung erfolgt. Hierbei wird vom sog. **vertikalen Verlustausgleich** gesprochen. Der Verlustausgleich erfolgt bis zu einem zu versteuernden Einkommen von Null. Eine Möglichkeit zur Begrenzung besteht nicht und zwar auch dann nicht, wenn dies für den Steuerpflichtigen nachteilig ist. Dies ist u. a. dann der Fall, wenn ein Verlustausgleich zu einem zu versteuernden Einkommen führt, das unterhalb des Grundfreibetrages des Einkommensteuertarifs[195] liegt. In diesem Fall wird Verlustverrechnungspotential verbraucht, ohne dass der Steuerpflichtige hierdurch eine Entlastung erfährt, die er nicht ohnehin schon bekäme.

Beispiel:
Der Einzelunternehmer A erzielt aus seinem Unternehmen einen Verlust in Höhe von 150.000,- EUR. Zugleich ist er an der A & O OHG als Mitunternehmer[196] beteiligt, so dass er hieraus ebenfalls gewerbliche Einkünfte erlangt.[197] Diese betragen im betrachteten Veranlagungszeitraum 130.000,- EUR. Darüber hinaus erzielt A noch Einkünfte aus der Vermietung von inländischen Immobilien in Höhe von 68.000,- EUR. Andere steuerbare Einkünfte liegen nicht vor.

Im Rahmen des horizontalen Verlustausgleichs werden zunächst die Einkünfte aus der Einzelunternehmung mit denen aus der OHG-Beteiligung saldiert. Es verbleibt ein negativer Saldo in Höhe von 20.000,- EUR. Bei der Bestimmung der Summe der Einkünfte werden die einzelnen Einkunftsarten miteinander saldiert. Auf diese Weise werden die ./. 20.000,- EUR mit den 68.000,- EUR aus Vermietung und Verpachtung aufgerechnet, so dass sich die Summe der Einkünfte auf 48.000,- EUR beläuft.

Der **wirtschaftliche Vorteil** für den Steuerpflichtigen infolge des Verlustausgleichs besteht darin, dass er auf andere positive Einkünfte keine Steuern bezahlen muss. Dies führt zu einem Liquiditäts- und einem Zinseffekt. Da der anzuwendende Steuersatz sich mit einem zunehmenden zu versteuernden Einkommen erhöht, tritt in der Regel auch ein Steuersatzeffekt ein. Zugleich wird durch die Möglichkeit der Verlustverrechnung die Risikobereitschaft gestärkt, denn im Fall des Fehlschlagens einer Investition besteht immerhin die Möglichkeit, die entstehenden Verluste mit anderen positiven Einkünften zu verrechnen. Wie groß dieser Effekt ist, lässt sich nicht allgemein

---

[195] Vgl. hierzu S. 131 ff.
[196] Vgl. zum Begriff S. 160 ff.
[197] Vgl. § 15 Abs. 1 Satz 1 Nr. 2 EStG.

bestimmen, sondern hängt davon ab, welche anderen Einkünfte der Steuerpflichtige erzielt.

Wird der Steuerpflichtige mit seinem Ehegatten gem. §§ 26, 26b EStG **zusammen veranlagt**, werden positive und negative Einkünfte der Ehegatten bereits im Rahmen des horizontalen Verlustausgleichs miteinander verrechnet. Im Ergebnis kommt es nicht darauf an, bei welchem Ehegatten die Verluste entstanden sind.

Lediglich in den Fällen, in denen auch nach Durchführung eines vertikalen Verlustausgleichs **noch negative Einkünfte verbleiben**, stellt sich die Frage, inwieweit diese in anderen Veranlagungszeiträumen zu berücksichtigen sind. Hierfür enthält **§ 10d EStG** Regelungen zum **Verlustabzug**.

Fortsetzung des Beispiels:
Wenn in dem oben dargestellt Fall der Steuerpflichtige lediglich das Einzelunternehmen betriebe und die Vermietungseinkünfte erzielte, ergäben sich folgende Konsequenzen: Ein horizontaler Verlustausgleich wäre nicht möglich, folglich bliebe es bei negativen Einkünfte aus Gewerbebetrieb von 150.000,- EUR. Unter Berücksichtigung der Vermietungseinkünfte (68.000,- EUR) entstünde eine negative Summe der Einkünfte in Höhe von 82.000,- EUR. Diese Beträge könnten nur nach Maßgabe des § 10d EStG in einem anderen Veranlagungszeitraum berücksichtigt werden.

Zugleich zeigen die Ausführungen, dass der Gesetzgeber sich gegen das Modell einer „negativen Einkommensteuer" entschieden hat. Der naheliegenste Weg bestünde darin, den Steuerpflichtigen einen Steuererstattungsanspruch in Höhe des Produktes aus Steuersatz und Verlustbetrag zu gewähren. Hierdurch würde eine Gleichbehandlung von positiven und negativen Einkünften erfolgen. Dass dies unterblieben ist, dürfte insbesondere in den hiermit verbundenen Auswirkungen auf das Steueraufkommen und damit auf die Lage der öffentlichen Haushalte begründet sein.

3.2.2.1.1.3.2 aus anderen Perioden

▪ Inwieweit können Verluste, die nicht innerhalb der gleichen Periode berücksichtigt werden können, in einen anderen Veranlagungszeitraum geltend gemacht werden?

▪ Sind hierbei zeitliche oder betragsmäßige Grenzen zu beachten?

Führt der Verlustausgleich nicht zu einer vollständigen Berücksichtigung von entstandenen Verlusten[198], sieht § 10d EStG die Möglichkeit einer interperiodischen Verrechnung vor. Ferner finden sich in den Regelungen, die einen sofortigen Verlustausgleich für bestimmte Einkünfte einschränken oder versagen, vergleichbare Regelungen. Im Ergebnis zielen diese Vorschriften darauf ab, eine **Besteuerung nach der wirtschaftli-**

---

[198] Vgl. BFH-Urt. vom 15.2.1963, VI 131/62, StRK EStG § 2 R. 47, und vom 28. 6. 1963, VI 28/62, StRK EStG § 10d R. 20 zum Vorrang des Verlustausgleichs vor dem Verlustabzug.

chen Leistungsfähigkeit zu ermöglichen. Insoweit tritt das Prinzip der Abschnittsbesteuerung in den Hintergrund. Allein der Umstand, dass in einem Veranlagungszeitraum hohe und in einem anderen niedrige Einkünfte erzielt werden, soll nicht dazu führen, dass die Salden gar nicht berücksichtigt werden. Vielmehr findet – zumindest im Rahmen gewisser Grenzen – eine Verrechnung statt. Dies schließt nicht aus, dass es trotz dieser Regelungen für den Steuerpflichtigen zu einer materiellen Schlechterstellung verglichen mit dem Fall kommt, dass positive und negative Einkünfte innerhalb eines Veranlagungszeitraumes entstanden sind.

Das EStG folgt dem **Prinzip der Individualbesteuerung**. Dieser Grundsatz gilt auch im Bereich des Verlustabzugs. Hieraus hat die Rechtsprechung abgeleitet, dass ein Verlustabzug nur demjenigen zustehen soll, der den Verlust auch erlitten hat, sog. **Grundsatz der Personenidentität**[199] oder wirtschaftlich durch den Verlust belastet ist.[200]

Hinsichtlich der interperiodischen Verlustberücksichtigung ist zwischen dem Verlustrücktrag (§ 10d Abs. 1 EStG) und dem Verlustvortrag zu unterscheiden. Es hat **zunächst** ein **Verlustrücktrag** zu erfolgen, sofern der Steuerpflichtige von dem im Gesetz vorgesehen Antragsrecht auf Begrenzung des Rücktrags keinen Gebrauch macht. Nur danach noch verbleibende Beträge führen zu einem Verlustvortrag.

Ein Verlustrücktrag ist nur im Rahmen der im Gesetz genannten **Grenzen** möglich. Diese erstrecken sich sowohl auf den Zeitraum als auch auf den absoluten Betrag des maximal möglichen Verlustrücktrags. Zunächst ist zu beachten, dass ein Verlustrücktrag nur in den vorherigen Veranlagungszeitraum erfolgen kann. Waren in diesem die Einkünfte des Steuerpflichtigen gering oder gar negativ, kommt es damit zu einer erheblichen Einschränkung bzw. zum Ausschluss des Verlustrücktrags. Darüber hinaus ist als absolute Höchstgrenze für den Verlustrücktrag neben dem Gesamtbetrag der Einkünfte des vorangegangen Veranlagungszeitraums der Betrag von 511.500,- EUR[201] zu beachten. Ein evtl. höherer Verlust kann nur im Rahmen des Verlustvortrages nach § 10d Abs. 2 EStG berücksichtigt werden.

---

[199] Hingegen wurde die im Körperschaftsteuerrecht geltende Forderung nach Unternehmensidentität (vgl. S. 211 ff.) für den Bereich der Einkommensteuer von der Rechtsprechung ausdrücklich abgelehnt, vgl. RFH-Urt. vom 30.4.1942, IV 11/42, RStBl. 1942, S. 817, und BFH-Urt. vom 8.1.1958, I 131/57 U, BStBl. III 1958, S. 97.

[200] Vgl. BFH-Urt. vom 5.5.1999, XI R 1/97, BStBl. II 1999, S. 653.

[201] Bei nach §§ 26 oder 26b EStG zusammen veranlagten Steuerpflichtigen verdoppelt sich dieser Betrag auf 1.023.000,- EUR.

Beispiel:

Der Einzelunternehmer A erzielt die folgenden Einkünfte:

	Vz. 01	**Vz. 02**
Einkünfte aus seinem Einzelunternehmen (§ 15 EStG)	30.000,- EUR	./. 100.000,- EUR
Einkünfte aus vermieteten inländischen Immobilien (§ 21 EStG)	20.000,- EUR	20.000,- EUR

Zunächst würde im Rahmen der Veranlagung für den Vz. 01 der Steuerpflichtige Einkommensteuer auf 50.000,- EUR zahlen müssen. Im Vz. 02 erfolgt dann zunächst ein Verlustausgleich nach Maßgabe des § 2 Abs. 3 EStG. Dieser führt zu einem negativen Saldo in Höhe von 80.000,- EUR. Dieser Betrag wird aufgrund von § 10d Abs. 1 EStG zurückgetragen.[202] Als Obergrenze ergibt sich jedoch der Gesamtbetrag der Einkünfte, der hier 50.000,- EUR beträgt. Hieraus ergeben sich zwei Konsequenzen: Einerseits folgt aus dem Verlustrücktrag unmittelbar, dass der Steuerpflichtige die von ihm im Vz. 01 bezahlte Steuer erstattet bekommt, andererseits verbleibt ein bisher noch nicht genutzter Verlust. Diese kann nur mit positiven zukünftigen Einkünften im Rahmen des Verlustvortrages verrechnet werden.

Da die Höchstgrenze auf den einzelnen Steuerpflichtigen bezogen ist, gilt sie auch bei zusammenveranlagten Ehegatten für jeden gesondert. Dies ergibt sich aus dem Grundsatz, dass Ehegatten, auch wenn sie bei Zusammenveranlagung bezüglich des § 10d EStG eine Einheit bilden, nicht einen einheitlichen, sondern nach der Rechtsprechung des BFH[203] jeweils getrennt einen gewerblichen Gewinn oder Verlust erzielen, der für jeden von ihnen gesondert bis zur Höchstgrenze zurückgetragen werden kann.

Die **Vorteile des Verlustrücktrags** liegen für den Steuerpflichtigen in einer Verbesserung seiner Liquiditätslage, weil er in der Vergangenheit gezahlte Steuern erstattet bekommt. Andererseits zeigt sich auch, dass infolge der Begrenzung das hiermit verbundene Entlastungspotential gering ist. Dies gilt insbesondere für die Fälle, in denen das Unternehmen – etwa aufgrund der gesamtwirtschaftlichen Entwicklung über einen längeren Zeitraum hinweg – nur Verluste erzielen kann. Da dann der maximal mögliche Rücktragsbetrag bereits Null beträgt, tritt eine Entlastung erst ein, wenn in der Zukunft wieder positive Einkünfte erzielt werden. Zugleich zeigt sich, dass die Risikobereitschaft für unternehmerische Investitionen tendenziell umso geringer ist, je schlechter die Möglichkeiten zur Verlustnutzung ausgestaltet sind.

Der Verlustabzug hat nach dem eindeutigen Wortlaut des Gesetzes **vor dem Abzug von Sonderausgaben und außergewöhnlichen Belastungen** zu erfolgen. Durch die

---

[202] Etwas anderes würde gelten, wenn der Steuerpflichtige von dem Wahlrecht zur Begrenzung des Verlustrücktrages nach § 10d Abs. 1 Satz 3 EStG Gebrauch macht.

[203] Vgl. BFH-Urt. vom 23.8.1977, VIII R 120/74, BStBl. II 1978, S. 378.

beiden Abzugsbeträge soll der Besteuerung nach der wirtschaftlichen Leistungsfähigkeit besonders Rechnung getragen werden, indem eigentlich privat veranlasste Aufwendungen sich ausnahmsweise aus sozialen Gründen bei der Besteuerung auswirken sollen. Die vom Gesetzgeber angeordnete Reihenfolge führt dazu, dass sich diese Beträge im Verlustrücktragsjahr nicht auswirken können. Entscheidend hierfür ist, dass bereits aufgrund des Verlustrücktrags ein Betrag von Null erreicht wird. Folglich führen weitere Abzugsbeträge nicht zu einer Entlastung und eine interperiodische Berücksichtigung von solchen bisher steuerlich noch nicht genutzten Zahlungen sieht das Gesetz nicht vor.

§ 10d Abs. 1 Satz 1 EStG lässt unter den oben geschilderten Voraussetzungen einen Abzug vom Gesamtbetrag der Einkünfte in einem früheren Veranlagungszeitraum zu. Allerdings kann der Steuerpflichtige ganz oder teilweise auf den Verlustrücktrag verzichten. **Abbildung 3-19** enthält ein Schema zur Ermittlung des Einkommens. Dabei wird deutlich, dass eine Berücksichtigung des Verlustabzugs bei der Ermittlung des zu versteuernden Einkommens erfolgt.

Abbildung 3-19: *Schema zur Ermittlung des Einkommens*

	Einkünfte aus Land- und Forstwirtschaft
+	Einkünfte aus Gewerbebetrieb
+	Einkünfte aus selbständiger Arbeit
+	Einkünfte aus nichtselbständiger Arbeit
+	Einkünfte aus Kapitalvermögen
+	Einkünfte aus Vermietung und Verpachtung
+	sonstige Einkünfte i. S. d. § 22
+	nachzuversteuernder Betrag (§ 10a)
+	Hinzurechnungsbetrag (§ 2a Abs. 3 Satz 3, Abs. 4 EStG, § 2 Abs. 1 Satz 3, Abs. 2 AIG)
./.	ausländische Verluste bei DBA (§ 2a Abs. 3 Satz 1)
=	Summe der Einkünfte
./.	Altersentlastungsbetrag (§ 24a)
./.	Abzug für Land- und Forstwirte (§ 13 Abs. 3)
=	Gesamtbetrag der Einkünfte (§ 2 Abs. 3)
./.	**Verlustabzug (§§ 10d)**
./.	Sonderausgaben (§§ 10, 10b, 10c)
./.	außergewöhnliche Belastungen (§§ 33 – 33c)
./.	Steuerbegünstigung der zu Wohnzwecken genutzten Wohnungen, Gebäude und Baudenkmale sowie der schutzwürdigen Kulturgüter (§§ 10e – 10h, 52 Abs. 21 Satz 4 – 7 EStG, § 7 FördG)
+	zuzurechnendes Einkommen gem. § 15 Abs. 1 AStG
=	Einkommen (§ 2 Abs. 4)

Diese Stellung im Rahmen des Veranlagungsschemas hat zur Konsequenz, dass anders als nach früherer Rechtslage der Verlustabzug nicht mehr wie eine Sonderausgabe behandelt werden kann. Dies hätte es – der Systematik des EStG folgend – erforderlich gemacht, die gesamten Regelungen zum Verlustabzug aus dem 5. Teil des II. Abschnitts des EStG herauszulösen und an einer anderen Stelle zu platzieren, denn systematisch ist eine Nähe zu privaten Ausgaben des Steuerpflichtigen nicht mehr zu rechtfertigen.[204]

Um die hiermit verbundenen Nachteile begrenzen zu können, hat der Gesetzgeber in § 10d Abs. 1 Satz 3 und 4 EStG dem Steuerpflichtigen die Möglichkeit eingeräumt, den Verlustrücktrag der Höhe nach zu begrenzen. Dadurch wird es möglich, einen Verlustrücktrag nur in dem Umfang vorzunehmen, dass unter Berücksichtigung der sonst noch abziehbaren Beträge und des Grundfreibetrages des Einkommensteuertarifs zwar keine Steuerbelastung eintritt, gleichwohl in der Zukunft höhere Verlustvorträge vorhanden sind, die sich dann – im Rahmen der allgemeinen Grenzen – entlastend auswirken können.

Im Rahmen des Verlustrücktrags kommt es nicht zu einer Verrechnung mit einer bestimmten Einkunftsart des Rücktragsjahres. Vielmehr erfolgt der Abzug vom Gesamtbetrag der Einkünfte. Hieraus folgt, dass eine Zuordnung zu einer Einkunftsart nicht nötig ist.

Verbleibt nach Durchführung des Verlustrücktrags ein noch nicht genutzter Verlust, so ist dieser auf zukünftige Veranlagungszeiträume vorzutragen. Dieser Vortrag ist zeitlich unbegrenzt. Allerdings können sich Verlustvorträge erst dann entlastend auswirken, wenn in zukünftigen Veranlagungszeiträumen (wieder) positive Einkünfte erzielt werden. Die Länge des Zeitraums bis zu diesem Zeitpunkt ist vom Gesetzgeber nicht begrenzt. Zugleich sind die Obergrenzen für die Geltendmachung von Verlustvorträgen zu beachten. Diese ergeben sich zunächst aus der Höhe des **Gesamtbetrages der Einkünfte**. Ein höherer Betrag kann nicht in Abzug gebracht werden und zwar auch dann nicht, wenn die bisher noch nicht genutzten Verlustvorträge – ggf. deutlich – höher sind. Darüber hinaus sieht § 10d Abs. 2 EStG eine **Mindestbesteuerung** vor. Diese ist nur dann einschlägig, wenn der Gesamtbetrag der Einkünfte 1.000.000,- EUR[205] übersteigt. Bis zu diesem Betrag kann eine im Übrigen unbeschränkte Verrechnung der Verlustvorträge mit dem Gesamtbetrag der Einkünfte erfolgen. Wird die Grenze jedoch überschritten, verbleibt es zunächst bei der vollen Abzugsfähigkeit eines Verlustvortrages in Höhe von 1.000.000,- EUR, sog. **Sockelbetrag**. Darüber hinausgehende Beträge dürfen jedoch maximal in Höhe von 60 % den 1.000.000,- EUR übersteigenden Teil des Gesamtbetrages der Einkünfte mindern. Hieraus folgt, dass

---

204 Ähnlich auch Hallerbach, in: Hermann/Heuer/Raupach, § 10d EStG, Rz. R7, die ausführt: „Nach seinem materiellen Gehalt und der Stellung im Gesetz ist § 10d als § 2 Abs. 3a zu lesen".

205 Bei nach §§ 26, 26b EStG zusammen Veranlagten verdoppelt sich dieser Betrag auf 2.000.000,- EUR je Veranlagungszeitraum.

trotz vorhandener weiterer Verlustvorträge 40 % des Gesamtbetrages der Einkünfte der Besteuerung unterliegen. Auch hier verdoppeln sich die genannten absoluten Beträge bei gem. §§ 26, 26b EStG zusammen veranlagten Steuerpflichtigen.

Beispiel:
Der ledige Steuerpflichtige A erzielt ausschließlich Einkünfte aus seinem Einzelunternehmen. Diese haben folgende Höhe erreicht:

Jahr	Vz. 01	Vz. 02	Vz. 03	Vz. 04
Einkünfte aus Gewerbebetrieb (in Mio. EUR)	0,-	./. 10,-	3,-	0,75

Ein Verlustrücktrag aus dem Vz. 02 in den Vz. 01 scheidet aus, weil dort die Einkünfte und damit der Gesamtbetrag der Einkünfte bereits Null betragen. Folglich kann nur ein Verlustvortrag erfolgen. Im Vz. 03 wäre wie folgt vorzugehen:

	Sockelbetrag	1.000.000,- EUR
+	60 % des 1.000.000,- EUR übersteigenden Gesamtbetrags der Einkünfte (= 60 % von 2.000.000,- EUR)	1.200.000,- EUR
	Maximal möglicher Verlustabzug	2.200.000,- EUR

Hieraus folgt, dass A im Jahr 03 – vorbehaltlich evtl. noch anderer zur Anwendung kommender Entlastungsbeträge – ein Einkommen von 800.000,- EUR versteuern muss, obwohl er noch erhebliche, bisher nicht genutzt Verlustvorträge vorweisen kann.

Nachrichtlich: Verbleibender Verlustabzug

	Bisheriger Verlustvortrag	10.000.000,- EUR
./.	Verlustabzug in 03	2.200.000,- EUR
	Verbleibender Verlustabzug	7.800.000,- EUR

Im Vz. 04 führt der Sockelbetrag dazu, dass die gesamten 750.000,- EUR Einkünfte mit den verbliebenen Verlustabzugsbetrag verrechnet werden können. Folglich beträgt der Gesamtbetrag der Einkünfte 0,- EUR. Damit steht für die Vz. 05 ff. ein verbleibender Verlustvortrag in Höhe von 7,05 Mio. EUR zur Verfügung.

Es wird deutlich, dass die **Belastungswirkungen** dieser sog. Mindestbesteuerung sehr stark von der weiteren Einkunftsentwicklung abhängig sind. Die Regelungen führen jedoch grundsätzlich dazu, dass vorhandene Verlustvorträge erst zu einem späteren Zeitpunkt genutzt werden können. Die hiermit verbundenen Auswirkungen können erheblich sein, wie das folgende Beispiel zeigt.

Beispiel:

Der Einzelunternehmer E ist in einer sehr konjukturabhängigen Branche tätig. Während einer Boom-Phase erzielt er positive Einkünfte aus Gewerbebetrieb in Höhe von 10 Mio. Euro, in einer Rezessionsphase 10 Mio. EUR Verluste. Wenn unterstellt wird, dass Boom- und Rezessionsphasen gleich lange dauern, und die Auf- und Abschwungsphase sich ebenfalls spiegelbildlich zueinander verhalten, wird deutlich, dass das wirtschaftliche Gesamtergebnis aus der Betätigung Null beträgt. Gleichwohl führt die Mindestbesteuerung dazu, dass in den Boom-Phasen keine vollständige Nutzung der vorhandenen Verlustvorträge erfolgen kann. Obwohl objektiv keine positive wirtschaftlich Leistungsfähigkeit des Steuerpflichtigen gegeben ist, kommt es gleichwohl zu einer steuerlichen Belastung. Es erscheint als verfassungsrechtlich fraglich, ob dies mit den Anforderungen an eine Besteuerung nach der wirtschaftlichen Leistungsfähigkeit zu vereinbaren ist.[206]

Ist innerhalb eines Veranlagungszeitraums sowohl ein Verlustausgleich wie auch eine Verlustabzug zu berücksichtigen, sind die Regelungen zur interperiodischen Verlustverrechnung nachrangig.

Wie die Berechnungen oben bereits angedeutet haben, muss der jeweils bisher noch ungenutzte Verlustvortrag in jedem Vz. gesondert ermittelt werden. Die besteuerungstechnischen Einzelheiten regelt § 10d Abs. 4 EStG. Wichtig ist jedoch aus betriebswirtschaftlicher Sicht, dass die Verluste im Jahr ihrer Entstehung bestimmt werden müssen und nicht im Veranlagungszeitraum ihrer Geltendmachung. Damit sollen Nachweisschwierigkeiten und Anwendungsprobleme vermieden werden. Die verbleibenden Verlustvorträge werden deshalb am Schluss eines jeden Vz. gesondert festgestellt.

Die aus betriebswirtschaftlicher Sicht wichtigen Regelungen zur steuerlichen Verlustbehandlung sind in **Abbildung 3-20** zusammengefasst. Hierbei ist aus Sicht der Unternehmen nochmals auf die hiermit verbundene Liquiditätsbelastung zu verweisen, die sich insbesondere in einer Unternehmenskrise gravierend auswirken kann.

---

[206] Vgl. Lang, J./Englisch, J., StuW 2005, S. 3 ff., und hierzu Hackmann, J., StuW 2006, S. 124 ff.

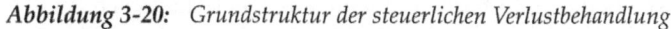

Abbildung 3-20: *Grundstruktur der steuerlichen Verlustbehandlung*

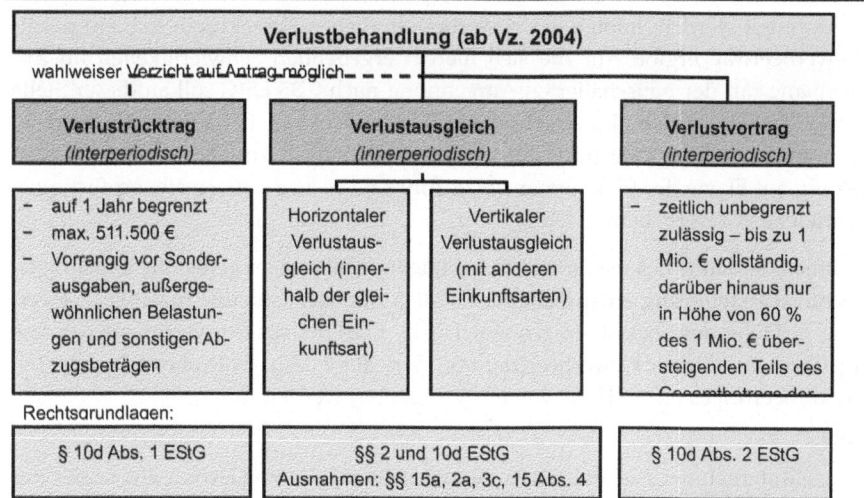

Verlustrück- und -vortrag, also die Übertragung von Verlusten auf andere Veranlagungszeiträume, wird zusammenfassend auch als **Verlustabzug** bezeichnet.

3.2.2.1.1.3.3 Besonderheiten bei der Gewerbesteuer

▨ Welche ergänzenden Besonderheiten sind bei der gewerbesteuerlichen Verlustbehandlung zu beachten?

▨ Ergeben sich aus der Konzeption der sog. Mindestbesteuerung Rückwirkungen für die Gewerbesteuer?

Das GewStG enthält mit § 10a eine eigenständige Regelung für die Behandlung des Gewerbeverlustes. Hieraus folgt, dass § 10d EStG für Zwecke der Gewerbesteuer nicht anwendbar ist. Weitere Unterschiede ergeben sich gegenüber dem Verlustabzug i. S. d. § 10d EStG hinsichtlich der Höhe des Verlustbetrages. Entscheidend hierfür ist, dass für die Bestimmung des Gewerbeertrages zwar an den nach den Vorschriften des Einkommensteuergesetzes ermittelten Gewinn angeknüpft wird, dieser jedoch um die Hinzurechnungen nach § 8 GewStG und die Kürzungen gem. § 9 GewStG korrigiert wird.[207] In der Praxis haben diese Veränderungen regelmäßig zur Folge, dass der

---

[207] Vgl. zu einer Erläuterung dieser Veränderungen S. 108 ff.

Gewerbeertrag höher ist, als die gewerblichen Einkünfte des Einzelunternehmers.[208] Dies kann auch dazu führen, dass für Zwecke der Einkommensteuer negative Einkünfte ermittelt werden, infolge der gewerbesteuerlichen Korrekturen sich ein positiver Gewerbeertrag ergibt. Auf die sich hierbei ergebenden Schwierigkeiten im Zusammenhang mit der pauschalierten Anrechnung nach § 35 EStG soll an dieser Stelle nur hingewiesen werden. Im Ergebnis sind Fälle denkbar, bei denen die Anrechnungsmöglichkeit trotz Belastung mit Gewerbesteuer nicht zu einer entsprechenden Entlastung auf Ebene der Einkommensteuer führt, da es an positiven steuerpflichtigen Einkünften aus Gewerbebetrieb fehlt.

Hinsichtlich der Höhe des maximal abzugsfähigen Fehlbetrages gelten die Regelungen zur **Mindestbesteuerung entsprechend**. Folglich darf der laufende (positive) Gewerbeertrag in Höhe des Sockelbetrages von 1 Mio. EUR vollständig verringert werden. Liegt jedoch ein höherer Gewerbeertrag vor, darf der 1 Mio. EUR übersteigende Teil des Gewerbeertrages nur in Höhe von 60 % verringert werden.

Beispiel:

Der Einzelunternehmer E erzielt im laufenden Jahr (07) einen Gewinn aus seiner unternehmerischen Betätigung in Höhe von 3,7 Mio. EUR. Der Saldo aus Hinzurechnungen (§ 8 GewStG) und Kürzungen (§ 9 GewStG) beläuft sich auf 800.000 EUR. Im vergangenen Jahr (06) ergab sich ein gewerbesteuerlicher Fehlbetrag von 8 Mio. EUR. Der Gewerbeertrag ermittelt sich wie folgt:

	einkommensteuerlicher Gewinn (07)	3.700.000,- EUR
+	Saldo der Hinzurechnungen und Kürzungen (07)	800.000,- EUR
=	Gewerbeertrag (07)	4.500.000,- EUR

Durchführung des Verlustabzugs:

	Gewerbeertrag (07)	4.500.000,- EUR
./.	Sockelbetrag	1.000.000,- EUR
	Verbleiben	3.500.000,- EUR
	davon 60 %	2.100.000,- EUR
=	verbleibender Gewerbeertrag (07)	1.400.000,- EUR

Nachrichtlich:

Verbleibender, vorzutragender negativer Gewerbeertrag · 4.900.000,- EUR

Die vorstehende Berechnung ergibt, dass im laufenden Jahr (07) ein Gewerbeertrag von 1,4 Mio. EUR der Gewerbesteuer unterliegt, obwohl ein hoher verbleibender Verlustvortrag vorhanden ist. Hieraus zeigt sich, dass auch im Bereich der Gewerbesteuer eine zeitliche Hinauszögerung der Nutzung von Verlustvorträgen erfolgt. Dies erweist

---

[208] Ausschlaggebend hierfür ist insbesondere die hälftige Hinzurechnung von Entgelten für sog. Dauerschuldzinsen, vgl. hierzu S. 108.

sich deshalb als besonders gravierend, weil im Gewerbesteuerrecht – wie noch zu zeigen sein wird – die Gefahr des Verfallens von Verlustvorträgen besonders groß ist.

Für die Gewerbesteuer gilt grundsätzlich für jeden einzelnen Gewerbebetrieb ein zeitlich unbegrenzter Vortrag von Gewerbeverlusten. Hingegen **scheidet ein Rücktrag** von Gewerbeverlusten in frühere Veranlagungszeiträume **aus**. Eine Möglichkeit zur Begrenzung der Höhe des Verlustvortrags gibt es nicht. Auch wenn infolge des Freibetrages oder des Staffeltarifs[209] ohnehin keine oder nur eine geringe Belastung mit Gewerbesteuer erfolgt wäre, soll der Gewerbeverlust dennoch als verbraucht gelten.[210] Ferner scheidet auch ein Verlustausgleich aus.

Vortragsfähig sind nach § 10a GewStG nicht Verluste aus Gewerbebetrieb, sondern negative Gewerbeerträge (= „Fehlbeträge"). Die Anwendung des § 10a GewStG setzt nach der Rechtsprechung des BFH nicht nur die **Unternehmensidentität**, sondern auch die **Unternehmeridentität** voraus.[211] Unternehmensidentität liegt vor, wenn „der im Anrechnungsjahr bestehende Gewerbebetrieb identisch ist mit dem Gewerbebetrieb, der im Jahr der Entstehung des Verlustes bestanden hat".[212] Nach Auffassung der Finanzverwaltung soll hierbei auf das Gesamtbild abgestellt werden, wobei folgende Kriterien als besonders relevant angesehen werden, um zu beurteilen, ob ein organisatorischer und finanzieller Zusammenhang zwischen den Betätigungen besteht:

- Art der Betätigung,
- Kunden- und Lieferantenkreis,
- Arbeitnehmerkreis,
- Geschäftsleitung,
- Betriebsstätten sowie
- Umfang und Zusammensetzung des Aktivvermögens.

Eine Unternehmensidentität ist auch dann gegeben, wenn es zwar Anpassungsmaßnahmen an veränderte Bedingungen gab, ggf. auch struktureller Art, wenn diese betriebsbedingt sind.[213] Durch diese Regelung soll dem Objektsteuercharakter der Gewerbesteuer Rechnung getragen werden, indem ein Verlustausgleich nur bezogen auf den gleichen Gewerbebetrieb möglich sein soll.

Das Kriterium der Unternehmeridentität ist erfüllt, wenn „der Gewerbetreibende, der den Verlustabzug in Anspruch nehmen will, den Gewerbeverlust zuvor in eigener

---

[209] Vgl. hierzu S. 122 ff.
[210] Vgl. Abschn. 66 Abs. 5 Satz GewStR.
[211] Vgl. BFH-Beschluss vom 3.5.1993, GrS 3/92, BStBl. II 1993, S. 616.
[212] Abschn. 67 Abs. 1 Satz 1 GewStR.
[213] Vgl. BFH-Urt. vom 12.1.1983, IV R 177/80, BStBl. II 1983, S. 425.

Person erlitten hat.[214] Wichtig ist, dass der Wechsel des Unternehmers – unabhängig von der Frage der Unternehmensidentität – zur Versagung des Verlustabzugs führt. Dabei kommt es auf die Gründe die zu einem Wechsel geführt haben nicht an. Selbst wenn das Unternehmen im Wege der Gesamtrechtsnachfolge (z. B. im Rahmen eines Erbgangs) auf einen neuen Einzelunternehmer übergeht, wird die Geltendmachung bestehender gewerbesteuerlicher Verlustvorträge versagt.[215] Besondere Bedeutung hat diese Frage beim Wechsel von Gesellschaftern einer Personengesellschaft.[216]

Die Höhe der vortragsfähigen Verluste ist gesondert festzustellen (§ 10a Satz 4 GewStG). Die Zuständigkeit hierfür liegt bei dem Finanzamt, das für den Erlass des Gewerbesteuermessbescheids zuständig ist (§ 35b Abs. 2 Satz 1 GewStG).

3.2.2.1.1.4 Erklärungspflichten und Ermittlung der Steuerbelastung

▦ Wie hat die Ermittlung der Steuerbelastung zu erfolgen?

▦ Bestehen Wechselwirkungen zwischen der Belastung mit Gewerbesteuer und der mit Einkommensteuer?

Im Folgenden werden zunächst die Regelungen zur Gewerbesteuer behandelt. Dies liegt darin begründet, dass die Gewerbesteuer sowohl ihre eigene Bemessungsgrundlage verringert, als auch die der Einkommensteuer. Das bedeutet, dass wirtschaftlich betrachtet die Gewerbesteuer auf den Betrag zu ermitteln ist, der sich nach Abzug der Gewerbesteuer ergibt. Ferner unterliegt auch nur dieser Betrag einer Belastung mit Einkommensteuer. Durch diese Abzugsfähigkeit der Gewerbesteuer von der Bemessungsgrundlage sollen die entstehenden Belastungen infolge einer Besteuerung sowohl mit Gewerbe- als auch mit Einkommensteuer begrenzt werden. Dies macht es erforderlich, zunächst die Belastung mit Gewerbesteuer zu bestimmen, um anschließend die Einkommensteuer ermitteln zu können.

3.2.2.1.1.4.1 Gewerbesteuer

Gem. § 14a Satz 2 GewStG sind Steuerschuldner[217] zur Abgabe folgender Steuererklärungen verpflichtet:

▦ Erklärung zur Festsetzung des **Steuermessbetrags**. Dieser wird durch einen Steuerbescheid festgestellt und ist Grundlagenbescheid für den ggf. folgenden Zerlegungsbescheid und den GewSt-Bescheid.

---

214 Vgl. Abschn. 68 Abs. 1 Satz 1 GewStR.

215 Vgl. BFH-Urt. vom 7.12.1993, VIII R 160/86, BStBl. II 1994, S. 331.

216 Vgl. zur Diskussion dieser Regelungen für Personengesellschaften S. 172 ff.

217 Gemäß § 5 GewStG ist Schuldner der Gewerbesteuer der Unternehmer. Dies ist derjenige, für dessen Rechnung das Gewerbe betrieben wird.

▪ sog. **Zerlegungserklärung**: Diese Verpflichtung trifft diejenigen Steuerpflichtigen, die Betriebsstätten in mehreren Gemeinden unterhalten. Durch die gesonderte Erklärung wird sichergestellt, dass eine sog. Zerlegung des Gewerbeertrags auf alle Gemeinden erfolgen kann. Maßstab hierfür ist das Verhältnis der Arbeitslöhne.[218]

In diesen Regelungen kommen zwei Besonderheiten bei der Gewerbesteuer zum Ausdruck: Einerseits erfolgt eine besteuerungstechnische Trennung zwischen der Ermittlung des sog. Steuermessbetrages einerseits und der Festsetzung der eigentlichen Steuerschuld andererseits. Während die Ermittlung des Steuermessbetrages durch das zuständige Finanzamt vorgenommen wird, erfolgt die Festsetzung der konkreten Gewerbesteuer durch die Gemeinde. Ausschlaggebend hierfür ist, dass die Gemeinden ein – sogleich noch näher zu erläuterndes – Hebesatzrecht bei der Gewerbesteuer haben. Hieraus kann sich eine weitere Besonderheit ergeben, wenn ein Unternehmen Betriebsstätten in unterschiedlichen Gemeinden unterhält. Hier können unterschiedliche Hebesätze zur Anwendung kommen, so dass die Notwendigkeit besteht, den einheitlichen Gewerbesteuermessbetrag im Wege der sog. Zerlegung auf die einzelnen Betriebsstätten und damit Gemeinden aufzuteilen.

Das Unternehmen hat gem. § 19 Abs. 1 GewStG am 15. Februar, 15. Mai, 15. August und am 15. November **Vorauszahlungen** zu leisten. Diese betragen grundsätzlich ein Viertel der Gewerbesteuersteuer, die sich bei der letzten Veranlagung ergeben hat (§ 19 Abs. 2 GewStG). Eine Anpassung durch die Gemeinde ist möglich. Dies kann auch auf Veranlassung des Finanzamtes geschehen, insbesondere wenn die Vorauszahlungen für die Einkommensteuer des Einzelunternehmers angepasst werden (vgl. § 19 Abs. 3 GewStG). Aus Sicht des Unternehmens ist die hiermit verbundene Liquiditätswirkung zu beachten: Sofern es zu einer nachhaltigen Verschlechterung der Ertragslage kommt, sollte auf eine Anpassung gedrängt werden, um die Liquiditätssituation des Unternehmens zu verbessern.

Trotz der materiell-rechtlichen Verweisung des § 7 GewStG wird der Gewinn aus Gewerbebetrieb für Zwecke der Gewerbesteuer verfahrensrechtlich selbständig ermittelt. Folglich ist der bei der Veranlagung zur Einkommensteuer zu Grunde gelegte Gewinn für die Veranlagung zur Gewerbesteuer nicht bindend. Hieraus folgt, dass bei Änderungen im Bereich der Einkommensteuer auch auf Anpassungen für Zwecke der Gewerbesteuer zu achten ist. Hieran zeigt sich, dass die Verweisung des Gewerbesteuergesetzes auf das Einkommensteuergesetz nur insoweit gilt, wie sich aus dem Gewerbesteuergesetz oder dem mit ihm verfolgten Zweck nicht etwas anderes ergibt.[219]

I. d. R. wird der für die Einkommensteuer maßgebende Gewinn aus Gewerbebetrieb des Einzelunternehmers mit dem für die Ermittlung des Gewerbeertrags festzustellenden Gewinn übereinstimmen, sodass er praktisch zum Ausgangspunkt für die

---

[218] Vgl. zu den Einzelheiten der Zerlegung § 28 ff. GewStG.

[219] Dies gilt auch für den Verweis auf die Anwendung der Regelungen des Körperschaftsteuergesetzes, der bei einem Einzelunternehmen jedoch keine Bedeutung hat.

Ermittlung des Gewerbeertrags wird. **Abbildung 3-21** fasst die einzelnen Schritte zur Bestimmung der Gewerbesteuer zusammen.

Abbildung 3-21: *Schema zur Ermittlung der Gewerbesteuerschuld*

	Gewinn aus Gewerbebetrieb (§ 7 GewStG)	
+	Hinzurechnungen (§ 8 GewStG)	
./.	Kürzungen (§ 9 GewStG)	
=	Gewerbeertrag (§ 7 GewStG)	
./.	Kürzung um vortragsfähige Verluste i. S. v. § 10a GewStG	
./.	Abrundung auf volle 100,- EUR (§ 11 Abs. 1 Satz 3 1. Hs. GewStG)	
./.	Freibetrag[220] von 24.500,- EUR (§ 11 Abs. 1 Satz 3 2. Hs. GewStG)	
=	Gewerbeertrag nach Freibetragsabzug	
×	Steuermesszahl (§ 11 Abs. 2 GewStG)	↑
=	Steuermessbetrag	Finanzamt
×	Hebesatz (§ 16 GewStG)	Gemeinde
=	Gewerbesteuer	↓

Wie das Berechnungsschema zeigt, ist auf den Gewerbesteuermessbetrag ein Hebesatz anzuwenden. Dieser wird von der Gemeinde bestimmt, in der der Betrieb belegen ist oder in der eine Betriebsstätte unterhalten wird.[221] Durch diese Regelung wird dem Art. 106 Abs. 6 GG Rechnung getragen, der den Gemeinden nicht nur das Aufkommen aus dieser Steuer zuweist, sondern ihnen auch ein Hebesatzrecht einräumt. Ziel dieser Vorschrift ist es, einerseits den Gemeinden eine eigenständige Quelle zur Finanzierung ihrer Aufgaben zuzuweisen, als auch Anreize für die Ansiedlung von Unternehmen zu schaffen. Dieser Satz muss gem. § 16 Abs. 4 Satz 1 GewStG für alle Unternehmen innerhalb einer Gemeinde gleich hoch sein.

Im Jahr 2006 lag der gewerbesteuerliche Hebesatz **im Durchschnitt** der Gemeinden mit mehr als 250.000 Einwohnern bei rd. 450 %.[222] Allerdings schwanken die Werte sehr stark. Den höchsten Hebesatz hatten 2006 die Städte Frankfurt und München mit jeweils 490 %. Der Gesetzgeber hat mit Wirkung vom Erhebungszeitraum 2004 einen Mindesthebesatz eingefügt. Dieser beträgt 200 % und ist für die Gemeinden verbind-

---

[220] Dieser Freibetrag gilt nur für natürliche Personen und Personengesellschaften, nicht aber für Kapitalgesellschaften. Bei Personengesellschaften hat eine Anwendung auf Ebene der Gesellschaft zu erfolgen (Objektsteuer).

[221] Vgl. zum Begriff der Betriebsstätte nochmals S. 96 f.

[222] Vgl. Institut „Finanzen und Steuern" e.V. (Hrsg.), Entwicklung der Realsteuersätze der Gemeinden mit 50.000 und mehr Einwohnern im Jahr 2006 gegenüber 2005, Bonn 2006, S. 33.

lich. Damit wurde dem Umstand Rechnung getragen, dass früher einige Gemeinden versucht haben, durch sehr niedrige Hebesätze – teilweise sogar in Höhe von 0 % – ihre Attraktivität für die Ansiedlung von Firmen zu erhöhen. Dies führte unter anderem dazu, dass in strukturschwachen Gebieten Gemeinden versuchten, insbesondere Holdinggesellschaften sich ansiedeln zu lassen. Diese Maßnahmen hatten großen Erfolg und lösten damit ein Tätigwerden des Gesetzgebers aus. Der gewerbesteuerliche Hebesatz ist aus betriebswirtschaftlicher Sicht ein ganz **wesentlicher Standortfaktor**. Mit ihm können die Gemeinden ihre Attraktivität für die Ansiedlung von Unternehmen nachhaltig erhöhen. Gleichwohl ist zu berücksichtigen, dass infolge des gesetzlichen **Mindesthebesatzes** der Handlungsspielraum der Gemeinden nachhaltig verkleinert wurde.[223]

Abbildung 3-22: *Übersicht zu den Gewerbesteuerhebesätzen 2006 von Städten mit mehr als 250.000 Einwohnern*

Stadt	GewSt-Hebesatz 2006	Stadt	GewSt-Hebesatz 2006
Aachen	445	Hamburg	470
Augsburg	455	Hannover	460
Berlin	410	Karlsruhe	410
Bielefeld	435	Köln	450
Bochum	450	Leipzig	460
Bonn	450	Mannheim	415
Bremen	440	Mönchengladbach	450
Dortmund	450	München	490
Dresden	450	Münster	440
Duisburg	470	Nürnberg	447
Düsseldorf	450	Stuttgart	420
Essen	470	Wiesbaden	440
Frankfurt am Main	490	Wuppertal	440
Gelsenkirchen	480		

---

[223] Hierbei ist ergänzend zu berücksichtigen, dass bei Einzelunternehmen und Personengesellschaften infolge der sog. Anrechnung der Gewerbesteuer auf die Einkommensteuer gem. § 35 EStG eine weitgehende Neutralisierung der Gewerbesteuer erfolgt. Dies ist jedoch bei Kapitalgesellschaften anders, bei denen die Belastung mit Gewerbesteuer häufig die Hälfte der gesamten Steuerbelastung ausmacht.

Die Gewerbesteuerschuld ist eine bei der Ermittlung des Gewinns aus Gewerbebetrieb, d. h. bei Ermittlung der Ausgangsgröße für ihre eigene Bemessungsgrundlage abziehbare Betriebsausgabe. Im Schrifttum wird auch – sprachlich unkorrekt – von der Abzugsfähigkeit der Gewerbesteuer „bei sich selbst" gesprochen. Die rechnerische Interdependenz wird nach zwei verschiedenen Methoden gelöst:

1. Exakte Berechnung

Der Gewerbesteueraufwand ergibt sich aus dem Produkt aus vorläufigem Gewerbeertrag, der Messzahl für die Gewerbeertragsteuer und dem Hebesatz, wobei der vorläufige Gewerbeertrag um den Gewerbeertragsteueraufwand zu verringern ist. Dies lässt sich mathematisch formulieren als:

$$GewErtrSt = \frac{m}{100} \times \frac{h}{100} \times (vorl.\ GewErtr ./. GewErtrSt)$$

Wobei:

GewErtrSt	gesuchter Gewerbesteueraufwand
h	Hebesatz
m	Messbetrag
vorl. GewErtr	vorläufiger Gewerbeertrag **vor** Abzug der Gewerbesteuer

Hieraus lässt sich durch die folgenden Termumformungen eine etwas einfachere Berechnungsweise erleiten:

$$GewErtrSt = \frac{m \times h}{100} \times (vorl.\ GewErtr ./. GewErtrSt)$$

$$GewErtrSt = \frac{m \times h}{100} \times vorl.\ GewErtr ./. \frac{m \times h}{100} \times GewErtrSt$$

$$GewErtrSt + \frac{m \times h}{100} \times GewErtrSt = \frac{m \times h}{100} \times vorl.\ GewErtr$$

$$GewErtrSt\ (10.000 + m \times h) = m \times h \times vorl.\ GewErtr$$

$$GewErtrSt = \frac{m \times h}{10.000 + m \times h} \times vorl.\ GewErtr$$

2. Sog. $^5/_6$-Methode (R. 4.9 Abs. 2 Satz 2 EStR)

Die Gewerbesteuer kann schätzungsweise mit $^5/_6$ des Betrags angesetzt werden, der sich ohne Berücksichtigung der Gewerbesteuer als Betriebsausgabe ergeben würde, also als:

$$GewErtrSt = {}^5/_6 \times m \times h \times vorl.\ GewErtr.$$

Auf die Anwendung dieser Methode hat der Steuerpflichtige auch dann einen Anspruch, wenn sie zu einer höheren Gewerbesteuerrückstellung führt als nach exakter mathematischer Berechnung. Eine höhere Rückstellung (und damit eine Steuerstundung) tritt immer dann ein, wenn die folgenden Hebesätze überschritten werden:

bei m = 4   h > 500 % und

bei m = 5   h > 400 %.

Für Einzelunternehmen (und Personengesellschaften) gibt es gem. § 11 Abs. 1
GewStG einen Freibetrag in Höhe von 24.500,- EUR, der vom Gewerbeertrag abz
hen ist. Für die darüber hinausgehenden Gewerbeerträge gilt folgender Staffelta
Die Steuermesszahl steigt für je 12.000,- EUR von 1 v. H. bis 4 v. H., um dann bei
ab einem Gewerbeertrag von 72.500,- EUR sich nicht mehr weiter zu erhöhen
damit den für Kapitalgesellschaften geltenden Satz zu erreichen. Dieser Tarifver
in **Abbildung 3-23** dargestellt. Wie das Schaubild erkennen lässt, wirkt sich
Tarifvorschrift in den Fällen, in denen alle „Stufen" durchschritten werden, also
einem Gewerbeertrag (vor Freibetragsabzug) von mehr als 72.500,- EUR, wie
sätzlicher Freibetrag von 24.000,- EUR aus. Dies lässt sich aus der Abbildung
erkennen, dass die beiden schraffierten Flächen gleich groß sind.

Abbildung 3-23: *Entwicklung der gewerbesteuerlichen Messzahl*

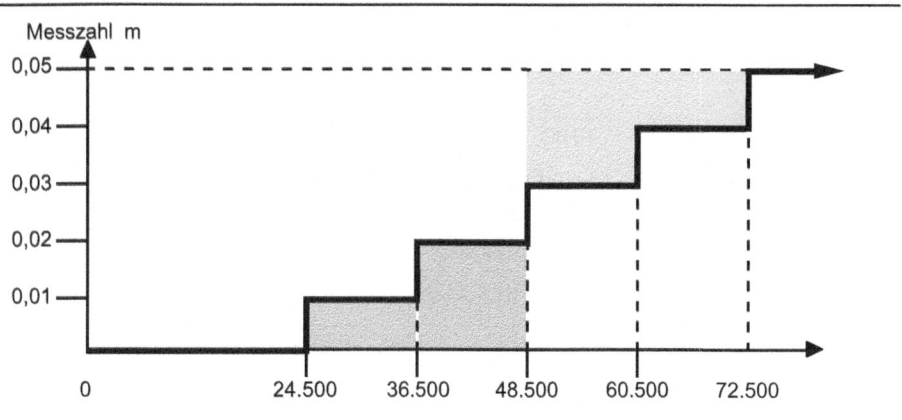

Probleme entstehen hingegen, wenn ein Gewerbeertrag vorliegt, der innerhalb
dieser „Stufen" liegt. In diesen Fällen muss berücksichtigt werden, dass es sich
einen **Stufentarif** handelt, d. h., es müssen die jeweils vorhergehenden Tarifinterv
durchlaufen werden. Dies ergibt sich aus dem Wortlaut des Gesetzes, nachdem
Steuermesszahl

für die **ersten**	12.000 EUR	1 v. H.
für die **weiteren**	12.000 EUR	2 v. H.
für die **weiteren**	12.000 EUR	3 v. H.
für die **weiteren**	12.000 EUR	4 v. H.
für alle **weiteren** Beträge		5. v. H.

beträgt. Hieraus folgt, dass bei einem Gewerbeertrag (nach Freibetragsabzug) von z. B. 18.000,- EUR für die ersten 12.000,- EUR die Steuermesszahl 1 v. H. anzuwenden ist und für die verbleibenden 6.000,- EUR 2 v. H. Zu beachten ist allerdings, dass der Staffeltarif auf den Gewerbeertrag nach Abzug der Gewerbesteuer anzuwenden ist, denn deren Abziehbarkeit ist durch diese Regelung nicht berührt. Da die Höhe der Gewerbesteuer vom Hebesatz der Gemeinde abhängig ist, muss diese bei der Bestimmung der Messzahl berücksichtigt werden. Schließlich kommt es dadurch zu einer abweichenden Bestimmung der Grenzwerte, ab denen die einzelnen Messzahlen anzuwenden sind. Außerdem zeigt **Abbildung 3-23**, dass die jeweiligen vorgelagerten Tarifstufen wie ein zusätzlicher Freibetrag wirken, der – wenn feststeht innerhalb welcher „Stufe" der jeweilige Gewerbeertrag liegt – in der Form eines weiteren Abzugsbetrags berücksichtigt werden kann. Hierzu können die folgenden Berechnungsformeln verwendet werden:[224]

$$0 \leq \text{GewErtr} \leq 12.000 + 1{,}2 \times h:$$

$$\text{GewErtrSt} = \frac{1 \times h}{10.000 + 1 \times h} \times \text{GewErtrSt}$$

$$12.000 + 1{,}2 \times h \leq \text{GewErtr} \leq 24.000 + 3{,}6 \times h:$$

$$\text{GewErtrSt} = \frac{2 \times h}{10.000 + 2 \times h} \times (\text{GewErtrSt} ./. 6.000)$$

$$24.000 + 3{,}6 \times h \leq \text{GewErtr} \leq 36.000 + 3{,}6 \times h:$$

$$\text{GewErtrSt} = \frac{3 \times h}{10.000 + 3 \times h} \times (\text{GewErtrSt} ./. 12.000)$$

$$36.000 + 3{,}60 \times h \leq \text{GewErtr} \leq 48.000 + 12{,}0 \times h:$$

$$\text{GewErtrSt} = \frac{4 \times h}{10.000 + 4 \times h} \times (\text{GewErtrSt} ./. 18.000)$$

$$48.000 + 12{,}0 \times h \leq \text{GewErtr}:$$

$$\text{GewErtrSt} = \frac{5 \times h}{10.000 + 5 \times h} \times (\text{GewErtrSt} ./. 24.000)$$

Beispiel:
Der Einzelunternehmer E erzielt einen Gewerbeertrag nach Abzug des Freibetrages von 24.500,- EUR und vor Abzug der Gewerbesteuer in Höhe von 48.000,- EUR. Er

---

[224] Vgl. zur Herleitung dieser Formeln König, R./Kunkel, P./Stegmaier, W., DStR 1982, S. 922 ff., allerdings noch auf Basis von DM-Werten.

unterhält ausschließlich in Gemeinde A eine Betriebsstätte, in der ein Hebesatz von 400 % gilt.

Zunächst werden die Intervallgrenzen berechnet, um festzustellen, welche Formel anzuwenden ist. Aufgrund der Nähe zum Grenzwert der 4. Stufe wird mit der Berechnung dieser Grenzen begonnen.

Untergrenze: $I^O = 36.000 + 7,2 * 400 = 38.880,-$

Obergrenze: $I^U = 48.000 + 12,0 * 400 = 52.800,-$

Es zeigt sich, dass der Gewerbeertrag (nach Freibetragsabzug) noch in diese Intervallstufe fällt. Damit steht fest, dass die folgende Formel anzuwenden ist.

$$\text{GewErtrSt} = \frac{4 \times h}{10.000 + 4 \times h} \times (\text{GewErtrSt ./. } 18.000)$$

Eingesetzt ergibt sich:

$$\text{GewErtrSt} = \frac{4 \times 400}{10.000 + 4 \times 400} \times (48.000 \text{ ./. } 18.000)$$

$$\text{GewErtrSt} = 4.137,93 \text{ EUR}$$

Folglich beträgt die zu zahlende Gewerbesteuer – unter Berücksichtigung ihrer Abzugsfähigkeit von der eigenen Bemessungsgrundlage, des Freibetrages und des Staffeltarifs – 4.137,93 EUR. Dieses Ergebnis kann wie folgt überprüft werden:

	GewErtr (nach FB und vor GewSt)	48.000,00 EUR
./.	GewSt	4.137,93 EUR
=	GewErtr nach GewSt	43.862,07 EUR

Ermittlung der hierauf entstehenden Belastung mit GewSt:

	GewSt auf die ersten	12.000,00 EUR	480,00 EUR
+	GewSt auf die zweiten	12.000,00 EUR	960,00 EUR
+	GewSt auf die dritten	12.000,00 EUR	1.440,00 EUR
+	GewSt auf die verbleibenden	7.862,07 EUR	1.257,93 EUR
=	**GewSt insgesamt**		**4.137,93 EUR**
	Summe (nachrichtlich)	*43.862,07 EUR*	

Wie die Berechnung zeigt, wird auch auf diesem Weg exakt die Gewerbesteuer errechnet, die sich bei Anwendung der o. g. Formel ergibt. Die letzte Ziele dient nur der Verdeutlichung, dass zur Bestimmung des noch verbleibenden Betrages ein Abzug der durch die vorherigen Tarifstufen bereits besteuerten Beträge beim Gewerbeertrag nach Gewerbesteuer erfolgte.

Ist die sich ergebende Gewerbesteuerschuld höher als die bisher geleisteten Vorauszahlungen, ist in Höhe des Differenzbetrages eine Rückstellung zu bilden[225], weil es sich um eine in der Vergangenheit verursachte Schuld handelt, die jedoch hinsichtlich ihrer exakten Höhe unsicher ist.

Literaturhinweise:

▨ König, R./Kunkel, P./Stegmaier, W., Auswirkungen der Einführung des Staffeltarifs bei der Gewerbeertragsteuer, DStR 1992, S. 922

▨ Stüttgen, H.-G., Die Berechnung der Gewerbesteuerrückstellung ab 1.1.1993, DB 1993, S. 950

▨ Wollseifen, G., Berücksichtigung des Staffeltarifs bei der Gewerbesteuer durch modifizierte Freibeträge, FR 1998, S. 777

3.2.2.1.1.4.2 Einkommensteuer

▨ Wie wird die Einkommensteuer ermittelt?

▨ Inwieweit gibt es Unterschiede im Abhängigkeit vom Familienstand des Steuerpflichtigen?

▨ Ergeben sich Besonderheiten, wenn gewerbliche Einkünfte vorliegen?

▨ Wird die „Vorbelastung" der gewerblichen Einkünfte mit Gewerbesteuer berücksichtigt? Wenn ja: Wie?

▨ Gibt es Sonderregelungen für den Fall, dass steuerfreie Einnahmen vorliegen?

Bemessungsgrundlage der Einkommensteuer ist das zu versteuernde Einkommen. Seine Ermittlungsweise wurde bereits oben in **Abbildung 3-19** und im daran anschließenden Text – soweit wie diese Fragen aus dem Blickwinkel der Betriebswirtschaftlichen Steuerlehre von Interesse sind – erläutert. Der Einkommensteuertarif ist in § 32a EStG niedergelegt. Er ist durch einen progressiven Verlauf gekennzeichnet, d. h., mit einem zunehmenden zu versteuernden Einkommen wird der anzuwendende Steuersatz immer höher. Im mathematischen Sinne handelt es sich hierbei um eine abschnittsweise definierte Funktion. Im Einzelnen sind die folgenden Abschnitte zu unterscheiden:

▨ **Nullzone:** Bis zum sog. Grundfreibetrag von bis zu 7.664,- EUR findet keine Besteuerung statt. Technisch erfolgt dies dadurch, dass für diese Einkünfte ein Steuersatz von Null vorgeschrieben wird (§ 32a Abs. 1 Satz 2 Nr. 1 EStG).

---

[225] Vgl. z. B. BFH-Urt. vom 21.1.1992, VIII R 72/87, BStBl. II 1992, S. 958, vom 23.4.1991, VIII R 61/87, BStBl. II 1991, S. 752, und vom 12.4.1984, IV R 112/81, BStBl. II 1984, S. 554.

▨ **Linear-progressive Zone:** Der Eingangssteuersatz beträgt bei 7.665,- EUR 15 % und steigt dann bis auf 23,97 % bei einem zu versteuernden Einkommen von bis zu 12.739,- EUR an (§ 32a Abs. 1 Satz 2 Nr. 2 EStG).

▨ **Linear-progressive Zone mit starkem Anstieg des Grenzsteuersatzes:** Bei einem zu versteuernden Einkommen von mehr als 12.740,- EUR und weniger als 52.151,- EUR steigt der Steuersatz bis auf 42 % (§ 32a Abs. 1 Satz 2 Nr. 3 EStG). Dieser Tarifabschnitt ist durch einen hohen Grenzsteuersatz gekennzeichnet. Hierunter wird der Steuersatz verstanden, der auf eine streng genommen unendlich kleine Erhöhung des zu versteuernden Einkommens entfällt.

▨ **Proportionale Zone:** Jenseits eines zu versteuernden Einkommens von 52.152,- EUR bis zu 250.000,- EUR beträgt der Steuersatz einheitlich 42 % (§ 32a Abs. 1 Satz 2 Nr. 4 EStG).

▨ **„Reichensteuerzone":** Ab Vz. 2007 hat der Gesetzgeber einen höheren Steuersatz für diejenigen eingeführt, deren zu versteuerndes Einkommen den Betrag von 250.000,- EUR übersteigt.[226] Für sie erhöht sich der Steuersatz um 3-Prozentpunkte auf 45 % (§ 32a Abs. 1 Satz 2 Nr. 5 EStG). Hierbei ist zu beachten, dass diese Regelung **nicht** für die sog. **Gewinneinkünfte** – also insbesondere nicht für Einkünfte aus Gewerbebetrieb – gilt.[227] Besteuerungstechnisch geschieht dies, indem zunächst ein einheitlicher Steuersatz angewendet wird, dann aber gem. § 32c EStG ein Entlastungsbetrag gewährt wird. Dieser bemisst sich nach dem Verhältnis der Gewinneinkünfte zur Summe der Einkünfte und beträgt 3 % des 250.000 EUR übersteigenden Anteils.

Nach ständiger Rechtsprechung des Bundesverfassungsgerichts ist der Gesetzgeber gezwungen, den Tarif so auszugestalten, dass das Existenzminimum eines Steuerpflichtigen steuerfrei bleibt.[228] Dem wird durch den sog. **Grundfreibetrag** Rechnung getragen. Die folgende **Abbildung 3-24** zeigt die Entwicklung des Einkommensteuertarifs in den letzten Jahren und **Abbildung 3-25** enthält eine grafische Veranschaulichung. In beiden Abbildungen wurden leichte Abweichungen infolge der Umstellung von der DM auf den Euro und dadurch bedingte Rundungsdifferenzen nicht berücksichtigt.

---

[226] Bei zusammen veranlagten Steuerpflichtigen verdoppelt sich dieser Betrag.
[227] Vgl. § 32c EStG.
[228] Vgl. insbesondere das BVerfG-Urt. vom 25.9.1992, 2 BvL 14/91, BStBl. II 1993, S. 413.

Abbildung 3-24: *Entwicklung des Einkommensteuertarifs bis zum Jahr 2007*

Veranlagungszeit-raum	2001 – 2003	2004	2005 – 2006	ab 2007
Grundfreibetrag	7.235,- EUR	7.664,- EUR	7.664,- EUR	7.664,- EUR
Eingangssteuersatz	19,9 v. H.	16,0 v. H.	15,0 v. H.	15,0 v. H.
oberer Proportionalzo-ne ab	55.008,- EUR	52.152,- EUR	51.152,- EUR	51.152,- EUR
Spitzensteuersatz	48,5 v. H.	45,0 v. H.	42,0 v. H.	42,0 v. H.
„Reichensteuer"	–	–	–	45 v. H. ab einem z. v. E. von mehr als 250.000,- EUR

Abbildung 3-25: *Darstellung des Einkommensteuertarifs 2007[229]*

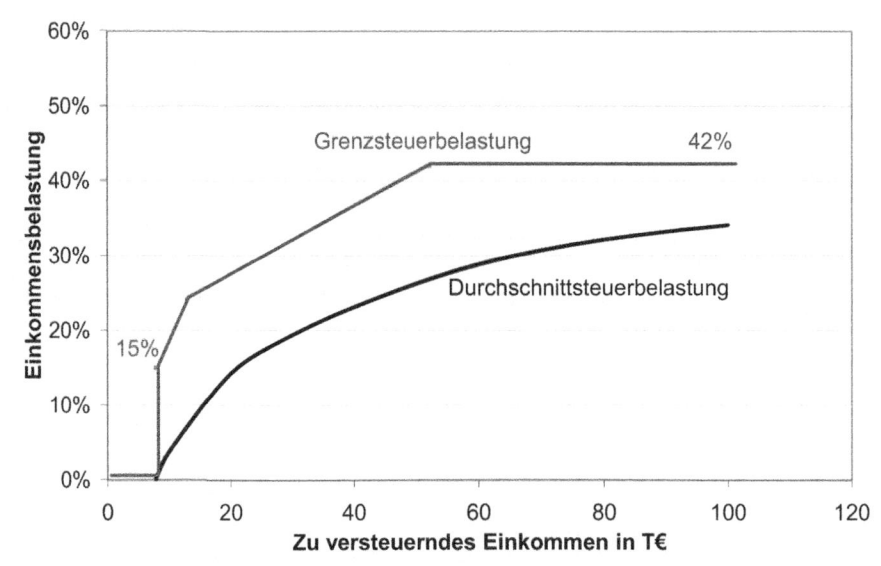

---

[229] Ergänzend ist ab einem zu versteuernden Einkommen von mehr als 250.000,- EUR für Über-schusseinkünfte die sog. Reichensteuer zu berücksichtigen.

Gem. § 25 EStG ist grundsätzlich jeder Steuerpflichtige **einzeln** zu veranlagen. Dabei wird das im Veranlagungszeitraum bezogene Einkommen zu Grunde gelegt. Der Steuerpflichtige hat die während eines Kalenderjahres erzielten Einkünfte auf einem amtlich vorgeschriebenen Formular aufzulisten und zu erklären. Das Finanzamt nimmt eine Überprüfung der abgegebenen Erklärung vor und setzt daraufhin die Steuer in einem Steuerbescheid fest.[230] Die Veranlagung erfolgt grundsätzlich nach Ablauf des Kalenderjahres für das der Steuerpflichtige veranlagt werden soll, denn nach § 25 Abs. 1 EStG ist der Veranlagungszeitraum das jeweilige Kalenderjahr. Eine Veranlagung kann vor Ablauf des Kalenderjahrs durchgeführt werden, wenn die Steuerpflicht im Laufe des Kalenderjahrs erloschen ist, wie z. B. durch den Tod des Steuerpflichtigen.

Für die Veranlagung von Ehegatten gewährt § 26 Abs. 1 EStG ein **Wahlrecht** zwischen Zusammenveranlagung, getrennter Veranlagung und besonderer Veranlagung im Jahr der Eheschließung. Allerdings ist die Ehegattenveranlagung an folgende Voraussetzungen gebunden:

1. Es muss sich um Ehegatten[231] handeln.

2. Beide Ehegatten müssen unbeschränkt oder fiktiv unbeschränkt steuerpflichtig sein.

3. Die Ehegatten dürfen nicht dauernd getrennt leben.

4. Die Voraussetzungen 1. – 3. müssen im Veranlagungszeitraum zu irgendeinem Zeitpunkt gleichzeitig vorgelegen haben.

Ehegatten entscheiden sich in aller Regel für die Zusammenveranlagung, weil sie im Allgemeinen – wegen des **Splitting-Verfahrens** – zu einem steuerlich günstigeren Ergebnis führt. Bei der Zusammenveranlagung werden die Einkünfte der Ehegatten getrennt ermittelt und sodann zu einem Gesamtbetrag der Einkünfte zusammengerechnet. Von diesem Gesamtbetrag ausgehend wird ein gemeinsames Einkommen ermittelt. Die Ehegatten werden – abgesehen von der getrennten Ermittlung der Einkünfte – gemeinsam als der Steuerpflichtige behandelt. Deshalb ist es bei einer Zusammenveranlagung unerheblich, bei welchem der Ehegatten die Aufwendungen erwachsen sind, die als Sonderausgaben oder als außergewöhnliche Belastungen abzugsfähig sind, und von welchem der Ehegatten die entsprechenden Zahlungen geleistet worden sind. Entscheidend ist, dass diese Aufwendungen den Ehegatten erwachsen sind und dass die Ehegatten sie getragen haben.

---

[230] Alternativ zur Veranlagung wird bei einigen Einkunftsarten auch ein Steuerabzug an der Quelle vorgenommen. Dies ist z. B. im Bereich der Lohnsteuer (§§ 38 – 42f EStG) oder der Kapitalertragsteuer (§§ 43 – 45d EStG) der Fall. Im Rahmen der Veranlagung wird eine eventuell zu hoch erhobene Quellensteuer wieder erstattet.

[231] Hierzu gehören nicht die Partner einer gleichgeschlechtlichen Lebenspartnerschaft.

Bei einer getrennten Veranlagung werden im Gegensatz zur Zusammenveranlagung zwei Veranlagungen durchgeführt. Jeder Ehegatte wird mit den von ihm erzielten Einkünften zur Einkommensteuer herangezogen. Im Ergebnis werden sie so behandelt, als seien sie nicht verheiratet.

Bei Personen, die den Splittingtarif erhalten, beträgt die Einkommensteuer das Zweifache des Steuerbetrags, der sich für die Hälfte des zu versteuernden Einkommens bei Anwendung der Grundtabelle ergibt. Das Splittingverfahren führt regelmäßig zu einer Progressionsminderung. Verantwortlich hierfür ist, dass das zu versteuernde Einkommen zunächst zusammengerechnet und anschließend halbiert wird. Dies führt bei unterschiedlich hohen zu versteuernden Einkommen der Ehegatten zu einer Minderung der Progression.

Beispiel (bei Anwendung des Einkommensteuertarifs 2007):

zu versteuerndes Einkommen		60.000,- EUR	
a)	60.000,- EUR nach der Grundtabelle		17.286,- EUR
b)	die Hälfte des zu versteuernden Einkommens	30.000,- EUR	
	Einkommensteuer lt. Grundtabelle 2007	5.807,- EUR	
	davon das Zweifache		11.614,- EUR
	Differenz zwischen a) und b)		5.672,- EUR

Der durchschnittliche Steuersatz bei einem zu versteuernden Einkommen von 60.000,- EUR beträgt lt. Grundtarif 28,81 v. H. Wird von der Hälfte des zu versteuernden Einkommens ausgegangen, also von 30.000,- EUR, so beträgt der durchschnittliche Steuersatz lt. Grundtabelle rund 19,36 v. H. Dieser Steuersatz ist auf das zu versteuernde Einkommen von 60.000,- EUR anzuwenden und ergibt die Steuer lt. Splittingtarif von gerundet 11.614,- EUR.

Die Progressionsminderung durch Anwendung des Splittings bei der Zusammenveranlagung ist am größten, wenn nur ein Ehegatte Einkünfte bezogen hat. Der Vorteil gegenüber dem Grundtarif wird geringer, wenn auch der andere Ehegatte Einkünfte erzielt, und wird gleich Null, wenn beide Ehegatten mit gleich hohen Bemessungsgrundlagenanteilen an der Veranlagung beteiligt sind. In den letzten Jahren ist immer wieder gefordert worden, die Vorteile des Splitting-Verfahrens einzuschränken oder zum sog. Familien-Splitting überzugehen, bei dem das zu versteuernde Einkommen auf alle in einer Familie lebende Personen aufgeteilt wird. Bisher sind diese Überlegungen – insbesondere vor dem Hintergrund der verfassungsrechtlichen Vorgaben[232] bzw. den drohenden Steuerausfällen – nicht verwirklicht worden.

---

[232] Das derzeit geltende Splitting-Verfahren wurde 1958 eingeführt, nachdem das BVerfG mit Urt. vom 17.1.1957, 1 BvL 4/54, BStBl. I 1957, S. 193, entschieden hatte, dass eine zwangsweise Zusammenveranlagung von Ehegatten unter Anwendung des für Alleinstehende entwickelten Tarifs verfassungswidrig ist.

Aus dem Blickwinkel der Betriebswirtschaftlichen Steuerlehre erweisen sich die Tarifvorschriften als von besonderem Interesse, die die Besteuerung von gewerblichen Einkünften betreffen. Hierbei handelt es sich einerseits um Sonderregelungen, die die Veräußerung bzw. Aufgaben einer gewerblichen Tätigkeit behandeln.[233] Diese Vorschrift (§ 34 EStG) wird im Rahmen des Teils über die Beendigung der Tätigkeit als Einzelunternehmer vorgestellt. Andererseits gibt es auch im Rahmen der laufenden Besteuerung Sonderregelungen für gewerbliche Einkünfte, die im Folgenden näher analysiert werden. Hierbei handelt es sich einerseits um die Regelung des § 35 EStG, die der Vorbelastung der gewerblichen Einkünfte mit Gewerbesteuer Rechnung tragen soll, und um den sog. Progressionsvorbehalt. Darüber hinaus ist zu beachten, dass die bereits dargestellten Regelungen zur sog. Reichensteuer nicht für Überschusseinkünfte gelten. Folglich ist stets von einem maximalen Einkommensteuersatz von 42 v. H. und nicht von 45 v. H. auszugehen und zwar auch dann, wenn das zu versteuernde Einkommen den Wert von 250.000,- EUR übersteigt.

Gewerbliche Einkünfte unterliegen grundsätzlich einer Doppelbelastung, indem sie einmal der Gewerbesteuer unterworfen werden und andererseits der Einkommensteuer. Dies kann im Ergebnis zu einer ungleich höheren Besteuerung gegenüber anderen Einkunftsarten führen. Deshalb ist für sie ein Entlastungsmechanismus vorgesehen, der **zwei Stufen** umfasst:

- den **Abzug** der Gewerbesteuer als Betriebsausgabe im Rahmen der Einkommensermittlung des Einzelunternehmers, so dass es dadurch zu einer geringeren Bemessungsgrundlage für die Gewerbe- und die Einkommensteuer kommt, und

- die Ermäßigung der Einkommensteuer um das 1,8fache des Gewerbesteuermessbetrages. In der Praxis wird regelmäßig – rechtlich ungenau aber sachlich zutreffend – von der **„Anrechnung der Gewerbesteuer auf die Einkommensteuer"** gesprochen.

Ziel dieser Regelungen war es, die Unternehmen, die gewerbliche Einkünfte erzielen und die der Gewerbesteuer unterliegen, durch die Ermäßigung der Einkommensteuer um die Gewerbesteuer zu entlasten.[234] Das folgende Beispiel veranschaulicht die Vorgehensweise dieser Regelung in Abhängigkeit von alternativen Hebesätzen.

Beispiel:
Ein Einzelunternehmer erzielt Einkünfte aus Gewerbebetrieb, die aus Vereinfachungsgründen dem Gewerbeertrag unter Berücksichtigung der Hinzurechnungen und Kürzungen entsprechen, in Höhe von 100. Alternativ wird unterstellt, dass drei unterschiedliche Hebesätze zur Anwendung kommen. Diese sollen 200, 350 oder 470 % betragen. Darüber hinaus wird unterstellt, dass der Gesellschafter alternativ folgenden einkommensteuerlichen Belastungen unterliegt: 24, 36 oder 42 %. Im Rahmen einer Belastungsrechnung soll festgestellt werden, wie hoch die insgesamt entstehende

---

[233] Vgl. hierzu die Ausführungen auf S. 146 ff.
[234] Vgl. BT-Drs. 14/2683, S. 142.

steuerliche Belastung ist. Wie die vorstehenden Ausführungen gezeigt haben, soll § 35 EStG zu einer Neutralisierung der Belastung mit Gewerbesteuer führen. Dies hätte zur Konsequenz, dass im Ergebnis lediglich eine Belastung in Höhe des jeweils individuellen Einkommensteuersatzes zuzüglich Solidaritätszuschlags entsteht. Der Solidaritätszuschlag ist eine Ergänzungsabgabe zur Einkommensteuer und beträgt 5,5 vom Hundert der festgesetzten Einkommensteuer.

Bei den Berechnungen wird zwischen der Steuerbelastung auf Ebene der Gesellschaft und beim Gesellschafter unterschieden. Auf Ebene der Gesellschaft wird zunächst die Belastung mit Gewerbesteuer nach der oben dargestellten Formel ermittelt. Hierbei ist die Verringerung der Bemessungsgrundlage der Gewerbesteuer durch diese Steuer zu beachten. Der verbleibende Betrag unterliegt auf Ebene des Gesellschafters der Einkommensteuer. Dabei ist zu berücksichtigen, dass die Gewerbesteuer auch die Bemessungsgrundlage der Einkommensteuer vermindert hat. In der Zeile Nettoeinkommen wird jeweils ausgewiesen, was beim Einzelunternehmer nach Abzug der entstehenden Steuerbelastung verbleibt. Zur Verdeutlichung ist in der vorletzten Zeile noch einmal die Gesamtsteuerbelastung zusammengefasst worden. Am Ende der Tabelle ist der Steuersatz angegeben, der entstünde, wenn der reguläre Einkommensteuersatz zuzüglich Solidaritätszuschlag auf den ursprünglichen Gewinn von 100 angewendet würde.

Abbildung 3-26: *Beispiel zur Anwendung des § 35 EStG*

Gewinn	100								
Steuerbelastung auf Ebene der Gesellschaft									
	h = 200%			h = 350%			h = 470%		
GewSt	9,09			14,89			19,03		
Verbleiben	90,91			85,11			80,97		
Steuerbelastung auf Ebene des Gesellschafters									
Steuersatz ESt	24%	36%	42%	24%	36%	42%	24%	36%	42%
ESt	13,64	24,55	30,00	12,77	22,98	28,09	12,14	21,86	26,72
SolZ	0,75	1,35	1,65	0,70	1,26	1,54	0,67	1,20	1,47
Nettobetrag	76,52	65,01	59,26	71,64	60,86	55,48	68,16	57,91	52,78
Gesamtsteuerbelastung	**23,48**	**34,99**	**40,74**	**28,36**	**39,14**	**44,52**	**31,84**	**42,09**	**47,22**
ESt + SolZ	**25,32**	**37,98**	**44,31**	**25,32**	**37,98**	**44,31**	**25,32**	**37,98**	**44,31**

Wie ersichtlich ist die Frage, ob das Ziel einer vollständigen Kompensation der Belastung mit Gewerbesteuer durch § 35 EStG erreicht wird, von der Höhe des Steuersatzes des Gesellschafters und der des anzuwendenden Hebesatzes abhängig. In vielen Fällen wird sich diese Zielsetzung nicht erreichen lassen, in anderen kann es hingegen zu einer Überkompensation kommen. Dies ist dann der Fall, wenn der Entlastungseffekt aufgrund des Abzugs der Gewerbesteuer als Betriebsausgabe und der „Anrechnung" nach § 35 EStG größer ist, als die tatsächlich gezahlte Gewerbesteuer. Hierbei zeigt sich, dass bei niedrigen Hebesätzen – wie im Beispiel bei 200 % – es sich als sinnvoll erweisen kann, bestimmte Einkünfte bewusst einer Belastung mit Gewerbesteuer unterliegen zu lassen, um anschließend eine ermäßigte Besteuerung im Rahmen des § 35 EStG zu erlangen.[235] Bei einer solchen Vorgehensweise darf jedoch nicht übersehen werden, dass vereinfachend unterstellt wird, dass die Bemessungsgrundlage von Einkommen- und Gewerbesteuer identisch sind. Die Prämisse eines Ausgleichs von gewerbesteuerlichen Hinzurechnungen und Kürzungen ist regelmäßig nicht realistisch, so dass ggf. weitere Belastungen in die Überlegungen mit einbezogen werden müssen. Allerdings ist deutlich geworden, dass die Vorgehensweise des Gesetzgebers fragwürdig ist und letztendlich der untaugliche Versuch unternommen wird, eine Belastung mit einer Steuer durch eine Entlastung bei einer anderen Steuer zu neutralisieren.

Wie das Beispiel bereits gezeigt hat, sieht § 35 EStG vor, dass von der tariflichen Einkommensteuer, die auf die gewerblichen Einkünfte entfällt, ein Entlastungsbetrag abgezogen wird. Aus dem Gesetz ergibt sich, dass die Ermittlung der maximal möglichen anrechenbaren Gewerbesteuer in dem Verhältnis erfolgen kann, wie die gewerblichen Einkünfte auf das zu versteuernde Einkommen entfallen.[236] Damit bestimmt sich der Anrechnungshöchstbetrag als

$$\text{Höchstbetrag der „Anrechnung"} = \text{ESt} \times \frac{\text{gewerbliche Einkünfte}}{\text{zu versteuerndes Einkommen}}.$$

Diese Berechnungsweise führt dazu, dass allenfalls eine Ermäßigung der Einkommensteuer bis zu einer Höhe von Null erfolgen kann. Hingegen scheidet eine „Erstattung" infolge der Gewerbesteueranrechnung aus. Dies gilt insbesondere in den Fällen, in denen infolge der Hinzurechnungsvorschriften keine positiven Einkünfte im Sinne von § 15 EStG vorliegen, gleichwohl – unter Berücksichtigung des Freibetrages nach § 11 Abs. 1 Satz 2 Nr. 1 GewStG – eine Belastung mit Gewerbesteuer eintritt. Die Bezugnahme auf das zu versteuernde Einkommen[237] erscheint als fragwürdig, denn im Ergebnis impliziert sie, dass sämtliche Abzugsbeträge auf die nichtgewerblichen Einkünfte entfallen.[238]

---

[235] Vgl. zu den geplanten Änderungen durch die Unternehmenssteuerreform 2008 den 4. Teil.

[236] Vgl. § 35 Abs. 1 Satz 1 EStG.

[237] Vgl. nochmals das Ermittlungsschema in **Abbildung 3-19**.

[238] Nach Herzig, N./Lochmann, U. (DB 2000, S. 1730) gab es während des Gesetzgebungsverfahrens eine Formulierungshilfe, die – abweichend vom Regierungsentwurf – ein Bestimmung der Höchstgrenze im Verhältnis zur Summe der Einkünfte vorsah. Diese Regelung ist jedoch nicht Gesetz geworden.

Die Vorschrift des § 35 EStG ist dadurch gekennzeichnet, dass ihr eine einperiodige Betrachtungsweise zu Grunde liegt. Folglich kann die Gewerbesteuer, die in einem Veranlagungszeitraum nicht angerechnet werden kann, sich nicht mindernd in einem (früheren oder späteren) Besteuerungszeitraum auswirken. Dies tritt insbesondere dann ein, wenn infolge des Verlustausgleichs andere negative Einkünfte auf positive gewerbliche Einkünfte treffen. Hier bewirkt der Verlustausgleich, dass die positiven gewerblichen Einkünfte von den negativen anderen Einkünften „aufgezehrt" werden. Folglich ist eine Anrechnung der Gewerbesteuer nicht mehr möglich, denn die gewerblichen Einkünfte betragen aufgrund des Verlustausgleichs Null, sodass die maximal mögliche „Gewerbesteueranrechnung" ebenfalls Null beträgt. Dieses Problem zeigt sich auch dann, wenn ein Steuerpflichtiger mehrere Gewerbebetriebe unterhält, z. B. einen als Einzelunternehmen und er zugleich an einer Personengesellschaft (mitunternehmerisch) beteiligt ist. Sofern aus einem Engagement Verluste entstehen und aus dem anderen Gewinne, kommt es zum unbegrenzten Verlustausgleich innerhalb der Einkünfte aus § 15 EStG.[239] Hieraus resultiert, dass die Anrechnung der von der die Gewinn bringenden Tätigkeit ausübenden Gesellschaft zu entrichtenden Gewerbesteuer nicht möglich ist. § 2 Abs. 3 EStG enthält keine Möglichkeit, auf den horizontalen Verlustausgleich zu verzichten.

Ein vergleichbares Ergebnis entsteht, wenn negative gewerbliche Einkünfte nach § 10d EStG in einen früheren oder späteren Veranlagungszeitraum verlagert und dort abgezogen werden. Dies führt zu einer Verringerung des Multiplikators „Einkommensteuer" und bewirkt, dass nur eine niedrigere – im Extremfall gar keine – Gewerbesteuer „angerechnet" werden kann.

Beispiel:
Der Einzelunternehmer U erzielt im Jahre 06 Einkünfte aus Gewerbebetrieb in Höhe von 500.000,- EUR. Hierauf entrichtet er Gewerbe- und Einkommensteuer. Im folgenden Jahr (07) betragen seine Einkünfte aus Gewerbebetrieb minus 950.000,- EUR. Gemäß § 10d Abs. 1 EStG wird ein Verlustrücktrag durchgeführt, so dass sich die gewerblichen Einkünfte des Jahres 06 auf 0,- EUR verringern. Folglich beträgt auch die maximal anrechenbare Gewerbesteuer nach § 35 EStG 0,- EUR. Damit zeigt sich, dass die Anrechnungsmöglichkeit für die Steuer endgültig verloren ist. Zugleich wird deutlich, dass die fehlende Möglichkeit zum Verlustrücktrag im Gewerbesteuerrecht diese Probleme systematisch vergrößert, weil infolge der höheren gewerbesteuerlichen Verlustvorträge in der Zukunft ebenfalls kein Kompensationseffekt eintritt, sondern eine Anrechnung von Gewerbesteuer nicht möglich ist. Damit kommt es in den Jahren, in denen infolge des Verlustvortrages kein positiver Gewerbeertrag entsteht, zu einer Belastung ausschließlich in Höhe der einkommensteuerlichen Sätze.

---

[239] Vorbehaltlich einer evtl. Anwendung von § 15a EStG, sofern es sich um eine Beteiligung an der Personengesellschaft handelt, die mit einer beschränkten Haftung verbunden ist. Vgl. zu § 15a EStG S. 172 ff.

Unseres Erachtens ist davon auszugehen, dass der Verlustabzug sich infolge seiner Stellung im Rahmen des Ermittlungsschemas[240] nicht auf die Bestimmung des zu versteuernden Einkommens auswirkt. Dabei ist zu bedenken, dass es infolge der Vorschrift des § 10a GewStG im Bereich der Gewerbesteuer keinen Verlustrücktrag gibt. Hieraus folgt, dass im Vortragsjahr die Belastung mit GewSt nicht eintritt und infolgedessen eine „Anrechnung" dieser Steuer auf die Einkommensteuer nach § 35 EStG ausscheidet. Eine Lösung kann nur über die Begrenzung des Verlustrücktrags nach § 10d Abs. 1 Sätze 4 und 5 EStG erfolgen. Außerdem besteht beim Verlustabzug nur ein Wahlrecht zur Begrenzung des Verlustrücktrags, nicht aber bezüglich des Verlustvortrags.

Ferner kann es infolge der Hinzurechnungs- und Kürzungsvorschriften des Gewerbesteuergesetzes zu Problemen kommen. Im Extremfall können die Hinzurechnungsvorschriften dazu führen, dass ein positiver Gewerbeertrag vorliegt und damit eine Belastung mit Gewerbesteuer entsteht, während die nach den einkommensteuerrechtlichen Vorschriften ermittelten Einkünfte aus Gewerbebetrieb negativ sind und deshalb nicht zu einer Einkommensteuerzahlung führen. In diesem Fall scheidet die Anrechnung der gezahlten Gewerbesteuer ebenfalls aus und zwar auch dann, wenn sich die Differenzen in späteren Veranlagungszeiträumen wieder ausgleichen.

Wie diese Überlegungen zeigen, sind vielfältige Probleme mit § 35 EStG verbunden. Dies hätte es eigentlich nahe liegend erscheinen lassen, dass der Gesetzgeber eine interperiodische Berücksichtigung von sog. Anrechnungsüberhängen ermöglicht. Dies ist jedoch nicht geschehen. Zwar wäre eine solche Regelung vergleichsweise kompliziert, denn es müsste genau aufgezeichnet werden, inwieweit beim Gesellschafter bereits eine Entlastung im Wege der „Anrechnung" eingetreten ist, doch ist die nun gefundene Regelung eine eindeutige Benachteiligung der Steuerpflichtigen, die speziell dann zu besonderen Problemen führt, wenn in einzelnen Veranlagungszeiträumen Verluste erzielt werden. Gestalterisch hat dies zur Konsequenz, dass der steuerpflichtige Unternehmer bei konjunkturell schwankenden Ertragszahlen eine Glättung der Einkünfte vornehmen muss, um steuerliche Nachteile zu vermeiden. Dies führt zu einer Zunahme der Bedeutung der Bilanzpolitik sowie der Sachverhaltsgestaltung, wie sie in Band 2 dieser Lehrbuchreihe näher erläutert wird.

Literaturhinweise:

▨ Herzig, N./Lochmann, U., Die Steuerermäßigung für gewerbliche Einkünfte bei der Einkommensteuer nach dem Entwurf des Steuersenkungsgesetzes, DB 2000, S. 1192

---

[240] Vgl. nochmals **Abbildung 3-19**.

▨ Herzig, N./Lochmann, U., Steuersenkungsgesetz: Die Steuerermäßigung für gewerbliche Einkünfte bei der Einkommensteuer in der endgültigen Regelung, DB 2000, S. 1728

▨ Kollruss, T., Anrechnung der Gewerbesteuer auf die Einkommensteuer bei Personenunternehmen gem. § 35 EStG 2001, Stbg 2000, S. 559

▨ Neu, N., Unternehmenssteuerreform 2001: Die pauschalierte Gewerbesteueranrechnung nach § 35 EStG, DStR 2000, S. 1933

▨ Ritzer, C./Stangl, J., Anwendungsprobleme der Steuerermäßigung für gewerbliche Einkünfte von Einzelunternehmen und Personengesellschaften nach § 35 EStG, Inf 2000, S. 641

▨ Wendt, M., StSenkG: Pauschale Gewerbesteueranrechnung bei Einzelunternehmen, Mitunternehmerschaft und Organschaft, FR 2000, S. 1173

Der sog. **Progressionsvorbehalt** wird bei vielen Einkünften angewendet, die im Inland nicht der Besteuerung unterliegen. Dies ist z. B. bei bestimmten ausländischen Einkünften oder Investitionszulagen der Fall. Nach Auffassung des Gesetzgebers erlangt der Steuerpflichtige einen doppelten Vorteil. Einerseits erhält er die entsprechenden Beträge steuerfrei. Andererseits kommt auf die übrigen Einkünfte, die der Besteuerung unterliegen, ein Steuersatz zur Anwendung, der infolge der nicht erfolgten Steigerung der Progression niedriger ist, als er wäre, wenn die steuerfreien Einkünfte der Besteuerung unterlägen. Dieser zweiter Vorteil, d. h. die Nichterhöhung der Progression durch steuerfreie Einnahmen, soll durch den Progressionsvorbehalt kompensiert werden. Deshalb ist vorgesehen, dass die Steuerfreiheit nur auf die Bestimmung der Bemessungsgrundlage beschränkt wird, jedoch die – eigentlich steuerfreien – Einkünfte bei der Ermittlung des anzuwendenden Steuersatzes zu berücksichtigen sind. M. a. W.: auf die steuerpflichtigen Einkünfte ist der Einkommensteuersatz anzuwenden, der sich ergeben hätte, wenn die steuerfreien Einkünfte steuerpflichtig wären.

Diese Regelung erfasst – neben einer Reihe von Sozialleistungen im weitesten Sinne (wie z. B. Arbeitslosengeld, Kurzarbeitergeld, Schlechtwettergeld, Arbeitslosenhilfe und andere in § 32b Abs. 1 Nr. 1 lit. a) – i) EStG genannte Leistungen sowie das sog. Elterngeld) die folgenden Einkünfte:

1. ausländische Einkünfte, die nicht der deutschen Einkommensteuer unterlegen haben, wenn während des Veranlagungszeitraums zeitweise eine unbeschränkte Steuerpflicht bestand (einschließlich der Fälle des § 2 Abs. 7 Satz 3 EStG),

2. Einkünfte, die nach einem Abkommen zur Vermeidung der Doppelbesteuerung (oder nach einem anderen zwischenstaatlichen Übereinkommen) unter dem Vorbehalt der Einbeziehung bei der Berechnung der Einkommensteuer steuerfrei sind. Außerdem fallen hierunter die im Fall der fiktiv unbeschränkten Steuerpflicht oder

in den Fällen des § 50 Abs. 5 EStG nicht der deutschen Einkommensteuer unterliegenden Einkünfte, wenn deren Summe positiv ist.

Aus betriebswirtschaftlicher Sicht ist der zweite Fall besonders interessant: Bezieht ein unbeschränkt Steuerpflichtiger Einkünfte aus dem Ausland, so unterliegen diese Einkünfte der deutschen Einkommensbesteuerung. Um jedoch eine Doppelbesteuerung im Ausland und im Inland zu vermeiden, hat die Bundesrepublik Deutschland Abkommen zur Vermeidung der Doppelbesteuerung (**Doppelbesteuerungsabkommen**, DBA) abgeschlossen. In diesen Abkommen wird das Besteuerungsrecht einem Vertragspartner zugeordnet, während bei den anderen Vertragspartnern die betreffenden Einkünfte steuerfrei bleiben, oder eine Beschränkung der Höhe des Besteuerungsrechts eines Vertragsstaates erfolgt.[241] In der Regel wird von den Vertragspartnern bei Anwendung der Freistellungsmethode der sog. **Progressionsvorbehalt** vereinbart. Dieser besagt, dass durch die Befreiung der ausländischen Einkünfte von der deutschen Einkommensteuer nicht auch der für das verbleibende Einkommen anzuwendende Steuersatz geändert werden soll. Das bedeutet, dass bei der Veranlagung von dem Steuersatz auszugehen ist, der sich ergeben würde, wenn die nach einem DBA steuerfreien Einkünfte in die Veranlagung mit einbezogen bleiben.

Beispiel:

Der anzuwendende ESt-Steuertarif möge folgenden Verlauf aufweisen:

auf volle EUR abgerundetes z. v. E.	Steuersatz
bis 10.000,- EUR	0 %
bis 20.000,- EUR	5 %
bis 30.000,- EUR	10 %
bis 40.000,- EUR	15 %
bis 50.000,- EUR	20 %
bis 60.000,- EUR	25 %
bis 70.000,- EUR	30 %
bis 80.000,- EUR	35 %
bis 90.000,- EUR	40 %
über 90.001,- EUR	45 %

Ein Steuerpflichtiger erzielt inländische Einkünfte von 26.000,- EUR. Hierauf wäre ein Steuersatz von 10 % anzuwenden, sodass sich eine Steuer von 2.600,- EUR ergäbe. Wenn hingegen gleichzeitig nach einem DBA unter Progressionsvorbehalt steuerfrei gestellte Einkünfte in Höhe von umgerechnet 50.000,- EUR erzielt werden, ist auf die inländischen Einkünfte (= 26.000,- EUR) der Steuersatz anzuwenden, der sich unter

---

[241] Vgl. hierzu Kaminski, B./Strunk, G., Steuern in der internationalen Unternehmenspraxis, Wiesbaden 2006, S. 77 ff.

Berücksichtigung der unter Progressionsvorbehalt freigestellten Einkünfte ergibt. Folglich kommt ein Steuersatz von 35 % (= Steuersatz, der bei einem (abgerundeten) z. v. E. von 76.000,- EUR anzuwenden ist) zur Anwendung. Folglich beträgt die Steuer 35 % von 26.000,- EUR, also 9.100,- EUR. Steuervorteile können sich bei natürlichen Personen auch durch die Anwendung des negativen Progressionsvorbehaltes ergeben.

3.2.2.1.2   Einkünfte aus Land- und Forstwirtschaft bzw. aus freiberuflicher und sonstiger selbständiger Tätigkeit

3.2.2.1.2.1   Einkünfte aus Land- und Forstwirtschaft

▪ Wann liegen Einkünfte aus Land- und Forstwirtschaft als Einkünfte aus einer unternehmerischen Tätigkeit im engeren Sinne vor?

▪ Wie erfolgt die Abgrenzung zwischen Einkünften aus Land- und Forstwirtschaft und solchen aus Gewerbebtrieb?

▪ Welche Konsequenzen sind hiermit für die Besteuerung dieser Einkünfte verbunden?

Einkünfte aus Land- und Forstwirtschaft erzielt, wer natürliche Kräfte, insbesondere des Bodens, planmäßig nutzt und die dadurch gewonnenen Erzeugnisse verwertet. Die Formen der land- und forstwirtschaftlichen Betätigungen, zu denen insbesondere Feldwirtschaft, Tierzucht und Tierhaltung sowie Forstwirtschaft gehören, werden in § 13 Abs. 1 EStG beispielhaft aufgezählt. Voraussetzung für die steuerliche Erfassung einer entsprechenden Betätigung im Rahmen des § 13 EStG ist, dass sie **selbständig,** d. h., auf eigene Rechnung und Gefahr, und mit der **Absicht, Gewinn zu erzielen,** unternommen wird.

Beispiel:
Der Steuerpflichtige S ist begeisterter Weintrinker. Um die hiermit verbundenen Aufwendungen steuerlich abzugsfähig zu machen denkt er darüber nach, ein Nebenerwerbsbetrieb als Winzer zu eröffnen. Sofern die Tätigkeit entsprechend den bereits oben auf S. 88 ff. erfolgten Grundsätzen als Liebhaberei zu qualifizieren ist, sind die hieraus entstehenden Verluste steuerlich nicht anzuerkennen. Vielmehr setzt auch eine land- und forstwirtschaftliche Tätigkeit voraus, dass die Tatbestandsmerkmale der Liebhaberei nicht einschlägig sind. Gleichwohl kann es hier aufgrund der besonderen Umstände eine längere Frist dauern, bis tatsächlich Gewinne erwirtschaftet werden. Entscheidend ist jedoch die Absicht der Gewinnerzielung.

Zu den Einkünften aus Land- und Forstwirtschaft gehören gem. § 13 Abs. 2 Nr. 2 EStG auch Einkünfte aus einem land- und forstwirtschaftlichen **Nebenbetrieb.** Als Nebenbetrieb gilt ein Betrieb, der dem land- und forstwirtschaftlichen Hauptbetrieb zu dienen bestimmt ist. Im Rahmen eines land- und forstwirtschaftlichen Betriebs wird ein Nebenbetrieb unterhalten, der ausschließlich oder überwiegend Rohstoffe be- oder verarbeitet, die in einem land- und forstwirtschaftlichen Betrieb erzeugt werden. Dies wäre z. B. der Fall, wenn ein milchproduzierender Betrieb eine Molkerei unterhält und in dieser die erzeugte Milch weiterverarbeitet.

Die Einkünfte aus Land- und Forstwirtschaft sind im Wege der Gewinnermittlung zu bestimmen. Hierfür stehen die folgenden Möglichkeiten zur Verfügung:

▪ Besteht Buchführungspflicht, wird der Gewinn nach § 4 Abs. 1 EStG ermittelt. Voraussetzung hierfür ist, dass eine Kaufmannseigenschaft i. S. d. Handelsgesetzbuchs besteht.

▪ Nicht zur Führung von Büchern verpflichtete Land- und Frostwirte haben ihren Gewinn gem. § 13a EStG nach Durchschnittssätzen zu ermitteln, wenn die folgenden in § 13a Abs. 1 EStG genannten Voraussetzungen erfüllt sind:

- der Steuerpflichtige nicht aufgrund gesetzlicher Vorschriften verpflichtet ist, Bücher zu führen und regelmäßig Abschlüsse zu machen, und

- die selbstbewirtschaftete Fläche der landwirtschaftlichen Nutzung (§ 34 Abs. 2 Nr. 1 lit. a) BewG) ohne Sonderkulturen (§ 52 BewG) nicht 20 Hektar überschreitet und

- die Tierbestände insgesamt 50 Vieheinheiten (Anlage 1 zum BewG) nicht übersteigen und

- der Wert der selbstbewirtschafteten Sondernutzungen nach Absatz 5 nicht mehr als 2 000 Deutsche Mark je Sondernutzung beträgt.

▪ Land- und Forstwirte, die weder zur Buchführung verpflichtet sind, noch die Voraussetzungen des § 13a Abs. 1 Nr. 2 und 3 EStG erfüllen, können den Gewinn entweder nach § 4 Abs. 1 oder nach § 4 Abs. 3 EStG ermitteln.

Eine Besonderheit bildet die Regelung des § 13 Abs. 3 EStG. Danach werden Einkünfte aus Land- und Forstwirtschaft nur berücksichtigt, so weit sie den Betrag von **670,- EUR übersteigen**. Bei zusammenveranlagten Ehegatten erhöht sich dieser Betrag auf 1.340,-EUR, selbst wenn nur einer der Ehegatten Einkünfte aus Land- und Forstwirtschaft bezieht. Allerdings wird dieser Freibetrag nur gewährt, wenn die Summe der Einkünfte 30.700,- EUR nicht übersteigt.

Anders als gewerbliche Einkünfte unterliegen Einkünfte aus Land- und Forstwirtschaft **keiner Belastung mit Gewerbesteuer**. Hieraus folgt zugleich, dass eine Anrechnung der Gewerbesteuer auf die Einkommensteuer nach § 35 EStG im Bereich der Land- und Forstwirtschaft nicht möglich ist. Vielmehr erfolgt eine Besteuerung nach dem regulären Einkommensteuertarif, wobei ergänzend zu berücksichtigen ist, dass die Regelungen zu sog. „Reichensteuer" auf Gewinneinkunftsarten keine Anwendung finden. Hieraus folgt, dass der Steuersatz im Bereich der Land- und Forstwirtschaft auf maximal 42 % steigt.

Literaturhinweise:

▓ Märkle, R., Abgrenzung der Land- und Forstwirtschaft vom Gewerbe, DStR 1997, S. 642

3.2.2.1.2.2 Einkünfte aus selbständiger Arbeit

▓ Wann liegen Einkünfte aus einer selbständigen Tätigkeit als Einkünfte aus einer unternehmerischen Tätigkeit im engeren Sinne vor?

▓ Welche Konsequenzen sind hiermit für die Besteuerung dieser Einkünfte verbunden?

Die Tätigkeiten, die zu Einkünften aus selbständiger Arbeit führen, werden in § 18 Abs. 1 EStG erschöpfend aufgezählt und wie folgt gegliedert:

Nr. 1: freiberufliche Tätigkeit,

Nr. 2: Tätigkeit als Einnehmer einer staatlichen Lotterie, wenn sie nicht zu Einkünften aus Gewerbebetrieb führt und

Nr. 3: sonstige selbständige Arbeit, z. B. die Tätigkeit als Testamentsvollstrecker, als Vermögensverwalter oder als Aufsichtsratsmitglied.

Bei diesen Tätigkeiten steht regelmäßig die persönliche Arbeitsleistung im Vordergrund, weniger der Einsatz von Betriebsvermögen. Voraussetzung für die steuerliche Erfassung einer entsprechenden Betätigung im Rahmen des § 18 EStG ist, dass sie **selbständig** und mit der **Absicht, Gewinn zu erzielen**, unternommen wird. § 18 Abs. 2 EStG stellt ausdrücklich klar, dass die Steuerpflicht für entsprechende Tätigkeiten auch dann besteht, wenn sie nur vorübergehend ausgeübt werden. Hiernach führen auch einmalig ausgeübte Tätigkeiten i. S. d. § 18 EStG zu Einkünften aus selbständiger Arbeit, wenn anzunehmen ist, das sie bei sich bietender Gelegenheit wiederholt werden sollen.

Beispiel:
Ein an einer Universität beschäftigter Wissenschaftlicher Mitarbeiter schreibt einen Aufsatz für eine Fachzeitschrift und bekommt hierfür vom Verlag ein Honorar. Diese Einnahmen unterliegen – nach Abzug der damit im Zusammenhang stehenden Betriebsausgaben – als Einkünfte aus selbständiger Arbeit der Besteuerung.

§ 18 Abs. 1 Nr. 1 EStG unterscheidet bei den Einkünften aus freiberuflicher Tätigkeit zwischen den sog. Tätigkeitsbereichen und dem sog. Berufskatalog. Insoweit kann auf **Abbildung 3-13** verwiesen werden. Im Folgenden werden die dort genannten Charakteristika einer solchen selbständigen Tätigkeit eingehender erläutert.

Wissenschaftlich tätig ist nicht nur derjenige, der eine forschende Arbeit leistet, sondern auch, wer eine Aufgabe nach wissenschaftlichen Grundsätzen, d. h. nach streng sachlichen und objektiven Gesichtspunkten zu lösen versucht. Die wissenschaftlichen

Kenntnisse können auch durch Selbststudium erworben sein. Eine wissenschaftliche Vorbildung ist nicht erforderlich.

Eine **künstlerische** Tätigkeit liegt vor, wenn der Schaffende eine eigenschöpferische Leistung vollbringt, in der seine individuelle Anschauungsweise und Gestaltungskraft zum Ausdruck kommt und die, neben einer hinreichenden Beherrschung der Technik der betreffenden Kunstart, eine künstlerische Leistungshöhe erreicht. Als Künstler ist ohne weiteres anzusehen, wer aufgrund einer abgeschlossenen Ausbildung an einer Kunsthochschule, Musikhochschule usw. eine eigenschöpferische Tätigkeit z. B. als Maler, Bildhauer, Musiker, Komponist oder Dichter ausübt.

Schriftstellerisch ist derjenige tätig, der schreibend seine eigenen Gedanken veröffentlicht. Vorbildung des Schreibenden und Niveau des Geschriebenen sind unbeachtlich.

Beispiel:
Der Finanzbeamte F ist begeisterter Hobbykoch. Nachdem seine Rezepte im Freundeskreis großen Anklang finden und er immer wieder gebeten wird, diese weiterzugeben, entschließt sich F, seine Rezeptsammlung zu veröffentlichen. Die hieraus erzielten Honorare führen zu Einkünften aus selbständiger Arbeit. Es kommt nicht darauf an, dass F den Beruf des Kochs niemals erlernt hat, sondern – offenbar erfolgreicher – Autodidakt ist.

Als Beispiele für **unterrichtende oder erzieherische** Tätigkeiten seien die der Fahr-, Reit-, Schwimm- und Tanzlehrer genannt, sofern diese selbständig sind. Der Gegenstand der Unterrichtung und die Vorbildung des Unterrichtenden spielen keine Rolle, sodass auch Einnahmen aus der Tätigkeit eines Schülers als Nachhilfelehrer unter die Einkünfte i. S. d. § 18 EStG fallen können.

Wer einen der in § 18 Abs. 1 Nr. 1 EStG ausdrücklich genannten Beruf selbständig ausübt, ist freiberuflich tätig. Ein dem Katalog „**ähnlicher Beruf**" ist nur dann zu bejahen, wenn dieser in seinem Gesamtbild einem der aufgezählten Berufe entspricht. Daher setzt die Annahme eines „ähnlichen Berufs" u. a. auch eine Berufsausbildung voraus, die in ihrer Qualifikation der Ausbildung für einen der Katalogberufe gleichkommt.

Auch im Bereich der selbständigen Tätigkeit besteht **keine Gewerbesteuerpflicht**. Folglich scheidet – wie schon bei den Einkünften aus Land- und Forstwirtschaft – eine Anrechnung gem. § 35 EStG aus. Zugleich hat der Gesetzgeber die Anwendbarkeit der Regelungen über die sog. Reichensteuer" ausgeschlossen, so dass lediglich der allgemeine Einkommensteuertarif mit einem maximalen Spitzensteuersatz von 42 % zur Anwendung kommt.

Literaturhinweise:

- Kellersmann, D., Die Abgrenzung der Einkünfte aus selbständiger Arbeit von den Einkünften aus Gewerbebetrieb, Frankfurt 1994

▣ Korn, K., Probleme bei der ertragsteuerlichen Abgrenzung zwischen freier Berufstätigkeit und Gewerbe, DStR 1995, S. 1249

3.2.2.2 Beendigung der unternehmerischen Tätigkeit

3.2.2.2.1 Ertragsteuern

▣ Inwieweit unterliegt die Aufgabe der Tätigkeit eines Einzelunternehmers der Einkommensteuer?

▣ Wie wird der Aufgabegewinn ermittelt?

▣ Inwieweit wird im Rahmen der Besteuerung berücksichtigt, dass es sich beim Aufgabegewinn um einen Ertrag handelt, der nicht in Verbindung mit der laufenden Geschäftstätigkeit steht und hieraus ein starker Anstieg der Steuerprogression entstehen kann?

▣ Welche Auswirkungen resultieren aus diesen Regelungen für die Gewerbesteuer?

Eine Beendigung der unternehmerischen Tätigkeit kann entweder durch eine Veräußerung des gesamten Unternehmens oder eine Aufgabe des Betriebs erfolgen. Eine **Betriebsveräußerung** setzt dabei voraus, dass alle für die Betriebsführung wesentlichen Wirtschaftsgüter übertragen werden, sodass der Erwerber den Betrieb als solchen weiterführen kann. Hingegen ist die Übertragung von Wirtschaftsgütern, die für die Betriebsführung nicht wesentlich sind, in das Privatvermögen unschädlich. Eine **Betriebsaufgabe** liegt vor, wenn der Steuerpflichtige den Entschluss fasst, den Betrieb aufzugeben und die wesentlichen Grundlagen des Betriebs in einem einheitlichen Vorgang und innerhalb einer kurzen Frist verkauft oder ganz oder teilweise in das Privatvermögen überführt. Als wesentliche Grundlagen des Betriebs sind alle Wirtschaftsgüter anzusehen, die von ihrer Funktion her den Betrieb erst ermöglichen (z. B. die Produktionsanlagen). Außerdem gehören hierzu die Wirtschaftsgüter, die für den Betrieb erforderlich sind und zugleich hohe stille Reserven enthalten. Allerdings führen hohe stille Reserven dann nicht zur Eigenschaft als wesentliche Betriebsgrundlage, wenn infolge der tatsächlichen Nutzung eine Zugehörigkeit zum Betrieb nicht gegeben ist.

§ 16 EStG stellt einen Teilbetrieb einem Betrieb gleich. Ein Teilbetrieb wird definiert als ein „mit einer gewissen Selbständigkeit ausgestatteter, organisch geschlossener Teil des Gesamtbetriebs, der für sich betrachtet alle Merkmale eines Betriebs im Sinne des Einkommensteuergesetzes aufweist und für sich lebensfähig ist"[242]. Dabei soll eine völlig selbständige Organisation nicht erforderlich sein. Notwendig ist aber die Eigenständigkeit. Hieraus folgt, dass der Steuerpflichtige bestimmte abgegrenzte Tätigkeitsgebiete nicht durch eine organisatorische Verselbständigung und durch gesonderten Vermögens- und Ergebnisausweis zu einem Teilbetrieb machen kann. Außerdem

---

[242] R. 16 Abs. 3 Satz 1 EStR.

gilt die Beteiligung an einer Kapitalgesellschaft als Teilbetrieb, wenn sie das gesamte Nennkapital der Gesellschaft umfasst. Dies ist jedoch nur dann der Fall, wenn die gesamte Beteiligung dem Betriebsvermögen des Steuerpflichtigen zugeordnet wird.

Beispiel:

Ein Steuerpflichtiger hält 100 % der Anteile an der T-GmbH. Dabei befinden sich 98,7 % im Betriebsvermögen seiner Einzelunternehmung und 1,3 % in seinem Privatvermögen. Hier liegt kein Teilbetrieb vor, denn die bestehende Beteiligung umfasst zwar das gesamte Nennkapital der T-GmbH, allerdings befindet sich die Beteiligung nicht vollständig im Betriebsvermögen. Insoweit scheidet eine Anwendung der Begünstigungen des § 16 EStG für diese Beteiligung aus.

Es wird deutlich, dass der Begriff des Teilbetriebs zentrale Bedeutung für die Frage hat, ob eine Privilegierung nach § 16 (und damit grundsätzlich auch nach § 34) EStG erfolgt. Außerdem ist er für viele Fragen im Zusammenhang mit der Änderung der Rechtsform von entscheidender Bedeutung. Deshalb werden die Begriffsbestimmung nochmals in **Abbildung 3-27** zusammengefasst.

Abbildung 3-27: *Begriff des Teilbetriebs*

„originärer" Teilbetrieb	„fiktiver" Teilbetrieb
– Selbständigkeit – organisch geschlossener Teil des Gesamtbetriebs – alle Merkmale eines Betriebs i. S. d. § 15 Abs. 2 EStG erfüllend – selbständig lebensfähig	100 % Beteiligung an einer Kapitalgesellschaft, die vollständig im Betriebsvermögen gehalten wird

Abbildung 3-28 enthält ein Schema zur Gewinnermittlung im Fall der Veräußerung. Diese Berechnungsweise ergibt sich aus § 16 Abs. 2 EStG. Dabei umfasst der Veräußerungspreis alles, was der Veräußerer im wirtschaftlichen Zusammenhang mit der Veräußerung erhält. Wirtschaftsgüter, die in das Privatvermögen überführt werden, sind mit ihrem Gemeinen Wert anzusetzen. Dieser ist gem. § 9 Abs. 2 BewG definiert als der Wert, der im gewöhnlichen Geschäftsverkehr für dieses Wirtschaftsgut erzielt werden könnte. Als Veräußerungskosten können alle Kosten berücksichtigt werden, die durch die Veräußerung bedingt sind, soweit sie vom Veräußerer getragen werden. Dies gilt z. B. für Vermittlungsprovisionen an eine Agentur zur Findung eines Käufers, Annoncen usw. Der Wert des Betriebsvermögens ergibt sich nach den allgemeinen Ermittlungsvorschriften, also nach § 4 Abs. 1 bzw. § 5 EStG, sodass die bisherigen Buchwerte anzusetzen sind. Folglich führen in der Vergangenheit gebildete stille Re-

serven (z. B. infolge von Abschreibungen, die höher als der tatsächliche Werteverzehr sind) zu einem höheren Veräußerungsgewinn.

Abbildung 3-28: *Schema zur Bestimmung des Veräußerungsgewinns nach § 16 Abs. 2 EStG*

	Veräußerungspreis der veräußerten Wirtschaftsgüter bzw. Verkaufspreis für das Einzelunternehmen
+	Gemeiner Wert der in das Privatvermögen überführten Wirtschaftsgüter
./.	Veräußerungskosten
./.	Buchwert der veräußerten bzw. in das Privatvermögen überführten Wirtschaftsgüter im Zeitpunkt der Veräußerung bzw. Betriebsaufgabe
=	Veräußerungsgewinn

Durch § 16 Abs. 4 EStG werden Gewinne aus der Veräußerung bzw. Aufgabe von Betrieben aus sozialpolitischen Gründen steuerlich entlastet. Sachlicher Grund für diese steuerliche Begünstigung ist die Zusammenballung von Einkünften durch Realisierung stiller Reserven, die im Laufe vieler Jahre gebildet worden sind. Hieraus würde eine unangemessen hohe Besteuerung im Jahr der Aufgabe entstehen. Aus diesem Grund ist die Begünstigung nicht zu gewähren, wenn es sich um Gewinne handelt, die im Rahmen des laufenden Geschäftes unter Fortführung des Betriebes auch entstanden wären (z. B. bei einem Kfz-Handel). Deshalb wird ein Freibetrag in Höhe von 45.000,- EUR gewährt. Dieser verringert sich um den Betrag, um den der begünstigte Gewinn 136.000,- EUR übersteigt, sodass dieser bei 181.000,- EUR vollständig aufgezehrt wird. Voraussetzung für die Gewährung dieser Vergünstigung ist, dass der Steuerpflichtige das 55. Lebensjahr vollendet hat oder im sozialversicherungsrechtlichen Sinne dauernd berufsunfähig ist. Jeder Steuerpflichtige hat lediglich einmal in seinem Leben die Möglichkeit, diese Regelung in Anspruch zu nehmen.

Nach h. M. beinhaltet § 16 Abs. 4 EStG eine sachliche Steuerbefreiung.[243] Folglich ist der Freibetrag direkt vom begünstigten Gewinn abzuziehen, noch bevor ein eventueller Ausgleich des Aufgabegewinns mit Verlusten aus anderen Einkunftsquellen des Steuerpflichtigen erfolgt. Hierdurch wird im Ergebnis eine höhere Entlastung erreicht, als bei einer umgekehrten Vorgehensweise.

Das EStG enthält in § 34 EStG eine besondere Tarifvorschrift für die Einkünfte, die unter § 16 EStG fallen. Hierbei ist zwischen zwei unterschiedlichen Regelungen zu trennen:

---

[243] Vgl. z. B. Herzig, N., StuW 1980, S. 242.

▓ die sog. Fünftelregelung oder

▓ der Anwendung eines auf 56 % des durchschnittlichen Steuersatzes ermäßigten Steuersatzes.

Der Steuerpflichtige kann diese Regelungen nutzen, sofern nicht bereits eine Rücklagenbildung nach § 6b EStG[244] erfolgt ist. Ferner ist hierfür ein Antrag bei der Finanzverwaltung zu stellen. Beide Regelungen verfolgen das Ziel, die negativen Auswirkungen auf die einkommensteuerliche Progression und die damit verbundene Steuerbelastung zu begrenzen. Diese entsteht dadurch, dass eine Aufdeckung und Versteuerung von stillen Reserven erfolgt, die über viele Jahre hinweg gebildet wurden. Da diese häufig einen wesentlichen Teil der wirtschaftlichen Existenz des Steuerpflichtigen ausmachen, hält der Gesetzgeber eine Entlastung für geboten. Dies gilt insbesondere, wenn ein Verkauf des Einzelunternehmens aus Altersgründen erfolgt und aus dem erzielten Veräußerungsgewinn wesentliche Teile des zukünftigen Lebensunterhalts bestritten werden müssen.

Die sog. **Fünftelregelung** (§ 34 Abs. 1 EStG) sieht vor, dass eine fiktive Verteilung des Veräußerungsgewinns über fünf Jahre erfolgt und die Differenz zwischen der Einkommensteuer für das um die außerordentlichen Einkünfte verminderte zu versteuernde Einkommen und dem zu versteuernden Einkommen unter Berücksichtigung eines Fünftels der außerordentlichen Einkünfte verfünffacht wird. Hierfür sind im Einzelnen die in **Abbildung 3-29** dargestellten Berechnungsschritte erforderlich.

Abbildung 3-29: *Schritte zur Bestimmung der Steuerbelastung bei Anwendung der „Fünftelregelung" (§ 34 Abs. 1 EStG)*

---

1. Berechnung der Einkommensteuer für das zu versteuernde Einkommen unter Berücksichtigung der unter Progressionsvorbehalt stehenden Einkünfte, allerdings ohne die außerordentlichen Einkünfte (i. S. d. § 34 Abs. 2 EStG)
2. Berechnung der Einkommensteuer auf die Bemessungsgrundlage, wie sie unter 1. bestimmt wurde, zuzüglich einem Fünftel der außerordentlichen Einkünfte
3. Bestimmung der Steuerdifferenz zwischen Schritt 2 und Schritt 1
4. Multiplikation der Steuersatzdifferenz (Schritt 3) mit dem Faktor 5. Hieraus ergibt sich die Steuerbelastung auf die außerordentlichen Einkünfte.
5. Die gesamte Steuerbelastung ergibt sich aus der Addition der Steuerbeträge aus Schritt 1 und Schritt 4

Außerdem können Steuerpflichtige, die das 55. Lebensjahr vollendet haben oder dauernd berufsunfähig im sozialversicherungsrechtlichen Sinne sind, beantragen, dass einmalig im Leben diese Einkünfte einem ermäßigten Steuersatz unterliegen. Allerdings setzt dies voraus, dass die Veräußerungsgewinne den Betrag von insgesamt 5

---

[244] Vgl. zur dieser Regelung ausführlich Band 2 dieser Lehrbuchreihe.

Mio. EUR nicht übersteigen. Dieser ermäßigte Steuersatz beträgt 56 v. H. des durchschnittlichen Steuersatzes, der sich auf Grundlage der tariflichen Einkommensteuer auf das gesamte zu versteuernde Einkommen (ggf. zuzüglich dem Progressionsvorbehalt unterliegender Einkünfte) ergäbe. Allerdings darf dabei der Eingangssteuersatz des Einkommensteuertarifs von derzeit 15 v. H. nicht unterschritten werden. Diese Regelung kommt an Stelle der Fünftelregelung zur Anwendung, sodass eine doppelte Begünstigung ausscheidet.

Sofern im Rahmen der Aufgabe des Einzelunternehmens Verluste entstehen, sind diese mit den laufenden Einkünften aus Gewerbebetrieb vollständig ausgleichsfähig. Besonderheiten sind insoweit nicht zu beachten, sodass – nach Maßgabe der allgemeinen Regelungen – auch ein Ausgleich mit positiven Einkünften aus anderen Einkunftsarten möglich ist. Insoweit wird auf die Ausführungen auf S. 109 ff. verwiesen.

Die Gewerbesteuerpflicht des Einzelunternehmers endet mit der Einstellung der werbenden Tätigkeit des Betriebs.[245] Die Zeitpunkte der Betriebseinstellung im Bereich der Einkommen- und der Gewerbesteuer können auseinander fallen. Wird bspw. ein Ladenverkauf eingestellt und erfüllen die anschließenden reinen Abwicklungstätigkeiten nicht die Tatbestandsmerkmale eines werbenden Betriebes i. S. v. § 2 Abs. 1 GewStG, unterliegen die erzielten Abwicklungserfolge nicht der Gewerbeertragsteuer. Dies gilt auch dann, wenn einkommensteuerlich keine Betriebsaufgabe gegeben ist.[246] Hierbei kommt es jedoch nicht auf den inneren Entschluss an, dass eine Abwicklung erfolgen soll, sondern auf die tatsächlichen Abwicklungsvorgänge. Gem. Abschn. 39 Abs. 1 Nr. 1 GewStR gelten – unabhängig vom Zeitpunkt der Einstellung der gewerblichen Tätigkeit – Aufgabegewinne stets nicht als Gewerbeertrag i. S. v. § 7 GewStG. Diese Vergünstigung gilt auch für die Gewinne, die aufgrund von § 16 EStG als laufender Gewinn gelten oder die oberhalb der 5-Millionen-EUR-Grenze des § 34 EStG liegen. Allerdings bleiben Veräußerungsverluste ebenfalls unberücksichtigt.

Literaturhinweise:

▨ Glanegger, P., Einkommensteuerliche Funktionen der Betriebsaufgabe, DStR 1998, S. 1329

3.2.2.2.2 Umsatzsteuer

▨ Wann endet die Unternehmereigenschaft des Einzelunternehmers?

▨ Inwieweit entstehen im Rahmen der Beendigungstätigkeit steuerbare und steuerpflichtige Umsätze?

---

[245] Vgl. Abschn. 19 Abs. 1 GewStR.
[246] Vgl. das BFH-Urt. vom 3.2.1994, III R 23/89, BStBl. II 1994, S. 709.

Die umsatzsteuerliche Unternehmereigenschaft des Einzelunternehmers endet mit dem letzten Tätigwerden. Hierfür ist der Zeitpunkt der Einstellung oder Abmeldung des Gewerbetriebs unbeachtlich.[247] Vielmehr endet die Unternehmerstellung erst dann, wenn der Unternehmer alle Rechtsbeziehungen abgewickelt hat, die mit dem (aufgegebenen) Betrieb im Zusammenhang stehen.[248]

Beispiel:

Ein Einzelunternehmer meldet sein Gewerbe ab. Anschließend verkauft er einzelne Wirtschaftsgüter seines Betriebs an einen Käufer. Dieser Verkauf unterliegt der Umsatzsteuer. Die Abmeldung des Gewerbebetriebs lässt die Unternehmereigenschaft unberührt. Auch eine evtl. nachträgliche Vereinnahmung von Entgelten gehören noch zur Unternehmertätigkeit.

D. b. zugleich, dass soweit im Rahmen der Beendigung der Tätigkeit als Einzelunternehmer einzelne Wirtschaftsgüter im Inland veräußert oder in das Privatvermögen eines Gesellschafters überführt werden, diese Überführungen der Umsatzsteuerpflicht unterliegen. Dabei sind Steuerbefreiungen nach § 4 UStG ebenso zu beachten wie ein eventueller Verzicht darauf.[249] Außerdem ist zu berücksichtigen, dass gem. § 15a UStG gegebenenfalls eine Berichtigung des Vorsteuerabzugs für einzelne Wirtschaftsgüter zu erfolgen hat. Wird hingegen eine gesondert geführte Gliederung eines Einzelunternehmens veräußert[250], so besteht entsprechend den Regelungen zur Geschäftsveräußerung[251] keine Umsatzsteuerbarkeit.

3.3 Ergänzende steuerliche Besonderheiten bei Ausübung der Tätigkeit in einer Personengesellschaft

Alternativ zur Vornahme einer unternehmerischen Tätigkeit als Einzelunternehmer, setzen häufig mehrere Personen gemeinsam ihre individuellen Kenntnisse und Fähigkeiten, aber auch ihr Kapital ein. Traditionell werden in Deutschland große Teile der Wirtschaftsaktivitäten durch Personengesellschaften vorgenommen. Rund 85 % aller

---

[247] So führt beispielsweise auch die Eröffnung des Insolvenzverfahrens noch nicht zum Ende der Unternehmertätigkeit. Die vom Insolvenzverwalter bewirkten Umsätze sind dem Schuldner als Unternehmer zuzurechnen (Abschn. 16 Abs. 7 UStR).

[248] Vgl. BFH-Urt. vom 21.4.1993, XI R 50/90, BStBl. II 1993, S. 696.

[249] Vgl. § 9 UStG. Ein Verzicht auf die Steuerbefreiung kommt insbesondere dann in Betracht, wenn ansonsten die Berichtigung des Vorsteuerabzugs nach § 15a UStG erfolgen müsste.

[250] Diese Umschreibung kann mit den einkommensteuerlichen Begriffen der Betriebs- bzw. Teilbetriebsveräußerung gleichgesetzt werden.

[251] Vgl. § 1 Abs. 1a UStG.

inländischen Gesellschaften werden in der Rechtsform der Personengesellschaft betrieben.

Literaturhinweise:

Reiß, W., Grundprobleme der Besteuerung von Personengesellschaften, StBg 1999, S. 356 und S. 417

Zimmermann, R./Hottmann, J./Hübner, H./Schaeberle, J./Völkel, D., Die Personengesellschaft im Steuerrecht, 9. Aufl., Achim 2007

3.3.1 Steuerpflicht und sonstige steuerliche Obliegenheiten

Für welche Steuern ist die Personengesellschaft Steuersubjekt?

Für welche Steuern ist die Personengesellschaft Steuerpflichtiger?

Welche Gesellschaften gehören im Einzelnen zu den Personengesellschaften und wodurch sind diese charakterisiert?

3.3.1.1 Grundlagen

Die Unternehmenstätigkeit im Rahmen einer Personengesellschaft vorzunehmen hat erhebliche steuerliche Konsequenzen für die Gesellschaft als solche und die Gesellschafter, da die Steuersubjekteigenschaft der Personengesellschaft für unterschiedliche Steuerarten verschieden bestimmt wird. Für die **Umsatzsteuer**, die **Grunderwerbsteuer** sowie die sonstigen **Verbrauchsteuern** ist die Personengesellschaft selbst **Steuersubjekt und Steuerpflichtiger**. Insoweit hat die Personengesellschaft durch ihre Vertreter die erforderlichen steuerlichen Obliegenheiten zu erfüllen. Es handelt sich hierbei unter anderem um die Abgabe von Steuererklärungen für die einzelnen Steuerarten. Dies gilt auch für die Gewerbesteuer, wobei die Personengesellschaft die Gewerbesteuererklärung abzugeben hat. Auf die hierbei erforderlichen Informationen von den Gesellschaftern hat sie einen Anspruch.

Für Zwecke der **Einkommen- und Körperschaftsteuer** stellt die Personengesellschaft **kein Steuersubjekt** dar. Nicht die Personengesellschaft sondern ihre Gesellschafter unterliegen mit den, ihnen zuzurechnenden Gewinn- oder Verlustanteilen der individuellen Einkommen- oder Körperschaftsteuer. Auf Ebene der Personengesellschaft wird das Einkommen der Gesellschaft einheitlich für alle Gesellschafter ermittelt und nach dem gesetzlichen oder gesellschaftsvertraglichen Gewinnverteilungsschlüssel auf die Gesellschafter verteilt. Die Vornahme entsprechender Berechnungen sowie die Abgabe geforderter Erklärungen sind steuerliche Obliegenheiten der Personengesellschaft. Die Personengesellschaft hat bei Angaben, die ihr von ihren Gesellschaftern unterbreitet werden, keine Haftung für die Richtigkeit der Angaben zu übernehmen. Sowohl die zeitliche Inanspruchnahme als auch die aufwandsmäßige Belastung für die Erstellung dieser Erklärungen können bei sog. Publikumskommanditgesellschaften, wie z. B. Medienfonds in der Rechtsform einer KG, beträchtlich sein.

Bei den Personengesellschaften sind die folgenden Ausprägungsformen zu unterscheiden:

Abbildung 3-30: *Zu betrachtende Personengesellschaften*

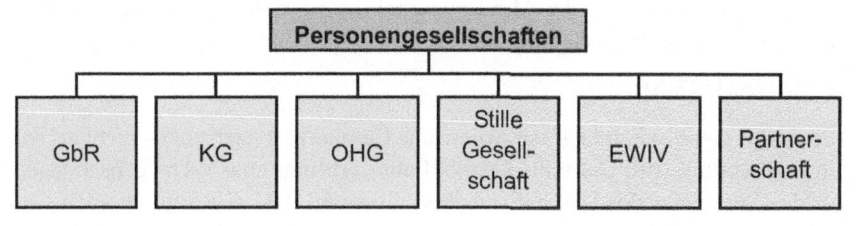

1. **Gesellschaft bürgerlichen Rechts:**

   Eine Gesellschaft zur Erreichung eines gemeinsamen Zwecks, wobei dieser auch im Betrieb eines Gewerbes liegen kann. Im letzteren Fall erzielen die Gesellschafter Einkünfte aus Gewerbebetrieb und vermitteln eine Mitunternehmerstellung für die Gesellschafter. Ist die GbR allerdings nur vermögensverwaltend tätig, liegen Einkünfte aus Vermietung und Verpachtung oder aus Kapitalvermögen vor. Die Gesellschafter haften den Gesellschaftsgläubigern mit ihrem gesamten Vermögen unbeschränkt. Daher unterliegen die Gesellschafter nicht der Verlustausgleichsbeschränkung des § 15a EStG.[252] Typische Erscheinungsformen der GbR sind Arbeitsgemeinschaften von mehreren selbständigen Unternehmen zur Erfüllung eines konkreten Auftrages oder dauerhaftere Verbindungen in der Form von Joint Ventures.

2. **Offene Handelsgesellschaft**

   Eine Gesellschaft, deren Zweck auf den Betrieb eines Handelsgewerbes unter gemeinschaftlicher Firma gerichtet ist. Die Gesellschafter haften den Gesellschaftsgläubigern mit ihrem gesamten Vermögen. Gesellschafter sind i. d. R. Mitunternehmer i. S. d. § 15 Abs. 1 Nr. 2 Satz 1 EStG. Eine Beschränkung der Verlustnutzung nach § 15a EStG kommt wegen der unbeschränkten Haftung nicht zum tragen.

---

[252] Vgl. zu dieser Regelung § 15a EStG.

3. Kommanditgesellschaft

Eine Gesellschaft, deren Zweck auf den Betrieb eines Handelsgewerbes unter gemeinschaftlicher Firma gerichtet ist und bei der mindestens ein Gesellschafter unbeschränkt (sog. Komplementär) und mindestens ein Gesellschafter beschränkt mit seiner Vermögenseinlage (sog. Kommanditist) haftet. Sowohl der Komplementär als auch der Kommanditist sind i. d. R. Mitunternehmer i. S. d. § 15 Abs. 1 Nr. 2 Satz 1 EStG. Eine Verlustnutzungsbeschränkung nach § 15a EStG ist nur für den Kommanditisten zu prüfen. Eine Sonderform stellt die GmbH & Co. KG dar, bei der der einzige Komplementär eine GmbH ist, an der der Kommanditist zumeist gesellschaftsrechtlich beteiligt ist. Im Ergebnis kann wirtschaftlich eine „Einpersonen-KG" geschaffen werden, durch die das tätige Unternehmen das Risiko eines Vermögensverlustes auf das Mindestkapital der Komplementär-GmbH sowie seiner Kommanditeinlage beschränkt.

4. Stille Gesellschaft

Eine stille Gesellschaft liegt vor, wenn eine Gesellschaft nach außen nicht als solche in Erscheinung tritt. Der stille Gesellschafter erbringt eine Vermögenseinlage, die in das Vermögen des Geschäftsinhabers übergeht. Die sog. typisch stille Gesellschaft ist keine Mitunternehmerschaft, da es dem Gesellschafter an der Mitunternehmerinitiative und -risiko fehlt. Der typisch stille Gesellschafter erzielt Einkünfte gem. § 20 Abs. 1 Nr. 4 EStG. Bei der sog. atypisch stillen Gesellschaft liegt demgegenüber eine Mitunternehmerschaft vor, so dass der stille Gesellschafter Einkünfte gem. § 15 Abs. 1 Satz 1 Nr. 2 EStG erzielt. Von der stillen Gesellschaft zu trennen ist die **Unterbeteiligung,** bei der ein Hauptbeteiligter, der als Mitunternehmer an einer Personengesellschaft beteiligt ist, einem Dritten eine Unterbeteiligung an seiner Hauptbeteiligung einräumt. In der Regel ist der Unterbeteiligte nicht Mitunternehmer der Gesellschaft, an die die Hauptbeteiligung besteht. Nicht zuletzt aufgrund eines sehr komplizierten Besteuerungsverfahrens für die Beteiligten kommt diese Form in der Praxis eher selten vor.

5. EWIV

Die „Europäische wirtschaftliche Interessenvereinigung" ist eine europarechtliche Gesellschaftsform. Sofern sie ihren Sitz in Deutschland hat, sind auf sie die Vorschriften des HGB über die OHG anzuwenden. Insoweit ergibt sich auch die entsprechende steuerlicher Behandlung wie bei einer OHG.

6. Partnerschaftsgesellschaft

Es handelt sich hierbei um eine besondere Rechtsform für die Angehörigen freier Berufe, die seit 1. Juli 1995 besteht. Zivilrechtlich ähnelt sie einer OHG, weist aber einen größeren Umfang eigener Rechtsfähigkeit auf. Grundsätzlich haften neben der Partnerschaft die Partner als Gesamtschuldner, aber eine vertragliche Beschränkung auf handelnde Partner ist möglich.

3.3.1.2   Besonderheiten am Beispiel der GmbH & Co. KG

Die GmbH & Co. KG ist eine Kommanditgesellschaft gem. § 161 Abs. 1 HGB mit der Besonderheit, das zumindest einer der unbeschränkt haftenden Komplementäre der KG eine Kapitalgesellschaft in der Rechtsform der GmbH ist. Wenngleich neben der GmbH auch weitere, natürliche und juristische Personen als Komplementäre fungieren können, wird für die folgenden Ausführungen von der Konstellation einer **typischen GmbH & Co. KG** ausgegangen, bei der die natürlichen Personen sowohl als Kommanditisten an der KG beteiligt sind, als auch alle Anteile an der Komplementär-GmbH halten. Die Komplementärstellung der GmbH ist auch dann möglich, wenn sie nicht am Gesellschaftskapital der KG beteiligt ist. Durch diese häufig gewählte Form sollen vor allem steuerliche Nachteile vermieden werden. Sie ist von der Zivilrechtsprechung anerkannt.

Die Komplementär-GmbH kann gleichermaßen **für mehrere KG als Komplementärin fungieren**. Demgegenüber ist von einer sog. doppelstöckigen oder mehrstufigen GmbH & Co. KG auszugehen, wenn nicht eine GmbH sondern eine GmbH & Co. KG ihrerseits die Funktion des Komplementärs übernimmt. Eine **Einheitsgesellschaft** liegt dann vor, wenn die KG alle Anteile ihrer eigenen Komplementär-GmbH besitzt. Grundsätzlich sind nur die persönlich haftenden Gesellschafter einer KG zur Geschäftsführung gem. § 161 Abs. 2 HGB berechtigt und verpflichtet. Bei der typischen GmbH & Co. KG ist daher die GmbH alleine geschäftsführungsberechtigt. Die **Kommanditisten** haben nur bei **außergewöhnlichen Geschäften** ein Widerspruchsrecht (§ 164 HGB). Die Geschäftsführung wird von der Geschäftsführung der Komplementär-GmbH wahrgenommen. Von der Vielzahl steuerlicher Gründe wird nachfolgend auf einige besonders wichtige Aspekte eingegangen, die sowohl die Gesellschafts- als auch die Gesellschafterebene betreffen.

Neben den nachfolgend dargestellten steuerlichen Besonderheiten bei Personengesellschaften generell, gelten für die GmbH & Co. KG die folgenden steuerlichen Aspekte:

- Steuerlich ist inzwischen anerkannt, dass die GmbH & Co. KG eine Personengesellschaft ist. Folglich unterliegt sie nicht selbst der Einkommen- oder Körperschaftsteuer. Vielmehr erfolgt – wie bei allen Personengesellschaften – eine Ermittlung der Einkünfte auf Ebene der Gesellschaft und eine Zurechnung der so ermittelten Einkünfte zu den hieran beteiligten Gesellschaftern, wobei eine einheitliche und gesonderte Gewinnfeststellung im Sinne der §§ 179, 180 AO vorgenommen wird. Zugleich besteht für die Kommanditgesellschaft entweder infolge einer gewerblichen Betätigung gemäß § 15 Abs. 3 Nr. 1 EStG oder aufgrund einer gewerblichen Prägung gemäß § 15 Abs. 3 Nr. 2 EStG eine Gewerbesteuerpflicht, wobei sowohl der Freibetrag als auch der Staffeltarif zur Anwendung kommen. Dies gilt auch dann, wenn ausschließlich Kapitalgesellschaften an der GmbH & Co. KG beteiligt sind, da die Personengesellschaft selbst Steuersubjekt der Gewerbesteuer ist.

- Die GmbH & Co. KG ist unabhängig von ihrer tatsächlich ausgeübten unternehmerischen Tätigkeit stets als Gewerbebetrieb anzusehen, wenn § 15 Abs. 3 Nr. 2

Satz 1 EStG erfüllt ist und nur eine Kapitalgesellschaft oder Nichtgesellschafter zur Führung der Geschäfte der KG berechtigt sind. Hierdurch kann aufgrund der Anrechnung der Gewerbesteuer auf die Einkommensteuer der Gesellschafter gem. § 35 EStG ein Vorteil erreicht werden. Dieser entsteht daraus, dass Einkünfte, die originär nichtgewerbliche Einkünfte sind, zu solchen werden und eine Steuerbelastungsreduktion erreicht werden kann.

▣ Überlässt einer der Gesellschafter – entweder die GmbH oder einer der Kommanditisten – der KG Wirtschaftsgüter zur Nutzung, werden diese Sonderbetriebsvermögen bei der KG (sog. Subsidaritätstheorie). Ausnahme: Schwesterpersonengesellschaften bzw. mitunternehmerische Betriebsaufspaltung.

▣ Sofern ein Kommanditist Anteile an der Komplementär-GmbH hält, werden diese regelmäßig dem notwendigen Sonderbetriebsvermögen II des Kommanditisten zugerechnet.[253] Etwas anderes gilt, wenn die GmbH einen eigenständigen, nennenswerten Geschäftsbetrieb unterhält, der neben ihrer Aufgabe als Vollhafter und Geschäftsführer bei der KG tritt.

▣ Der Kommanditist bezieht infolge seiner Stellung als Mitunternehmer gewerbliche Einkünfte gemäß § 15 Abs. 1 Nr. 2 EStG. Er kann alle im Zusammenhang mit seiner Gesellschafterstellung stehenden Aufwendungen als Sonderbetriebsausgaben geltend machen, wobei es im Fall von schuldrechtlichen Verträgen zwischen ihm und der KG unabhängig von der originären Einkunftsart zu einer zwingenden Umqualifizierung in gewerbliche Einkünfte kommt. Die Abzugsfähigkeit von Schuldzinsen und Aufwendungen im Zusammenhang mit Beteiligungen an Kapitalgesellschaften, die sich im Gesamthandsvermögen der KG oder im Sonderbetriebsvermögen I oder II[254] befinden, wird durch § 3c Abs. 2 EStG eingeschränkt.

▣ Erleidet die KG Verluste, so erfolgt eine anteilige Zurechnung zum Kommanditisten, die dieser in den Grenzen des § 15a EStG[255] steuerlich geltend machen kann. Ist der Kommanditist zugleich als Gesellschafter an der Komplementär-GmbH beteiligt, so erzielt er im Fall der Ausschüttung keine Einkünfte aus Kapitalvermögen, sondern infolge der Qualifizierung der GmbH-Beteiligung als Sonderbetriebsvermögen gewerbliche Einkünfte, die der Gewerbesteuer auf Ebene der Personengesellschaft unterliegen, aber bei ihm durch die pauschalierte Gewerbesteueranrechnung nach § 35 EStG begünstigt sind, sofern es sich beim Gesellschafter um eine natürliche Person handelt.

▣ Die Vorteilhaftigkeit der GmbH & Co. KG ist jedoch hinsichtlich zweier Regelungen erheblich eingeschränkt. Zum Einen kann eine ausschließlich gewerblich ge-

---

[253] Vgl. BFH-Urt. vom 15.11.1967, IV R 139/67, BStBl. II 1967, S. 152, und vom 11.12.1990, VIII R 14/87, BStBl. II 1990, S. 510 ff.

[254] Eine Zuordnung zum Sonderbetriebsvermögen I wird regelmäßig nur theoretischer Natur sein, doch sind Fälle der Zuordnung zum Sonderbetriebsvermögen II häufiger anzutreffen.

[255] Vgl. zu dieser Regelung S. 172 ff.

prägte Personengesellschaft, wie zum Beispiel eine GmbH & Co. KG, nicht mehr Organträger sein, da es sich nicht um ein originär gewerbliches Unternehmen handelt.[256] Neben der Prägung muss somit bei der Personengesellschaft eine originäre betriebliche und gewerbliche Tätigkeit erbracht werden. Zweifelhaft ist, ob für die Qualifikation als gewerbliches Unternehmen im Sinne der Infektionstheorie eine äußerst kleine gewerbliche Tätigkeit ausreicht, was bisher von der Rechtsprechung noch nicht abschließend entschieden wurde. Im Bereich der Organschaft ist außerdem darauf hinzuweisen, dass die Personengesellschaft in keinem Fall Organgesellschaft sein kann, so dass eine GmbH & Co. KG nicht Bestandteil eines gegebenen oder beabsichtigten Organkreises sein kann.

- Für eine GmbH & Co. KG spricht auch die Möglichkeit der steuerneutralen Übertragung von Einzelwirtschaftsgütern zwischen der Vermögenssphäre der Mitunternehmer und der Personengesellschaft durch die gesetzliche Wiedereinführung des „Mitunternehmererlasses" in § 6 Abs. 5 EStG.

- Aus erbschaftsteuerlicher Sicht ist beim Vermögensübergang auf die nächste Generation zu beachten, dass bei ertragstarken Unternehmen regelmäßig der Rechtsform der Personengesellschaft der Vorzug zu geben ist vor der Rechtsform der Kapitalgesellschaft. Während bei letzterer neben dem Vermögenswert auch der Ertragswert der Gesellschaft bei der Ermittlung der erbschaftsteuerlichen Bemessungsgrundlage für die Beteiligung herangezogen wird, ist dies bei der Personengesellschaft auf den Vermögenswert beschränkt. Der sich hierbei ergebende Einmalvorteil im Zeitpunkt der Übertragung rechtfertigt oftmals eine Umwandlung.

Literaturhinweise:

- Kallerbe, B., Die BGB-Gesellschaft im Steuerrecht, 2. Aufl., Köln 1999

- Fichtelmann, H., Die GmbH & Co. KG im Steuerrecht, 8. Aufl., Heidelberg 1998

- Fleischer, E./Thierfeld, R., Stille Gesellschaft im Steuerrecht, 8. Aufl., Achim 2007

- Zum besonderen Rechtsinstitut der Betriebsaufspaltung vgl. Söffing, G., Die Betriebsaufspaltung, 3. Aufl., Herne 2005

3.3.2 Sachlicher Umfang der Besteuerung

3.3.2.1 Umsatzsteuer

- Welche umsatzsteuerlichen Besonderheiten sind bei einer Personengesellschaft gegenüber einem Einzelunternehmer zu beachten?

---

[256] Vgl. hierzu auch die in Kaminski, B./Strunk,G., Einfluss von Steuern auf unternehmerische Entscheidungen, Kriftel 2003, S. 167 ff.

Hinsichtlich der Umsatzsteuer ergeben sich für die Personengesellschaften keine Abweichungen und Ergänzungen von den bereits auf Seite 40 ff. dargestellten Besteuerungsfolgen. Wesentlich ist, dass die Personengesellschaft selbst Unternehmer sein kann und die schuldrechtlichen Beziehungen zwischen Gesellschaft und Gesellschafter – ungeachtet ihrer ertragsteuerlichen Beurteilung – als unternehmerische Umsätze zu werten und steuerlich zu behandeln sind. Dies gilt seit der geänderten Rechtsprechung des BFH aus dem Jahre 2002[257] auch für Geschäftsführerleistungen und der Übernahme der Haftung bei einer Personengesellschaft gegen ein gesondertes Entgelt. Die bis dahin vorherrschende Organtheorie, nach der zwischen der Personengesellschaft und der sie vertretenen Organe eine Einheit bestehe, die einen Leistungsaustausch nicht zulasse, wurde durch die Rechtsprechung aufgegeben. Nach der nun geltenden Regelung liegt ein steuerbarer und steuerpflichtiger Leistungsaustausch zwischen dem Komplementär einer KG und „seiner" Personengesellschaft stets dann vor, wenn die Leistung nicht über die Beteiligung am Gewinn abgegolten wird, sondern durch ein gewinnunabhängiges Sonderentgelt. Wirtschaftliche Bedeutung hat die Änderung der Rechtsprechung insbesondere bei Unternehmen, die aufgrund ihrer Tätigkeit weitgehend oder vollständig vom Vorsteuerabzug ausgeschlossen sind. Für diese Unternehmen tritt in Höhe der in Rechnung gestellten Umsatzsteuer eine definitive Zusatzbelastung ein.

Unentgeltliche Leistungen durch die Personengesellschaft oder Entnahmen von Gegenständen durch die Gesellschafter werden gem. § 3a Abs. 1a UStG fiktiv wie entgeltliche Lieferungen und sonstige Leistungen behandelt, so dass eine entsprechende Besteuerung auch in diesen Fällen zum Tragen kommt.

Beispiel:
Die beiden natürlichen Personen A und B beschließen, gemeinsam eine OHG zu gründen. Jeder der Gesellschafter soll zur Errichtung der OHG eine Einlage von 50.000,- EUR zahlen. Außerdem will B ein bebautes Grundstück der OHG entgeltlich zur Nutzung überlassen.

Hinsichtlich der Einlagezahlungen liegt kein Leistungsaustausch vor, insbesondere liegt keine Leistung der Gesellschaft OHG vor, die von den Gesellschaftern entgolten wird. Insoweit ist die Einlage kein steuerbarer Umsatz im Sinne des § 1 Abs. 1 UStG. Demgegenüber ist die Vermietung des bebauten Grundstücks an die OHG ein auf Leistungsaustausch gerichteter Vorgang, der dazu führt, dass die Miete als steuerbarer Umsatz zu werten ist, sofern der B durch die Vermietungstätigkeit oder aufgrund anderer unternehmerischer Tätigkeiten als Unternehmer anzusehen ist, der im Rahmen seines Unternehmens die Vermietung vornimmt. Ob für die Vermietung die Option zur Steuerpflicht beantragt wird, ist eine im konkreten Einzelfall zu entscheidende Frage. Die Tatsache der Beteiligung einer natürlichen Person an einer Personenge-

---

[257] Vgl. BFH-Urt. vom 6.6.2002, V R 43/01, BStBl. II 2003, S. 36 sowie zur Kritik und weiteren Verweisen Lippross, O.-G., Umsatzsteuer, Achim 2003, S. 115 f.

sellschaft, die unternehmerisch tätig ist, führt noch nicht zur Unternehmereigenschaft des Gesellschafters.

3.3.2.2 Ertragsteuern

▨ Welche Bedeutung hat die Personengesellschaft als solche für die Ertragsteuern?

Während für die Umsatzsteuer die Personengesellschaft ein eigenes Steuersubjekt bildet, ist dies für die Ertragsteuern differenzierter zu sehen. Für die Einkommen- oder Körperschaftsteuer stellt die Personengesellschaft nur das Objekt der Einkunftsermittlung dar. Demgegenüber ist die Personengesellschaft für Zwecke der Gewerbesteuer sowohl Steuerobjekt als auch Steuersubjekt. Hierbei hat die Personengesellschaft die Steuererklärung abzugeben und eine sich ergebende Gewerbesteuerzahlung aus ihrem Vermögen zu leisten. Erst wenn das Vermögen der Gesellschaft nicht ausreicht, sind die Gesellschafter der Personengesellschaft im Rahmen der von ihnen übernommenen Haftung verpflichtet, die verbleibende Gewerbesteuerschuld zu begleichen.

3.3.2.2.1 Grundprinzipien der Besteuerung von Personengesellschaften

▨ Welche Grundprinzipien finden bei der Besteuerung von Personengesellschaften Anwendung?

Als tragende Prinzipien der Besteuerung von Personengesellschaften sind vor allem zu nennen:

▨ Behandlung der Personengesellschaft **wie einen Zusammenschluss mehrerer Einzelunternehmer**: Die Gesellschafter/Mitunternehmer einer Personengesellschaft müssen die Tatbestandsvoraussetzungen für das Vorliegen gewerblicher Einkünfte im Sinne des § 15 Abs. 2 EStG selbst erfüllen. Nur soweit wie dies sachlich und zeitlich erfüllt ist, werden ihnen Einkünfte aus der Beteiligung an der Personengesellschaft zugerechnet. Dies bedeutet beispielsweise, dass bei jedem Gesellschafterbeitritt eine Art „Bestandsaufnahme" über die bis zum Beitritt angefallenen Vermögensänderungen vorzunehmen ist. Diese sog. „Abschichtungsbilanz" zeigt auf, welche Gewinne oder Verluste dem beitretenden Gesellschafter und Mitunternehmer nicht zuzurechnen sind, weil sie vor seinem Beitritt entstanden sind.

▨ Personen erzielen nur dann Einkünfte im Sinne des § 15 Abs. 1 Nr. 2 Satz 1 EStG wenn sie Gesellschafter und **Mitunternehmer** sind. Mitunternehmerstellung setzt Mitunternehmerinitiative und -risiko voraus. Fehlt es an diesen Tatbestandsvoraussetzungen liegen keine gewerblichen Einkünfte vor.

▨ Verluste aus der Beteiligung an einer Personengesellschaft können dem Gesellschafter nur in dem Umfang zugerechnet werden, als dieser die **Verluste selbst erwirtschaftet** hat, sie also in seiner Zeit als Gesellschafter entstanden sind. Außerdem ist die Höhe der steuerlich zu berücksichtigenden Verluste auf die zivilrechtliche Außenhaftung und die sich hieraus ergebende Vermögensminderung beschränkt. Des Weiteren sind hinsichtlich der Verlustberücksichtigung besondere Beschränkungen, wie z. B. bei Auslandsverlusten nach § 2a EStG oder bei Verlustzuweisungsmodellen nach § 15b EStG zu beachten.

3.3.2.2.2 Tatbestandsvoraussetzungen der Mitunternehmerschaft

▣ Unter welchen Voraussetzungen ist ein Gesellschafter einer Personengesellschaft als Mitunternehmer anzusehen?

▣ Gibt es Gesellschafter bestimmter Personengesellschaftsformen die immer als Mitunternehmer gelten?

Gem. § 15 Abs. 1 Nr. 2 EStG sind Gewinnanteile der Gesellschafter einer OHG, einer KG oder einer anderen Gesellschaft, bei der der Gesellschafter als Mitunternehmer anzusehen ist, Einkünfte aus Gewerbebetrieb. Dies bedeutet, dass es nicht ausreicht nur Gesellschafter einer Personengesellschaft zu sein, um steuerlich als Unternehmer angesehen zu werden. Dem gesetzlichen Wortlaut des § 15 Abs. 1 Nr. 2 EStG folgend muss jemand sowohl **Gesellschafter als auch Mitunternehmer** sein. Im Umkehrschluss bedeutet dies jedoch nicht, dass jeder Gesellschafter auch gleichzeitig Mitunternehmer ist und dass jeder Mitunternehmer stets auch Gesellschafter ist. Während die Frage der Gesellschafterstellung in der Regel recht schnell und eindeutig aufgrund vorliegender vertraglicher Regelungen beantwortet werden kann, entzieht sich die Bestimmung der Mitunternehmerschaft einer formalen Ableitung. Vielmehr kommt es bei ihr auf tatsächliche Umstände sowie rechtliche oder faktische Möglichkeiten der Einflussnahme an. Die Mitunternehmerschaft setzt das gemeinsame Vorliegen der **Mitunternehmerinitiative**, also der Teilhabe an unternehmerischen Entscheidungen sowie des **Mitunternehmerrisikos**, also der Teilnahme am Erfolg oder Misserfolg des Unternehmens voraus.

Abbildung 3-31: *Tatbestandsvoraussetzungen für das Vorliegen einer Mitunternehmerschaft*

Mitunternehmereigenschaft	
Unternehmerrisiko	**Unternehmerinitiative**
– Beteiligung am Vermögen – Beteiligung an den stillen Reserven – Beteiligung am Gewinn und Verlust – Haftung – Entnahmerecht	– Geschäftsführungs- und Vertretungsbefugnis – Stimmrecht – Widerspruchsrecht – Kontrollrecht – Mitarbeit

---

Beteiligung am Vermögen sowie an den darin enthaltenen stillen Reserven

Die Beteiligung am Vermögen der Personengesellschaft ist für die Annahme einer Mitunternehmerschaft eine wesentliche Voraussetzung, denn hierin manifestiert sich das unternehmerische Risiko in Form einer Vermögensmehrung oder -minderung für den Gesellschafter. Ist ein Gesellschafter von der Veränderung der stillen Reserven ausgeschlossen, spricht dies generell gegen eine Mitunternehmerschaft, wie dies regelmäßig bei typischen stillen Beteiligungen der Fall ist. Gleichwohl wird die Mitunternehmerschaft aber nicht bereits dadurch in Frage gestellt, dass der Gesellschafter beim Austritt nur zu Buchwerten abgefunden wird, sofern dies im Gesellschaftsvertrag vorgesehen ist[258], aber in allen anderen Fällen, wie z. B. der gemeinsamen Veräußerung des gesamten Unternehmens an den stillen Reserven im entsprechenden Umfang beteiligt ist.

Beteiligung am Gewinn und Verlust

Keine mitunternehmerische Beteiligung liegt vor, wenn der Gesellschafter sowohl von einer Gewinnbeteiligung wie Verlustübernahme ausgeschlossen ist. In diesen Fällen ist das gewährte Eigenkapital zwar nicht als Fremdkapital umzuqualifizieren, doch entfällt die Mitunternehmerschaft wegen des Fehlens des spezifischen unternehmerischen Risikos. Außerdem sind Fälle denkbar, bei denen der Gesellschafter am Gewinn und Verlust beteiligt ist, aber dennoch kein Mitunternehmer ist, da die weiteren, kumulativ zu erfüllenden Voraussetzungen nicht erfüllt sind. Dies ist z. B. bei typisch stillen Gesellschaften die Regel. Ein Ausschluss der Verlustbeteiligung ist grundsätzlich ein starkes Indiz für die fehlende Mitunternehmerstellung, Gleichwohl kann in Einzelfällen eine Mitunternehmerschaft begründet werden, wenn das zu übernehmende Risiko sich in anderer Form darstellt.[259]

Rechtliche Haftung

Die zu berücksichtigende Haftung bezieht sich nur auf das Außenverhältnis. Entsprechende Abreden im Innenverhältnis der Gesellschafter untereinander begründen keine Mitunternehmerstellung. Es ist Wesensmerkmal des Unternehmers wie Mitunternehmers, dass er auf eigenes Risiko und eigene Haftung tätig wird. Diese kann jedoch nur im Verhältnis zu Dritten das Resultat einer unternehmerischen Tätigkeit sein. Eine im Innenverhältnis vereinbarte Freistellung von der Haftung des persönlich haftenden Gesellschafters führt nicht zur Versagung der Mitunternehmerschaft.[260]

Entnahmerecht

Wesentlich für die eigenständige unternehmerische Tätigkeit ist auch, dass dem Gesellschafter die Möglichkeit gegeben wird, seinen Gewinnanteil entnehmen zu können. Ein vertraglicher Ausschluss dieses Rechtes ist nur dann für das Vorliegen einer Mitunternehmerschaft unbedenklich, wenn das Entnahmeverbot oder eine

---

[258] Vgl. BFH-Urt. vom 14.2.1956, I 84/55 U, BStBl. III 1956, S. 103.
[259] Vgl. BFH-Urt. vom 9.10.1969, IV 294/64, BStBl. II 1970, S. 320.
[260] Vgl. BFH-Urt. vom 11.6.1985, VIII R 252/80, BStBl. II 1987, S. 33.

entsprechende Begrenzung der Entnahmemöglichkeit mit dem Finanzbedarf der Gesellschaft begründet wird. Dies ist regelmäßig in der Gründungs- und Anfangsphase einer Gesellschaft der Fall. In diesen Fällen kommt es zumeist zu einer Beschränkung des Entnahmerechtes auf die zu zahlenden Steuern für den, dem Gesellschafter zuzurechnenden Gewinnanteil. Wegen der Steuerbelastung – unabhängig von der Thesaurierung oder der Entnahme des Gewinns – sind gesellschaftsvertragliche Regelungen notwendig und sinnvoll.

Geschäftsführung und -vertretung

Eine Mitunternehmerstellung liegt vor, wenn der Gesellschafter auch zur Geschäftsführung und -vertretung befugt ist, wie dies für die OHG-Gesellschafter sowie den Komplementär gesetzlich vorgesehen ist. Hierbei ist nicht entscheidend, ob diese Aufgabe alleine oder nur gemeinschaftlich mit anderen Gesellschaftern wahrgenommen werden darf.

Stimm-, Widerspruchs- und Kontrollrechte

Auch die Gesellschafter, die nicht zur Geschäftsführung und -vertretung berechtigt sind, können Mitunternehmerinitiative besitzen. Die vielfältigen Stimm-, Widerspruchs- und Kontrollrechte, die z. B. Kommanditisten haben, geben diesen einen gesetzlichen Rahmen, Einfluss auf die Unternehmensentscheidungen zu nehmen. Hierbei reicht die formale Möglichkeit; eine tatsächliche Ausübung ist nicht erforderlich.

Mitarbeit

Das Erfordernis der persönlichen Mitarbeit für die Annahme einer Mitunternehmerstellung ist nur in wenigen Ausnahmefällen gegeben. In der Regel reicht eine kapitalmäßige Beteiligung an der Gesellschaft, so dass ein persönliches Tätigwerden des Gesellschafters entbehrlich ist. Nur in den Fällen, in denen ein Gesellschafter ohne Kapitaleinlage an einer Gesellschaft beteiligt ist, kommt der Mitarbeit entscheidende Bedeutung zu.[261]

Um beurteilen zu können, ob eine Mitunternehmerschaft vorliegt, ist letztlich das Gesamtbild der tatsächlichen Verhältnisse entscheidend. Der BFH geht in ständiger Rechtsprechung[262] davon aus, dass derjenige Gesellschafter, der hinsichtlich des Umfangs der Rechte mit denen eines Kommanditisten zu vergleichen ist, sowohl Mitunternehmerinitiative als auch -risiko besitzt und daher die Mitunternehmerstellung begründet. Im Ergebnis führt dies dazu, dass an die geforderte Mitunternehmerinitiative bei Publikumspersonengesellschaften mit mehreren Tausend Kommanditisten oder auch Treuhandkommanditisten sehr geringe Anforderungen gestellt werden, da diese faktisch kaum Einfluss auf die Geschäftspolitik „ihres" Unternehmens besitzen.

---

[261] So ist zum Beispiel regelmäßig der mit 0 % am Kommanditkapital beteiligte Komplementär sowohl handelsrechtlich Gesellschafter als auch steuerlich Mitunternehmer, da seine Haftungsübernahme sowie seine Mitarbeit in Form der Geschäftsführung ausreichende Kriterien darstellen.

[262] Vgl. z. B. BFH-Urt. vom 27.1.1994, IV R 114/91, BStBl. II 1994, S. 635.

Gleichwohl ist die Rechtslage bisher auch für diese Gesellschaften eindeutig und erkennt die Mitunternehmerstellung der Kommanditisten an.

3.3.2.2.3 Umfang der einzubeziehenden Einkünfte und des Vermögens

▣ Welche Konsequenzen ergeben sich bezüglich der in die Gewinnermittlung einzubeziehenden Einkünfte bzw. des Vermögens, wenn ein Gesellschafter steuerlich als Mitunternehmer anzusehen ist?

▣ In welchen Schritten vollzieht sich die Gewinnermittlung im Rahmen einer Mitunternehmerschaft?

Da die Personengesellschaft für Zwecke der Einkommen- oder Körperschaftsteuer kein eigenständiges Steuersubjekt ist, muss hinsichtlich der steuerlichen Behandlung für diese Steuerarten auf die Gesellschafter der Personengesellschaft abgestellt werden. Die gesetzliche Norm für die Ermittlung der Einkünfte eines Mitunternehmers einer Personengesellschaft ist § 15 Abs. 1 Satz 1 Nr. 2 EStG. Danach bestimmt sich der Gewinn, den ein Gesellschafter einer Personengesellschaft zu versteuern hat aus folgenden zwei bzw. drei Bereichen:

▣ **Gewinn-/Verlustanteil aus der Personengesellschaft,** wie er sich nach Gesetz oder Satzung ergibt (§ 15 Abs. 1 Satz 1 Nr. 2 1. Hs. EStG). Hierbei wird der Gewinn auf der Ebene der Personengesellschaft einheitlich ermittelt und gesondert den jeweiligen Gesellschaftern zugerechnet. Für die Ermittlung des Gewinns aus der sog. Gesamthand gilt die Maßgeblichkeit der Handelsbilanz für die Steuerbilanz, wie sie nach § 5 Abs. 1 EStG vorgeschrieben ist, nicht. Die Einkünfte des Mitunternehmers bestimmen sich aus maximal drei unterschiedlichen Quellen: dem Anteil am Gesamthandsergebnis der Mitunternehmerschaft[263], den Sonderbetriebseinkünften sowie den Einkünften aus einer möglichen Ergänzungsbilanz.

▣ **Vergütungen,** die der Gesellschafter von der Personengesellschaft für seine **Tätigkeit** im Dienst der Gesellschaft oder für die **Hingabe von Darlehen** oder für die **Überlassung von Wirtschaftsgütern** bezogen hat (§ 15 Abs. 1 Satz 1 Nr. 2 2. Hs. EStG). Die zivilrechtlich zulässigen schuldrechtlichen Beziehungen zwischen der Personengesellschaft und ihren Gesellschaftern erfährt steuerlich eine besondere Behandlung, wobei zwischen einer gewerbesteuerlichen wie einer einkommensteuerlichen Behandlung zu unterscheiden ist.

▣ Sofern für einen der Gesellschafter eine Ergänzungsbilanz gebildet wurde, wie dies z. B. bei einem Gesellschafterbeitritt der Fall ist, sind die Ergebnisse aus einer Er-

---

[263] Für die Ermittlung des Gewinns der Personengesellschaft als solchem gilt die Maßgeblichkeit der Handelsbilanz für die Steuerbilanz nur eingeschränkt. Ist im Gesamthandsvermögen beispielsweise eine weitere Beteiligung an einer Personengesellschaft enthalten, ist der handelsbilanzielle Ansatz der Beteiligung nur zufällig identisch mit dem steuerlich zuzurechnenden Anteil für jeden Mitunternehmer.

gänzungs-GuV ebenfalls dem Gewinn oder Verlust des Gesellschafters aus „seiner" Beteiligung an der Personengesellschaft zuzurechnen.

Diese Dreiteilung hat zur Folge, dass für die Einkunftsermittlung des Gesellschafters sowohl das Vermögen der Personengesellschaft als auch das Vermögen des Gesellschafters, welches er im Zusammenhang mit seiner Beteiligung an der Personengesellschaft einsetzt, zu erfassen ist. Folgendes Schema der Einkunftsermittlung des Mitunternehmers lässt sich ableiten:

Abbildung 3-32: *Ermittlung des Gesamtgewinns des Mitunternehmers nach § 15 Abs. 1 Satz 1 Nr. 2 EStG*

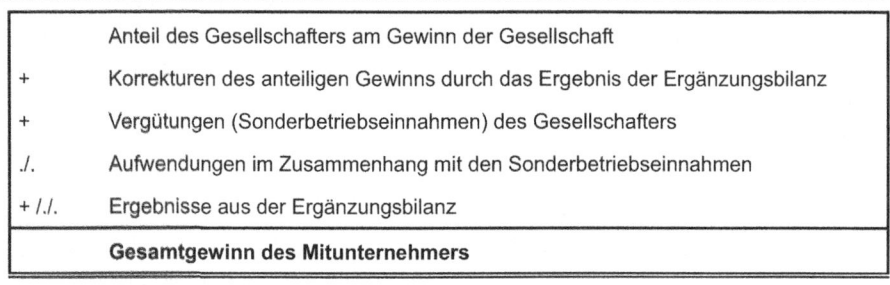

	Anteil des Gesellschafters am Gewinn der Gesellschaft
+	Korrekturen des anteiligen Gewinns durch das Ergebnis der Ergänzungsbilanz
+	Vergütungen (Sonderbetriebseinnahmen) des Gesellschafters
./.	Aufwendungen im Zusammenhang mit den Sonderbetriebseinnahmen
+ /./.	Ergebnisse aus der Ergänzungsbilanz
	Gesamtgewinn des Mitunternehmers

Voraussetzung für die Gewinnermittlung ist daher die Beantwortung der Frage, welche Wirtschaftsgüter, Forderungen und Verbindlichkeiten auf der Ebene der Personengesellschaft wie der Gesellschafter zu berücksichtigen sind.

Abbildung 3-33: *Vermögensarten und Bilanzen der Personengesellschaft*

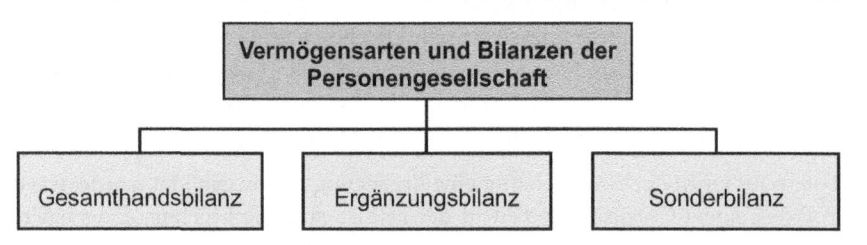

3.3.2.2.3.1 Gesamthandsvermögen

▪ Was ist unter dem sog. Gesamthandsvermögen zu verstehen?

▪ Welche Voraussetzungen müssen erfüllt sein, um ein Wirtschaftsgut als Gesamthandsvermögen qualifizieren zu können? Gibt es insoweit Abweichungen zwischen Zivil- und Steuerrecht?

Zum Gesamthandsvermögen der Personengesellschaft gehören alle Wirtschaftsgüter, die notwendiges Betriebsvermögen sind und sich in zivilrechtlichem wie wirtschaftlichem **Eigentum der Gesamthand Personengesellschaft** befinden. Grundsätzlich gehören alle Wirtschaftsgüter der Personengesellschaft zum notwendigen Betriebsvermögen. Ausnahmsweise können Wirtschaftsgüter als notwendiges Privatvermögen einer Personengesellschaft gelten, wenn eine ausschließliche oder nahezu ausschließliche private Nutzung durch einen der Gesellschafter gegeben ist.[264] An der gesellschaftsrechtlichen Zuordnung des Wirtschaftsgutes zum Gesamthandsvermögen der Personengesellschaft ändert eine hiervon abweichende steuerliche Beurteilung nichts. Fehlt für den Erwerb entsprechender Wirtschaftsgüter jeglicher betrieblicher Anlass, erfolgt eine Qualifizierung als notwendiges Privatvermögen.[265]

Beispiel:
Eine KG erwirbt ein Grundstück mit darauf befindlichem Gebäude für 800.000,- EUR, welches sich der Komplementär zuvor ausgesucht hat und anschließend bewohnen möchte. Sowohl die Aufwendungen als auch die Einnahmen aus diesem Haus sind nicht als Betriebsausgaben bzw. -einnahmen der KG zu behandeln.

3.3.2.2.3.2 Sonderbetriebsvermögen

▪ Was ist unter dem sog. Sonderbetriebsvermögen zu verstehen?

▪ In wessen zivilrechtlichem Eigentum befinden sich die Wirtschaftsgüter des Sonderbetriebsvermögens?

▪ Welche steuerlichen Konsequenzen ergeben sich aus einer Qualifikation als Sonderbetriebsvermögen?

▪ Welche unterschiedlichen Formen des Sonderbetriebsvermögens sind zu unterscheiden?

Die gesetzlich gebotene Berücksichtigung von Sondervergütungen bei der Ermittlung der gewerblichen Gewinne eines Mitunternehmers gem. § 15 Abs. 1 Satz 1 Nr. 2 2. Hs. EStG macht eine gesonderte Erfassung des diesen Einkünften zugrunde liegenden

---

[264] Vgl. auch R. 4.2 Abs. 11 EStR.
[265] Vgl. BFH-Urt. vom 15.11.1978, I R 57/76, BStBl. II 1979, S. 257, sowie BFH-Urt. vom 5.3.1981, IV R 94/78, BStBl. II 1981, S. 658.

Vermögens notwendig. Für den Gesellschafter ist die Zuordnung „seiner" Wirtschaftsgüter zum Sonderbetriebsvermögen oder zum Privatvermögen von besonderer Bedeutung, denn bei einer Zuordnung zum Betriebsvermögen sind jegliche Vermögensmehrungen wie -minderungen steuerlich wirksam. Bei Privatvermögen kommt eine steuerliche Berücksichtigung solcher Wertänderungen nur zum Tragen, wenn es sich um Veräußerungsvorgänge i. S. d. § 23 EStG handelt, bei der innerhalb einer Frist von ein bzw. zehn Jahren nach Anschaffung eine Veräußerung stattfindet. Insbesondere bei Grundstücken, die sich bereits seit mehreren Jahrzehnten im Vermögen eines Gesellschafters befinden, kann die Besteuerung stiller Reserven und damit die Frage der Zugehörigkeit zum Sonderbetriebs- oder Privatvermögen von entscheidender Bedeutung sein. Für jeden einzelnen Gesellschafter wird das Erfordernis der Bildung einer **Sonderbilanz** geprüft. Ist eine Nutzungsüberlassung nicht gegeben, fehlt es an der Notwendigkeit eines gesonderten Rechenwerkes. Dem Charakter der Besteuerung der Gesellschafter und nicht der Besteuerung der Personengesellschaft wird insoweit Rechnung getragen. Für die insoweit abweichende Behandlung und Beurteilung für Zwecke der Gewerbesteuer wird auf die weiteren Ausführungen auf Seite 170 verwiesen.

■ **Sonderbetriebsvermögen I**

Wirtschaftsgüter, die sich im rechtlichen und wirtschaftlichen **Eigentum des Gesellschafters** befinden, gleichwohl aber **von der Personengesellschaft genutzt** werden, gehören zum sog. notwendigen Sonderbetriebsvermögen I. Hierzu zählen der Gesellschaft gewährte Darlehen sowie überlassene Grundstücke und bewegliche Wirtschaftsgüter, aber auch immaterielle Wirtschaftsgüter, wie Patente und sonstige Rechte. In Fällen, in denen der Gesellschafter an einem Wirtschaftsgut nur zu einem Bruchteil beteiligt ist, erfolgt eine steuerliche Erfassung als Sonderbetriebsvermögen I nur im Umfang der auf den Gesellschafter entfallenden Anteile. Für die Zuordnung der Wirtschaftsgüter zum Sonderbetriebsvermögen I ist es unerheblich, ob die Nutzungsüberlassung entgeltlich oder unentgeltlich erfolgt und ob die Personengesellschaft die Wirtschaftsgüter tatsächlich für betriebliche Zwecke nutzt.[266]

Die Bildung gewillkürten Sonderbetriebsvermögens I ist ebenfalls unter Berücksichtigung der Regelungen, wie sie bei Einzelunternehmen zu beachten sind, möglich. Voraussetzung ist demnach, dass die Wirtschaftsgüter objektiv und subjektiv durch entsprechende Widmung geeignet sind, den Betrieb der Personengesellschaft zu unterstützen. Eine nur buchtechnische Erfassung des Wirtschaftsgutes reicht für die Qualifizierung allerdings nicht aus, so dass eine zusätzliche Nutzung zu erfolgen hat.

■ **Sonderbetriebsvermögen II**

Zum notwendigen Sonderbetriebsvermögen II gehören alle Wirtschaftsgüter, die sich im **Eigentum des Gesellschafters** befinden, nicht unmittelbar dem betriebli-

---

[266] Vgl. BFH-Urt. vom 6.5.1986, VIII R 160/85, BStBl. II 1986, S. 838.

chen Zweck der Personengesellschaft dienen, aber unmittelbar zur Begründung oder Stärkung der **Beteiligung** des Gesellschafters **an der Personengesellschaft** eingesetzt werden.

Beispiel für notwendiges Sonderbetriebsvermögen II:
Die natürliche Person ist mit 100 % am Kommanditkapital einer GmbH & Co. KG beteiligt. An der Komplementär-GmbH hält er 100 % der GmbH-Anteile. Die Anteile an der Komplementär-GmbH sind notwendiges Sonderbetriebsvermögen II, da die Position der Komplementärin für die Vornahme der Geschäfte der KG unabdingbare gesetzliche Voraussetzung ist und insoweit zwingende Voraussetzung für den Betrieb der KG ist.

Gewillkürtes Sonderbetriebsvermögen II ist ebenfalls denkbar und kommt in der Praxis typischerweise in der Form passiven Vermögens vor.

Beispiel für gewillkürtes Sonderbetriebsvermögen II:
Eine natürliche Person beteiligt sich mit 30 % am Kommanditkapital einer KG. Der Kaufpreis für die Beteiligung beträgt 900.000,- EUR, die der neue Gesellschafter vollständig mit Fremdkapital finanziert. Das Darlehen gehört zum gewillkürten Sonderbetriebsvermögen II des neuen Gesellschafters, da es objektiv geeignet ist, die Beteiligung an der Personengesellschaft zu stärken bzw. im vorliegenden Fall zu begründen und subjektiv in diesem Sinne genutzt wird. In der Praxis ist darauf zu achten, dass aufgrund eines engen zeitlichen Zusammenhangs und der vereinbarten Zweckbindung des Darlehens die subjektive Nutzung deutlich gemacht wird. Die sich aus dem Darlehen ergebenden Kosten sind in diesen Fällen als Sonderbetriebsausgaben II bei Ermittlung der gewerblichen Einkünfte steuermindernd zu berücksichtigen.

Die Gewinnermittlung bei Vorliegen von Sonderbetriebsvermögen folgt hierbei – trotz fehlender gesetzlicher Regelung – den Vorschriften des § 5 Abs. 1 EStG, um eine korrespondierende Bilanzierung mit der Ermittlung des Gewinns auf der Ebene der Personengesellschaft zu erzielen, die aufgrund der Vorschrift des § 15 Abs. 1 Satz 1 Nr. 2 EStG notwendig ist. Im Ergebnis bedeutet dies, dass den Sonderbetriebseinnahmen die Sonderbetriebsausgaben sowie die Abschreibungen gegenübergestellt werden.

3.3.2.2.3.3   Ergänzungsbilanzen

▨ Was ist unter sog. Ergänzungsbilanzen zu verstehen?

▨ Welchen Zwecken dienen Ergänzungsbilanzen?

▨ Welchen Inhalt haben Ergänzungsbilanzen?

▨ In welchen Fällen werden Ergänzungsbilanzen aufgestellt?

Die Notwendigkeit von Ergänzungsbilanzen ergibt sich in der Regel nur beim **Gesellschafterwechsel**. Die neu eintretende Gesellschaft wird für den Erwerb der Gesellschaftsanteile häufig mehr bezahlen als den Buchwert und hat insoweit anteilige höhere Anschaffungskosten einzelner Wirtschaftsgüter als die Altgesellschafter. Um die sich hieraus ergebenden steuerlichen Konsequenzen für den Gewinnanteil des Neugesellschafters ermitteln zu können, bedarf es einer Korrekturrechnung in Form der sog. Ergänzungsbilanz.

Beispiel:

A ist Gründungsgesellschaft der X-KG und veräußert 15 Jahre nach Gründung der Gesellschaft seinen 50 %-Anteil an C. Das Kapitalkonto des A weist einen Buchwert von 200.000,- EUR aus. Der vereinbarte Kaufpreis beträgt demgegenüber 400.000,- EUR, da in einer Maschine 200.000,- EUR stille Reserven enthalten sind. In der Handelsbilanz der X-KG wird der Name des Gesellschafters von A in C geändert. In der Handelsbilanz des C, soweit vorhanden, wird eine Position „Beteiligungen" mit dem Zusatz an der X-KG und den Anschaffungskosten von 400.000,- EUR geschaffen. Steuerlich hat jedoch eine abweichende Behandlung zu erfolgen. Der Gesellschafter einer KG erwirbt steuerlich in Höhe seines Gesellschaftsanteils entsprechende Teile einzelner Wirtschaftsgüter. Die Zahlung des Kaufpreises für die Gesellschaftsanteile gilt steuerlich für den C als anteiliger Erwerb der im Vermögen der Gesellschaft befindlichen Wirtschaftsgüter. Im vorliegenden Fall sind 200.000,- EUR für stille Reserven auf die Maschine der X-KG bezahlt worden. Es wäre nicht sachgerecht, wenn der neu eintretende Gesellschafter C, obwohl er für ein Wirtschaftsgut die stillen Reserven mitbezahlt hat, eine Abschreibung nur in Höhe der fortgeführten historischen Anschaffungskosten, dem Buchwert in der Gesamthandsbilanz, erhielte. Die dem neu eintretenden Gesellschafter über die Gewinnermittlung bei der Gesamthand zuzurechnenden AfA-Beträge wären demnach stets zu niedrig. Im Ergebnis könnte der Gesellschafter C abweichend von den anderen Gesellschaftern seine Anschaffungskosten nicht vollständig steuermindernd abschreiben.

Beispiel:

Anschaffungskosten in der Gesamthandsbilanz:		400.000,-
anteilige Anschaffungskosten des C nach Gesamthandsbilanz:		200.000,-
tatsächliche Anschaffungskosten des C:	400.000,-	
AfA (linear auf 10 J.) in der Gesamthands-GuV:	40.000,-	
anteilige AfA in der Gesamthands-GuV für C:	20.000,-	
in der Ergänzungsbilanz zusätzliche AfA für C:	20.000,-	

Im vorliegenden Beispiel führt die Anschaffung der Beteiligung und die Bezahlung stiller Reserven zur Berücksichtigung zusätzlicher AfA (Absetzung für Abnutzung) in Höhe von 20.000,- EUR, die bei der Ermittlung der Einkünfte aus Gewerbebetrieb gem. § 15 Abs. 1 Satz 1 Nr. 2 EStG des Gesellschafters C mindernd berücksichtigt werden.

Aus der steuerlichen Fiktion des anteiligen Erwerbs von Wirtschaftsgütern statt der Anschaffung einer nicht abnutzbaren Beteiligung beim Erwerb von Gesellschaftsanteilen an Personengesellschaften führt dann zu einem steuerlichen Vorteil einer Personengesellschaft gegenüber einer Kapitalgesellschaft, wenn die miterworbenen stillen Reserven auf abnutzbare Wirtschaftsgüter entfallen. Aus betriebswirtschaftlicher Sicht liegt der Vorteil des Erwerbs von Personengesellschaftsanteilen darin, dass eine liquiditätsmäßige Vereinnahmung der Gewinnanteile aus der Personengesellschaft möglich ist, ohne in entsprechendem Umfang Einkommen- oder Körperschaftsteuern zu zahlen, da das erhöhte Abschreibungspotential gegengerechnet werden muss.

Eine Ergänzungsbilanz ist auch dann zu bilden, wenn Wirtschaftsgüter anteilig erworben werden, die aufgrund Bilanzierungsverbote, z. B. dem des Nichtansatzes von selbst geschaffenen immateriellen Wirtschaftsgütern des Anlagevermögens, wie z. B. Patente oder sonstige Rechte, in § 5 Abs. 2 EStG bisher nicht in der Bilanz ausgewiesen waren.

Ein weiterer Anwendungsfall für die Bildung einer Ergänzungsbilanz ist die Inanspruchnahme personenbezogener Steuervergünstigungen, doch hat dies deutlich an Bedeutung verloren, da die meisten Vergünstigungen bei Personengesellschaften nur von der Gesellschaft selbst in Anspruch genommen werden dürfen. Außerdem können Ergänzungsbilanzen im Zusammenhang mit nicht steuerneutralen Umstrukturierungen entstehen. Hiermit sollen Unterschiede zwischen den Gesellschaftern ausgeglichen werden.

3.3.2.2.4 Ermittlung des Gewinns einer Personengesellschaft und Zurechnung zum Gesellschafter

3.3.2.2.4.1 Begründungsbesteuerung

▨ Welche steuerlichen Sonderregelungen sind bei der Begründung einer Personengesellschaft gegenüber einem Einzelunternehmen zu beachten?

Bei der Begründung einer Personengesellschaft sind die Fälle der Bar- und Sachgründung zu unterscheiden. Im Rahmen einer Bargründung leisten die Gesellschafter Geldeinlagen, die zu keinen ertrag- wie umsatzsteuerlichen Konsequenzen bei der Gesellschaft führen. Erbringen die Gesellschafter demgegenüber Sacheinlagen in das Gesamthandsvermögen der Personengesellschaft, so hat dies mit dem steuerlichen Teilwert zu erfolgen. Bei Überführungen aus dem Privatvermögen kommt es hierbei nicht zur Realisierung und Versteuerung stiller Reserven. Erfolgt die Einbringung aus dem Betriebsvermögen, ist grundsätzlich von einer Versteuerung der stillen Reserven des eingebrachten Wirtschaftsgutes auf der Ebene des Gesellschafters/Mitunternehmers auszugehen. Abweichungen ergeben sich, wenn die Regelungen des Umwandlungsteuergesetzes oder des § 6 EStG zur Anwendung kommen, die hier nicht näher erläutert werden sollen.

Umsatzsteuerlich liegt bei einer Einbringung eines Wirtschaftsgutes ein steuerbarer Umsatz vor, sofern die Leistung aus dem unternehmerischen Vermögen des Gesellschafters geleistet wurde. Ist dies nicht der Fall, kommt es zur umsatzsteuerlichen Erfassung auf der Ebene des Gesellschafters.

3.3.2.2.4.2 Laufende Besteuerung

3.3.2.2.4.2.1 Ermittlung der gewerblichen Einkünfte des Mitunternehmers gem. § 15 Abs. 1 Satz 1 Nr. 2 EStG

▨ Nach welchen Grundsätzen erfolgt die Ermittlung der gewerblichen Einkünfte, wenn der Gesellschafter als Mitunternehmer anzusehen ist?

Die Gewinnermittlung erfolgt wie bereits in **Abbildung 3-32** dargestellt. Wichtig ist, dass auf Ebene der Gesamthandsbilanz bestehende Wahlrechte – unter Beachtung des Maßgeblichkeitsprinzips des § 5 Abs. 1 EStG – nur einheitlich für die Gesellschaft ausgeübt werden können. Hierbei ist nach Maßgabe der allgemeinen Regelungen aus der Handelsbilanz eine Steuerbilanz herzuleiten und das Ergebnis um außerbilanzielle Korrekturen zu bereinigen.

Der sich nach der Steuerbilanz ergebende Gewinn der Personengesellschaft wird in einem zweiten Schritt um die Ergebnisse einer Ergänzungsbilanz für den jeweiligen Gesellschafter korrigiert.

Im dritten Schritt erfolgt eine Berücksichtigung der Gewinne oder Verluste aus der Sonderbilanz, wobei die Hinzurechnung von Sonderbetriebseinnahmen und -ausgaben aufgrund eigener Arbeitskraft trotz fehlender Erfassung in der Sonderbilanz zu berücksichtigen ist.

3.3.2.2.4.2.2 Ergänzende Besonderheiten bei der Gewerbesteuer

▨ Welche zusätzlichen Vorschriften sind im Rahmen der Gewerbesteuer zu berücksichtigen?

▨ Welche Abweichungen bestehen gegenüber der gewerbesteuerlichen Behandlung eines Mitunternehmers?

Gegenstand der Besteuerung nach dem Gewerbeertrag ist der Gewerbebetrieb der Personengesellschaft. Bei der Ermittlung des Gewerbeertrages hat die erklärende Personengesellschaft sowohl das Ergebnis der **Gesamthands-GuV** als auch die Zu- und Abrechnungen aufgrund der **Sonderbilanzen und Ergänzungsbilanzen** vorzunehmen. Im Ergebnis führt dies im Gegensatz zum Verhältnis Gesellschaft und Gesellschafter bei einer Kapitalgesellschaft dazu, dass alle Einnahmen der Gesellschafter aufgrund schuldrechtlicher Verträge mit der Personengesellschaft den Gewerbeertrag der Gesellschaft nicht mindern und damit vollständig der Gewerbesteuer unterworfen werden. Der Nachteil der Rechtsform „Personengesellschaft" gegenüber einer „Kapitalgesellschaft" für gewerbesteuerliche Zwecke soll durch gestaffelte Messzahlen gem. § 11 Abs. 1 GewStG wie auch gestaffelter Freibeträge gem. § 11 Abs. 2 GewStG sowie eine pauschalierte Abzugsmöglichkeit bei der Einkommensteuer der Gesellschafter nach § 35 EStG ausgeglichen werden. In der überwiegenden Zahl der Fälle ist durch die Regelung des § 35 EStG und dem Zusammenwirken mit den Vergünstigungen im Gewerbesteuerrecht ein Nachteil nicht mehr festzustellen, vielmehr kann es in Einzelfällen zu Vorteilen kommen. Gleichwohl zeigt sich auch, dass § 35 EStG eine Berücksichtigung der Gewerbesteuer im Rahmen von steuerplanerischen Überlegungen nicht überflüssig macht. Vielmehr ist aufgrund der entstehenden Friktionen eine detaillierte Analyse erforderlich.

3.3.2.2.4.3 Beendigungsbesteuerung

Welche Unterschiede und Gemeinsamkeiten bestehen im Rahmen der ertragsteuerlichen Behandlung der Beendigung einer Tätigkeit zwischen einem Einzelunternehmer und einer Personengesellschaft?

Die Aufgabe einer Mitunternehmerstellung an einer Personengesellschaft bzw. Mitunternehmerschaft ist der Aufgabe eines anteiligen Betriebes vergleichbar. Entsprechendes gilt für Verkaufsvorgänge. In beiden Fällen zählen die sich ergebenden Einkünfte aus der Aufgabe oder der Veräußerung zu den Einkünften aus Gewerbebetrieb gem. § 16 Abs. 1 Nr. 2 EStG, die einer besonderen Besteuerung nach § 16 Abs. 4 EStG unterliegen können, wenn der veräußernde oder aufgebende Steuerpflichtige das 55. Lebensjahr vollendet hat. In diesen Fällen ist dem Steuerpflichtigen ein Freibetrag in Höhe von 45.000,- EUR zu gewähren, der sich um den Betrag reduziert, um den der Veräußerungs- oder Aufgabegewinn 136.000,- EUR übersteigt. Im Ergebnis bedeutet dies eine Vollversteuerung ab einem Veräußerungsgewinn von 181.000,- EUR. Die darüber hinausgehende steuerliche Vergünstigung durch die Anwendung der Fünftel-Regel des § 34 EStG entspricht der unter 3.2.2.2.1 dargestellten Regelung. Der Mitunternehmeranteil umfasst den Anteil am Gesamthandsvermögen sowie das dem Mitunternehmer zuzurechnende Sonderbetriebsvermögen, so dass eine steuerbegünstigende Veräußerung nur dann vorliegt, wenn auch das Sonderbetriebsvermögen mitverkauft oder entnommen wird.

Gewerbesteuerlich bleibt bei der Ermittlung des Gewerbeertrages ein Veräußerungsgewinn oder -verlust im Sinne des § 16 Abs. 1 Nr. 2 EStG außer Ansatz. Da mit der Veräußerung oder der Aufgabe die werbende gewerbliche Tätigkeit beendet wird, unterbleibt eine gewerbesteuerliche Belastung. Dies jedoch nur insoweit, als die Veräußerung oder Aufgabe des Betriebs oder des Teilbetriebs einer Mitunternehmerschaft oder die Veräußerung oder Aufgabe eines Mitunternehmeranteils auf eine natürliche Person als unmittelbar beteiligtem Mitunternehmer entfällt. In allen anderen Fällen, insbesondere bei Mitunternehmern in der Rechtsform einer Kapitalgesellschaft oder bei Beteiligungen natürlicher Personen über eine zwischengeschaltete Personengesellschaft gehört der sich hieraus ergebende Gewinn oder Verlust zum Gewerbeertrag bzw. Gewerbeverlust gem. § 7 Satz 2 GewStG.

3.3.2.2.5 Berücksichtigung von Verlusten

▦ Wie wirken sich Verluste der Personengesellschaft im Rahmen der Mitunternehmerkonzeption aus?

▦ Bestehen Unterschiede in der steuerlichen Behandlung von Verlusten in Abhängigkeit davon, ob diese aus dem Gesamt- oder Sonderbetriebsvermögen entstehen?

▦ Gibt es weitere Einschränkungen zur Verlustberücksichtigung gegenüber den obigen Ausführungen zum Einzelunternehmer?

▦ Gibt es Besonderheiten für den Fall, dass ein Gesellschafter aus der Gesellschaft ausscheidet?

Auch bei der Berücksichtigung von Verlusten aus der Beteiligung an der Personengesellschaft ist wiederum in Einkommen- und Körperschaftsteuer auf Gesellschaftsebene und Gewerbesteuer auf Gesellschaftsebene zu unterscheiden.

3.3.2.2.5.1 Verlustberücksichtigung beim Gesellschafter/Mitunternehmer

Gewinn- wie Verlustanteile aus der Beteiligung an einer Personengesellschaft werden **dem Gesellschafter direkt zugerechnet**, ungeachtet der handelsrechtlichen Behandlung. Der Gesellschafter nimmt am Gewinn und Verlust der Gesellschaft nur in dem Umfang teil, wie er selbst Gesellschafter innerhalb des Veranlagungszeitraums war. Aus diesem Grund muss bei jedem Gesellschafterwechsel eine sog. Abschichtungsbilanz erstellt werden, aus der hervorgeht, wie hoch die Gewinne bzw. Verluste der Gesellschaft vor dem Eintritt des neuen Gesellschafters bzw. bis zum Austritt des bisherigen Gesellschafters gewesen sind. Der Gesellschafter kann grundsätzlich den ihm zuzurechnenden Verlust mit anderen positiven Einkünften derselben oder anderer Einkunftsarten verrechnen. Neben den generellen Einschränkungen nach § 2 Abs. 3 EStG sowie den besonderen Beschränkungen nach § 15b EStG bei Beteiligungen an Verlustzuweisungsgesellschaften ist für beschränkt haftende Personengesellschafter die Regelung des § 15a EStG zu beachten.

Literaturhinweise:

▦ Lüdemann, P., Verluste bei beschränkter Haftung, Berlin 1998

Hintergrund und Zweck der Vorschrift des **§ 15a EStG** ist folgendes: Handelsrechtlich kann ein Kapitalkonto eines beschränkt haftenden Kommanditisten negativ werden, wenn die geleistete oder zu leistende Kapitaleinlage durch Verluste aufgezehrt wird. Für den Gesellschafter begründet ein negatives Kapitalkonto allerdings keine Nachschusspflicht, vielmehr bleibt es bei der satzungsmäßig vereinbarten Kapital- oder Hafteinlage. Handelsrechtlich besteht lediglich die Verpflichtung, zukünftige Gewinne der Personengesellschaft zum Ausgleich des negativen Kapitalkontos zu verwenden. Für den Kommanditisten entsteht somit im Verlustentstehungsjahr durch ein negatives Kapitalkonto keine zusätzliche Vermögensminderung. Dem Grundsatz folgend, dass Verluste nur dann steuerlich geltend gemacht werden sollen, wenn mit ihnen eine wirtschaftliche Belastung einhergeht, hat der Gesetzgeber § 15a EStG eingeführt. Dieser besagt, dass eine Verlustverrechnung so lange erfolgen darf, wie eine Vermögensminderung gegeben ist. Bis zur Höhe des eingezahlten oder vereinbarten Kapitalkontos ist die Verlustverrechnung mit anderen positiven Einkünften aus anderen Einkunftsquellen möglich. Für darüber hinausgehende Verluste, die zur Bildung oder Erhöhung eines negativen Kapitalkontos führen, ist ein Verlustausgleich nicht möglich, sondern nur die Verrechnung mit zukünftigen positiven Einkünften aus der Beteiligung an der Personengesellschaft, wie es auch die zivilrechtliche Behandlung vorsieht.

Persönlich anwendbar ist § 15a EStG auf Gesellschafter einer Personengesellschafter, die entweder als Kommanditisten in ihrer Haftung aufgrund gesetzlicher Bestimmungen beschränkt sind und vergleichbare Gesellschafter anderer Gesellschafter, die eine vergleichbare Beschränkung besitzen. Maßstab für die Verlustverrechnungsmöglichkeit ist grundsätzlich das **eingezahlte Kapitalkonto**, sowie der noch nicht eingezahlte Betrag, zu dem sich ein Gesellschafter verpflichtet hat. Außerdem kann das Verrechnungspotential durch die Eintragung einer erhöhten **Hafteinlage** im Handelsregister gesteigert werden. Voraussetzung hierfür ist allerdings, dass eine Vermögensminderung aufgrund der Haftung nicht durch Vertrag ausgeschlossen oder nach Art und Weise des Geschäftsbetriebes unwahrscheinlich ist (§ 15a Abs. 1 Satz 3 EStG). Die Bezugnahme auf das Kapitalkonto des Gesellschafters führt dazu, dass **Sonderbetriebsvermögen** in die Verlustausgleichsbeschränkung **nicht mit einbezogen** wird, so dass ungeachtet des Vorliegens eines negativen Kapitalkontos nach § 15a Abs. 1 EStG ein sich ergebender Verlust im Sonderbetriebsvermögen keine Verlustbeschränkung unterliegt. Demgegenüber sind die **Ergebnisse der Ergänzungsbilanz** in die Ermittlung des steuerlichen Kapitalkontos **einzubeziehen**.

3.3.2.2.5.2 Verlustberücksichtigung auf Gesellschaftsebene bei der GewSt

Auf der Ebene der Personengesellschaft ist zu prüfen, unter welchen Voraussetzungen ein Gewerbeverlust i. S. d. § 10a GewStG von der Personengesellschaft auch dann noch genutzt werden kann, wenn es zu einem Gesellschafterwechsel bei der Personengesellschaft kommt. Voraussetzung für den Vortrag gewerbesteuerlicher Verluste ist die Unternehmensidentität und die Unternehmeridentität.

- **Unternehmensidentität** bedeutet, dass der im Jahr der Verlustnutzung bestehende Gewerbebetrieb identisch ist mit dem Gewerbebetrieb, der im Jahr der Entstehung des Verlustes bestanden hat. Dabei wird auf die konkrete gewerbliche Tätigkeit abgestellt und nicht auf die Zugehörigkeit zur Gruppe einer gewerblichen Betätigung. Es kommt hierbei auf den wirtschaftlichen Weiterbestand des Gewerbebetriebs, also Zweck, Mitarbeiter und Lieferanten sowie gegebenenfalls den Standort an[267]. Ein Untergang des Gewerbeverlustes, wie er bei der Veräußerung eines Einzelunternehmens erfolgt, kann bei Personengesellschaften solange nicht eintreten als mindestens eine Gesellschaft sowohl im Jahr des Entstehens als auch dem der Verlustnutzung unverändert beteiligt ist.

■ **Unternehmeridentität** bedeutet, dass der Gewerbetreibende, der den Verlustabzug in Anspruch nehmen will, den Gewerbeverlust zuvor in eigener Person erlitten haben muss. Ein Unternehmerwechsel bewirkt somit, dass der Abzug des Gewerbeverlustes anteilig in Höhe des Gesellschaftsanteils untergeht.[268] Im Ergebnis wird der Objektsteuercharakter der Gewerbesteuer durch die Berücksichtigung der Zusammensetzung der Gesellschaft mit Mitunternehmern durchbrochen. Der Gewerbeverlust geht vollständig unter, wenn der Gewerbebetrieb der Personengesellschaft im Ganzen auf einen Einzelgewerbetreibenden übertragen wird, der nicht zuvor an der Personengesellschaft beteiligt war.

Eine Abweichung vom Untergang des Gewerbeverlustes beim Unternehmens- wie Unternehmerwechsel ergibt sich ggfs. in Umwandlungsfällen, da dort die Regelungen des Umwandlungsteuergesetzes als speziellere Vorschrift den allgemeinen Regelungen des § 10a GewStG vorgehen.

3.4 Ergänzende steuerliche Besonderheiten bei der Tätigkeit einer Kapitalgesellschaft

■ Inwieweit ergeben sich **Abweichungen** gegenüber den oben dargestellten Alternativen „Einzelunternehmen" und „Personengesellschaft", wenn die unternehmerische Tätigkeit in der Rechtsform der Kapitalgesellschaft ausgeübt wird?

3.4.1 Persönliche Steuerpflicht und sonstige steuerliche Obliegenheiten

■ Welche steuerlichen Pflichten entstehen, wenn das Engagement in der Rechtsform der Kapitalgesellschaft begründet wird?

■ Ab welchem Zeitpunkt entstehen diese Pflichten bei neugegründeten Gesellschaften, insbesondere vor dem Hintergrund, dass eine Kapitalgesellschaft zivilrechtlich ihre Rechtsfähigkeit erst mit Eintragung in das Handelsregister erlangt?

---

[267] Vgl. BFH-Urteil vom 26.8.1993, IV R 133/90, BStBl. II 1995, S. 791, m. w. N.
[268] Vgl. auch R 68 GewStR sowie das BFH-Urt. vom 14.12.1989, IV R 117/88, BStBl. II 1990, S. 436.

▦ Welche Unterschiede bestehen bei Kapitalgesellschaften zwischen beschränkter und unbeschränkter Steuerpflicht?

3.4.1.1 Überblick

Die Kapitalgesellschaft ist zivilrechtlich eine juristische Person und wird auch steuerlich als Träger von Rechten und Pflichten anerkannt. Daraus folgt, dass mit der Errichtung einer Kapitalgesellschaft ein eigenständiges Steuersubjekt entsteht. Hieraus resultieren Verpflichtungen im Bereich der Körperschaft-, Gewerbe- und der Umsatzsteuer. Dabei muss das Entstehen der Eigenschaft „Steuersubjekt" nicht zwingend an den zivilrechtlichen Errichtungszeitpunkt anknüpfen. Im Folgenden wird zunächst ein Überblick über die zivilrechtlichen Vorgaben gegeben, um darauf aufbauend die hiermit verbundenen Steuerpflichten zu analysieren.

Allgemein lassen sich Kapitalgesellschaften als körperschaftliche Gebilde definieren, die mit einer eigenen Rechtspersönlichkeit versehen sind. Folglich führt die Gründung einer Kapitalgesellschaft zum Entstehen einer juristischen Person. Diese ist von den „dahinter" stehenden Gesellschaftern zu trennen. Für die Verbindlichkeiten der Gesellschaft haften die Gesellschafter grundsätzlich nicht. Vielmehr ist ihr Risiko auf den Betrag der geleisteten Einlage beschränkt. Um in den Genuss dieses Haftungsprivilegs zu kommen ist jedoch Voraussetzung, dass die Gesellschaft über ein im Gesetz festgelegtes Mindestkapital verfügt. Dies ist der Betrag, der den Gläubigern der Gesellschaft als Haftungsmasse zur Verfügung steht. Um ein Unterschreiten der vom Gesetzgeber angeordneten Beträge zu vermeiden, wird vom Gesetz verlangt, dass die Aufbringung des Kapitals effektiv erfolgt sein muss und während des Bestehens der Gesellschaft auch erhalten bleibt. Der Beitrag des einzelnen Gesellschafters liegt darin, dass er zur Förderung des gemeinsamen Zwecks einen Teil des Mindestkapitals aufbringt. Eine weitere Voraussetzung für die Haftungsbegrenzung ist, dass die Gesellschaft im Rechtsverkehr als solche auftritt und die Haftungsbeschränkung Dritten gegenüber ersichtlich wird und strengere Regelungen bei der Publizität des Jahresabschlusses nach Handelsrecht beachtet werden. Hierbei legen die Einzelgesetze (insbesondere das Aktien- und das GmbH-Gesetz) fest, unter welchen Voraussetzungen die Rechtsfähigkeit erworben werden kann. Zwar wird eine Gesellschaft allgemein als Zusammenschluss mehrerer Personen zur Verfolgung eines gemeinsamen Zwecks definiert, doch besteht auch die Möglichkeit, dass ein Einzelner eine Gesellschaft errichtet. Hier wird von einer sog. Einmanngesellschaft gesprochen. Gesellschafter können sowohl natürliche als auch juristische Personen sein.

Das Gesellschaftsvermögen steht nicht den Gesellschaftern zu, sondern der Gesellschaft als juristische Person. Kapitalgesellschaften verfügen über Organe, die für die Gesellschaft handeln. Hierbei kann es sich um Gesellschafter handeln, was jedoch nicht zwingend erforderlich ist. Vielmehr ist denkbar, dass auch solche Personen in ein Organ einer Kapitalgesellschaft berufen werden, die an der Gesellschaft nicht beteiligt sind. Ein weiteres Charakteristikum ist, dass Kapitalgesellschaften vom Bestand ihrer

Mitglieder unabhängig sind. Hieraus folgt, dass die Anteile an einer Kapitalgesellschaft an eine andere Person übertragen werden können, ohne dass hierfür der Gesellschaftsvertrag geändert werden muss. Außerdem bleibt der Fortbestand der Gesellschaft hiervon unberührt. Insofern erfolgt eine weitgehende Trennung zwischen der Sphäre der Kapitalgesellschaft und den dahinter stehenden Gesellschaftern. Die Rechte des einzelnen Gesellschafters, wie z. B. die Anzahl seiner Stimmrechte in der Gesellschafterversammlung oder sein Anteil am Gewinn des Unternehmens richtet sich nach dem Betrag, den er als Kapital aufgebracht hat. Die wesentlichen Ausgestaltungsformen von Kapitalgesellschaften in Deutschland sind in der folgenden **Abbildung 3-34** dargestellt. Darüber hinaus wird in jüngster Zeit verstärkt diskutiert, inwieweit auch **ausländische Kapitalgesellschaften** im Inland verwendet werden können oder sollten. Hierbei liegt die Motivation regelmäßig darin, dass die Vorschriften über die Aufbringung eines Mindestkapitals, wie sie das deutsche Recht vorsieht, umgangen werden kann. Auf diese Aspekte wird im Rahmen dieser Einführung jedoch ebenso wenig eingegangen, wie auf die Europäische Aktiengesellschaft (SE), die nur grenzüberschreitend gegründet werden kann.

Abbildung 3-34: *Wesentliche Erscheinungsformen von Kapitalgesellschaften in Deutschland*

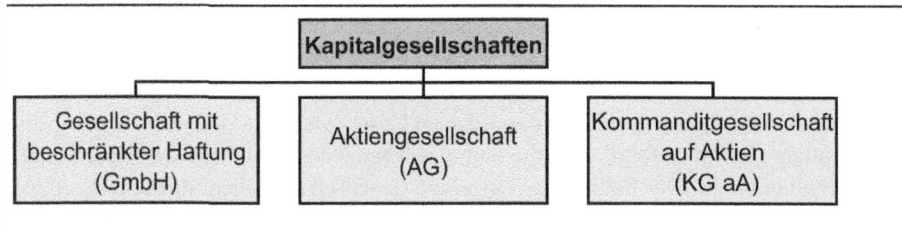

Diese Gesellschaften lassen sich wie folgt charakterisieren:

- ▪ Die **GmbH** ist auf einen kleinen und beständigen Gesellschafterkreis zugeschnitten. Sie dient – anders als die AG – weniger der Sammlung von Kapital als vielmehr der dauerhaften unternehmerischen Betätigung unter Erlangung der Haftungsabschottung. Der innere Aufbau der GmbH ist weitgehend dem Gesellschaftsvertrag überlassen. Die rechtlichen Vorgaben finden sich im GmbH-Gesetz. Diese Rechtsform ist insbesondere im Vergleich zur AG deutlich anpassungsfähiger und hat in der Praxis große Bedeutung. Wichtig ist, dass durch Spezialvorschriften die Kapitalaufbringung und -erhaltung gewährleistet werden soll. Hierfür ist auch verantwortlich, dass das Mindeststammkapital lediglich 25.000,- EUR beträgt.[269] Das zur Erhaltung des Stammkapitals erforderliche Vermögen darf nicht an die Gesellschafter ausgezahlt werden. Grundsätzlich werden auch Darle-

---

[269] Vgl. § 5 Abs. 1 GmbHG.

hensbeziehungen zwischen Gesellschaft und Gesellschafter anerkannt. Allerdings sieht § 32a Abs. 1 GmbHG eine Sonderregelung vor: Gewährt ein Gesellschafter der Kapitalgesellschaft zu einem Zeitpunkt ein Darlehen, in dem ein ordentlicher Kaufmann der GmbH Eigenkapital zugeführt hätte, haftet dieses Fremdkapital im Fall der Unternehmensinsolvenz wie Eigenkapital. Hier wird von kapitalersetzenden Gesellschafterdarlehen gesprochen. Organe der GmbH sind der Geschäftsführer und die Gesellschafterversammlung. Die Geschäftsführung muss nicht durch Gesellschafter der GmbH erfolgen.

■ Gem. § 1 Abs. 1 AktG ist die **Aktiengesellschaft** eine juristische Person, bei der die Schuldenhaftung der Aktionäre ausgeschlossen ist. Das Grundkapital wird in der Satzung festgelegt und muss mindestens 50.000,- EUR betragen. Der Nennbetrag des Grundkapitals bezeichnet zugleich die Summe der Nennbeträge aller Aktien. Aus seinem Verhältnis zum Nennbetrag der Einzelaktie ergibt sich die auf den einzelnen Gesellschafter entfallene Beteiligungsquote. Organe der Aktiengesellschaft sind der Vorstand, der Aufsichtsrat und die Hauptversammlung. Die Leitung der Aktiengesellschaft obliegt dem Vorstand in eigener Verantwortung. Er hat die Geschäfte zu führen und die Gesellschaft zu vertreten. Hingegen hat der Aufsichtsrat die Aufgabe, die Geschäftsführung des Vorstandes zu überwachen. Die Hauptversammlung ist das Forum, das den Aktionären zur Ausübung ihrer Verwaltungsrechte aus den Anteilen dient. Eine Entscheidungskompetenz über Fragen der Geschäftsführung steht ihnen nur dann zu, wenn der Vorstand eine solche Entscheidung verlangt. Allerdings ist sie bei Änderungen der Satzung der Aktiengesellschaft oder Kapitalfragen zu beteiligen. Dies gilt auch, wenn das rechtliche oder wirtschaftliche Schicksal der AG insgesamt in Frage steht.

■ Die **Kommanditgesellschaft auf Aktien** verbindet Elemente der Aktiengesellschaft und der Kommanditgesellschaft miteinander. Bei ihr handelt es sich um eine Aktiengesellschaft, die anstelle eines Vorstandes über persönlich haftende Gesellschafter verfügt. Das Kommanditkapital ist in Aktien zerlegt, so dass die Möglichkeit besteht, die Anteile am Kapitalmarkt zu handeln. Die Komplementäre unterliegen im Wesentlichen dem Recht der Personengesellschaften.[270] Sie sind geschäftsführungs- und vertretungsbefugt, wobei durch Satzungsbestimmungen einzelne persönlich haftende Gesellschafter von diesen Rechten ausgeschlossen werden können. Die Kommanditaktionäre verfügen über dieselben Rechte wie die Aktionäre einer Aktiengesellschaft.[271] Eine Haftung der Aktionäre für Verbindlichkeiten der Gesellschaft scheidet aus. Das Mindestgrundkapital beträgt – wie bei einer Aktiengesellschaft – 50.000,- EUR. Im Übrigen gelten die Regelungen über die Kapitalaufbringung und Erhaltung in gleicher Weise wie bei Aktiengesellschaften. Bei der KG aA haben die Komplementäre eine sehr starke Stellung. Bei außergewöhnlichen Geschäftsführungsmaßnahmen oder Grundlagengeschäften ist stets ihre Zu-

---

[270] Vgl. § 278 Abs. 2 AktG.
[271] Vgl. § 278 Abs. 3 AktG.

stimmung erforderlich. Außerdem ist zu berücksichtigen, dass der Aufsichtsrat nicht die Möglichkeit hat, die Komplementäre zu bestellen oder abzuberufen. Ferner fehlt dem Aufsichtsrat einer KG aA im Vergleich zu einer Aktiengesellschaft ein Teil seiner Befugnisse. Im Gegenzug verfügt diese Rechtsform jedoch über größere Gestaltungsspielräume. So besteht z. B. die Möglichkeit, auch eine juristische Person als Vollhafter in eine Kommanditgesellschaft auf Aktien eintreten zu lassen. Es entsteht dann die Rechtsform der GmbH & Co. KG aA. Die KG aA wird dann verwendet, wenn eine Gründerfamilie weiterhin am Unternehmen beteiligt bleiben und gleichzeitig eine Finanzierung über den Kapitalmarkt erfolgen soll.

3.4.1.2 Persönliche Steuerpflicht

3.4.1.2.1 Körperschaftsteuerpflicht

3.4.1.2.1.1 Tatbestandsmerkmale

Kapitalgesellschaften werden in § 1 Abs. 1 Nr. 1 KStG ausdrücklich als Körperschaftsteuersubjekt genannt. Die Körperschaftsteuer ist eine Steuer, die an den Ertrag von Körperschaften anknüpft und in etlichen Bereichen von der Einkommensteuer abweicht. Gem. § 8 Abs. 1 KStG richtet sich die Ermittlung des Einkommens einer Körperschaft nach den Vorschriften des Einkommensteuergesetzes, sofern sich aus dem Körperschaftsteuergesetz keine abweichenden Regelungen ergeben. Im Übrigen enthält das KStG eigene Vorschriften, wie z. B. zum anzuwendenden Tarif. Gleichwohl wird an etlichen Stellen auf eine entsprechende Anwendung des Einkommensteuergesetzes verwiesen. Dies hat den Vorteil, dass der Gesetzgeber auf eine eigene Regelung verzichten kann und insoweit unabhängig von der Rechtsform einheitliche Vorschriften gelten. Zu den Körperschaften gehören neben den Kapitalgesellschaften z. B. Genossenschaften, Stiftungen und Betriebe gewerblicher Art von juristischen Personen des öffentlichen Rechts. Steuerlich zählen Aktiengesellschaften, Kommanditgesellschaften auf Aktien[272] und Gesellschaften mit beschränkter Haftung zu den Kapitalgesellschaften. Hingegen sind die GmbH & Co. KG[273] und der Konzern keine Körperschaftsteuersubjekte. Voraussetzung für eine unbeschränkte Steuerpflicht ist, dass die Kapitalgesellschaft Sitz und/oder Geschäftsleitung im Inland unterhält.

Der **Sitz** wird in § 11 AO definiert als der „Ort, der durch Gesetz, Gesellschaftsvertrag, Satzung, Stiftungsgeschäft oder dergleichen bestimmt ist." In aller Regel ist diese Frage unproblematisch, denn der Sitz der AG ist in der Satzung zu bestimmen (§ 5 Abs. 1 AktG) bzw. in den Gesellschaftsvertrag der GmbH aufzunehmen (§ 3 Abs. 1 Nr. 1

---

[272] Die Gewinnanteile des persönlich haftenden Gesellschafters, soweit sie nicht auf Anteile am Grundkapital entfallen, und die Vergütung für die Tätigkeit im Dienst der Gesellschaft oder für die Hingabe von Darlehen oder für die Überlassung von Wirtschaftsgütern sind Einkünfte aus Gewerbebetrieb (§ 15 Abs. 1 Nr. 3 EStG).

[273] Vgl. BFH-Beschl. vom 25.6.1984, GrS 4/82, BStBl. II 1984, S. 751.

GmbHG). Der Sitz ist beim Handelsregister einzutragen (§ 39 Abs. 1 AktG, § 10 Abs. 1 GmbHG).

Die **Geschäftsleitung** ist in § 10 AO als der Mittelpunkt der geschäftlichen Oberleitung definiert. Dieser Mittelpunkt befindet sich dort, wo der für die Geschäftsführung maßgebliche Wille gebildet wird.[274] Dazu zählen die tatsächlichen und rechtsgeschäftlichen Handlungen des gewöhnlichen Betriebes des Handelsgeschäfts sowie die zur gewöhnlichen Verwaltung gehörenden organisatorischen Maßnahmen. Die Entscheidung über den Ort der Geschäftsleitung bestimmt sich nach dem Gesamtbild der tatsächlichen Verhältnisse im Einzelfall. Hierbei kommt es darauf an, wo die für die Geschäftsführung notwendigen Maßnahmen von einiger Wichtigkeit angeordnet werden. Bei einer Aufteilung zwischen technischer und wirtschaftlicher Leitung ist letztlich die wirtschaftliche entscheidend.

Das **Inland** wird definiert als der Geltungsbereich des Grundgesetzes. Gem. § 1 Abs. 3 KStG umfasst dieses „auch der Bundesrepublik Deutschland zustehende Anteile am Festlandsockel, soweit dort Naturschätze des Meeresgrundes und des Meeresuntergrundes erforscht oder ausgebeutet werden".

Sowohl die Regelungen über persönliche Steuerbefreiungen nach § 5 KStG als auch die Inanspruchnahme des Freibetrags nach § 24 KStG haben i. d. R. für die unternehmerische Praxis keine Bedeutung.

3.4.1.2.1.2 Umfang der Steuerpflicht

Das Körperschaftsteuergesetz unterscheidet – wie das EStG – zwischen unbeschränkter und beschränkter Steuerpflicht. Unbeschränkte Steuerpflicht bedeutet grundsätzlich, dass der Steuerpflichtige sein weltweit erzieltes (also inländisches **und** ausländisches) Einkommen im Inland zu versteuern hat[275], sog. **Universalitätsprinzip**.[276] Hingegen führt die beschränkte Steuerpflicht dazu, dass einzelne Einkünfte, die der Steuerausländer aus inländischen Quellen bezieht, oder einzelne dem Steuerausländer gehörende Vermögensteile, die im Inland belegen sind, der inländischen Besteuerung unterworfen werden. Hier wird das **Territorialprinzip** verwirklicht. Allerdings werden nicht alle auf dem Staatsgebiet der Bundesrepublik belegenden Vermögensgegenstände und alle daraus fließenden Einkünfte erfasst. Vielmehr sind die der beschränkten Steuerpflicht unterworfenen Steuergüter in § 49 EStG **abschließend** aufgezählt. Diese Aufzählung gilt gem. §§ 2, 8 Abs. 1 KStG uneingeschränkt auch für die Körperschaftsteuer. **Abbildung 3-35** fasst die Steuerpflicht nach dem KStG nochmals zusammen.

---

[274] Vgl. RFH-Urt. vom 23.6.1938, III 40/38, RStBl. 1938, S. 949.

[275] Vgl. Abschn. 2 Abs. 5 Satz 1 KStR.

[276] Einschränkungen können sich aus den zahlreichen Abkommen zur Vermeidung der Doppelbesteuerung ergeben, vgl. hierzu Kaminski, B./Strunk, G., Steuern in der internationalen Unternehmenspraxis, Wiesbaden 2006, S. 33 ff.

Abbildung 3-35: Steuerpflicht nach dem Körperschaftsteuergesetz

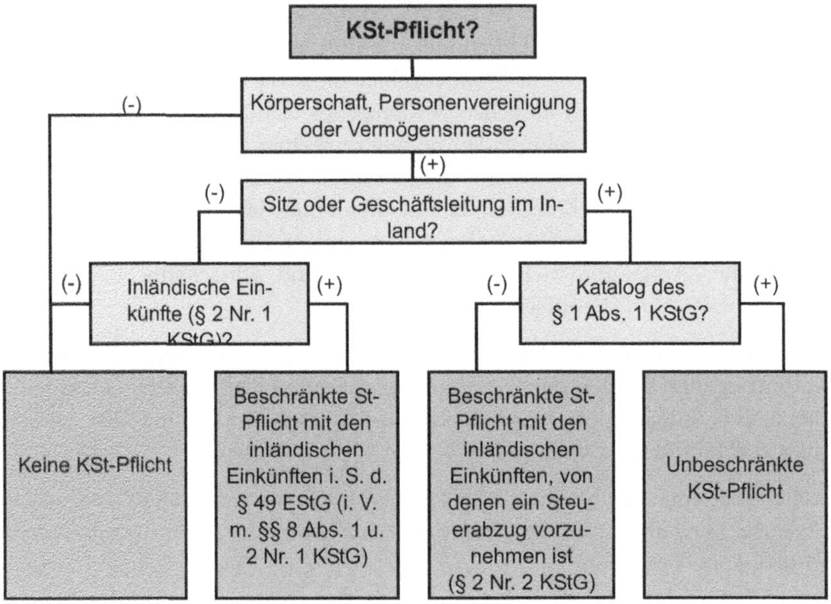

```
                        ┌─────────────────────┐
                        │    KSt-Pflicht?     │
                        └─────────────────────┘

    (-)        ┌─────────────────────────────────┐
───────────────│ Körperschaft, Personenvereinigung│
               │     oder Vermögensmasse?         │
               └─────────────────────────────────┘
                              (+)
        (-)        ┌─────────────────────────┐        (+)
    ───────────────│ Sitz oder Geschäftsleitung│───────────
                   │     im In-land?           │
                   └─────────────────────────┘
    (-)   ┌──────────────┐  (+)      (-)  ┌──────────────┐  (+)
  ────────│ Inländische Ein-│────      ──────│ Katalog des  │──────
          │ künfte (§ 2 Nr. 1│             │ § 1 Abs. 1 KStG?│
          │      KStG)?      │             └──────────────┘
          └──────────────┘
```

| Keine KSt-Pflicht | Beschränkte St-Pflicht mit den inländischen Einkünften i. S. d. § 49 EStG (i. V. m. §§ 8 Abs. 1 u. 2 Nr. 1 KStG) | Beschränkte St-Pflicht mit den inländischen Einkünften, von denen ein Steuerabzug vorzunehmen ist (§ 2 Nr. 2 KStG) | Unbeschränkte KSt-Pflicht |

3.4.1.2.1.3 Beginn der Steuerpflicht

Eine Kapitalgesellschaft entsteht zivilrechtlich erst mit der Eintragung im Handelsregister.[277] Hieraus ergibt sich Frage, ab welchem Zeitpunkt eine Körperschaftsteuerpflicht besteht. Das KStG enthält hierzu keine Regelungen. Deshalb knüpft die Steuersubjektfähigkeit einer Körperschaft grundsätzlich an deren Zivilrechtsfähigkeit an. § 1 Abs. 1 Nr. 1 KStG, wonach die Kapitalgesellschaften unbeschränkt steuerpflichtig sind, gilt seinem Wortlaut nach nur für die durch Eintragung in das Handelsregister zivilrechtlich entstandenen Gesellschaften (AG, KG aA und GmbH). Bei der Gründung von Kapitalgesellschaften handelt es sich um einen Entwicklungsprozess, der mit der Vorbereitungsphase beginnt und mit der Entstehung der juristischen Person endet. Gesellschaftsrechtlich ist zu unterscheiden zwischen:

1. der **Vorgründungsgesellschaft:**
   Hierbei handelt es sich um den Zusammenschluss mehrerer Personen mit dem Ziel der Gründung einer Kapitalgesellschaft. Hierzu werden die notwendigen Vorbereitungshandlungen durchgeführt, insbesondere die Satzung erstellt. Die Vorgrün-

---

[277] Vgl. §§ 41 Abs. 1, 278 AktG und § 11 Abs. 1 GmbHG.

dungsgesellschaft endet durch die Erreichung ihres Zwecks, also wenn die Kapitalgesellschaft errichtet ist.

2. der **Vorgesellschaft**:
   Sie bildet das Zwischenstadium und entsteht mit der Feststellung der Satzung und der Übernahme aller Aktien durch die Gründer bzw. mit dem Abschluss des Gesellschaftsvertrages der GmbH und endet mit der Eintragung der Kapitalgesellschaft in das Handelsregister.
   und

3. der rechtsfähigen **Kapitalgesellschaft** (Eintragung in das Handelsregister).

Diese unterschiedlichen Phasen und die mit ihnen verbundenen steuerlichen Konsequenzen sind in **Abbildung 3-36** verdeutlicht. Hierbei ist zu beachten, dass eine Aufnahme von Geschäften vor Eintragung der Gesellschaft in das Handelsregister möglichst vermieden werden soll. Entscheidend hierfür sind weniger mögliche steuerliche Probleme, als vielmehr eine drohende zivilrechtliche Haftung der handelnden Personen und/oder der Gesellschafter der späteren Kapitalgesellschaft.

Abbildung 3-36: *Beginn der Körperschaftsteuerpflicht*

Zusammenschluss mehrerer Personen zwecks Gründung einer Kapitalgesellschaft	**Vorgründungsgesellschaft**	notarielle Beurkundung des Gesellschaftsvertrages	**Vorgesellschaft**	Eintragung in das Handelsregister	**Kapitalgesellschaft**

Zeit ──▶

Zivilrechtliche Konsequenzen: OHG, GbR oder Einzelunternehmung	Zivilrechtliche Konsequenzen: spätere Eintragung **erfolgt**: Kapitalgesellschaft	spätere Eintragung erfolgt **nicht**: OHG, GbR, Einzelunternehmung oder nichtrechtsfähiger Verein

Steuerrechtliche Konsequenzen (linke Spalte):
Besteuerung als Personengesellschaft. Den Gesellschaftern werden Gewinne und Verluste im Rahmen einer einheitlichen Gewinnfeststellung (§§ 179 ff. AO) zugerechnet.

Verluste der Vorgründungsgesellschaft können weder bei der Vorgesellschaft noch bei der später entstehenden Kapitalgesellschaft berücksichtigt werden. Aber: Identität zwischen Vorgesellschaft und späterer Kapitalgesellschaft!

Steuerrechtliche Konsequenzen (mittlere Spalte):
Besteuerung als Kapitalgesellschaft, wenn
– auf sie Vermögen übertragen wurde (dies ist bereits der Fall bei geleisteten Einlagen oder bestehenden Einlageverpflichtungen)
– sie nach außen geschäftlich in Erscheinung tritt
– ihrer Eintragung in das Handelsregister keine ernsten Hindernisse entgegenstehen und
– ihre Eintragung in das Handelsregister alsbald erfolgt

Steuerrechtliche Konsequenzen (rechte Spalte):
– Besteuerung als Personengesellschaft oder als Einzelunternehmung oder
– Besteuerung als nicht rechtsfähiger Verein (§ 1 Abs. 1 Nr. 5 KStG)

Die **Vorgründungsgesellschaft** ist nicht körperschaftsteuerpflichtig. Soweit sie sich bereits geschäftlich betätigt, ist sie als Gesellschaft im Sinne des § 15 Abs. 1 Satz 1 Nr. 2 EStG (Gesellschaft des bürgerlichen Rechts oder bei Aufnahme eines Grundhandelsgewerbes als offene Handelsgesellschaft, ggf. auch als Einzelunternehmen) zu behandeln. Gewinne und Verluste werden den Mitgliedern der Vorgründungsgesellschaft im Rahmen der einheitlichen Gewinnfeststellung (§§ 179 ff. AO) zugerechnet. Verluste der Vorgründungsgesellschaft können weder bei der Vorgesellschaft noch bei der später entstehenden Kapitalgesellschaft berücksichtigt werden. Die Besteuerung folgt damit der zivilrechtlichen Qualifikation.

Die Körperschaftsteuerpflicht beginnt bei Kapitalgesellschaften nicht erst mit der Erlangung der Rechtsfähigkeit durch die Eintragung in das Handelsregister (§§ 41, 278 AktG, § 11 GmbHG), sondern erstreckt sich auch auf die mit Abschluss des Gesellschaftsvertrags (§ 2 GmbHG) bzw. Feststellung der Satzung (§ 23 Abs. 1 AktG) im Gründungsstadium befindliche Kapitalgesellschaft. Folglich unterliegt bereits die **Vorgesellschaft** der Körperschaftsteuerpflicht. Sie ist mit der späteren Kapitalgesellschaft identisch, sodass sie steuerrechtlich bereits wie eine Kapitalgesellschaft zu behandeln ist. Der BFH hat entschieden, dass die Vorgesellschaft – wie die spätere Kapitalgesellschaft – körperschaftsteuerpflichtig ist, wenn:[278]

- auf sie Vermögen übertragen wurde (dies ist bereits der Fall bei geleisteten Einlagen oder bestehenden Einlageverpflichtungen),

- sie nach außen geschäftlich in Erscheinung tritt[279],

- der Eintragung in das Handelsregister keine ernsten Hindernisse entgegenstehen und

- die Eintragung in das Handelsregister alsbald erfolgt.

In der Praxis ergibt sich ein Besteuerungsproblem im Gründungsstadium von Kapitalgesellschaften am häufigsten bei Tätigkeitsvergütungen an die Gründungspersonen. Solche Vergütungen an die Mitglieder der Vorgründungsgesellschaft stellen grundsätzlich nichtabziehbare Vergütungen im Sinne des § 15 Abs. 1 Satz 1 Nr. 2 EStG dar. Hingegen sind solche Zahlungen an die Gesellschafter (Mitglieder) der Vorgesellschaft abziehbare Betriebsausgaben. Bei beherrschenden Gesellschaftern sind jedoch nur dann Betriebsausgaben anzunehmen, wenn sie die Anforderungen erfüllen, die von der Rechtsprechung für die steuerliche Anerkennung von schuldrechtlichen Ver-

---

[278] Vgl. BFH-Urt. vom 11.4.1973, I R 172/72, BStBl. II 1973, S. 568, vom 13.3.1981, III R 132/79, BStBl. II 1981, S. 600, vom 20.10.1982, I R 118/70, BStBl. II 1983, S. 247, vom 8.11.1989, I R 174/86, BStBl. II 1990, S. 91, vom 13.12.1989, I R 98-99/86, BStBl. 1990 II, S. 468, und vom 14.10.1992, I R 17/92, BStBl. II 1993, S. 352.

[279] Eine nach außen gerichtete Geschäftstätigkeit wird durch den bloßen Anspruch auf Einzahlung des Stammkapitals oder der Verwaltung der eingezahlten Stammeinlagen noch nicht begründet, vgl. BFH-Urt. vom 8.4.1960, III 129/57 U, BStBl. III 1960, S. 319.

trägen zwischen einer Kapitalgesellschaft und dem sie beherrschenden Gesellschafter verlangt werden.[280]

Hieraus folgt zugleich, dass evtl. Verluste, die in der Vorgesellschaft entstehen, nicht von den Gesellschaftern geltend gemacht werden können, sondern auf die zukünftige Kapitalgesellschaft übergehen und sich bei dieser im Rahmen des Verlustvortrages auswirken. Das Kriterium der rechtlichen und wirtschaftlichen Identität zwischen der Verlust erzielenden und der die Verlustvorträge geltend machenden Gesellschaft ist erfüllt.

3.4.1.2.2 Gewerbesteuer

Eine Kapitalgesellschaft bildet gem. § 2 Abs. 2 GewStG einen Gewerbebetrieb kraft Rechtsform. Danach unterliegt die Tätigkeit einer Kapitalgesellschaft in vollem Umfang der Gewerbesteuer.

Die Steuerpflicht beginnt **(spätestens) mit der Erlangung** der Rechtsfähigkeit (Registereintragung bzw. aufsichtsbehördlicher Erlaubnis) **oder** bereits aufgrund einer vorher aufgenommenen, **nach außen in Erscheinung tretenden und auf Einkünfteerzielungsabsicht gerichteten** (nicht notwendigerweise gewerblichen) **Tätigkeit.** Die derart tätig gewordene Vorgesellschaft bildet zusammen mit der später eingetragenen Kapitalgesellschaft oder einem anderen Unternehmen im Sinne des § 2 Abs. 2 GewStG einen einheitlichen Steuergegenstand.[281] Nach dem BFH-Urteil vom 28. Oktober 1987[282] löst allerdings nicht schon die rechtswirksame Gründung einer Kapitalgesellschaft deren Gewerbesteuerpflicht aus; als Gewerbebetrieb gilt erst die Tätigkeit einer Kapitalgesellschaft.

3.4.1.2.3 Umsatzsteuer

Das Umsatzsteuergesetz definiert die Fähigkeit als Unternehmer angesehen zu werden, nicht abschließend durch eine Aufzählung möglicher Erscheinungsformen, sondern über die Tätigkeit. Hieraus folgt, dass eine Kapitalgesellschaft, die eine gewerbliche Tätigkeit selbständig ausübt, auch als Unternehmer anzusehen ist. Mit der Unternehmereigenschaft ist dann – unter Beachtung der allgemeinen Voraussetzungen – die Möglichkeit zum Abzug von Vorsteuer nach § 15 UStG verbunden. Außerdem müssen die allgemeinen Aufzeichnungspflichten gem. § 22 UStG erfüllt werden.

Da die Unternehmereigenschaft mit dem Ersten nach außen erkennbaren, auf eine Unternehmertätigkeit gerichteten Tätigwerden beginnt, führen bereits **Vorbereitungs-**

---

[280] Vgl. zu diesen Anforderungen im Einzelnen Kaminski, B./Strunk, G., Einfluss von Steuern auf unternehmerische Entscheidungen, Kriftel 2003, S. 52 ff.

[281] Vgl. BFH-Urt. vom 8.4.1960, III 129/57 U, BStBl. III 1960, S. 319, und vom 8.11.1989, I R 174/86, BStBl. II 1990, S. 91.

[282] I R 126/83, BStBl. II 1988, S. 70.

handlungen grundsätzlich zur Unternehmereigenschaft. Selbst das Einholen von Marktanalysen, Gutachten, Rentabilitätsstudien u. Ä. für das Unternehmen führt zu dieser Eigenschaft. Die Unternehmereigenschaft entfällt nicht rückwirkend, wenn es nicht zur Ausführung entgeltlicher Leistungen kommt. Da die **Vorgründungsgesellschaft** mit der späteren Kapitalgesellschaft nicht identisch ist, kann sie nur dann Vorsteuerbeträge geltend machen, wenn sie selbst nachhaltig tätig wird. Hingegen besteht Identität zwischen der **Vorgesellschaft** und der späteren Kapitalgesellschaft. Hieraus folgt, dass die Kapitalgesellschaft unter den Voraussetzungen des § 15 UStG Vorsteuerbeträge aus Leistungsbezügen der Vorgesellschaft geltend machen kann.

3.4.1.3   Sonstige steuerliche Obliegenheiten

Der Geschäftsführer einer GmbH, der Vorstand einer AG bzw. der persönlich haftende Gesellschafter einer KG aA, hat deren steuerliche Pflichten zu erfüllen.[283] Er hat insbesondere dafür Sorge zu tragen, dass aus dem vorhandenen und von ihm verwalteten Vermögen der Gesellschaft die Steuern entrichtet werden. Gem. § 69 Satz 1 AO haftet der Geschäftsführer, Vorstand bzw. persönlich haftender Gesellschafter, wenn er vorsätzlich oder grob fahrlässig die auferlegten steuerlichen Pflichten verletzt und dem Staat deshalb ein Schaden entsteht. Dies ist dann der Fall, wenn Ansprüche aus dem Steuerschuldverhältnis nicht oder nicht rechtzeitig festgesetzt oder nicht oder nicht rechtzeitig erfüllt werden oder Steuervergütungen oder Steuererstattungen ohne rechtlichen Grund gezahlt werden. Hierbei besteht eine **Haftung** sowohl für die Steuern als auch für steuerliche Nebenleistungen, wie Verspätungszuschläge, Zinsen, Säumniszuschläge, Zwangsgelder und Kosten. Die Haftung der genannten Personen ist persönlich und unbeschränkt. Folglich haften sie selbst mit ihrem gesamten Vermögen. Diese Pflichten beginnen mit der Bestellung als Organ und enden mit dem Ausscheiden bzw. mit dem Erlass eines Verfügungsverbots im Rahmen eines Insolvenzverfahrens.[284] Für die Beendigung der Organstellung ist der Zugang des Widerrufs zum Geschäftsführer bzw. zum Vorstand oder die Erklärung der Amtsniederlegung entscheidend. Auf die Eintragung im Handelsregister kommt es hinsichtlich der Haftung nicht an.

Darüber hinaus bestehen die allgemeinen Mitwirkungspflichten im Rahmen des Besteuerungsverfahrens. Dies gilt z. B. für Nachweis-, Buchführungs- und Aufklärungspflichten.[285]

Sind bei einer GmbH mehrere Geschäftsführer vorhanden, hat eine Aktiengesellschaft mehrere Vorstandsmitglieder oder eine Kommanditgesellschaft auf Aktien mehrere persönlich haftende Gesellschafter, trifft grundsätzlich jeden von ihnen die Verantwortung für die Erfüllung der steuerlichen Pflichten der Gesellschaft. Ist die Erfüllung der

---

[283] Vgl. § 34 Abs. 1 Satz 1 AO.
[284] Vgl. z. B. § 21 Abs. 2 Nr. 2 InsO.
[285] Vgl. zu diesen Pflichten bereits S. 33 ff.

steuerlichen Verpflichtungen der Gesellschaft einem von mehreren zugewiesen, wobei dies nach der Rechtsprechung des BFH von vornherein eindeutig und schriftlich erfolgt sein muss[286], treffen die steuerlichen Pflichten in erster Linie diesen Geschäftsführer. Die Verantwortung der anderen Organmitglieder wird dadurch jedoch nicht vollständig aufgehoben. Vielmehr tritt der Umfang ihrer Pflichten nur insoweit und so lange zurück, wie für sie unter den Maßstäben der Sorgfalt eines ordentlichen Kaufmanns kein Anlass besteht anzunehmen, die steuerlichen Pflichten der Gesellschaft würden nicht exakt erfüllt. Die Gesamtverantwortung aller Organmitglieder wird spätestens dann wirksam, wenn die laufende Erfüllung aller Verbindlichkeiten nicht mehr gewährleistet ist und infolge dessen Unregelmäßigkeiten in der Erfüllung der Steuerschulden zu besorgen sind. Das gleiche gilt, wenn die Person des für die steuerlichen Belange primär Zuständigen Anlass zu dieser Besorgnis gibt. In einem solchen Fall müssen die nicht mit den steuerlichen Angelegenheiten befassten Organmitglieder einschreiten, wenn hierfür Hinweise in der Person des für steuerliche Belange zuständigen Organmitgliedes bestehen oder die wirtschaftliche Lage der Gesellschaft dies erfordert.

3.4.2 Laufende Besteuerung

- Welche Unterschiede bestehen bei der laufenden Besteuerung einer Kapitalgesellschaft gegenüber einer Personengesellschaft bzw. gegenüber einem Einzelunternehmen?

- Inwieweit werden schuldrechtliche Verträge zwischen der Kapitalgesellschaft und ihrem Gesellschafter anerkannt? Wenn ja, unter welchen Voraussetzungen geschieht dies?

- Wie wird sichergestellt, dass Einlagen der Gesellschafter nicht zu einer Erhöhung des Gewinns der Gesellschaft führen?

- Inwieweit gibt es Sonderregelungen für die Ermittlung des Gewerbeertrags?

3.4.2.1 Überblick

Die laufende Besteuerung einer Kapitalgesellschaft muss für die unterschiedlichen Steuern differenziert behandelt werden. Allerdings ergeben sich bei der Umsatzsteuer keine Besonderheiten. Nach § 2 Abs. 1 Satz 1 UStG ist Unternehmer, wer eine gewerbliche oder berufliche Tätigkeit selbständig ausübt. Dabei kann Unternehmer unter anderem jede juristische Person im Sinne des bürgerlichen Rechts sein. Gem. § 2 Abs. 1 Satz 3 UStG ist eine gewerbliche oder berufliche Tätigkeit gegeben, wenn eine Person

---

[286] Vgl. BFH-Urt. vom 26.4.1984, V R 128/79 BStBl. II 1984, S. 676, Beschluss vom 4.3.1986, VII S 33/85 BStBl. II 1986, S. 384, und Urt. vom 17.5.1988, VII R 90/85, BFH/NV 1989, S. 4.

nachhaltig zur Erzielung von Einnahmen tätig wird, auch wenn die Absicht fehlt, Gewinn zu erzielen. Da Kapitalgesellschaften Kaufleute kraft Rechtsform nach § 6 Abs. 1 HGB sind und gem. § 8 Abs. 2 KStG bei ihnen alle Einkünfte als Einkünfte aus Gewerbebetrieb zu behandeln sind, besitzen Kapitalgesellschaften stets auch die Unternehmerfähigkeit. In der Regel sind sie auch Unternehmer, weil sie eine nachhaltige Tätigkeit ausüben. Abweichend von der Qualifikation als Unternehmer kann eine Kapitalgesellschaft diese Eigenschaft dann verlieren, wenn sie als Organgesellschaft in eine sog. Organschaft eingegliedert ist. Entsprechendes gilt auch für die Körperschaftsteuer und Gewerbesteuer.

3.4.2.2 Gewinnermittlung für Zwecke der Körperschaftsteuer

3.4.2.2.1 Grundlagen zum körperschaftsteuerlichen Einkommen

Die Körperschaftsteuer bemisst sich nach dem **zu versteuernden Einkommen** (§ 7 Abs. 1 KStG) der Kapitalgesellschaft. § 7 Abs. 2 KStG definiert dieses als Einkommen im Sinne des § 8 Abs. 1 KStG. Sie ist eine **Jahressteuer**, die gem. § 7 Abs. 3 KStG durch das Einkommen bestimmt wird, das die Kapitalgesellschaft innerhalb eines Kalenderjahres bezogen hat. Das Kalenderjahr ist grundsätzlich der Veranlagungs- und Ermittlungszeitraum. Allerdings können Wirtschafts- und Kalenderjahr abweichen, wobei gem. § 8b EStDV das Wirtschaftsjahr nicht länger als 12 Monate sein darf.

Was als **Einkommen** gilt und wie es zu ermitteln ist, bestimmt sich nach den Vorschriften des EStG und des KStG, § 8 Abs. 1 KStG. Aus dem KStG sind dabei die §§ 8 – 22 KStG relevant. Die Vorschriften des EStG finden nur insoweit Anwendung, wie sie nicht ausschließlich auf natürliche Personen ausgerichtet sind (z. B. außergewöhnliche Belastungen (§§ 33 – 33c EStG) und tarifliche Freibeträge (wie z. B. § 32 EStG)). Eine Zusammenstellung der im Körperschaftsteuerrecht anzuwendenden Vorschriften des EStG und der EStDV findet sich in R. 32 KStR.

Das Körperschaftsteuerrecht enthält keine Abgrenzung der Begriffe Einkünfte, Einkommen und zu versteuerndes Einkommen. Die Finanzverwaltung gibt der Praxis ein Berechnungsschema an die Hand, mit dem die verschiedenen Rechenschritte zur Ermittlung des zu versteuernden Einkommens dargestellt werden. Dieses Schema lässt sich, bezogen auf die Regelungen, die für Kapitalgesellschaften relevant sind, wie in **Abbildung 3-37** dargestellt, zusammenfassen.

Abbildung 3-37: *Schema zur Ermittlung des zu versteuernden Einkommens einer Kapitalgesellschaft (in Anlehnung an R. 29 KStR)*

	Gewinn/Verlust lt. Steuerbilanz bzw. nach § 60 Abs. 2 EStDV kompletter Jahresüberschuss/Jahresfehlbetrag lt. Handelsbilanz
+	Hinzurechnung von verdeckten Gewinnausschüttungen (§ 8 Abs. 3 Satz 2 KStG)
./.	Abzug von Gewinnerhöhungen im Zusammenhang mit bereits in vorangegangenen VZ versteuerten verdeckten Gewinnausschüttungen
./.	Einlagen (§ 4 Abs. 1 Satz 5 EStG)
+	nichtabziehbare Aufwendungen (z. B. § 10 KStG, § 4 Abs. 5 EStG, § 160 AO)
+	Gesamtbetrag der Zuwendungen nach § 9 Abs. 1 Nr. 2 KStG
+/./.	Kürzungen/Hinzurechnungen nach § 8b KStG und § 3c Abs. 1 EStG
./.	sonstige inländische steuerfreie Einnahmen (z. B. Investitionszulagen)
+/./.	Hinzurechnungen und Kürzungen bei ausländischen Einkünften
+/./.	sonstige Hinzurechnungen/Kürzungen
=	steuerlicher Gewinn (Einkommen i. S. d. § 9 Abs. 2 Satz 1 KStG)
./.	abzugsfähige Zuwendungen nach § 9 Abs. 1 Nr. 2 KStG
=	Gesamtbetrag der Einkünfte
./.	Verlustabzug nach § 10d EStG
=	Einkommen
=	zu versteuerndes Einkommen

Einnahmen einer Körperschaft gehören zu ihrem körperschaftsteuerlichen Einkommen, wenn sie einer der Einkunftsarten des EStG zuzuordnen sind. Daraus folgt, dass Körperschaften grundsätzlich alle Einkunftsarten des EStG – mit Ausnahme der aus § 18 (Einkünfte aus selbständiger Arbeit), aus § 19 (Einkünfte aus nichtselbständiger Arbeit) und bestimmter sonstiger Einkünfte i. S. d. § 22 EStG (wie z. B. Entschädigungen und Unterhaltszahlungen) – haben können. Die Frage, welche Einkünfte im Einzelfall vorliegen, ist nach den §§ 13 – 24 EStG zu beurteilen. **Sind Einnahmen einer Kapitalgesellschaft unter keine der Einkunftsarten des EStG zu subsumieren, unterliegen sie auch nicht der Körperschaftsteuer.** Bei Steuerpflichtigen, die nach den Vorschriften des HGB zur Führung von Büchern verpflichtet sind, sind **alle** Einkünfte als **Einkünfte aus Gewerbebetrieb** zu behandeln (§ 8 Abs. 2 KStG). Dies ist bei Kapitalgesellschaften stets der Fall.[287] Hieraus folgt, dass z. B. eine GmbH, die ausschließ-

---

[287] Vgl. z. B. für die GmbH §§ 238, 6 Abs. 2 HGB i. V. m. § 13 Abs. 3 GmbHG.

lich Grundbesitz vermietet oder verpachtet, Einkünfte aus Gewerbebetrieb erzielt. Die zur Führung von Büchern nach dem HGB verpflichteten Körperschaften haben die Gewinnermittlung nach § 8 Abs. 1 KStG in Verbindung mit § 5 EStG vorzunehmen, d. h. durch Vermögensvergleich auf der Grundlage von Bilanzen, die nach den handelsrechtlichen Grundsätzen ordnungsmäßiger Buchführung zu erstellen sind.[288]

3.4.2.2.2 Auswirkungen von Gewinnausschüttungen

Besondere Regelungen für die Einkommensermittlung enthält § 8 Abs. 3 KStG. Danach ist es für die Ermittlung des Einkommens ohne Bedeutung, ob das Einkommen verteilt wird. Sowohl offene als auch verdeckte Ausschüttungen dürfen das Einkommen nicht mindern. **Verdeckte Gewinnausschüttungen** sind grundsätzlich nicht illegal und nicht strafbar. Verdeckt wird lediglich als Gegensatz zu offenen Gewinnausschüttungen verwendet. Damit soll zum Ausdruck gebracht werden, dass es sich um eine Gewinnausschüttung handelt, die nicht auf einen den formalen Anforderungen nach Maßgabe der gesellschaftsrechtlichen Regelungen getroffenen Gewinnverwendungsbeschluss entspricht. Vielmehr wird ein Vermögensvorteil dem Gesellschafter zugewendet, ohne dass hierüber ein formaler Beschluss gefasst wurde. Im Ergebnis soll damit verhindert werden, dass infolge der regelmäßig engen Beziehungen zwischen Gesellschaft und Gesellschafter Vermögensverlagerungen von der Ebene der Kapitalgesellschaft auf die Ebene des Gesellschafters erfolgen, ohne dass hiermit steuerliche Konsequenzen verbunden wären.

Beschließen die Gesellschafter den Gewinn zu verteilen, so entsteht der **Anspruch** auf einen Gewinnanteil (Dividende) **erst mit der Fassung des Gewinnverteilungsbeschlusses**. Erfolgt hingegen keine entsprechende Beschlussfassung führen Gewinne der Kapitalgesellschaft grundsätzlich zu keine steuerlichen Konsequenzen beim Gesellschafter. Vielmehr folgt aus der Selbständigkeit der Kapitalgesellschaft, dass eine Trennung zwischen der Ebene der Gesellschafter und der des Gesellschafters zu erfolgen hat. Hierbei wird vom sog. **Trennungsprinzip** gesprochen.

Neben einer offenen Gewinnausschüttung kann die Kapitalgesellschaft ihren Gesellschaftern Vermögensvorteile zulasten des Jahresüberschusses oder des Gesellschaftsvermögens zuwenden. Diese Gefahr ist dann besonders groß, wenn der Gesellschafter zugleich Geschäftsführer der Gesellschaft ist oder auf diese einen beherrschenden Einfluss ausüben kann. In diesen Fällen erfolgt eine Gewinnverwendung außerhalb der gesellschaftsrechtlichen Beschlussfassung. Steuerrechtlich wird von einer verdeckten Gewinnausschüttung gesprochen, wenn bei der Kapitalgesellschaft eine **Gewinnminderung eintritt, die durch das Gesellschaftsverhältnis veranlasst ist.** Diese soll steuerlich jedoch nicht anerkannt werden, denn im Ergebnis darf es keinen Besteuerungsunterschied machen, in Abhängigkeit davon, ob eine offene oder verdeckte Ge-

---

[288] Vgl. hierzu Strunk, G./Kaminski, B., Steuerliche Gewinnermittlung bei Unternehmen, Kriftel 2001, S. 54 ff.

winnausschüttung erfolgt. In beiden Fällen sieht § 8 Abs. 3 Satz 2 KStG vor, dass der Gewinn nicht gemindert werden darf. Damit wird eine sonst entstehende Ungleichbehandlung vermieden. Dies ist sachgerecht, weil anderenfalls durch unterschiedliche Formen der Gewinnausschüttung abweichende Besteuerungskonsequenzen ausgelöst würden, die nicht gerechtfertigt sind.

Bei der juristischen Person und ihrem Gesellschafter handelt es sich um unterschiedliche Personen. Dieser Beurteilung wird auch für steuerliche Zwecke gefolgt, so dass Rechtsbeziehungen zwischen Gesellschaft und Gesellschafter grundsätzlich anerkannt werden. Diese Beziehungen können entweder eine gesellschaftsrechtliche oder eine zivilrechtliche Grundlage haben.

Der BFH hat seit dem Urteil vom 16. März 1967[289] die Veranlassung einer Vermögensminderung durch das Gesellschaftsverhältnis angenommen, wenn die Kapitalgesellschaft ihren Gesellschaftern einen Vermögensvorteil zuwendet, den sie bei Anwendung der **Sorgfalt eines ordentlichen und gewissenhaften Geschäftsleiters** einem Nichtgesellschafter nicht gewährt hätte. Damit soll eine Abgrenzung zwischen den Vereinbarungen ermöglicht werden, die in vergleichbarer Weise auch mit fremden Dritten getroffen worden wären und solchen, bei denen infolge der Gesellschafterstellung eine Einflussnahme erfolgt ist.

Als Rechtsfolge löst die verdeckte Gewinnausschüttung i. S. d. § 8 Abs. 3 Satz 2 KStG eine Korrektur des Einkommens aus. Steuerlich wird der Betrag angesetzt, der ohne Einflussnahme durch das Gesellschaftsverhältnis von der Kapitalgesellschaft erzielt worden wäre. Die Korrektur wird gedanklich erst nach der Aufstellung der Steuerbilanz vorgenommen. Deshalb betrifft sie auch nur solche Gewinnminderungen, die nicht schon durch die Aktivierung einer Forderung gegen den Gesellschafter ausgeglichen sind. Die verdeckte Gewinnausschüttung muss keine Zuwendung eines Vermögensvorteils an den Gesellschafter sein. Ausreichend ist die Annahme einer Vermögensminderung oder verhinderten Vermögensmehrung, die durch das Gesellschaftsverhältnis veranlasst ist.

Beispiel:
Eine GmbH verzichtet darauf, ihren Gesellschafter-Geschäftsführer auf Schadensersatz wegen Verstoß gegen das Wettbewerbsverbot zu verklagen. Ein GmbH-Geschäftsführer ist ohne abweichende Vereinbarung[290] einem umfassenden Wettbewerbsverbot unterworfen.[291] Danach hat der Geschäftsführer seine gesamte Arbeits-

---

[289] I 261/63, BStBl. III 1967, S. 626.

[290] Zwar ist grundsätzlich eine Befreiung vom Wettbewerbsverbot möglich, doch ist zu prüfen, ob in dieser Befreiung möglicherweise eine verdeckte Gewinnausschüttung liegt. Das wäre dann der Fall, wenn ein fremder Dritter unter vergleichbaren Bedingungen nicht – oder zumindest nicht ohne Rückwirkungen auf die Höhe des Gehalts – vom Wettbewerbsverbot befreit worden wäre.

[291] Da es hierzu im GmbHG keine Regelung gibt, ist nach h. M. § 88 Abs. 1 AktG analog auf die GmbH anzuwenden.

kraft der GmbH zur Verfügung zu stellen. Ein Verstoß gegen diese Vorgabe führt zur Schadensersatzpflicht des Gesellschafters gem. § 43 Abs. 2 GmbHG, wenn die Gesellschaft personell, finanziell und sachlich in der Lage wäre, die Geschäftschance selber wahrzunehmen. Wird hierauf verzichtet, erfolgt keine Vermögenszuwendung an den Gesellschafter, gleichwohl liegt eine verdeckte Gewinnausschüttung vor.[292] Diese besteht darin, dass bei der Gesellschaft eine Vermögensmehrung infolge von Schadensersatzansprüchen nicht eintritt.

Literaturhinweise zum Wettbewerbsverbot:

▪ Gosch, D., Wettbewerbsverbot, Geschäftschancenlehre und verdeckte Gewinnausschüttung – Checkliste und Prüfungsschema, DStR 1997, S. 442

▪ Wassermeyer, F., Die neuere BFH-Rechtsprechung zu Verstößen gegen ein Wettbewerbsverbot durch den Gesellschafter-Geschäftsführer einer GmbH – Anmerkungen zum BFH-Urteil vom 13.11.1996, I R 149/94, DStR 1997, S. 681

▪ Müller, H. J., Vertragliches Wettbewerbsverbot des GmbH-Gesellschafters und verdeckte Gewinnausschüttung in der jüngeren Rechtsprechung des BFH, BB 1997, S. 1441

Eine handelsrechtlich unzulässige verdeckte Gewinnausschüttung löst eine Rückgewährforderung der Kapitalgesellschaft gegen ihren Gesellschafter aus.[293] Die Forderung ist, soweit sie nicht bestritten wird, in der Handels- und Steuerbilanz zu aktivieren. Soweit die Aktivierung steuerrechtlich nicht als Einlage zu behandeln ist, besteht für die Anwendung des § 8 Abs. 3 Satz 2 KStG kein Raum. Diese Regelung setzt voraus, dass der unter Anwendung des Maßgeblichkeitsgrundsatzes ermittelte steuerliche Gewinn gemindert wurde und dass die Veranlassung dafür im Gesellschaftsverhältnis zu suchen ist. Tatbestandsmäßig setzt die verdeckte Gewinnausschüttung bereits dann ein, wenn die beabsichtigte Vorteilszuwendung sich auf den Gewinn der Gesellschaft mindernd auswirkt.

Der **BFH** versteht unter einer verdeckten Gewinnausschüttung i. S. d. § 8 Abs. 3 Satz 2 KStG in ständiger Rechtsprechung[294] bei einer Kapitalgesellschaft:

▪ eine Vermögensminderung bzw. verhinderte Vermögensmehrung,

▪ die durch das Gesellschaftsverhältnis veranlasst ist,

---

[292] Vgl. BMF vom 4.2.1992, IV B 7 – S 2742 – 6/92, BStBl. I 1992, S. 137, vom 15.12.1992, IV B 7 – S 2742 – 123/92, BStBl. I 1993, S. 24 und Niedersächsisches Finanzministerium vom 29.6.1993, IV B 7 – S 2742 – 54/93, BStBl. I 1993, S. 556.

[293] Vgl. nur § 30 GmbHG.

[294] Vgl. BFH-Urt. vom 13.12.1989, I R 99/87, BStBl. II 1990, S. 454.

■ sich auf die Höhe des Einkommens auswirkt und

■ in keinem Zusammenhang mit einer offenen Ausschüttung steht.

Eine Gewinnminderung in diesem Sinne liegt vor, wenn der steuerliche Unterschieds-betrag nach § 4 Abs. 1 Satz 1 EStG ohne Anwendung der Rechtsfolge des § 8 Abs. 3 Satz 2 KStG verfälscht sein würde, weil die beabsichtigte Zuwendung eines Vermö-gensvorteils an den Gesellschafter oder an eine ihm nahe stehende Person sich ge-winnmindernd auswirkt. Die Gewinnminderung kann – wie das obige Beispiel des Verzichts auf Schadensersatzansprüche wegen Verstoß gegen das Wettbewerbsverbot zeigt – auch in einer **verhinderten Vermögensmehrung** bestehen. Die verdeckte Ge-winnausschüttung besteht in diesem Fall nicht in der Übertragung des Wirtschaftsgu-tes, sondern in der Nichtgeltendmachung von Ansprüchen, die unter fremden Dritten geltend gemacht worden wären. Eine verdeckte Gewinnausschüttung infolge eines Unterlassens kann auch darin bestehen, dass die Gesellschaft darauf verzichtet, einen für sie ungünstigen Vertrag mit dem Gesellschafter zu kündigen.

Beispiel:
Der Gesellschafter einer GmbH vermietet seiner Gesellschaft ein Bürogebäude zu einem marktüblichen Mietzins. Infolge von rückläufigen Geschäftsvolumen erweist sich die angemietete Fläche als deutlich zu groß, zumal mit einer kurzfristigen Verbes-serung der Lage (verbunden mit einem wieder zunehmenden Platzbedarf) nicht ge-rechnet werden kann. Infolge der schlechten Vermietungssituation auf dem Markt für Büroimmobilien sorgt der Gesellschafter dafür, dass die Gesellschaft keine Kündigung des Mietvertrages vornimmt, obwohl dadurch die Ertragssituation der GmbH belastet wird. Insoweit liegt eine verdeckte Gewinnausschüttung vor, weil ein fremder Dritter eine Kündigung vorgenommen oder eine Verringerung des Mietzinses verlangt hätte.

Das Handeln eines ordentlichen und gewissenhaften Geschäftsleiters tritt als Ver-gleichsmaßstab dann zurück, wenn die verdeckte Gewinnausschüttung einem sog. **beherrschenden Gesellschafter** zugewendet werden soll. Der Geschäftsführer vertritt die GmbH nach Außen. Da die Gesellschaft und der dahinter stehenden Gesellschafter zwei unterschiedliche Rechts- und Steuersubjekte sind, werden Rechtsgeschäfte auch zwischen diesen beiden grundsätzlich anerkannt. Allerdings ist fraglich, wer hierbei die Gesellschaft vertritt. Da die Zuständigkeit hierfür beim Geschäftsführer liegt, muss dieser mit sich selbst Vertragsverhandlungen führen. Hierbei ist zu beachten, dass § 181 BGB ein sog. **Selbstkontrahierungsverbot** anordnet. Danach darf ein Vertreter nicht im Namen des Vertretenen mit sich im eigenen Namen Rechtsgeschäfte vornehm-men. Dies bedeutet, dass der Geschäftsführer nicht mit sich kontrahieren kann. Dies würde auch gelten, wenn er als Gesellschafter tätig wird, weil unverändert Personen-identität besteht. Allerdings sieht § 181 BGB ausdrücklich vor, dass diese Regelung abbedungen werden kann. Dies muss jedoch zwingend im Gesellschaftsvertrag erfol-gen und im Handelsregister eingetragen werden.[295] Um Manipulationsmöglichkeiten

---

[295] Vgl. § 10 Abs. 1 Satz 2 GmbHG.

einzuschränken, muss von vornherein nach außen hin deutlich gemacht werden, ob Leistungen, die die Gesellschaft an den Gesellschafter erbringt, auf gesellschaftsrechtlicher oder auf schuldrechtlicher Grundlage erfolgen. Deshalb hat die Rechtsprechung eine **klare und von vornherein abgeschlossene Vereinbarung** darüber verlangt, ob und in welcher Höhe ein Entgelt von der Kapitalgesellschaft gezahlt wird.[296] Außerdem muss die Vereinbarung **tatsächlich durchgeführt** werden.[297] Dies wird als Voraussetzung für eine ernsthaft gewollte Vereinbarung angesehen.

Fehlt es an einer dieser Voraussetzungen, so geht die Rechtsprechung davon aus, dass die Veranlassung für die Leistung der Kapitalgesellschaft im Gesellschaftsverhältnis zu suchen ist. Als beherrschender Gesellschafter gilt derjenige, der **mehr als die Hälfte der Stimmrechte** besitzt. Sieht die Satzung der Gesellschaft eine qualifizierte Mehrheit für bestimmte Handlungen vor, so ist auf diese abzustellen, wenn eine verdeckte Gewinnausschüttung aus Handlungen besteht, für die die qualifizierte Mehrheit vorgesehen ist. Mehrere Gesellschafter sind als beherrschend anzusehen, wenn sie zusammen mehr als 50 % der Stimmrechte halten und **bezüglich der verdeckten Gewinnausschüttung gleichgerichtete Interessen** verfolgen.[298]

Um das Verständnis für die Problematik der verdeckten Gewinnausschüttung zu erhöhen, sollen im Folgenden einige „typische" Beispielsfälle aufgeführt werden:

- Ein Gesellschafter erhält für seine Vorstands- oder Geschäftsführungstätigkeit ein unangemessen hohes Gehalt.

- Eine Gesellschaft zahlt an einen Gesellschafter besondere Umsatzvergütungen neben einem angemessenen Gehalt.

- Ein Gesellschafter erhält ein Darlehen von der Gesellschaft zinslos oder zu einem außergewöhnlich geringen Zinssatz.

- Eine Kapitalgesellschaft gewährt ihrer Schwestergesellschaft ein Darlehen, obwohl aufgrund der wirtschaftlichen Situation dieser Gesellschaft davon auszugehen ist, dass sie nicht in der Lage sein wird, das Darlehen zurückzahlen zu können.

- Ein Gesellschafter gibt der Gesellschaft ein Darlehen zu einem außergewöhnlich hohen Zinssatz. Die Zinsen werden von der Gesellschaft bezahlt.

- Eine Kapitalgesellschaft akzeptiert bei Liefer- und Leistungsbeziehungen mit ihrem Gesellschafter Preise (oder andere Lieferbedingungen), die deutlich über den Preisen liegen (oder ungünstigere Bedingungen darstellen), als dies bei Geschäften mit fremden Dritten der Fall wäre.

---

[296] Vgl. BFH-Urt. vom 12.4.1989, I R 142-143/85, BStBl. II 1989, S. 636.
[297] Vgl. BFH-Urt. vom 2.3.1988, I R 103/86, BStBl. II 1988, S. 786.
[298] Vgl. BFH-Urt. vom 26.7.1978, I R 138/76, BStBl. II 1978, S. 659, vom 23.10.1985, I R 247/81, BStBl. II 1986, S. 195, und vom 11.12 1985, I R 164/82, BStBl. II 1986, S. 469.

- Eine Gesellschaft verzichtet auf Rechte, die ihr gegenüber dem Gesellschafter zustehen (z. B. Befreiung vom Wettbewerbsverbot, Schadenersatz).

- Ein Gesellschafter beteiligt sich an der Gesellschaft als stiller Gesellschafter und erhält dafür einen unangemessenen hohen Gewinnanteil.

- Die Ehefrau eines Gesellschafters wird als „Sekretärin" der Kapitalgesellschaft eingestellt und erhält hierfür ein Gehalt, ohne dass sie für die Gesellschaft tätig wird.

Nach dem Wortlaut des § 8 Abs. 3 Satz 2 KStG **mindern** verdeckte Gewinnausschüttungen **das Einkommen nicht**. Folglich ist die Einkommensermittlung so vorzunehmen, als ob die Körperschaft die verdeckte Gewinnausschüttung nicht vorgenommen hätte. Hierfür hat die Rechtsprechung die sog. **Fiktionstheorie** entwickelt.[299] Sie beruht auf zwei Fiktionen:

- die Gesellschaft habe vom Gesellschafter – wie unter fremden – eine angemessene Gegenleistung (z. B. Zinsen für ein an sich zinsloses Darlehen erhalten) und

- die Gesellschaft wird so behandelt, als habe sie diese Gegenleistung als Gewinnausschüttung an den Gesellschafter ausgekehrt.

Dies bewirkt eine vGA bei der Gesellschaft und entsprechende Einkünfte beim Gesellschafter, ggf. sind die fingierten Aufwendungen beim Gesellschafter als Betriebsausgaben oder als Werbungskosten – unter Beachtung der allgemeinen Regelungen[300] – abzugsfähig. Ist Empfänger der vGA eine Kapitalgesellschaft, so liegen bei ihr gem. § 8b Abs. 1 KStG steuerfreie Dividenden vor, wobei die auf S. 226 ff. eingehend erläuterte 5 %-Regelung für nicht abzugsfähige Betriebsausgaben zu beachten ist. In der Literatur wird z. T. heftige Kritik an der Fiktionstheorie geübt. Einige Stimmen vertreten sogar die Auffassung, der BFH habe sie inzwischen aufgegeben. Die Finanzverwaltung lässt nur in Ausnahmefällen ein Abweichen von der Fiktionstheorie zu und hält ansonsten unverändert an ihr fest.

Die Rechtsfolge des § 8 Abs. 3 Satz 2 KStG tritt auch ein, wenn die verdeckte Gewinnausschüttung als Beteiligungsertrag beim Gesellschafter (noch) nicht erfasst werden kann. Handelt es sich bei der verdeckten Gewinnausschüttung um eine aufwandsmäßige, so ist der Gewinn um den als verdeckte Gewinnausschüttung zu beurteilenden Aufwand zu erhöhen. In diesem Falle ergeben sich keine besonderen Bewertungsprobleme. Handelt es sich dagegen um eine **ertragsmäßige** verdeckte Gewinnausschüttung, so müssen die der Gesellschaft entgangenen Einnahmen bewertet werden. Die verdeckte Gewinnausschüttung ist bei Hingabe von Wirtschaftsgütern

---

[299] Vgl. u. a. BFH-Urt. vom 25.9.1970, VI R 122/67, BStBl. II 1971, S. 53.

[300] Hierbei ist insbesondere die Regelung des § 3c Abs. 2 EStG zu beachten, nach der Betriebsvermögensminderungen, Betriebsausgaben, Veräußerungskosten oder Werbungskosten, die mit den in § 3 Nr. 40 EStG genannten Einnahmen im wirtschaftlichen Zusammenhang stehen, bei der Einkunftsermittlung nur zur Hälfte angesetzt werden dürfen, vgl. hierzu S. 230 ff.

mit dem **gemeinen Wert** und **bei Nutzungsüberlassungen** mit der **erzielbaren Vergütung** anzusetzen.[301]

Literaturhinweise:

▨ Hoffmann, W.-D., Die verdeckte Gewinnausschüttung im Halbeinkünfteverfahren, GmbH-StB 2000, S. 348

▨ Schiffers, J., Die verdeckte Gewinnausschüttung im Halbeinkünfteverfahren: Beratungskonsequenzen aus den veränderten Steuerwirkungen, GmbH-StB 2000, S. 242

▨ Wassermeyer, F., Der Fremdvergleich als Tatbestandsmerkmal der verdeckten Gewinnausschüttung, DB 1994, S. 105

▨ Wassermeyer, F., Verdeckte Gewinnausschüttung und verdeckte Einlage, DStR 1990, S. 158

▨ Wassermeyer, F., Zum Stand der Rechtsprechung zur verdeckten Gewinnausschüttung, Stbg 1996, S. 481

Der Gesetzgeber hat mit der Gesellschafter-Fremdfinanzierung einen speziellen Fall der verdeckten Gewinnausschüttung im **§ 8a KStG** geregelt. Während diese Regelung ursprünglich nur für Kapitalgesellschaften mit ausländischen Gesellschaftern und – aus Unternehmenssicht nicht sehr bedeutsame – Sonderfälle galt, erfolgte mit der Unternehmenssteuerreform 2001[302] eine Ausdehnung auf Inlandsfälle. Ausschlaggebend hierfür war eine Entscheidung des EuGH[303], wonach die alte Fassung des § 8a KStG mit der Niederlassungsfreiheit des EG-Vertrages nicht zu vereinbaren war. Seit der Neuregelung ist diese Vorschrift in den **Mittelpunkt der Unternehmensbesteuerung** gerückt. Sie erfasst letztlich alle Darlehensgewährungen des Gesellschafters an seine Kapitalgesellschaft, wobei infolge von Missbrauchsbekämpfungsklauseln weitere Fälle von der Vorschrift erfasst werden. Dies gilt insbesondere für die sog. Rückgriffsfälle.

Die nunmehr geltende Regelung des § 8a KStG lässt sich wie folgt zusammenfassen:

▨ Eine (in- oder ausländische) **Kapitalgesellschaft** (oder eine dieser nachgeschaltete Personengesellschaft)

▨ erhält (nicht nur kurzfristig) **Fremdkapital**

---

[301] Vgl. Abschn. 32 Abs. 10 KStR unter Hinweise auf die Rechtsprechung des BFH.
[302] Gesetz zur Fortführung der Unternehmenssteuerreform vom 20.12.2001, BGBl. I 2001, S. 3858.
[303] Vgl. EuGH-Urteil vom 12.12.2002, Rs. C-324/00, Lankhorst-Hohorst, Slg. 2002, S. I-11779.

- von einem zu einem Zeitpunkt im Wirtschaftsjahr wesentlich (= **mehr als mit 25 %**) unmittelbar oder mittelbar **Beteiligten** oder entsprechend zu behandelnden (§ 8a Abs. 3 Satz 2 und 3 KStG) (in- oder ausländischen) Anteilseigner **oder** von einer diesem **nahe stehenden Person** i. S. d. § 1 Abs. 2 AStG oder von einem Dritten, der auf die vorgenannte Person zurückgreifen kann,

- die **Vergütungen** für das Fremdkapital betragen insgesamt **mehr als 250.000,- EUR**,

- wenn eine nicht in einem Bruchteil des Kapitals bemessene Vergütung vereinbart ist oder die Vergütung zwar in einem Bruchteil des Kapitals bemessen ist, das Fremdkapital aber zu einem Zeitpunkt des Wirtschaftsjahres das **1,5-fache** des auf den **Anteilseigner entfallenden handelsbilanziellen Eigenkapitals** zum Ende des vorangegangen Wirtschaftsjahres überschreitet und **nicht nachgewiesen** wird, dass dieses Fremdkapital auch **von einem fremden Dritten** unter sonst gleichen Umständen gewährt worden wäre,

- oder das Fremdkapital zum Zweck des **Erwerbs einer Beteiligung** an einer Kapitalgesellschaft aufgenommen wurde und sowohl der Veräußerer der Beteiligung als auch der Fremdkapitalgeber ein wesentlich beteiligter Anteilseigner, eine nahe stehende Person oder ein rückgriffsberechtigter Dritter ist (hier ist kein Fremdvergleich möglich).

Die Rechtsfolgen des § 8a Abs. 1 Satz 1 KStG treten ein, wenn die Vergütungen insgesamt mehr als 250.000,- EUR betragen. Wird dieser Betrag überschritten, gilt grundsätzlich die gesamte Finanzierung als schädlich im Sinne des § 8a KStG. Diese Freigrenze kann von der Kapitalgesellschaft nur einmal im Veranlagungszeitraum in Anspruch genommen werden.[304] Dies kann u. a. zu Nachteilen bei einem Wechsel des Wirtschaftsjahres führen, wenn dieses auf das Kalenderjahr umgestellt wird. In dem Kalenderjahr, in dem zwei Wirtschaftsjahre enden, kann die Freigrenze nur einmal in Anspruch genommen werden. Außerdem kann im Folgejahr keine Freigrenze genutzt werden, so dass der Steuerpflichtige in jedem Fall in den Anwendungsbereich des § 8a KStG gerät. Zweifelhaft ist, ob dies mit der Intention von Gesetzgeber und Finanzverwaltung zu vereinbaren ist. Eine sachgerechte Lösung könnte darin liegen, die Freigrenze bei Rumpfwirtschaftsjahren nur anteilig zu gewähren und den verbleibenden Teil auf den kommenden Veranlagungszeitraum zu übertragen, wobei gleichwohl ein Nachteil verbleibt. Jenseits dieser Freigrenze kommt es im Ergebnis zu einer Umkehr der Beweislast für die Fremdüblichkeit der Kapitalausstattung.

Es sind nur die Vergütungen zu berücksichtigen, die für Darlehen an wesentlich beteiligte Anteilseigner oder Personen im Sinne des § 8a Abs.1 KStG gezahlt werden. Folglich zehren andere Darlehen diese Freigrenze nicht auf. Eine Besonderheit besteht bei rückgriffsberechtigten Darlehen. Diese sollen gem. Rz. 29 des BMF-Schreibens vom 15. Juli 2004 im jeden Fall bei der Ermittlung der Freigrenze zu berücksichtigen sein

---

[304] Vgl. Rz. 28 des BMF-Schreibens vom 15.7.2004, IV A 2 – S 2742 a – 20/04, BStBl. I 2004, S. 593.

und zwar unabhängig davon, ob ein Gegenbeweis im Sinne des BMF-Schreibens geführt werden kann. Selbst wenn dies möglich ist, bleibt es bei der Vernichtung der Freigrenze durch die Vergütungen für dieses Darlehen. Damit wird die Freigrenze bedeutungslos, wenn die Vergütungen auf das infolge des Safe haven gewährbaren Darlehens den Betrag von 250.000,- EUR übersteigen. Die Freigrenze soll in den Fällen des § 8a Abs. 4 Satz 2 KStG (Holdingklausel) sowie des § 8a Abs. 6 KStG (innerkonzernlicher Beteiligungserwerb) keine Anwendung finden. Für eine solche Behandlung gibt es keine Rechtfertigung, da es sich bei einem Darlehen, für das der Fremdvergleich geführt werden kann, begrifflich nicht um ein Darlehen im Sinne des § 8a KStG handelt, da es insoweit an der Veranlassung aus dem Gesellschaftsverhältnis fehlt. Darüber hinaus führt die Regelung dazu, dass von der Kapitalgesellschaft aufgenommene Bankdarlehen gegenüber Finanzierungen, bei denen der Gesellschafter das Darlehen gewährt und sich durch ein Bankdarlehen refinanziert, diskriminiert werden.

Darüber hinaus gilt ein sog. **Safe haven**. Solange dieser nicht überschritten wird, gilt für die Überlassung von Fremdkapital nicht als übermäßig. Deshalb wird auch von einer Nichtaufgriffsgrenze gesprochen. Diese Relationen beziehen sich auf das anteilige handelsrechtliche Eigenkapital des Gesellschafters und sind in **Abbildung 3-38** dargestellt.

Abbildung 3-38:   *Safe haven nach § 8a KStG*

	Verhältnis anteiliges Eigenkapital zu "Gesellschafter-Fremdkapital"	Gegenbeweis
Gewinn-/umsatzabhängige Vergütung	0	Nicht möglich
Gewinn-/umsatzunabhängige Vergütung	1 : 1,5	Möglich

Zwar sieht das Gesetz die Möglichkeit des Gegenbeweises vor, doch lässt dieser große Spielräume für die Frage, wie ein solcher zu führen ist. Hiermit verbunden ist eine große Unsicherheit für den Steuerpflichtigen (und für den Berater), weil letztlich erst im Rahmen einer Betriebsprüfung darüber entschieden wird, ob der Fremdvergleich gelingt.[305] Zu beachten ist, dass die Frage der Darlehensgewährung vor dem Hintergrund des Fremdvergleichs nur auf Grundlage einer Gesamtbetrachtung **sämtlicher**

---

[305] Wie restriktiv die Finanzverwaltung hier vorgehen will, verdeutlich auch das BFH-Urt. vom 25.1.2005, I R 12/04, BFH/NV 2005, S. 798, als Revision gegen FG Köln vom 5.8.2003, 13 K 3358/02, DStR 2004, S. 421. Entgegen der Auffassung der Finanzverwaltung ist die nachträgliche Begründung einer Gesellschafterstellung jedoch nicht schädlich für den Fremdvergleich.

bestehender Finanzierungssituationen beurteilt werden kann. Insoweit wird es zunehmend problematischer, den Fremdvergleich führen zu wollen, wenn bereits erhebliche „Gesellschafter-Darlehen" vorliegen.

Bezugsgröße für den Save hafen ist das anteilige Eigenkapital des Gesellschafters. Um dies zu bestimmen, wird zunächst das gesamte Eigenkapital der Gesellschaft nach Maßgabe des Schemas in **Abbildung 3-39** bestimmt und dann mit der Beteiligungsquote des Gesellschafters multipliziert.

Abbildung 3-39: *Schema zur Bestimmung des anteiligen Eigenkapitals im Sinne von § 8a KStG*

	Gezeichnetes Kapital
./.	Ausstehende Einlagen
+	Kapitalrücklagen
+	Gewinnrücklagen
+/./.	Gewinnvortrag/Verlustvortrag
+/./.	Jahresüberschuss/Jahresfehlbetrag
+	die Hälfte des Sonderpostens mit Rücklageanteil (§§ 273, 281 HGB)
./.	Buchwert der Beteiligungen an einer Kapitalgesellschaft (Ausnahme: Holding-Privileg gem. § 8a Abs. 4 Satz 1 KStG)
=	Eigenkapital der Kapitalgesellschaft

Bezugsgröße ist das (anteilige) handelsrechtliche Eigenkapital am Schluss des vorangegangenen Wirtschaftsjahres. Hieraus folgt, dass z. B. für das Jahr 2008 auf das handelsrechtliche Eigenkapital zum 31. Dezember 2007 abzustellen ist, wenn das Wirtschaftsjahr dem Kalenderjahr entspricht. Hierdurch kommt es zu einer nachhaltigen Einschränkung von Gestaltungsmöglichkeiten zur Lösung der negativen Auswirkungen des § 8a KStG auf Finanzierungsentscheidungen.

Die Beteiligungsquote des Gesellschafters muss mehr als 25 % betragen, wobei der Kreis um sog. **nahe stehende Personen** im Sinne des § 1 Abs. 2 AStG erweitert wird. Diese umfassen folgende Fälle:

■ Wesentliche Beteiligung: Das Gesetz verlangt eine Beteiligung von **mindestens einem Viertel**. Ein Anteil von exakt 25 % ist ausreichend. Der Klammerzusatz („wesentliche Beteiligung") hat keine eigenständige Bedeutung. Für die Zurechnung der Anteile ist auf das wirtschaftliche Eigentum abzustellen.

▪ Als zweites (alternatives) Kriterium nennt § 1 Abs. 2 Nr. 1 AStG den **beherrschenden Einfluss**. Da durch das 1. Kriterium bereits die Fälle erfasst werden, die auf einem Einfluss infolge der gesellschaftsrechtlichen Beteiligung beruhen, kann es sich hierbei nur um solche Sachverhalte handeln, bei denen zwar ein beherrschender Einfluss gegeben ist, dieser aber **nicht auf der Stellung als Gesellschafter** beruht.

▪ Gemäß § 1 Abs. 2 Nr. 2 AStG ist eine nahe stehende Person auch dann gegeben, wenn eine dritte Person sowohl an der Person als auch an dem Steuerpflichtigen wesentlich beteiligt ist. Dem steht die Ausübung eines – unmittelbaren oder mittelbaren – beherrschenden Einflusses auf den Steuerpflichtigen gleich. Damit werden vor allem Fälle von **Schwestergesellschaften** erfasst, wobei die dritte Person (= die Muttergesellschaft) sowohl Einfluss auf die sich im Inland befindende Kapitalgesellschaft ausüben kann, als auch auf die andere Tochtergesellschaft, die im Ausland ansässig ist.

▪ Eine weitere Möglichkeit zur Begründung einer nahe stehenden Person ist erfüllt, wenn die Person oder der Steuerpflichtige im Stande ist, bei der Vereinbarung der Bedingungen einer Geschäftsbeziehung auf den Steuerpflichtigen oder auf die nahe stehende Person oder auf beide einen **außerhalb dieser Geschäftsbeziehung begründeten Einfluss auszuüben**, oder wenn einer von ihnen ein eigenes Interesse an der Erzielung der Einkünfte des anderen hat. Während die Ermittlung einer Beteiligungshöhe relativ einfach erfolgen kann, bedarf es bei den anderen Kriterien tatsächlicher Verhältnisse, deren Ermittlung schwierig sein kann.

▪ Schließlich kann ein „nahe stehend" durch ein eigenes Interesse an der Erzielung der Einkünfte begründet werden. Verlangt wird ein **„eigenes Interesse"** an der Einkunftserzielung entweder des Steuerpflichtigen an der Einkünfteerzielung durch die nahe stehende Person oder der nahe stehenden Person an der Einkunftserzielung durch den Steuerpflichtigen. Das Gesetz enthält keine näheren Angaben darüber, worin dieses Interesse bestehen soll oder muss. Der BFH interpretiert dies – unter Rückgriff auf den Regelungszusammenhang mit § 1 Abs. 2 Nr. 3 Alternative 1 AStG – so, dass ein **persönliches Interesse** genügen soll.[306] Dies entspricht auch der Auffassung der Finanzverwaltung.[307]

Die Überlassung von Fremdkapital durch den Gesellschafter an die Gesellschaft fällt dann nicht unter § 8a KStG, wenn es sich um eine kurzfristige Kapitalüberlassung handelt. Während der Erlassentwurf hier noch eine eigenständige Abgrenzung speziell für Zwecke des § 8a KStG vornehmen wollte, soll nunmehr nach Rz. 36 f. des BMF-Schreibens vom 15. Juli 2004 auf die Qualifikation als Dauerschulden für Zwecke der Gewerbesteuer abgestellt werden.

---

[306] Vgl. BFH-Urt. vom 19.1.1994, I R 93/93, BStBl. II 1994, S. 725.
[307] Vgl. Tz. 1.0.1des BMF-Schreibens vom 14.5.2004, IV B 4 – S 1340 – 11/04, BStBl. I Sondernr. 1/2004.

Eines der zentralen Probleme bei der Anwendung des § 8a KStG besteht darin, dass die **Rechtsfolgen** dieser Regelung im Gesetz **nur sehr unzureichend geregelt** worden sind. Unstreitig ist lediglich, **dass** die Rechtsfolgen einer verdeckten Gewinnausschüttung eintreten sollen. Insofern ist als geklärt anzusehen, dass auf Ebene der die Zinszahlung leistenden **Kapitalgesellschaften** die Rechtsfolgen der verdeckten Gewinnausschüttung zu ziehen sind. Hieraus folgt, dass in Höhe der umzuqualifizierenden Zinszahlungen nicht abzugsfähige Betriebsausgaben vorliegen. Streitig ist allerdings, ob für entsprechende verdeckte Gewinnausschüttungen Kapitalertragsteuer zu entrichten ist oder nicht. Die Finanzverwaltung geht hiervon aus und lässt lediglich für den Fall Erleichterungen zu, wenn die gesamten Zahlungen den Freibetrag von 250.000,- EUR nicht überschreiten.

Nachdem zunächst die Rechtsfolgen auf Ebene des Gesellschafters sehr kontrovers diskutiert wurden, sah sich der Gesetzgeber zu einer „Klarstellung" veranlasst. Gemäß § 32a KStG führt eine Änderung von Steuerbescheiden auf Ebene der Kapitalgesellschaft infolge von verdeckten Gewinnausschüttungen zur Möglichkeit einer korrespondierenden Änderung beim Gesellschafter. Dadurch wird gewährleistet, dass sich sowohl bei der Gesellschaft als auch beim Gesellschafter Auswirkungen aus § 8a KStG ergeben.[308] Damit überführt der Gesetzgeber die bisher von der wohl herrschenden Meinung bereits vertretene Auffassung und auch die Auslegung der Finanzverwaltung in das Gesetz.[309] Diese – wenn auch verspätet erfolgte – Anordnung der Rechtsfolgen ist zu begrüßen, weil die damit bis zu diesem Zeitpunkt bestehende Rechtsunsicherheit beseitigt wird.

Gem. Rz. 5 muss eine Kapitalgesellschaft entsprechend § 43 Abs. 1 Satz 1 Nr. 1 EStG für eine vGA im Sinne des § 8a KStG Kapitalertragsteuer für die verdeckten Gewinnausschüttungen einbehalten und abführen. Fraglich ist, ob diese Auffassung zutreffend ist. Nach Interpretation von *Wassermeyer* ist die Rechtsprechung des Bundesfinanzhofes so zu verstehen, dass eine Qualifikation der Zinsen als verdeckte Gewinnausschüttung und damit eine Zuordnung zu den Einkünften i. S. d. § 20 Abs. 1 Nr. 1 Satz 2 EStG nur für die Einkunftsqualifikation gilt, nicht aber für den Einbehalt von Kapitalertragsteuer.[310] U. E. ist der Auffassung von *Wassermeyer*[311] nicht zu folgen, dass auf eine verdeckte Gewinnausschüttung keine Kapitalertragsteuer zu erheben ist.

Es wohnt dem Wesen einer vGA inne, dass zum Zeitpunkt deren Zuflusses eine Sicherstellung des Steueranspruchs durch Einbehalt an der Quelle keinen Sinn macht.

---

[308] Vgl. zu den sich auf Ebene des Gesellschafters ergebenen Besteuerungskonsequenzen S. 225 ff.

[309] Vgl. BMF-Schreiben vom 15.7.2004, IV A 2 – S 2742 a – 20/04, BStBl. I 2004, S. 593.

[310] Vgl. Wassermeyer, F., DStR 2004, S. 749.

[311] Vgl. Wassermeyer, F., DStR 2004, S. 749. Gleichwohl sind die Argumente, die Wassermeyer gegen die Umqualifkationstheorie, die vor allem von Rödder, T./Schumacher, A., DStR 2003, S. 1731, S. 2057, DStR 2004, S. 758 vertreten wird, als zutreffend anzusehen, da eine Anwendung dieser Theorie auf die Finanzierungen mit Rückgriffsmöglichkeit nicht anwendbar sind.

Folglich scheidet hier ein Einbehalt von Kapitalertragsteuer regelmäßig aus, weil die Erfassung beim Gesellschafter eine Steuerpflicht auslöst und insoweit die Steuern von ihm zu tragen sind. Demgegenüber ist eine verdeckte Gewinnausschüttung i. S. d. § 8a KStG sowohl für den Steuerpflichtigen wie für die Finanzverwaltung[312] zum Zeitpunkt ihres Abflusses als verdeckte Gewinnausschüttung zu erkennen. Sie tritt offen als Ausschüttung zu Tage, wird aber hinsichtlich ihrer rechtlichen Qualifikation durch ein Darlehensverhältnis verdeckt. Dem Sicherungszweck des Kapitalertragsteuerabzugs für das Steueraufkommen wird nur Rechnung getragen, wenn die Kapitalgesellschaft die Kapitalertragsteuer auf die Zinsen abweichend von den allgemeinen Regelungen des § 44 EStG erhebt. Anders als bei einer vGA nach § 8 Abs. 3 Satz 2 KStG bestimmt der Zeitpunkt des Abflusses bei der Gesellschaft den Zuflusszeitpunkt beim Gesellschafter. Problematisch ist dies regelmäßig bei Darlehen gegenüber Banken, die ihrerseits eine Rückgriffsmöglichkeit im Sinne des § 8a Abs. 1 KStG besitzen. Hier erfolgt eine Zahlung der Kapitalgesellschaft an die Bank in Form von Zinsen, aber infolge der Erfassung als vGA muss gegenüber dem Gesellschafter ein Kapitalertragsteuerabzug für die vGA erfolgen.

Nach Rz. 6 des BMF-Schreibens vom 15. Juli 2004 ist es nicht zu beanstanden, wenn die Kapitalertragsteuer erst einbehalten wird, wenn die Vergütung für das Fremdkapital die Freigrenze von 250.000,- EUR überstiegen hat oder nach einer vorgenommenen Prognoserechnung hiermit zu rechnen ist. Dies ist zu begrüßen. Dadurch wird die Strafbewährtheit des in der Zwischenzeit noch nicht erfolgten Einbehalts von Kapitalertragsteuer in den Fällen verhindert, in denen die Freigrenze im Laufe des Jahres voraussichtlich nicht überschritten wird. Fraglich bleiben jedoch die Konsequenzen, wenn sich die Prognoserechnung nachträglich als falsch erweist oder streitig ist, zu welchem Zeitpunkt diese Rechnung erstellt wurde.

Wie die vorstehenden Überlegungen gezeigt haben, greift § 8a KStG tief in Finanzierungsentscheidungen ein. Die Norm führt dazu, dass nur innerhalb des Safe haven eine tatsächliche Entscheidungsfreiheit hinsichtlich der Finanzierung besteht. In den übrigen Fällen kann nur versucht werden, einen Fremdvergleich zu führen. Dieser ist jedoch problematisch, weil er zwangsläufig mit Rechts- und damit Planungsunsicherheit verbunden ist.

In der Praxis wird versucht, durch Gestaltungsmöglichkeiten den Spielraum für eine unschädliche Gesellschafter-Fremdfinanzierung zu erhöhen. Hierbei ist vor „extremen" Gestaltungen zu warnen, weil dann die Gefahr des Vorwurfs eines Missbrauchs rechtlicher Gestaltungsmöglichkeiten (§ 42 AO) droht, mit der Folge, dass der Gestaltung als solcher die steuerliche Anerkennung versagt wird.

Ausgangspunkt dieser Überlegungen muss eine „Inventur" der vorhandenen Darlehensbeziehungen bilden. Hierbei führen insbesondere die weiten Missbrauchsklauseln des Gesetzes dazu, dass sich diese Analyse nicht auf das Verhältnis zwischen Gesell-

---

[312] Entsprechende Informationen unterstellt.

schaft und Gesellschafter beschränken darf, sondern sämtliche Darlehensbeziehungen umfassen muss (insbesondere, um potentielle Rückgriffsfälle zu erfassen).

Besondere Bedeutung kommt der Freigrenze zu. Sofern davon auszugehen ist, dass dieser Betrag (250.000,- EUR) nicht nachhaltig überschritten wird, sollte über Gestaltungen dafür gesorgt werden, dass dieser Grenzwert nicht erreicht wird. Eine Möglichkeit hierfür bildet ein teilweiser Darlehensverzicht des Gesellschafters, wobei dieser – um eine Gefährdung der Zinszahlungen für die Zukunft zu unterbinden – unter klar vereinbarten und fremdüblichen Bedingungen erfolgen sollte. Innerhalb von Konzernstrukturen entsteht hieraus die Notwendigkeit zur Anpassung des Beteiligungscontrollings und des Reportings.

Da der Safe haven an das handelsrechtliche Eigenkapital anknüpft, kommt allen Maßnahmen besondere Bedeutung zu, die dazu führen, dass eine nachhaltige Erhöhung dieser Größe erfolgt. Hierbei ist grundsätzlich das gesamte bilanzpolitische Instrumentarium in Betracht zu ziehen, wobei sowohl sachverhaltsgestaltende als auch -darstellende Maßnahmen zu prüfen sind. Verluste gelten nur dann als langfristig (und damit das anteilige Eigenkapital verringernd), wenn sie innerhalb von drei Jahren nicht wieder ausgeglichen werden. Hieraus folgt – isoliert auf den § 8a KStG bezogen – die Notwendigkeit, bei einem nicht erfolgten Ausgleich im dritten Jahr über Gestaltungen zur gezielten Gewinngenerierung (z. B. Aufdeckung von stillen Reserven) nachzudenken, um das ursprüngliche Eigenkapital wieder zu erreichen.

Sofern möglich, sollte auch erwogen werden, inwieweit eine veränderte Absicherung von Darlehen erfolgen kann, um diese aus dem Anwendungsbereich des § 8a KStG auszuschließen. Hierbei erweist sich die unklare Regelung der Finanzverwaltung als problematisch. Allerdings wird damit für den Steuerpflichtigen eine Selbstbindung der Verwaltung erzeugt, die – solange der Erlass zu § 8a KStG in seiner jetzigen Form nicht aufgehoben wird – eine Schutzwirkung für den Steuerpflichtigen entfaltet.

Denkbar wäre auch, durch eine Veränderung auf Ebene des Gesellschafterkreises die Voraussetzungen für eine Anwendung des § 8a KStG zu beseitigen. Ziel müsste es hierfür sein, keine (unmittelbare oder mittelbare) Beteiligung von mehr als 25 % am Grund- bzw. Stammkapital der Kapitalgesellschaft zu halten. Allerdings ist die Verlagerung von Anteilen auf Personen, die gleichgerichtete wirtschaftliche Interessen verfolgen, problematisch. Außerdem führt ein beherrschender Einfluss stets zur Anwendung des § 8a KStG. Ein solcher wird jedoch aus außersteuerlichen Gründen regelmäßig erforderlich sein, um eine Durchsetzung der eigenen Interessen gewährleisten zu können. Daher sind die Vor- und Nachteile sehr genau zu analysieren.

Möglich wäre auch die Überlassung von Sachkapital anstelle der Gewährung von finanziellen Mitteln vorzunehmen, wobei ggf. dem Unternehmen eine Verpflichtung zur realen Substanzerhaltung auferlegt wird. Hierzu bedarf es jedoch einer eingehenden Analyse, etwa inwieweit die sonst mit dem finanziellen Darlehen erworbene Investitionsobjekte als Sicherheiten für Dritte benötigt werden, wie komplex die Beschaffungsvorgänge sind, wie groß die Gefahren bei der Bestimmung von angemessenen

Mietzinszahlungen sind usw. Insoweit kann eine Entscheidung nur im Einzelfall getroffen werden.

Im Fall der Aufspaltung der darlehensempfangenden Kapitalgesellschaft sind die Vor- und Nachteile genau zu prüfen. Hierbei geht es insbesondere auch um mögliche Effekte, die infolge der nicht mehr existierenden Begünstigungen für Holding-Gesellschaften entstehen.

Wie groß die Anwendungs- und Auslegungsprobleme mit dieser Regelung sind, verdeutlicht auch die Liste der hierzu bisher ergangenen Verwaltungsanweisungen.

Verwaltungsanweisungen zu § 8a KStG:

- BMF-Schreiben vom 15.12.1994, Schreiben betr. Gesellschafter-Fremdfinanzierung (§ 8a KStG), IV B 7 – S 2742a – 63/94, BStBl. I 1994, S. 25, berichtigt S. 176

- Verfügung der OFD München vom 27.1.2003, Verfügung betr. Vereinbarkeit der Vorschrift des § 8a KStG mit Art. 43 EG-Vertrag, S 2742a – 2 St 424

- BMF-Schreiben vom 15.7.2004, Schreiben betr. Gesellschafter-Fremdfinanzierung (§ 8a KStG), IV A 2 – S 2742a – 20/04, BStBl. I 2004, S. 593

- Verfügung der OFD Hannover vom 26.5.2005, Schreiben betr. Sparkasse als nahe stehende Person im Sinne des § 1 Abs. 2 AStG (§ 8a Abs. 1 KStG S 2742a – 7 – StO 241), DStR 2005, S. 1230

- BMF-Schreiben vom 22.7.2005, Schreiben betr. Bürgschaft gesicherte Fremdfinanzierung von Kapitalgesellschaften nach § 8a Abs. 1 Satz 2 KStG (Gesellschafter-Fremdfinanzierung), IV B 7 – S 2742a – 31/05, BStBl. I 2005, S. 829

- BMF-Schreiben vom 19.9.2006, Schreiben betr. Gesellschafter-Fremdfinanzierung (§ 8a Abs. 6 KStG), IV B 7 – S 2742a – 21/07, BStBl. I 2006, S. 559

Entgegen der früheren Rechtsprechung des BFH[313] ist nunmehr davon auszugehen, dass eine Kapitalgesellschaft über **keine außerbetriebliche Sphäre** verfügt.[314] Hierdurch sollten ausschließlich infolge der Interessen der Gesellschafter angeschafften Wirtschaftsgütern und hiermit verbundene Gewinnminderungen sich steuerlich nicht auswirken können. Dies geschah, indem sie einen Bereich zugeordnet wurden, der nicht Gegenstand der steuerlichen Gewinnermittlung war. Nunmehr ist davon auszugehen, dass alle Wirtschaftsgüter einer Kapitalgesellschaft zu deren Betriebsvermögen gehören. Dies gilt jedoch nicht für die Aufwendungen, die im Zusammenhang mit

---

[313] Vgl. BFH-Urt. vom 2.11.1965, I 221/62 S, BStBl. III 1966, S. 255, und vom 4.3.1970, I R 123/68, BStBl. II 1970, S. 470.

[314] Vgl. BFH-Urt. vom 4.12.1996, I R 54/95, BFHE 182, S. 123.

diesem Vermögen entstehen. Vielmehr kann in den Fällen, in denen eine Gesellschaft nur im Interesse der Gesellschafter einer bestimmten Tätigkeit nachgeht, eine verdeckte Gewinnausschüttung vorliegen.

Beispiel:

Ein Steuerpflichtiger ist begeisterter Pferdezüchter. Er muss befürchten, dass dieses teuere Hobby erhebliche Aufwendungen verursachen wird, die infolge der privaten Veranlassung steuerlich unbeachtlich sind. Um dies zu verhindern, betreibt nicht er die Pferdezucht, sondern seine GmbH, die mit dem Im- und Export von Waren hohe Gewinne erzielt. Infolge der Fiktion des § 8 Abs. 2 KStG führt auch die Pferdezucht zu gewerblichen Einkünften, sodass die daraus stammenden Verluste sich steuermindernd auswirken könnten. Dieses Ergebnis wäre aber erkennbar nicht sachgerecht, denn letztlich handelt es sich um eine Liebhaberei des Steuerpflichtigen, die sich steuerlich nicht auswirken darf. Deshalb hat der BFH mit Urteil vom 8. Juli 1998[315] entschieden, dass es sich in solchen Fällen bei den Aufwendungen für die Verfolgung der Interessen des Gesellschafters um verdeckte Gewinnausschüttungen handelt, die den Gewinn nicht mindern dürfen.

3.4.2.2.3   Abzugsfähige und nichtabzugsfähige Aufwendungen

1. Gewinnanteile des Komplementäres einer KG aA

Der Teil des Gewinns, der an persönlich haftende Gesellschafter auf ihre nicht auf das Grundkapital geleisteten Einlagen oder als Vergütung (Tantieme) für die Geschäftsführung verteilt wird, ist der Belastung mit Körperschaftsteuer entzogen. Hierbei handelt es sich um eine Besonderheit aufgrund der speziellen Struktur der KG aA, die sowohl Elemente der Mitunternehmerschaft (soweit der persönlich haftende Gesellschafter in dieser Funktion betroffen ist) als auch der Körperschaftsteuer (soweit das Kommanditkapital angesprochen wird) enthält. Hieraus ergibt sich, dass nur der auf das Grundkapital entfallende Gewinn bei der KG aA verbleibt und bei ihr der Körperschaftsteuer unterworfen wird. Hingegen unterliegen die Vergütungen, die der Komplementär erhält, bei ihm gem. § 15 Abs. 1 Nr. 3 EStG der Besteuerung. Ohne § 9 Nr. 1 KStG käme es zu einer doppelten Besteuerung der entsprechenden Vergütungen und damit zu einer Benachteiligung der KG aA gegenüber anderen Kapitalgesellschaften.

2. Spendenabzug

Spenden zur Förderung mildtätiger, kirchlicher, religiöser und wissenschaftlicher Zwecke und der als besonders förderungswürdig anerkannten gemeinnützigen Zwecke können mindernd bei der Ermittlung der Einkünfte berücksichtigt werden. Dabei sind jedoch die folgenden Höchstgrenzen zu beachten:

---

[315] I R 123/97, BFHE 186, 540.

a)   5 v. H. des Einkommens[316] oder

b)   2 vom Tausend der Summe der gesamten Umsätze und der im Kalenderjahr aufgewendeten Löhne und Gehälter.

Überschreitet eine Einzelzuwendung von mindestens 25.565,- EUR zur Förderung wissenschaftlicher oder als besonders förderungswürdig anerkannter kultureller Zwecke diese Grenzen, ist sie im Rahmen der Höchstsätze im Jahr der Zuwendung und in den folgenden sechs Veranlagungszeiträumen abzuziehen. Ferner sind Zuwendungen an bestimmte Stiftungen bis zur Höhe von 20.450,- EUR abzugsfähig.

§ 10 KStG legt fest, welche Aufwendungen **nicht abgezogen** werden dürfen. Dabei handelt es sich um eine Ergänzung der Abzugsverbote des EStG[317], die über § 8 Abs. 1 KStG auch für die Körperschaftsteuer gelten:

1. **Aufwendungen zur Erfüllung satzungsmäßiger Zwecke**

Aufwendungen für die Erfüllung von Zwecken, die durch Stiftungsgeschäft, Satzung oder sonstige Verfassung vorgeschrieben sind, haben den Charakter von Gewinn-(Einkommens)-verwendung und sind deshalb schon nach § 8 Abs. 3 KStG nicht abziehbar. Nach § 10 Abs. 1 Satz 2 KStG hat der Spendenabzug Vorrang vor dem Abzugsverbot. Damit wird klargestellt, dass der Spendenabzug nicht deshalb zu versagen ist, weil die Körperschaft mit der Spende gleichzeitig satzungsmäßige Zwecke erfüllt. Für Kapitalgesellschaften hat die Vorschrift nur geringe Bedeutung.

2. **Nichtabziehbare Steuern**

Zu den Steuern vom Einkommen gehört die Körperschaftsteuer und die von den Kapitalerträgen einbehaltene Kapitalertragsteuer. Letztere ist eine Steuer der Gesellschafter und stellt eine Quellensteuer dar. Aus Sicht der ausschüttenden Kapitalgesellschaft handelt es sich um eine Form der Gewinnverwendung. Unter das Abzugsverbot fallen auch ausländische Steuern vom Einkommen, und zwar unabhängig davon, ob sie auf die deutsche Steuer nach § 34c EStG anzurechnen sind. Zu den sonstigen Personensteuern gehören die Erbersatzsteuer bei Stiftungen (§ 1 Abs. 1 Nr. 4 i. V. m. § 9 Abs. 1 Nr. 4 ErbStG) und der Solidaritätszuschlag. Zu den nicht abziehbaren Steuern zählt auch die USt auf den Eigenverbrauch i. S. d. § 3 Abs. 1b UStG. Abziehbar ist hingegen die Gewerbesteuer. Eine Erstattung von nichtabziehbaren Steuern darf nicht dazu führen, dass sich der steuerliche Gewinn erhöht.

3. **Geldstrafen und ähnliche Rechtsnachteile**

Geldbußen, Ordnungsgelder und Verwarnungsgelder, die von einem Gericht oder einer Behörde der Bundesrepublik oder von Organen der EU festgesetzt werden, dürfen nach § 4 Abs. 5 Nr. 8 Satz 1 EStG i. V. m. § 8 Abs. 1 KStG den Gewinn auch

---

[316] Für wissenschaftliche, mildtätige und als besonders förderungswürdig anerkannte kulturelle Zwecke erhöht sich der Vomhundertsatz von 5 um weitere 5 vom Hundert.
[317] Vgl. hierzu bereits oben S. 105 ff.

dann nicht mindern, wenn sie betrieblich veranlasst sind. Dasselbe gilt für Leistungen zur Erfüllung von Auflagen oder Weisungen, die in einem berufsgerichtlichen Verfahren erteilt werden, soweit die Auflagen oder Weisungen nicht lediglich der Wiedergutmachung des durch die Tat verursachten Schadens dienen. Geldstrafen sowie Auflagen oder Weisungen sind nach deutschem Strafrecht gegenüber juristischen Personen nicht zulässig. Insoweit geht das Abzugsverbot des § 10 Nr. 3 KStG ins Leere. Nur bei Geldstrafen, die von ausländischen Gerichten gegen die inländische juristische Person verhängt werden, greift das Abzugsverbot ein. Widerspricht jedoch die vom ausländischen Gericht verhängte Sanktion wesentlich den Grundsätzen der deutschen Rechtsordnung, ist der Abzug der Geldstrafe als Betriebsausgabe zulässig.

Nicht unter das Abzugsverbot fallen hingegen die mit dem Verfahren im Zusammenhang stehenden Verfahrenskosten (z. B. Gerichts- und Anwaltskosten).

4. Aufsichtsratsvergütungen

Vergütungen jeder Art (also in Geld, Sachwerten, Leistungen oder anderen geldwerten Vorteilen) an Mitglieder des Aufsichtsrats, Verwaltungsrats oder andere mit der Überwachung der Geschäftsführung beauftragte Personen dürfen das körperschaftsteuerliche Einkommen nur zur Hälfte mindern. Die Aufsichtsratsvergütungen sind zur Hälfte außerhalb der Bilanz dem Gewinn hinzuzurechnen. Beim Empfänger sind sie gem. § 18 Abs. 1 Nr. 3 EStG als Einkünfte aus selbständiger Arbeit voll steuerpflichtig. Das Abzugsverbot greift hingegen nicht für den aus der Wahrnehmung der Aufsichtsratstätigkeit erwachsenden tatsächlichen Aufwand, soweit ihm dieser Aufwand von der Körperschaft gesondert erstattet worden ist. Werden Aufsichtsratsvergütungen an die Körperschaft zurückgezahlt, ist nur die Hälfte des Rückzahlungsbetrags als steuerpflichtige Betriebseinnahme zu behandeln (Umkehrschluss aus § 10 Nr. 4 KStG). Hieraus folgt, dass Unternehmen, die freiwillig die Einrichtung eines Aufsichtsrats vornehmen wollen, die zusätzliche Belastung infolge der nur hälftigen steuerlichen Abzugsfähigkeit berücksichtigen müssen.

Ferner ist zu beachten, dass § 8b Abs. 3 Satz 3 KStG ein spezielles Abzugsverbot für Gewinnminderungen enthält, die im Zusammenhang mit Anteilen im Sinne von § 8b Abs. 2 KStG entstehen. Hierbei handelt es sich um die Möglichkeit für Körperschaften, Anteile an Kapitalgesellschaften steuerfrei zu veräußern. Folglich sollen Wertminderungen dieser Anteile auch nicht zu einer Minderung des Einkommens führen. Hingegen sind evtl. laufende Aufwendungen (wie z. B. Finanzierungskosten) vollständig abzugsfähig. Streitig ist allerdings, inwieweit durch diese Regelung auch Abschreibungen auf Darlehen erfasst sind, die von der Körperschaft an die Kapitalgesellschaft gewährt werden.[318]

Die nichtabziehbaren Aufwendungen mindern nach den Grundsätzen ordnungsmäßiger Buchführung sowohl den Handels- als auch den Steuerbilanzgewinn. Die nach

---

[318] Vgl. zur Diskussion Kaminski, B./Strunk, G., BB 2004, S. 689.

§ 10 bzw. § 8b Abs. 3 Satz 3 KStG erforderliche Korrektur zur Ermittlung des Einkommens erfolgt stets **außerhalb der Steuerbilanz** durch entsprechende Hinzurechnungen. Sie sind auch dann vorzunehmen, wenn die Aufwendungen noch nicht aus dem Vermögen der Gesellschaft abgeflossen sind, sondern das Vermögen als Verbindlichkeit oder Rückstellung gemindert haben.

Abbildung 3-40 fasst die vom Körperschaftsteuergesetz ausdrücklich als ab- bzw. nichtabziehbar deklarierten Aufwendungen zusammen.

Abbildung 3-40: *Ergänzende abzugs- bzw. nichtabzugsfähige Aufwendungen des KStG*

abziehbar	nichtabziehbar
1. Gewinnanteile des Komplementäres einer KG aA	1. Aufwendungen zur Erfüllung satzungsmäßiger Zwecke
2. Spendenabzug	2. Nichtabziehbare Steuern
	3. Geldstrafen und ähnliche Rechtsnachteile
	4. die Hälfte der Aufsichtsratsvergütungen
	5. Gewinnminderungen im Sinne von § 8b Abs. 3 Satz 3 KStG

3.4.2.2.4   Berücksichtigung von Einlagen

Außerdem hat – wie bei jeder Gewinnermittlung – eine Korrektur des Gewinns um Einlagen zu erfolgen.[319] **Einlagen** werden allgemein in § 4 Abs. 1 Satz 7 EStG definiert als: „alle Wirtschaftsgüter (Bareinzahlungen und sonstige Wirtschaftsgüter), die der Steuerpflichtige dem Betrieb im Laufe des Wirtschaftsjahres zugeführt hat." Allerdings werden die Einlagen bei Kapitalgesellschaften nicht vom Steuerpflichtigen erbracht, sondern vom Gesellschafter, denn Steuerpflichtiger ist die Gesellschaft selbst. Diese kann jedoch „in sich selbst" keine Einlagen leisten. Damit kann die obige Begriffsbestimmung nicht angewendet werden. Infolge dessen hat der BFH eine eigene Definition entwickelt.[320] Danach gehören zu den Einlagen **alle Leistungen, die auf gesellschaftsrechtlicher Grundlage beruhen, und die von den Gesellschaftern ohne Gegenleistung zugeführt werden.** Hierbei ist zwischen offenen und verdeckten Einlagen zu unterscheiden.

---

[319] Vgl. nochmals die Gewinndefinition und **Abbildung 3-15** auf S. 99.
[320] Vgl. BFH-Urt. vom 28.2.1956, I 92/54 U, BStBl. III 1956, S. 154.

Zu den **offenen Einlagen** gehören zunächst die Bar- und Sacheinlagen, die zur Aufbringung des Gesellschaftskapitals bei Gründung oder Kapitalerhöhung geleistet und für die den Gesellschaftern Gesellschaftsrechte eingeräumt werden. Die Einlagen umfassen dabei den Nennbetrag, und wenn der Ausgabebetrag über dem Nennkapital liegt, auch das Aufgeld.[321] Zu den offenen Einlagen gehören alle Zahlungen der Gesellschafter in das Eigenkapital, unabhängig davon, ob sie hierfür einen Vorzug für ihre Anteile bekommen. Die offenen Einlage n sind entweder im Grund- bzw. Stammkapital oder in der Kapitalrücklage auszuweisen. Hierfür ist entscheidend, ob es sich um Zahlungen in das Nennkapital handelt oder darüber hinausgehende Beträge. Sie haben gemeinsam, dass sie keinen buchmäßigen Gewinn entstehen lassen. Die Einlagen erhöhen in Form von Geld- und Sachleistungen die Aktivseite der Bilanz der Kapitalgesellschaft. Zum Ausgleich werden auf der Passivseite das Gesellschaftskapital (Grund- oder Stammkapital) und die Kapitalrücklage ausgewiesen. Das Bilanzergebnis wird durch die offenen Einlage nicht berührt, sodass der Bilanzgewinn zur Ermittlung des steuerlichen Gewinns insoweit nicht zu korrigieren ist.

Eine Einlage kann jedoch nicht nur in offener Form erfolgen, sondern auch als **verdeckte Einlage**. Dies ist dann der Fall, wenn die Einlage eines Gesellschafters – oder einer ihm nahe stehenden Person – in das Gesellschaftsvermögen durch ein anderes vorgeschobenes Rechtsgeschäft (z. B. Kauf-, Miet- oder Pachtvertrag) verdeckt wird. Dabei gehört es **zum Wesen jeder verdeckten Einlage, dass ihr keine (angemessene) Gegenleistung der Gesellschaft gegenübersteht**.[322]

Beispiel:
Ein Gesellschafter verkauft ein Grundstück mit einem Zeitwert von 10 Mio. EUR an seine Kapitalgesellschaft für 1 Mio. EUR, um ihr so eine zusätzliche Kapitalausstattung zur Verfügung zu stellen.

Zwar werden die Gesellschaftsanteile auf Ebene des Gesellschafters durch die verdeckte Einlage i. d. R. eine Werterhöhung erfahren, dies kann jedoch nicht als Gegenleistung angesehen werden. Diese Wertsteigerung vollzieht sich im Zusammenhang mit der Einlage auf gesellschaftsrechtlicher Ebene und kann für sich genommen nicht als Entgelt für die Einlage behandelt werden.[323] Die Einlage ist damit ein tatsächlicher Vorgang, der seine Rechtsgrundlage (Veranlassung) im Gesellschaftsverhältnis hat. Sie ist stets durch den Umstand veranlasst, dass der Gesellschafter aus der Beteiligung Gewinnanteile oder durch Veräußerung derselben einen Veräußerungsgewinn erzielen möchte. Jeder in das Gesellschaftsvermögen geleistete Beitrag wird als Einlage im steuerrechtlichen Sinne behandelt, wenn nur die maßgebliche Veranlassung der Leistung des Gesellschafters im Gesellschaftsverhältnis zu suchen ist. Der BFH fordert die Zuwendung eines Vermögensvorteils durch den Gesellschafter, den ein Nichtgesellschafter bei Anwendung der Sorgfalt eines ordentlichen Kaufmanns (§ 347 HGB) der

---

[321] Vgl. §§ 3, 27, 36a AktG, §§ 5, 7, 9 GmbHG.

[322] Vgl. BFH-Urt. vom 27.7.1988, I R 147/83, BStBl. II 1989, S. 271.

[323] Vgl. BFH-Beschluss vom 26.10.1987, GrS 2/86, BStBl. II 1988, S. 348.

Gesellschaft nicht eingeräumt hätte.[324] Auf die Absicht des Gesellschafters, der Gesellschaft einen Vermögensvorteil zuzuwenden kommt es dabei nicht an. Die verdeckte Einlage kann als „Gegenstück" zur verdeckten Gewinnausschüttung angesehen werden. Dies wird deutlich, wenn die Tatbestandsvoraussetzungen und Rechtsfolgen beider Regelungen in **Abbildung 3-41** gegenübergestellt werden.

Abbildung 3-41: *Gegenüberstellung von verdeckter Gewinnausschüttung und verdeckter Einlage*

---

verdeckte Gewinnausschüttung	verdeckte Einlage
Tatbestandsmerkmale: – Vermögensminderung oder verhinderte Vermögensmehrung, – die durch das Gesellschaftsverhältnis veranlasst ist, – sich auf die Höhe des Einkommens auswirkt und – nicht auf einem den gesellschaftsrechtlichen Vorschriften entsprechenden Gewinnverwendungsbeschluss beruht	**Tatbestandsmerkmale:** – Ein Gesellschafter oder eine ihm nahe stehende Person – wendet „seiner" Kapitalgesellschaft einen einlagefähigen Vermögensvorteil zu – wobei die Einlage nicht auf einer den gesellschaftsrechtlichen Vorschriften entsprechenden Einlage beruht
Rechtsfolgen: – keine Minderung des Gewinns – Einkünfte des Gesellschafters (wie Dividendenausschüttungen)	**Rechtsfolgen:** – keine Gewinnerhöhung bei der empfangenden Gesellschaft – nachträgliche Anschaffungskosten auf die Beteiligung beim leistenden Gesellschafter

---

Gegenstand einer verdeckten Einlage können nur Geld (Bareinlagen) oder Vermögensgegenstände (Sacheinlagen) sein. Es scheint sich aus § 4 Abs. 1 Satz 5 i. V. m. Satz 2 EStG etwas anderes zu ergeben, weil im Klammerzusatz des Satzes 2 auch „Nutzungen" als Wirtschaftsgüter bezeichnet werden. Der BFH vertritt jedoch einschränkend die Auffassung, dass der Wirtschaftgutbegriff des § 4 Abs. 1 Satz 2 EStG auf den Begriff des Vermögensgegenstands Bezug nehme und insoweit nach ständiger Rechtsprechung eine einheitliche Auslegung geboten sei.[325] Damit ist § 4 Abs. 1 Satz 2 EStG so zu lesen, als ob die Begriffe „Nutzungen und Leistungen" dort gestrichen seien. § 4 Abs. 1 Satz 2 EStG umfasst Wirtschaftsgüter unabhängig davon, ob für sie ein Aktivierungsverbot besteht (z. B. selbsterstellte immaterielle Wirtschaftsgüter des Anlagevermögens des Steuerpflichtigen gem. § 5 Abs. 2 EStG). Entscheidend ist allein die

---

[324] Vgl. BFH-Urt. vom 19.2.1970, I R 24/67, BStBl. II 1970, S. 442, und vom 9.3.1983, I R 182/78, BStBl. II 1983, S. 744.
[325] Vgl. BFH-Beschluss vom 26.10.1987, GrS 2/86, BStBl. II 1988, S. 348.

allgemeine Eignung, als Aktivposten in die Bilanz aufgenommen werden zu können. Zusätzlich ist darauf abzustellen, ob dem Gegenstand der Sacheinlage ein **feststellbarer wirtschaftlicher Wert** zukommt. Faktische Nutzungsmöglichkeiten, die keine gesicherte Rechtsposition für die nutzende Kapitalgesellschaft begründen, können nicht Gegenstand einer verdeckten Sacheinlage sein.[326] Dies gilt auch, soweit durch die Nutzung künftige Aufwendungen erspart werden. **Dienstleistungen** können **grundsätzlich nicht** Gegenstand einer verdeckten Einlage sein. In Höhe der Aufwendungen, die die Gesellschaft für die vom Gesellschafter unentgeltlich erbrachten Dienstleistungen erspart, entsteht eine Vermögensmehrung, die auch den steuerlichen Gewinn erhöht. Der Gesellschafter kann Aufwendungen, die ihm im Zusammenhang mit der unentgeltlichen Dienstleistung für die Gesellschaft entstehen, als Werbungskosten (Betriebsausgaben) für seine Beteiligung absetzen.

Zur Veranschaulichung sollen im Folgenden einige „typische" **Beispiele** für verdeckte Einlagen näher dargestellt werden:

1. Der Vater eines Aktionärs verzichtet auf eine Forderung gegen die Gesellschaft, obwohl unter vergleichbaren Bedingungen auf diese Forderung unter fremden Dritten nicht verzichtet würde. Das Motiv für den Verzicht liegt im Verhältnis zwischen Vater und Sohn, so dass insoweit steuerlich unbeachtliche Überlegungen auszugleichen sind.

2. Der Gesellschafter tilgt Schulden der Gesellschaft durch Zahlung an den Gläubiger und anschließenden Verzicht auf alle Erstattungsansprüche gegenüber der Gesellschaft. Durch die Befreiung der Gesellschaft von der Schuld kommt es zu einer vermögensmäßigen Begünstigung der Gesellschaft, die ihre Ursache im Gesellschaftsverhältnis hat.

3. Der Gesellschafter leistet in das Betriebsvermögen „seiner" Kapitalgesellschaft einen Zuschuss, um damit den dort entstandenen Bilanzverlust auszugleichen. Auch hier liegt das Motiv für die Zahlung im Gesellschaftsverhältnis.

4. Es erfolgt der Verzicht eines Gesellschafters auf eine Forderung oder einen Anspruch gegenüber seiner Gesellschaft. In diesem Fall wird die Gesellschaft von ihrer Leistungspflicht gegenüber ihrem Gesellschafter frei und erhält dadurch einen Vermögensvorteil, der seine Ursache im Gesellschaftsverhältnis hat.

5. Eine Beteiligung wird aus dem Privatvermögen des Gesellschafters auf die Kapitalgesellschaft zu einem unangemessenen niedrigen Preis übertragen. Es liegt eine Sacheinlage vor, die jedoch nicht die zivilrechtlichen Voraussetzungen für eine formale Kapitalerhöhung erfüllt, sondern einfach vollzogen wird.

6. Verzichtet in einer GmbH & Co. KG der Kommanditist und Gesellschafter der GmbH zugunsten der GmbH auf die ihm als Kommanditist zustehende Gewinnbeteiligung, liegt darin eine verdeckte Einlage. Entscheidend ist, dass ohne eine Ge-

---

[326] Vgl. BFH-Beschluss vom 26.10.1987, GrS 2/86, BStBl. II 1988, S. 348.

sellschafterstellung bei der GmbH kein Verzicht erfolgt wäre. Folglich muss davon ausgegangen werden, dass der Verzicht seine Ursache im Gesellschaftsverhältnis hat.

Die Tatsache, dass die verdeckte Einlage in der Handelsbilanz erfolgswirksam anzusetzen ist, hindert das Steuerrecht (§ 8 Abs. 1 KStG, § 5 Abs. 5, § 4 Abs. 1 Satz 7 EStG) nicht, die verdeckte Einlage **erfolgsneutral als Kapitalzuführung** zu behandeln. Sie ist deshalb im sog. **steuerlichen Einlagekonto (§ 27 KStG)** auszuweisen. Handels- und steuerrechtlich führen Einlagen zu Vermögensmehrungen bei der Gesellschaft.[327] Diese sind jedoch nicht erfolgswirksam zu erfassen. Dies gilt handelsrechtlich für die Einlagen, die handelsrechtlich als solche anzuerkennen sind, und steuerrechtlich für den dort weiteren Einlagenbegriff. Für das Steuerrecht ergibt sich das Gebot der erfolgsneutralen Behandlung aus § 8 Abs. 1 KStG i. V. m. **§ 4 Abs. 1 Satz 1 EStG.** Hieraus folgt zugleich, dass diese Einlagen an den Gesellschafter „zurückgezahlt" (bzw. im Falle der Sacheinlage zurückgewährt) werden können, ohne dass dies zu steuerpflichtigen Einkünften des Gesellschafters führt.

Literaturhinweise:

- Büchele, E., Offene und verdeckte Einlagen im Bilanz- und Gesellschaftsrecht, DB 1997, S. 2337

- Schuhmann, H., Zu den verdeckten Einlagen bei Kapitalgesellschaften, StBp 1998, S. 34

- Weber-Grellet, H., Die verdeckte Einlage, DB 1998, S. 1532

3.4.2.3   Abweichungen bei der Ermittlung des Gewerbeertrags

Das Gewerbesteuergesetz knüpft auch für die Ermittlung des Gewerbeertrags einer Kapitalgesellschaft grundsätzlich an die Gewinnermittlungsvorschriften des Einkommensteuergesetzes an. Abweichungen ergeben sich lediglich einerseits aus den Korrekturvorschriften zur Einkommensermittlung im Rahmen des Körperschaftsteuergesetzes und aus den allgemeinen Hinzurechnungs- und Kürzungsvorschriften, die das Gewerbesteuergesetz enthält. Diese wurden auf S. 108 ff. bereits dargestellt. Insoweit kann auf die dortigen Ausführungen verwiesen werden. Die Gewerbesteuerfreiheit des Aufgabegewinns von Teilbetrieben kann es jedoch nach Auffassung des Gesetzgebers bei Kapitalgesellschaften nicht geben, da das Unternehmen fortbesteht. Dies führt dazu, dass die Veräußerung oder Aufgabe eines Teilbetriebes zu einer Gewerbesteuer-

---

[327] Vgl. BFH-Beschluss vom 26.10.1987, GrS 2/86, BStBl. II 1988, S. 348.

pflicht gem. § 7 GewStG führt[328]. Außerdem ist die Gewerbesteuer – wie schon im Bereich der Einzelunternehmer und der Personengesellschaften – als abzugsfähige Betriebsausgabe zu berücksichtigen. Dies bedeutet, dass die Gewerbesteuer sowohl ihre eigene Bemessungsgrundlage verringert, als auch die der Körperschaftsteuer.

Die Steuerfreiheit von Dividenden und Veräußerungsgewinnen nach § 8b KStG gilt infolge des allgemeinen Verweises in § 7 GewStG auch für Zwecke der Gewerbesteuer, auch wenn hier im Detail erhebliche Probleme bestehen. Damit werden die Kürzungsvorschriften des § 9 Nr. 2a bzw. 7 und 8 GewStG nicht mehr benötigt. Besondere Probleme bestehen jedoch gewerbesteuerlich, wenn einer Kapitalgesellschaft entsprechende Gewinne über eine Personengesellschaft vermittelt werden (§ 8b Abs. 6 Satz 1 KStG). Allerdings hat der BFH mit Urteil vom 9. August 2006[329] entschieden, dass bei einem Dividendenbezug oder bei einer Veräußerung von Anteilen an einer Kapitalgesellschaft die Dividende bzw. ein entstehender Veräußerungsgewinn bei der Ermittlung des Gewerbeetrages bei der zwischengeschalteten Personengesellschaft insoweit außer Ansatz bleibt, wie die Beteiligung durch eine Kapitalgesellschaft besteht.

3.4.2.4   Verlustberücksichtigung

▨ Welche Auswirkungen ergeben sich auf Ebene der Kapitalgesellschaft wenn diese Verluste erwirtschaftet?

▨ Inwieweit kann eine Berücksichtigung dieser Verluste auf Ebene der Anteilseigner erfolgen?

▨ Inwieweit sind Besonderheiten zu beachten, wenn ein Wechsel von Gesellschaftern erfolgt?

3.4.2.4.1   Körperschaftsteuer

Grundsätzlich gelten die Regelungen des Einkommensteuergesetzes über die Verlustbehandlung auch für Kapitalgesellschaften. Abweichungen ergeben sich jedoch infolge des § 8 Abs. 2 KStG. Dieser bewirkt, dass Kapitalgesellschaften, die nach inländischem Handelsrecht zur Führung von Büchern verpflichtet sind, stets Einkünfte aus Gewerbebetrieb erzielen. Hieraus folgt, dass ein Verlustausgleich zwischen unterschiedlichen Einkunftsarten nicht möglich und nicht notwendig ist. Vielmehr sind alle Einkünfte als solche aus Gewerbebetrieb anzusehen und untereinander ausgleichsfähig.

---

[328] Dies kann möglicherweise ein Grund sein, Teilbetriebe einer Kapitalgesellschaft in rechtlich selbständige Kapitalgesellschaften auszugliedern, um die Veräußerung der Anteile an der Kapitalgesellschaft über § 8b Abs. 2 KStG auch für die Gewerbesteuer zu erreichen.

[329] I R 95/05, BFH/NV 2006, S. 2379.

Ist ein Verlustausgleich wegen fehlender positiver Einkünfte im selben Vz. ausgeschlossen, so ist nach § 10d EStG i. V. m. § 8 Abs. 1 und Abs. 4 KStG der **Verlustabzug** durchzuführen. Dieser gliedert sich – wie bereits auf S. 109 ff. erläutert – in einen Verlustrücktrag und in einen Verlustvortrag. Der Verlustrücktrag hat zur Folge, dass sich das zu versteuernde Einkommen und die Körperschaftsteuer des Rücktragsjahres verringern. Die für das Rücktragsjahr zu viel gezahlte Körperschaftsteuer wird der Kapitalgesellschaft erstattet. Hierbei sind jedoch die allgemeinen Begrenzungen des § 10d EStG zu beachten. Folglich kann der Verlustrücktrag ausschließlich in dem vorangegangenen Veranlagungszeitraum erfolgen und es ist die Höchstgrenze von 511.500,- EUR zu beachten.

Verbleibt nach dem Verlustrücktrag auf das vorangegangene Jahr immer noch ein Verlust, so ist er im Rahmen des **Verlustvortrages** zu berücksichtigen. Allerdings besteht ein **Wahlrecht**: Verluste müssen nicht zurückgetragen werden. Die Kapitalgesellschaft kann auf Antrag ganz oder teilweise auf den Verlustrücktrag verzichten und stattdessen den Verlust auf zukünftige Veranlagungszeiträume vortragen.[330] Verzichtet die Körperschaft nur teilweise auf den Verlustrücktrag, muss sie in dem Antrag angeben, in welcher Höhe der Rücktrag durchgeführt werden soll.[331]

Zwar findet auch im Körperschaftsteuerrecht keine Begrenzung des Verlustvortrages statt, doch ist zu berücksichtigen, dass die Regelungen zur Mindestbesteuerung auch hier gelten. Folglich können positive Einkünfte bis zu einem Sockelbetrag von 1 Mio. vollständig durch Verlustvorträge aufgezehrt werden. Liegt ein höheres zu versteuerndes Einkommen vor, so kann der übersteigende Teil zu 60 % durch Verlustvorträge gemindert werden. Ein eventuell darüber hinaus verbleibender Teil unterliegt der Besteuerung. Ziel dieser Regelung ist es, eine zeitlich hinausgeschobene Berücksichtigung von Verlustvorträgen zu erreichen.

Außerdem ist zu berücksichtigen, dass infolge des Trennungsprinzips zwischen der Kapitalgesellschaft und dem dahinter stehenden Gesellschafter eine direkte Berücksichtigung von Verlusten beim Gesellschafter ausscheiden muss. Es kann allenfalls darüber nachgedacht werden, eine indirekte Berücksichtigung vorzunehmen. Dies wäre lediglich dann anders, wenn die Regelungen über die körperschaftsteuerliche Organschaft zur Anwendung kommen. Dieses in dem §§ 14 ff. KStG geregelte Institut sieht vor, dass auf Ebene einer Kapitalgesellschaft, dem sog. Organ, die Einkunftsermittlung erfolgt und die Einkünfte anschließend dem sog. Organträger zugerechnet werden. Hieraus resultieren steuerliche Vorteile, wenn eines der beiden Unternehmen Verluste erzielt. Die Organschaft führt hier dazu, dass – unabhängig von den Regelungen zur Mindestbesteuerung – eine Verlustnutzung auf Ebene des Organträgers erfolgt. Lediglich in den Fällen, in denen insgesamt negative Einkünfte verbleiben und der Verlustrücktrag nicht ausreichend ist, um diese zu neutralisieren, können die Regelungen zur Mindestbesteuerung noch Bedeutung erlangen. Damit ist festzustellen,

---

[330] Vgl. § 10d Abs. 1 Satz 4 EStG i. V. m. § 8 Abs. 1 KStG.
[331] Vgl. § 10d Abs. 1 Satz 5 EStG i. V. m. § 8 Abs. 1 KStG.

dass mit dem Institut der körperschaftsteuerlichen Organschaft eine Möglichkeit besteht, gerade bei gesellschaftsrechtlich verbundenen Unternehmen eine frühere Verlustnutzung herbeizuführen. Hierbei sind jedoch die Voraussetzungen der körperschaftsteuerlichen Organschaft zu beachten.[332]

Literaturhinweise:

- Bock, V./Meissner, B., Körperschaftsteuerlicher Verlustabzug – Ausgewählte Zweifelsfragen zum BMF-Schreiben v. 16.4.1999, GmbHR 1999, S. 1069

- Cloppenburg, B./Strunk, G., Erlass zu § 8 Abs. 4 KStG und § 12 Abs. 3 Satz 2 UmwStG, BB 1999, S. 1095

- Cloppenburg, B./Strunk, G., Der Erlassentwurf zur Verlustnutzung nach § 8 Abs. 4 KStG sowie § 12 Abs. 3 UmwStG – Eine kritische Würdigung, BB 1998, S. 2446

- Neyer, W., Verlustnutzung nach Identitätswechsel, BB 2001, S. 173

Besondere Probleme entstehen aus den Spezialvorschriften des Körperschaftsteuergesetzes. Gem. **§ 8 Abs. 4 KStG** ist Voraussetzung für den Verlustabzug nach § 10d EStG, dass die Kapitalgesellschaft, die den Verlust geltend machen will, mit derjenigen rechtlich und wirtschaftlich identisch ist, die den Verlust erlitten hat. Ziel dieser Regelung ist es, den **Handel mit sog. GmbH-Mänteln** zu verhindern.

Beispiel:
Die A-GmbH muss wegen dauerhaft hohen Verlusten ihren Betrieb einstellen und Insolvenz anmelden. Bevor die Gesellschaft liquidiert wird, überlegt der B, die A-GmbH zu kaufen, um ihr dann ein völlig neues Geschäft zu übertragen, aus dem kurzfristig Gewinne entstehen. Diese Gewinne müssten eigentlich versteuert werden. Da die A-GmbH infolge ihrer wirtschaftlichen Schwierigkeiten der Vergangenheit über hohe Verlustvorträge verfügt, käme es jedoch nicht zu einer Besteuerung dieser Neugewinne. Etwas anderes würde lediglich dann gelten, wenn die Vorschriften zur Mindestbesteuerung dazu führen, dass trotz vorhandener Verlustvorträge ein Teil der positiven Einkünfte der Besteuerung zu unterwerfen ist. Im Ergebnis könnte durch das Erkaufen von Verlustvorträgen die Besteuerung von Gewinnen umgangen werden. Solche Gestaltungen soll § 8 Abs. 4 KStG verhindern.

Die Regelungen des § 10d EStG können von Kapitalgesellschaften nur in Anspruch genommen werden, wenn **sowohl rechtliche als auch wirtschaftliche Identität** zwischen der verlusterzielenden und der den Verlust geltend machenden Gesellschaft besteht. Die rechtliche Identität wird im Gesetz nicht näher definiert. Sie setzt voraus,

---

[332] Vgl. hierzu Kaminski, B./Strunk, G., Einfluss von Steuern auf unternehmerische Entscheidungen, Kriftel 2003, S. 167 ff.

dass die Gesellschaft rechtlich fortbesteht. Beispielsweise darf keine Umwandlung erfolgt sein. Die Voraussetzungen der wirtschaftlichen Identität sind in § 8 Abs. 4 Sätze 2 ff. KStG näher beschrieben. Danach liegt diese **insbesondere** dann nicht mehr vor, wenn:

▪ mehr als 50 % der Anteile der Kapitalgesellschaft übertragen worden sind und

▪ die Kapitalgesellschaft ihren Geschäftsbetrieb wieder aufnimmt oder ihn mit überwiegend neuem Betriebsvermögen fortführt. Allerdings ist die Zuführung überwiegend neuen Betriebsvermögens unschädlich, wenn:

- sie allein der Sanierung des Geschäftsbetriebs dient, der den verbleibenden Verlustabzug im Sinne des § 10d Abs. 3 Satz 2 EStG verursacht hat, und

- „die Kapitalgesellschaft den Geschäftsbetrieb in einem nach dem Gesamtbild der wirtschaftlichen Verhältnisse vergleichbaren Umfang in den folgenden fünf Jahren fortführt".

Die Verwendung des Worts „insbesondere" macht deutlich, dass es sich hierbei um eine **nicht abschließende Aufzählung** handelt, sondern die Aussagen im Gesetz lediglich beispielhaft sind, wenngleich es sich um den Hauptanwendungsfall handelt.[333] Allerdings fallen auch alle vergleichbaren Sachverhalte unter diese Regelung, die **wirtschaftlich zum gleichen Ergebnis** führen, wie der gesetzlich normierte.

Diese Regelung hat zu einer Vielzahl von Zweifelsfragen geführt, denen das Bundesfinanzministerium mit **Schreiben vom 16. April 1999**[334] begegnen wollte. Allerdings ist an diesen Vorgaben sehr eingehende Kritik geübt worden, die insbesondere auf die Fälle zielt, in denen nach Auffassung der Finanzverwaltung zwar eine Versagung der Anwendung des § 10d EStG erfolgt, gleichwohl dies aber nicht sachgerecht ist, weil Sachverhalte erfasst werden, die nach der Intention des Gesetzgebers – der Verhinderung von missbräuchlichen Verlustnutzungen – gar nicht erfasst werden sollten. Hieraus resultieren insbesondere im Fall von Unternehmenskäufen erhebliche Unsicherheiten.

Der Bundesfinanzhof hat Bedenken hinsichtlich des verfassungsgemäßen Gesetzgebungsprozesses bei den Verschärfungen durch das Gesetz zur Fortsetzung der Unternehmenssteuerreform[335]. Mit Beschluss vom 22. August 2006[336] hat der BFH diese Regelung dem Bundesverfassungsgericht zur Prüfung vorgelegt und insbesondere auch um eine Prüfung gebeten, ob eine evtl. Verfassungswidrigkeit durch das Steueränderungsgesetz 2001[337] geheilt wurde. Hintergrund ist, dass die formalen Beden-

---

[333] Vgl. BFH-Urt. vom 13.8.1997, I R 89/86, BStBl. II 1997, S. 829.

[334] IV C 6 – S 2745 – 12/99, BStBl. I 1999, S. 455.

[335] Vom 29.10.1997, BGBl. I 1997, S. 2590.

[336] I R 25/06, BFH/NV 2006, S. 2376.

[337] Vom 20.12.2001, BGBl. I 2001, S. 3794.

ken sich „nur" gegen die Regelung der Unternehmenssteuerreform richten und insoweit eine Bestätigung durch den Gesetzgeber erfolgt sein könnte.

3.4.2.4.2 Gewerbesteuer

Für die Frage der gewerbesteuerlichen Verlustnutzung ergeben sich keine Besonderheiten im Bereich der Kapitalgesellschaften: § 10a GewStG ermöglicht **ausschließlich** einen **Verlustvortrag,** während ein Verlustrücktrag ausscheidet. Voraussetzung für die Geltendmachung der Verluste ist jedoch, dass die Regelung des § 8 Abs. 4 KStG erfüllt ist: Nur bei **rechtlicher und wirtschaftlicher Identität** zwischen verlusterzielender und den Verlust geltend machender Gesellschaft kann eine Berücksichtigung erfolgen. Diese Kriterien werden im Gewerbesteuergesetz in gleicher Weise ausgelegt, wie im Körperschaftsteuergesetz, denn in § 10a Satz 4 GewStG wird ausdrücklich auf die Regelung des § 8 Abs. 4 KStG verwiesen. Insoweit treten diese Regelungen an die Stelle der Forderung nach Unternehmens- und Unternehmeridentität, wie sie im Bereich der Einzelunternehmen und Personengesellschaften verlangt werden.

3.4.3   Ermittlung der Steuerbelastung

▨ Wie hat die Ermittlung der Steuerbelastung zu erfolgen?

▨ Inwieweit ergeben sich Interdependenzen zwischen der Belastung mit Gewerbe- und Körperschaftsteuer?

▨ Welchen wirtschaftlichen Charakter hat die Belastung mit Gewerbe- und Körperschaftsteuer

3.4.3.1   Gewerbesteuer

Die GewSt ist auch bei Kapitalgesellschaften mindernd bei der Bestimmung ihrer eigenen Bemessungsgrundlage als auch bei der der Körperschaftsteuer zu berücksichtigen. Kapitalgesellschaften i. S. d. § 2 Abs. 2 GewStG erhalten grundsätzlich **keinen gewerbesteuerlichen Freibetrag.** Sind sie jedoch nach § 3 Nr. 5, 6, 9 oder 15 – 18 GewStG von der Gewerbesteuer befreit, so gilt für den Bereich ihrer partiellen Gewerbesteuerpflicht und für Unternehmen von juristischen Personen des öffentlichen Rechts ein – von der abgerundeten Besteuerungsgrundlage abzuziehender – Freibetrag i. H. v. 3.900,- EUR (§ 11 Abs. 1 Satz 3 Nr. 2 GewStG). Hiervon begünstigt sind insbesondere bestimmte Genossenschaften aus dem Bereich Land- und Forstwirtschaft, Einrichtungen die ausschließlich und unmittelbar gemeinnützigen, mildtätigen oder kirchlichen Zwecken dienen, Sterbe-, Kranken- und Unterstützungskassen und begünstigte Erwerbs- und Wirtschaftsgenossenschaften sowie Vereine.

Anders als bei Personengesellschaften gibt es keinen sog. Staffeltarif. Dies bedeutet, dass die **Steuermesszahl einheitlich 5 %** beträgt, unabhängig davon, wie hoch der Gewerbeertrag ist. Auf diesen Steuermessbetrag wird dann – wie bei Personengesellschaften – der Hebesatz der Gemeinde angewendet. Insoweit bestehen keine Besonderheiten gegenüber den obigen Ausführungen. Zu beachten ist, dass die Hebesätze innerhalb einer Gemeinde nicht nach der Rechtsform differenziert werden dürfen, sondern für alle Unternehmen gleich hoch sein müssen.

3.4.3.2 Körperschaftsteuer

3.4.3.2.1 Tarifvorschriften

Das ermittelte Einkommen unterliegt einem **Steuersatz von 25 v. H.** (§ 23 Abs. 1 KStG), der unabhängig davon ist, ob Gewinne thesauriert (also in der Gesellschaft einbehalten) oder ausgeschüttet werden. Auch auf die Höhe des Einkommens kommt es insoweit nicht an, weil es sich um einen linearen Tarif handelt. Dieser Steuersatz gilt auch für beschränkt steuerpflichtige Kapitalgesellschaften.

Bei der Würdigung dieses Steuersatzes ist zu beachten, dass die Gewinne einerseits bereits der Gewerbesteuer unterlegen haben (vgl. zur hieraus entstehenden kumulierten Steuerbelastung **Abbildung 3-42**) und andererseits – anders als bis zum Steuersenkungsgesetz 2000[338] – die auf Ebene der Kapitalgesellschaft gezahlte Körperschaftsteuer nunmehr definitiv ist. Anders als nach dem zuvor geltenden (Voll-)Anrechnungsverfahren kann nunmehr die Belastung mit Körperschaftsteuer wirtschaftlich nicht mehr als eine Vorauszahlung auf die spätere Einkommensteuerschuld des Gesellschafters verstanden werden. Vielmehr verbleibt es auf jeden Fall bei dieser Belastung, wobei ggf. ergänzend noch eine zusätzliche Steuerbelastung auf Ebene des Gesellschafters hinzukommen kann. Hierin liegt ein wesentlicher Unterschied im Vergleich zur Besteuerung bei Personengesellschaften und Einzelunternehmen, bei denen eine ausschließliche und endgültige Belastung mit Einkommensteuer auf Ebene des Gesellschafters erfolgt.[339] Allerdings treten diese Besteuerungsfolgen bei Kapitalgesellschaften nur dann ein, wenn eine Ausschüttung an den Gesellschafter erfolgt. Hingegen haben Personengesellschaften keine Möglichkeit, eine sofortige Besteuerung beim Gesellschafter zu vermeiden.

Wenn die Gesamtsteuerbelastung betrachtet wird zeigt sich, dass sie sich in etwa zu einer Hälfte aus der Gewerbesteuer und zur anderen aus der Körperschaftsteuer ergibt. Wenn gleichzeitig berücksichtigt wird, dass infolge der Hinzurechnungsvorschriften (insbesondere der hälftigen Entgelte für Dauerschuldzinsen) bei der Gewerbesteuer regelmäßig eine größere Bemessungsgrundlage gegeben ist als im Bereich der

[338] Vom 23.10.2000, BGBl. I 2000, S. 1433 ff.

[339] Etwas anderes gilt jedoch bei der Gewerbesteuer, weil die Personengesellschaft für Zwecke dieser Steuer als selbständiges Steuersubjekt zu qualifizieren ist, vgl. hierzu nochmals S. 170 ff.

Körperschaftsteuer, so zeigt sich gerade für diese Unternehmen die große Bedeutung dieser Steuer. Hierbei kommt dann den jeweils unterstellten Hebesätzen eine besondere Bedeutung zu. Dabei darf jedoch nicht isoliert nur die Verringerung der Belastung mit Gewerbesteuer betrachtet werden. Vielmehr ist zu berücksichtigen, dass infolge der geringeren Gewerbesteuer eine höhere Bemessungsgrundlage für die Körperschaftsteuer und den Solidaritätszuschlag entsteht. Dies führt insoweit zu einer – isoliert betrachteten – höheren Belastung mit Körperschaftsteuer und Solidaritätszuschlag. Zugleich folgt hieraus für Gestaltungsüberlegungen, dass insbesondere Maßnahmen zur Veränderung der gewerbesteuerlichen Bemessungsgrundlage sich dann als besonders entlastend erweisen, wenn das Unternehmen in einer Gemeinde mit hohen Hebesätzen ansässig ist.

Abbildung 3-42: *Belastung von Gewinnen einer inländischen Kapitalgesellschaft im Fall der Thesaurierung*

	Gewinn	100,00
./.	GewSt (h = 470 ⇨ GewSt = 19,02 %)	19,02
	Verbleiben	80,98
./.	25 % KSt	20,25
./.	5,5 % SolZ auf die KSt	1,11
	Gewinn nach Steuern	59,62

Literaturhinweise:

▪ Krawitz, N., Betriebswirtschaftliche Anmerkungen zum Halbeinkünfteverfahren, DB 2000, S. 1721

▪ Frotscher, G., Die körperschaftsteuerliche Übergangsregelung nach dem Steuersenkungsgesetz, BB 2000, S. 2280

▪ Bareis, P., Das Halbeinkünfteverfahren im Systemvergleich, StWi 2000, S. 133

▪ Eisgruber, T., Unternehmenssteuerreform 2001: Das Halbeinkünfteverfahren auf der Ebene der Körperschaft, DStR 2000, S. 1493

3.4.3.2.2 Entstehung der Steuer

Nach § 38 AO entsteht die Steuer mit der Verwirklichung des Tatbestandes, der sich aus den Einzelsteuergesetzen ergibt. In **§ 30 KStG** ist die Entstehung der KSt wie folgt festgelegt:

▧ Bei **Steuerabzugsbeträgen** (in erster Linie Kapitalertragsteuer) entsteht die KSt in dem Zeitpunkt, in dem die steuerpflichtigen Einkünfte zufließen. Maßgebend ist der Zufluss i. S. d. § 11 EStG.[340] Die Einbehaltung und Fälligkeit der Kapitalertragsteuer richtet sich indessen nach der Vorschrift des § 44 Abs. 2 EStG.[341] Danach fließen dem Gläubiger der Kapitalerträge die Gewinnanteile an dem Tag zu, der in dem Beschluss über die Gewinnverwendung als Tag der Auszahlung bestimmt wurde.

▧ Bei **Vorauszahlungen** entsteht die KSt des Kalenderjahres, in dem die Vorauszahlungen zu entrichten sind. Diese sind **zum 10. März, 10. Juni, 10. September und 10. Dezember** zu leisten. Beginnt die Steuerpflicht erst im Laufe eines Kalenderjahres, so entsteht die erste Vorauszahlung mit Begründung der Steuerpflicht.

▧ Die **veranlagte KSt** entsteht mit **Ablauf des Vz.**, soweit die Steuer nicht schon als Steuerabzugsbetrag oder als Vorauszahlung vorher entstanden ist. Die Steuerabzugsbeträge und die Vorauszahlungen gehen in der veranlagten KSt auf.

Wird die Steuerpflicht erst im Lauf eines Kalenderjahres begründet, so entsteht die Steuerschuld frühestens mit Begründung der Steuerpflicht. Die Steuerpflicht wird begründet durch Eintritt in die unbeschränkte Steuerpflicht, Beendigung einer Steuerbefreiung oder Begründung der partiellen Steuerpflicht (bspw. bei gemeinnützigen Körperschaften mit wirtschaftlichem Geschäftsbetrieb).

Von der **Entstehung der Steuerschuld** ist die Fälligkeit zu unterscheiden (§ 220 Abs. 1 AO), die im Regelfall eine Steuerfestsetzung voraussetzt.[342] Eine durch Steuerfestsetzung entstehende Abschlusszahlung ist innerhalb eines Monats nach Bekanntgabe des Steuerbescheids fällig (§ 36 Abs. 4 EStG i. V. m. § 8 Abs. 1 KStG). Der Zeitpunkt der Entstehung der Körperschaftsteuer ist beispielsweise für den Beginn der Festsetzungsverjährung (§§ 169 – 171 AO) wichtig.

Bei unbeschränkt steuerpflichtigen Körperschaften und bei Körperschaften, die nach § 2 Nr. 1 KStG (weder Geschäftsleitung noch Sitz im Inland) mit ihren inländischen Einkünften beschränkt körperschaftsteuerpflichtig sind, erfolgt eine Körperschaftsteuer-Veranlagung. Auf die Durchführung der Besteuerung einschließlich Entrichtung und Vergütung der Körperschaftsteuer sind **die Vorschriften, die für die Einkommensteuer gelten**, entsprechend anzuwenden (§ 31 Abs. 1 KStG). Die Pflicht zur Abgabe der Körperschaftsteuer-Erklärung ergibt sich aus der sinngemäßen Anwendung von § 56 EStDV.

Veranlagungszeitraum ist auch bei Körperschaften das Kalenderjahr (§ 25 EStG); ein vom Kalenderjahr abweichender Veranlagungszeitraum ergibt sich bei bestimmten Körperschaften, die sich in **Liquidation** befinden (§ 11 Abs. 1 KStG).

---

[340] Vgl. BFH-Urt. vom 1.3.1972, I R 214/70, BStBl. II 1972, S. 591.
[341] Vgl. BFH-Urt. vom 18.12.1985, I R 222/81, BStBl. II 1986, S. 451.
[342] Vgl. BFH-Urt. vom 26.5.1972, III R 61/71, BStBl. II 1972, S. 693.

Bei Körperschaften gelten auch die einkommensteuerlichen Vorschriften über die **Vorauszahlungen** (§ 37 EStG) und Abschlusszahlungen sowie die Erstattungen aufgrund der Veranlagung (§ 36 Abs. 4 EStG). Eine Abweichung vom Einkommensteuerrecht besteht allerdings bei der Anrechnung von Vorauszahlungen bei abweichenden Wirtschaftsjahren. Nach § 31 Abs. 2 KStG sind bei Körperschaften mit abweichenden Wirtschaftsjahren die Vorauszahlungen auf die KSt eines Veranlagungszeitraums bereits während des Wirtschaftsjahres zu entrichten, das im Veranlagungszeitraum endet.

3.4.4 Liquidation der unternehmerischen Betätigung

▨ Zu welchem Zeitpunkt endet die Steuerpflicht der Kapitalgesellschaft bzw. wann endet die Eigenschaft als Unternehmer i. S. d. Umsatzsteuergesetzes?

▨ Wie wird ein Liquidationsgewinn bzw. -verlust steuerlich behandelt?

▨ Inwieweit kann es im Rahmen der Liquidation zu einer Belastung mit Grunderwerbesteuer kommen?

Literaturhinweise:

▨ Grziwotz, H., Sonderfälle der Liquidation von Gesellschaften, DStR 1992, S. 1813

▨ Heidemann, O., Die Liquidation der GmbH, Inf 1992, S. 457, S. 486

3.4.4.1 Körperschaftsteuerliche Aspekte

Die unbeschränkte **Körperschaftsteuerpflicht** einer Kapitalgesellschaft **endet** nicht bereits mit dem Wegfall ihrer Rechtsfähigkeit, sondern erst zu dem Zeitpunkt, zu dem – nach Beendigung der geschäftlichen Tätigkeit – das Liquidationsvermögen an die Gesellschafter verteilt wird. Dies kann jedoch aus Gründen des Gläubigerschutzes erst nach Ablauf des sog. **Sperrjahres** (§ 272 AktG, § 73 GmbHG) erfolgen. Das Sperrjahr beginnt mit dem Tag, an dem der Aufruf der Gläubiger, ihre Ansprüche anzumelden, zum dritten Mal bekannt gemacht worden ist (§ 267 AktG, § 65 Abs. 2 GmbHG). Die Körperschaftsteuerpflicht endet bei den Kapitalgesellschaften frühestens mit dem Ablauf des Sperrjahres. Die Löschung im Handelsregister ist für sich allein ohne Bedeutung.[343]

Die unbeschränkte Körperschaftsteuerpflicht endet auch dann, wenn eine Körperschaft ihre Geschäftsleitung und ihren Sitz oder eines von beiden in das Ausland verlegt. Ist die Körperschaft danach noch Bezieher von inländischen Einkünften i. S. v.

---

[343] Vgl. R. 51 Abs. 2 Satz 4 KStR.

§ 49 EStG, so ist sie gem. § 2 Nr. 1 KStG beschränkt steuerpflichtig. Die Verlegung von Geschäftsleitung und Sitz in das Ausland führt dann lediglich zu einem Wechsel in der Art der Steuerpflicht (bisher: unbeschränkt – zukünftig: beschränkt steuerpflichtig). Bezieht dagegen die Körperschaft nach der Verlegung von Sitz und Geschäftsleitung in das Ausland keine inländischen Einkünfte i. S. d. § 49 EStG, fällt die persönliche Steuerpflicht in vollem Umfang weg. Fallen bei einer bisher nach § 2 Nr. 1 KStG beschränkt steuerpflichtigen Körperschaft die inländischen Einkünfte i. S. d. § 49 EStG weg, so endet auch in diesen Fällen die persönliche Steuerpflicht.

§ 11 KStG bestimmt, dass wenn eine unbeschränkt steuerpflichtige Kapitalgesellschaft nach der Auflösung abgewickelt wird, der im **Zeitraum der Abwicklung** erzielte Gewinn der Besteuerung zu Grunde zu legen ist. Es müssen also die Voraussetzungen Auflösung und Abwicklung kumulativ, neben der unbeschränkten Körperschaftsteuerpflicht, erfüllt sein. Die Auflösungsgründe sind in den jeweiligen gesellschaftsrechtlichen Spezialgesetzen kodifiziert.[344] Die Abwicklung schließt sich an die Auflösung an und zielt auf die Beendigung der Tätigkeit und das Erlöschen der Körperschaft.

Gem. § 11 Abs. 1 KStG ist der während des Abwicklungszeitraums erzielte Gewinn der Besteuerung zu unterwerfen. Dieser Besteuerungszeitraum soll **3 Jahre** nicht überschreiten.[345] R. 51 Abs. 1 Satz 3 KStR gibt dem Steuerpflichtigen die Möglichkeit, ein Rumpfwirtschaftsjahr zu bilden, das den Zeitraum vom Schluss des vorangegangenen Wirtschaftsjahrs bis zur Auflösung umfasst. Nutzt er dieses Recht, so ist das Ergebnis des Rumpfwirtschaftsjahres nicht mit in die Liquidationsbesteuerung einzubeziehen, sondern nach den allgemeinen Regelungen zu besteuern.[346] Unabhängig davon bleibt die Festsetzung von Körperschaftsteuervorauszahlungen nach § 31 Abs. 1 KStG i. V. m. § 37 EStG zulässig.

Der **Abwicklungsgewinn** ergibt sich gem. § 11 Abs. 2 KStG als die Differenz zwischen dem Abwicklungs-Endvermögen und dem Abwicklungs-Anfangsvermögen. Der Grundsatz der Maßgeblichkeit der Handelsbilanz für die Steuerbilanz gilt nicht. Ziel ist die möglichst vollständige Erfassung der stillen Reserven.[347] Gem. Abs. 6 sind die übrigen Vorschriften der Gewinnermittlung anzuwenden, also insbesondere die Regelungen über die nichtabziehbaren Ausgaben, die verdeckten Gewinnausschüttungen und die Einlagen. Ein Schema zur Ermittlung des Liquidationsgewinns findet sich in **Abbildung 3-43**.[348]

---

[344] Vgl. § 262 AktG für die AG, § 289 AktG und ergänzend §§ 161 – 177a HGB für die KG aA und § 60 Abs. 1 GmbHG für die GmbH.
[345] Vgl. § 11 Abs. 1 Satz 2 KStG.
[346] Vgl. R. 51 Abs. 1 Satz 5 KStR.
[347] Vgl. BFH-Urt. vom 14.12.1965, I 246/62 U, BStBl. III 165, S. 152.
[348] Darstellung in Anlehnung an Graffe, in: Dötsch, KStG, § 11 KStG Rz. 37.

Abbildung 3-43:   *Ermittlung des körperschaftsteuerlichen Liquidationsgewinns*

	Zur Verteilung kommendes Vermögen im Zeitpunkt des Ausscheidens aus der unbeschränkten Steuerpflicht (bewertet zum gemeinen Wert)	
+	geleistete Spenden i. S. d. § 9 Abs. 1 Nr. 2 KStG	
./.	sonstige abziehbare Aufwendungen (nach § 9 KStG außer Spenden)	**Abwicklungs-Endvermögen** (§ 11 Abs. 3 KStG)
./.	steuerfreie Vermögensmehrungen	
	Vermögen der letzten laufenden Schlussbilanz (bewertet nach § 6 EStG)	./. **Abwicklungs-Anfangsvermögen** (§ 11 Abs. 2 KStG)
./.	Gewinnausschüttungen für vorangegangene Wirtschaftsjahre	
		Vermögenszuwachs (-rückgang)
	./.	höchstens abziehbare Spenden (§ 9 Abs. 1 Nr. 2 KStG)
	./.	Verlustabzug (§ 10d EStG)
		Liquidationsgewinn -verlust

Das **Abwicklungs-Endvermögen** umfasst das Vermögen der Kapitalgesellschaft, das nach Einziehung der Forderungen, Veräußerung des Vermögens und Befriedigung der Gläubiger verbleibt. Wirtschaftsgüter, die an die Gesellschafter ausgekehrt werden, sind mit dem gemeinen Wert anzusetzen.[349] Dieser wird in § 9 Abs. 2 BewG definiert als Preis, der im gewöhnlichen Geschäftsverkehr bei einer Veräußerung unter Berücksichtigung aller preisbeeinflussenden Umstände erzielt werden kann. Das Endvermögen ist um evtl. Kosten, die mit der Abwicklung im Zusammenhang stehen, und um steuerfreie Vermögensmehrungen zu kürzen.

Das **Abwicklungs-Anfangsvermögen** umfasst jenes Vermögen, das der Körperschaftsteuer-Veranlagung am Schluss des Wirtschaftsjahres zu Grunde gelegt wird, bevor es zur Liquidation der Kapitalgesellschaft kommt. Dabei kann es sich entweder um die Schlussbilanz des letzten regulären Wirtschaftsjahres oder des Rumpfwirtschaftsjahres handeln. Gewinnausschüttungen verringern das Anfangsvermögen.

Der so ermittelte Gewinn unterliegt gem. § 23 Abs. 1 KStG der Tarifbelastung in Höhe von 25 v. H. Eine Tarifermäßigung gibt es nicht. Ist das Abwicklungsergebnis negativ,

---

[349] Vgl. BFH-Urt. vom 14.12.1965, I 246/62 U, BStBl. III 1966, S. 152.

erfolgt die Verlustbehandlung nach den allgemeinen Grundsätzen des § 10d EStG i. V. m. § 8 Abs. 1 KStG. Danach können Verluste in den Abwicklungszeitraum vorgetragen werden. Entsteht hingegen im Rahmen der Liquidation ein Verlust, ist er auf den vorhergehenden Vz. zurückzutragen, wobei die Höchstgrenze von 511.500,- EUR zu beachten ist.

3.4.4.2   Gewerbesteuerliche Aspekte

Kapitalgesellschaften stellen gem. § 2 Abs. 2 Nr. 2 GewStG Gewerbebetriebe kraft Rechtsform dar. Damit unterliegen sie automatisch der Gewerbesteuerpflicht. Diese Pflicht endet erst mit der **Verteilung des Vermögens** an die Gesellschafter bzw. mit dem **Aufhören jeglicher gewerblicher Tätigkeit**.[350] Der nach § 11 Abs. 1 KStG ermittelte Abwicklungsgewinn erhöht den Gewerbeertrag. Rechtsgrundlage hierfür bildet § 7 GewStG der für die Einkommensermittlung, vorbehaltlich der Hinzurechnungen und Kürzungen nach §§ 8 und 9 GewStG, auf die Regelungen des EStG und KStG verweist. Eine Abweichung kann sich nur insoweit ergeben, als dass der Gewerbesteuer lediglich im Inland betriebene Gewerbebetriebe unterliegen. Deshalb ist der nach § 11 Abs. 1 KStG ermittelte Abwicklungsgewinn, der auf ausländische Betriebsstätten entfällt, von der Besteuerung nach dem Gewerbeertrag auszunehmen. Diese Regelung gilt unabhängig davon, ob mit dem Betriebsstättenstaat ein Doppelbesteuerungsabkommen besteht. Eine weitere Besonderheit ergibt sich daraus, dass der dreijährige Abwicklungszeitraum nicht für das Gewerbesteuerrecht gilt. Gem. § 16 Abs. 1 GewStDV ist der Gewerbeertrag, der im Zeitraum der Abwicklung entstanden ist, auf die Jahre des Abwicklungszeitraums zu verteilen.

Entsteht ein **Liquidationsverlust**, so kann dieser nur mit positiven laufenden Gewinnen der Gesellschaft verrechnet werden. Entscheidend hierfür ist, dass **§ 10a GewStG keinen** Verlustrücktrag vorsieht, und ein Verlustvortrag scheitern muss, weil die Gesellschaft mit der Liquidation aus der deutschen Gewerbesteuerpflicht ausscheidet. Dadurch können in folgenden Perioden keine positiven Gewerbeerträge entstehen, mit denen der Verlustvortrag verrechnet werden kann.

3.4.4.3   Umsatzsteuerliche Aspekte

Die Umsatzsteuerpflicht endet mit dem **letzten Tätigwerden**.[351] Bei einer GmbH soll die Unternehmereigenschaft i. S. d. § 2 UStG dann enden, wenn sie ihre Rechtsfähigkeit verliert. Hierfür ist der Zeitpunkt der **wirksamen Löschung** der GmbH im Handelsregister nach § 2 Löschungsgesetz heranzuziehen.[352] Werden im Rahmen der Liquidation der Gesellschaft Wirtschaftsgüter in das Privatvermögen der Gesellschaf-

---

[350] Vgl. Abschn. 22 Abs. 3 GewStR.
[351] Vgl. Abschn. 19 Abs. 2 Satz 1 UStR.
[352] Vgl. Abschn. 19 Abs. 2 Satz 7 und 8 UStR.

ter überführt, so liegt darin ein umsatzsteuerpflichtiger Vorgang[353], d. h., diese Überführung ist wie eine Veräußerung an einen fremden Dritten zu behandeln, die die übliche Umsatzsteuerpflicht auslöst.

3.5 Einkünfte aus Unternehmenstätigkeit im weiteren Sinne

▨ Welche Einkunftsarten sind mit den unterschiedlichen Unternehmenstätigkeiten im weiteren Sinne verbunden?

▨ Welche steuerlichen Konsequenzen sind mit der Überlassung von zusätzlichem Eigenkapital einerseits und Fremdkapital andererseits verbunden?

▨ Wie werden die mit den jeweiligen „Gegenleistungen" der Gesellschaft verbundenen Aufwendungen auf Ebene des Gesellschafters behandelt?

▨ Warum ist die Frage, ob es sich beim Gesellschafter einer Kapitalgesellschaft um eine Kapitalgesellschaft einerseits oder eine Personengesellschaft oder natürliche Person andererseits handelt von so grundlegender Bedeutung?

▨ Inwieweit bestehen Unterschiede in Abhängigkeit davon, ob es sich um eine Beteiligung handelt, die sich im Privatvermögen oder im Betriebsvermögen befindet?

▨ Welche steuerlichen Konsequenzen ergeben sich, wenn einzelne Wirtschaftsgüter auf schuldrechtlicher Basis an die Gesellschaft überlassen werden?

Eine unternehmerische Tätigkeit muss nicht zwingend in den bisher beschriebenen Tätigkeitsformen der Einzelunternehmung, der Personengesellschaft bzw. Kapitalgesellschaft erfolgen. Vielmehr kann diese auch darin bestehen, dass „Vermögen" an eine andere Person zur Verfügung gestellt wird, das diese für ihre unternehmerische Tätigkeit nutzt. Eine solche „Überlassung" hat regelmäßig ein geringeres Risiko zur Folge, als eine unmittelbare Unternehmenstätigkeit. Wie bereits auf S. 17 ff. erläutert, wird hier von einer unternehmerischen Tätigkeit im weiteren Sinne gesprochen. Bei der Überlassung von Kapital ist zwischen der – dauerhaften oder vorübergehenden – zur Verfügungstellung von Kapital und die zeitlich befristeten Überlassung von anderen Wirtschaftsgütern (etwa Maschinen, Gebäude oder immaterielle Wirtschaftsgüter wie z. B. Know-how) zu unterscheiden. Aus steuerlicher Sicht führt die Überlassung von Kapital zu Einkünften aus Kapitalvermögen gem. § 20 EStG. Werden hingegen andere Wirtschaftsgüter zeitlich befristet überlassen, stellt dies eine Vermietung oder Verpachtung dar, die zu Einkünften gem. § 21 EStG führt. Ergänzend ist danach zu differenzieren, ob es sich um laufende Erträge handelt oder ob eine Veräußerung dieses

---

[353] Vgl. § 3 Abs. 1b Nr. 1 UStG.

Vermögens erfolgt. Hier ergibt sich die Frage, wie evtl. Veräußerungsgewinne oder Verluste steuerlich zu behandeln sind.

3.5.1   Einkünfte aus der Überlassung von Kapital zur unternehmerischen Nutzung

Unternehmerische Tätigkeiten im weiteren Sinne stellen auch einen Untersuchungsgegenstand der Betriebswirtschaftlichen Steuerlehre dar. Zwar wird die handelnde Person nicht selbst als Unternehmer tätig, gleichwohl nimmt sie ein unternehmerisches Risiko in Form einer niedrigeren oder höheren Verzinsung des eingesetzten Kapitals sowie dessen Mehrung oder Verlust in Kauf. Im Gegensatz dazu ist das Risiko eines Gesellschafters, der „seiner" Gesellschaft im Wege eines Darlehensvertrages Fremdkapital überlässt, deutlich geringer.[354] Dies gilt insbesondere, wenn das gewährte Darlehen durch Grundpfandrechte besichert ist. Eine Unterscheidung, ob eine Überlassung von Eigen- oder Fremdkapital erfolgt, ist sowohl für die laufenden Erträge aus der Kapitalüberlassung als auch bei möglichen Wertänderungen des überlassenen Vermögens von Bedeutung.

Bei einem **Einzelunternehmer** erfolgt keine Trennung zwischen der unternehmerischen Betätigung und dem übrigen Vermögen. Folglich besteht auch steuerlich nicht die Möglichkeit, Wirtschaftsgüter aus dem Privatvermögen des Einzelunternehmers an das Einzelunternehmen zu überlassen. Dies ergibt sich bereits daraus, dass es sich hierbei nicht um unterschiedliche Steuersubjekte handelt, so dass schon aus diesem Grund eine steuerliche Anerkennung ausscheiden muss. Während zivilrechtlich eine nur kapitalmäßige Beteiligung an einer **Personengesellschaft** möglich ist, liegt in diesen Fällen steuerlich stets eine unmittelbare unternehmerische Tätigkeit vor, wenn davon auszugehen ist, dass der Gesellschafter als Mitunternehmer der Personengesellschaft zu qualifizieren ist. Die hiermit verbundenen steuerlichen Konsequenzen wurden bereits im Kapitel 3.3 analysiert.[355] Demgegenüber liegt bei Beteiligungen an **Kapitalgesellschaften** häufig keine wesentliche Einflussnahme auf die Unternehmenstätigkeit vor. Hierfür ausschlaggebend ist, dass der Gesellschafterversammlung nur solche grundlegende Änderungen des Gesellschaftsvertrages vorzulegen sind, die laufende Geschäftsführung jedoch auf das Organ „Geschäftsführer" ausgegliedert wurde. Dies wird bei Publikumsaktiengesellschaften besonders deutlich, bei denen der einzelne Aktionär regelmäßig kaum Einflussmöglichkeiten hat. Etwas anderes kann lediglich dann gelten, wenn ein Gesellschafter infolge seiner Gesellschafterstellung zugleich zum Geschäftsführer berufen wird und infolge dieser Position erhebliche Einflussmöglichkeiten erhält. Diese beruhen dann aber auf dieser Funktion und nicht auf der Gesellschafterstellung. Nachfolgend wird der Fall der Kapitalbeteiligung

---

[354] Von der zivilrechtlichen Beurteilung des Fremdkapitals als eigenkapitalersetzendes Darlehen und ihrer steuerlichen Folgen soll in diesem Zusammenhang abgesehen werden.

[355] Vgl. S. 97 ff.

näher untersucht, bei der der Gesellschafter keine eigenen, wesentlichen Impulse für die laufende Geschäftsführung der Gesellschaft geben kann.

3.5.1.1 Überlassung als Eigenkapital

Der Gesetzgeber hat mit Wirkung zum Veranlagungszeitraum 2001 eine grundlegende Änderung der Besteuerung von Dividenden vorgenommen. Bis zu diesem Zeitpunkt wirkt die Körperschaftsteuer einer Kapitalgesellschaft für inländische Gesellschafter wie eine Vorauszahlung auf die Einkommen- bzw. Körperschaftsteuer des Gesellschafters. Dieses System wurde jedoch durch das sog. Halbeinkünfteverfahren ersetzt. Hiermit verbunden war eine nachhaltige Senkung des anzuwendenden Steuersatzes. Unabhängig davon, ob Gewinne thesauriert oder ausgeschüttet werden, erfolgt auf Ebene der Kapitalgesellschaft eine Belastung mit Gewerbesteuer, Körperschaftsteuer und Solidaritätszuschlag. Zur Bestimmung der hiermit verbundenen Belastungen wird auf die Ausführungen auf S. 215 ff. insbesondere **Abbildung 3-42** verwiesen. Die Besteuerungskonsequenzen beim Gesellschafter sind davon abhängig, ob es sich hierbei um eine natürliche Person oder um eine Körperschaft handelt. Deshalb wird im Weiteren nach diesen Merkmalen unterschieden, wobei lediglich eine Analyse für inländische Gesellschafter erfolgt.

Im Folgenden werden nur die ab dem Veranlagungszeitraum 2001 geltende Regelung dargestellt. Auf eine Analyse der bisherigen Besteuerungsregelungen sowie Probleme hinsichtlich des Übergangs vom alten Körperschaftsteuer-Anrechnungsverfahren zum Halbeinkünfteverfahren wird nicht näher eingegangen. Dies gilt auch für alle Überlegungen zur Nutzung der damals gezahlten und bisher beim Gesellschafter noch nicht geltend gemachten Körperschaftsteuer.

3.5.1.1.1 Unbeschränkt körperschaftsteuerliche Personen als Gesellschafter

Unbeschränkt körperschaftsteuerpflichtige Personen können gem. § 8b Abs. 1 KStG Dividenden, verdeckte Gewinnausschüttungen und andere sonstige Bezüge i. S. d. § 20 Abs. 1 Nr. 1 EStG steuerfrei vereinnahmen. Die Steuerfreiheit bezieht sich auch auf ausländische Beteiligungserträge, sofern die im Ausland ansässige Kapitalgesellschaft als eine der deutschen Kapitalgesellschaft gleichzustellende Gesellschaftsform zu qualifizieren ist.[356] Die Steuerfreiheit der Beteiligungserträge ist von keinen besonderen Voraussetzungen abhängig. Folglich bedarf es weder einer bestimmten Beteiligungsdauer, einer Beteiligungshöhe, einer bestimmten Tätigkeit der ausschüttenden Gesellschaft noch irgendwelcher anderer Anforderungen. Selbst bei sehr kurzfristigen Besitzzeiten wird die Steuerfreiheit gewährt. Dies hat zugleich den Vorteil, dass in

---

[356] Eine Besonderheit kann sich ergeben, wenn die Voraussetzungen für die sog. Hinzurechnungsbesteuerung nach §§ 7 ff. des Außensteuergesetzes (AStG) einschlägig sind. Vgl. hierzu Kaminski, B./Strunk, G., Steuern in der internationalen Unternehmenspraxis, Wiesbaden 2006, S. 84 ff.

Konzernstrukturen bei Ausschüttungen, die über mehrere Konzernstufen laufen, eine mehrfache Besteuerung nicht erfolgt.[357]

Allerdings wird diese Steuerfreiheit nicht vollständig gewährt, sondern nur in Höhe von 95 %. In Höhe von 5 % werden nicht abzugsfähige Betriebsausgaben fingiert. Entscheidend hierfür ist die – seit langem geführte – Diskussion, inwieweit Aufwendungen im Zusammenhang mit steuerfreien Einnahmen das Einkommen der besitzenden Kapitalgesellschaft mindern sollen. Zwar erscheint es als nahe liegend, wenn diese Aufwendungen nicht abzugsfähig sind, denn schließlich handelt es sich beim Gesellschafter um steuerfreie Erträge. Gleichwohl überzeugt diese Auffassung nicht. Eine solche Betrachtung ließe außer Acht, dass auf Ebene der ausschüttenden Kapitalgesellschaft eine Besteuerung erfolgt und bei dieser die Finanzierungskosten des Gesellschafters sich nicht mindernd auswirken. Entscheidend hierfür ist das Vorliegen von unterschiedlichen Steuersubjekten und der Grundsatz, dass als Betriebsausgaben nur solche Aufwendungen steuerlich abgezogen werden können, die durch den eigenen Betrieb veranlasst sind. Hieran fehlt es jedoch bei den Finanzierungskosten des Gesellschafters auf Ebene der ausschüttenden Gesellschaft. Das Ergebnis wäre eine Nichtberücksichtigung, weder bei der ausschüttenden noch bei der Dividenden empfangenen Gesellschaft. Eine solche Regelung wäre nicht sachgerecht und kollidiert mit dem Grundsatz der Besteuerung nach der wirtschaftlichen Leistungsfähigkeit.

Der Gesetzgeber löst dieses Problem, durch zwei unterschiedliche Ansätze: Einerseits sind die **laufenden Aufwendungen** im Zusammenhang mit der Beteiligung bei der besitzenden Kapitalgesellschaft als Betriebsausgaben **abzugsfähig**. Dies gilt insbesondere für Finanzierungskosten (z. B. wenn ein Darlehen aufgenommen wurde, um die Beteiligung an der ausschüttenden Gesellschaft erwerben zu können). Andererseits erfolgt die bereits oben dargestellte Einschränkung der Steuerfreiheit auf 95 %. Folglich unterliegen 5 % der Dividenden der Besteuerung. Gem. § 8b Abs. 5 KStG gelten **5 %** der Dividenden **als nicht abzugsfähige** Betriebsausgaben der empfangenen Kapitalgesellschaften. Hierbei handelt es sich um eine Fiktion, die der Steuerpflichtige nicht widerlegen kann. Im Ergebnis reduziert sich damit die Freistellung der Dividende von 100 % auf 95 %, dies zumindest in den Fällen, in denen keine Aufwendungen im Zusammenhang mit der Beteiligung entstanden sind. In allen anderen Fällen kann sich sogar eine Begünstigung ergeben. Dies ist der Fall, wenn negative Einkünfte aufgrund hoher abzugsfähiger Aufwendungen (wie z. B. Finanzierungskosten) mit anderen positiven Einkünften verrechnet werden können.

Hieraus ergibt sich die folgende Belastung: Wird eine Dividendenausschüttung von 100 unterstellt, so führt § 8b Abs. 5 KStG dazu, dass das Einkommen der empfangenen Kapitalgesellschaft außerbilanziell um 5 (= 5 % von 100) zu erhöhen ist. Betrug das Einkommen dieser Gesellschaft vorher beispielsweise 1.000, sind nunmehr 1.005 anzunehmen. Im Übrigen ist die Dividende steuerfrei. Folglich unterliegen nun diese

---

[357] Gleichwohl kommt es zu einem entsprechenden Kaskadeneffekt infolge der nicht abzugsfähigen Betriebsausgaben.

1.005 der Besteuerung mit Gewerbesteuer, Körperschaftsteuer und Solidaritätszuschlag. Die sich hieraus ergebende Mehrbelastung lässt sich wie folgt ermitteln:

Mehrbelastung = Empfangene Dividende * 5 % * kombinierter Ertragsteuersatz.

Bei der Bestimmung des kombinierten Ertragsteuersatz ist zu beachten, dass die GewSt ihre eigene Bemessungsgrundlage und die der Körperschaftsteuer vermindert. Dies lässt sich wie folgt darstellen:

Kombinierter Steuersatz = GewSt + KSt + SolZ wobei

$$KSt = (1 - s_{GewSt}) \cdot s_{KSt} \text{ und}$$

$$SolZ = KSt \cdot s_{SolZ}$$

Also: $$s_{kombi} = s_{GewSt} + (1 - s_{GewSt}) \cdot s_{KSt} \cdot (1 + s_{SolZ})$$

Wird ein gewerbesteuerlicher Hebesatz von 450 % unterstellt, so lässt sich dieser Ausdruck wie folgt berechnen:

$$s_{kombi} = 0{,}1837 + (1 - 0{,}1837) \cdot 0{,}25 \cdot (1 + 0{,}055)$$

Also: $$s_{kombi} = 0{,}3989991 \equiv 39{,}8991 \text{ \%}$$

Wenn diese Größe in die oben genannte Bestimmungsgleichung eingesetzt wird, lässt sich die infolge der Hinzurechnung ergebende Mehrbelastung bestimmten. Diese beträgt **2 % bezogen auf die ausgeschüttet Dividende**. Dabei ist zu berücksichtigen, dass die individuelle entstehende Belastung in Abhängigkeit von der Höhe des gewerbesteuerlichen Hebesatzes schwanken kann.

Für die Belastungsüberlegungen ist wichtig, dass diese Fiktion auch dann anzuwenden ist, wenn der Steuerpflichtige nachweislich **keine Aufwendungen** im Zusammenhang mit der Beteiligung hat. Ferner gilt diese Regelung nur für den laufenden Aufwand des Gesellschafters im Zusammenhang mit der Beteiligung, nicht aber für evtl. Wertminderungen der Beteiligung als solcher.

Wie die Ausführungen auf S. 193 ff. gezeigt haben, sind auch Gewinnausschüttungen und Vorteilszuwendungen der Gesellschaft an den Gesellschafter möglich, die nicht den formalen Ausschüttungsregelungen entsprechen. Hier ist dann eine verdeckte Gewinnausschüttung gegeben. Diese wird bei der empfangenden Kapitalgesellschaft wie eine offene Ausschüttung behandelt. Folglich ist sie nach Maßgabe des § 8b Abs. 1 KStG steuerfrei, wobei jedoch die 5 %-Pauschale zu beachten ist. Damit kommt es zu einer vollständigen Gleichstellung von offener und verdeckter Gewinnausschüttung beim Gesellschafter. Dies führt zu der Frage, ob die gesetzlichen Regelungen nicht möglicherweise geradezu einen Anreiz bieten, eine möglichst hohe Vergütung bei Geschäftsbeziehungen zwischen Gesellschaft und Gesellschafter zu vereinbaren, wenn dadurch Vorteile entstehen. Werden diese Vergütungen von der Finanzverwaltung nicht anerkannt, erfolgt zwar eine Korrektur, doch führt die zu den gleichen Besteuerungsfolgen, wie eine Gewinnausschüttung. Eine solche Betrachtung darf jedoch den

Zuflusszeitpunkt nicht außer Betracht lassen. Verdeckte Gewinnausschüttungen sind zum Zeitpunkt ihres Zuflusses zu versteuern (§ 11 EStG). Hieraus folgt, dass neben der Belastung infolge der Steuernachzahlungen auf die Dividenden (infolge der fingierten nicht abzugsfähigen Betriebsausgaben) eine Belastung mit Zinsen auf die Steuernachzahlungen eintritt. Diese Zinsen betragen 0,5 %/Monat[358] und sind aus dem bereits versteuerten Einkommen zu bezahlen. Folglich ist die hiermit verbundene materielle Belastung vergleichsweise hoch.

Die Regelungen zur „Steuerfreiheit" der Dividenden gem. § 8b Abs. 1 KStG wird durch eine entsprechende Vorschrift für **Gewinne aus der Veräußerung** von Anteilen an Kapitalgesellschaften ergänzt. § 8b Abs. 2 KStG sieht vor, dass diese steuerfrei bleiben und § 8b Abs. 3 KStG enthält eine ähnliche Regelung für die Abzugsfähigkeit von Aufwendungen im Zusammenhang mit der Beteiligung. Eine weitgehende Gleichstellung von Veräußerungsgewinnen mit Dividenden ist steuersystematisch geboten. Dies wird deutlich, wenn der alternative Fall betrachtet wird, dass es zwar eine Steuerbegünstigung für Dividenden gibt, jedoch keine vergleichbare Regelung für Veräußerungsgewinne. Ein Veräußerer würde versuchen, in maximal möglichem Umfang Ausschüttungen vor dem Verkauf vorzunehmen. Diese wären begünstigt. Im Gegenzug müsste der Erwerber zwar einen niedrigeren Kaufpreis bezahlen, aber zusätzlich das Unternehmen mit finanziellen Mitteln ausstatten, um dieses überhaupt fortführen zu können. Hiermit ist die Gefahr verbunden, dass die Ausstattung nicht in dem erforderlichen Maße erfolgt und die Ausschüttungen aus dem Unternehmen zu einer so großen Beeinträchtigung führen, dass dieses in wirtschaftliche Schwierigkeiten gerät. Im Ergebnis würden die steuerlichen Vorschriften die Steuerpflichtigen zu Ausweichstrategien motivieren, die weder im Interesse des Unternehmens, der Steuerpflichtigen noch des Staates sind. Vor diesem Hintergrund erfolgt in § 8b Abs. 2 KStG die Gleichstellung von Veräußerungsgewinnen mit Dividenden.

Eine Sonderregelung gilt lediglich in den Fällen, in denen in der Vergangenheit ergebniswirksam eine **Teilwertabschreibung** auf die Beteiligung vorgenommen wurde und diese durch eine zwischenzeitliche Wertaufholung noch nicht wieder ausgeglichen wurde.[359] Ziel dieser Regelung ist es, eine Doppelbegünstigung durch den steuerwirksamen Abzug der Teilwertabschreibung einerseits und die Steuerfreiheit der späteren Veräußerungsgewinne andererseits zu verhindern

Dies gilt – wenn auch mit Einschränkungen – für die Behandlung von Aufwendungen im Zusammenhang mit der Veräußerung. Hierzu sieht § 8b Abs. 3 KStG vor, dass diese Aufwendungen abzugsfähig sind, soweit wie es sich um laufende Aufwendungen handelt. Hingegen dürfen **Wertminderungen** auf die Beteiligung, wie insbesondere Teilwertabschreibungen, Veräußerungs- oder Liquidationsverluste das Einkommen der besitzenden Gesellschaft **nicht** mindern. Insoweit nimmt der Gesetzgeber eine

---

[358] Vgl. §§ 233 ff. AO.

[359] Vgl. zu Teilwertabschreibung und Wertaufholung z. B. Strunk, G./Kaminski, B., Steuerliche Gewinnermittlung bei Unternehmen, Kriftel 2001, S. 156 ff.

Trennung zwischen laufenden Veräußerungskosten oder Beeinträchtigung des Wertes der Anteile vor. Erstere sind auch dann abzugsfähig, wenn sie im Zusammenhang mit der Veräußerung entstehen, letztere dürfe nicht einkommensmindernd berücksichtigt werden. Bei den entsprechenden Beträgen handelt es sich regelmäßig um Aufwendungen, die in der Handels- und Steuerbilanz einkommensmindernd zu berücksichtigen sind. Folglich muss eine **außerbilanzielle Korrektur** erfolgen. Wie bei den Dividenden findet auch auf Veräußerungsgewinne die Fiktion über von 5 % nicht abzugsfähigen Betriebsausgaben Anwendung. Aus ökonomischer Sicht ist zweifelhaft, welche Aufwendungen hiermit pauschaliert werden sollen. In der Praxis werden die wesentlichen Aufwendungen im Zusammenhang mit dem Verkauf regelmäßig vom Käufer getragen, weil diese sonst zu einem höheren Kaufpreis führen würden. Ferner bleiben evtl. Veräußerungsverluste unberücksichtigt.

Beispiel:
Die M-AG veräußert eine Beteiligung an der T_1-GmbH mit einem Veräußerungsgewinn von 100 und im gleichen Geschäftsjahre eine Beteiligung an der T2-GmbH mit einem Verlust von 100. Es käme zu einer Anwendung der 5 %-Pauschale auf den Veräußerungsgewinn, während die 100 vollständig unberücksichtigt bleiben, und zwar auch für die Bestimmung der fiktiv nicht abzugsfähigen Betriebsausgaben.

Darüber hinaus enthält § 8b Abs. 6 KStG eine Erweiterung des Anwendungsbereichs der vorstehend genannten Regelungen: Diese sollen auch dann gelten, wenn die Dividenden bzw. Veräußerungsgewinne nicht direkt von einer Kapitalgesellschaft aus bzw. an einer anderen Kapitalgesellschaft erzielt werden, sondern durch eine Personengesellschaft vermittelt werden, die sich zwischen diesen beiden Gesellschaften befindet. Damit wird dem Umstand Rechnung getragen, dass die Mitunternehmerschaft steuerlich als transparentes Gebilde anzusehen ist und den Gesellschaftern die Einkünfte der Gesellschaft zuzurechnen sind. Der BFH hat mittlerweile entschieden, dass dies auch für Zwecke der Gewerbesteuer gilt, obwohl die Personengesellschaft für diese Steuer ein selbständiges Steuersubjekt ist. Begründet wird dies mit dem Gesetzeszweck. Ferner sei § 8b KStG eine Einkunftsermittlungsvorschrift, so dass der Gewerbeertrag unter Anwendung dieser Vorschrift zu bestimmen ist. Außerdem werde nur dadurch dem Gesetzeszweck entsprochen.[360]

Die vorstehend genannten Grundsätze gelten unabhängig davon, ob es sich um Beteiligungen an in- oder ausländischen Kapitalgesellschaften handelt. In der Vergangenheit erfolgten hier Ungleichbehandlungen, die jedoch europarechtlich problematisch sind.[361]

---

[360] Vgl. BFH-Urt. vom 9.8.2006, I R 95/05, BFH/NV 2006, S. 2379.

[361] Vgl. EuGH-Urteile vom 18.9.2003, Rs. C-168/01, Bosal, EuGHE I 2003, S. 9409, und vom 23.2.2006, Rs. C-471/04, Keller Holding, ABl. EU 2006, Nr. C 131, S. 20, sowie BFH-Urt. vom 9.8.2006, I R 50/05, BFH/NV 2006, S. 2378 und vom 13.6.2006, I R 78/04, DB 2007, S. 318.

3.5.1.1.2 Unbeschränkt einkommensteuerpflichtige Personen als Gesellschafter

Bei unbeschränkt einkommensteuerpflichtigen Personen unterliegt deren Welteinkommen der deutschen Besteuerung, soweit es sich um steuerbare Einkünfte handelt. § 2 Abs. 1 EStG definiert diese Einkünfte und führt auch die Einkünfte aus Kapitalvermögen mit auf. Diese werden in § 20 EStG im Einzelnen bestimmt. Gem. § 20 Abs. 1 Nr. 1 EStG gehören Dividenden und sonstige Bezüge aus Aktien, Genussrechten, die einen Anteil am Liquidationserlös vermitteln, einer GmbH oder einer Erwerbs- und Wirtschaftsgenossenschaften und andere mehr zu den Einkünften aus Kapitalvermögen. Sonstige Bezüge sind insbesondere verdeckte Gewinnausschüttungen. Insoweit erfolgt auch bei natürlichen Personen eine Gleichbehandlung von offenen und verdeckten Gewinnausschüttungen. Hierzu gehören auch Anteile des Gesellschafters am Liquidationserlös oder einer Kapitalherabsetzung, die keine Kapitalrückzahlung darstellen.

Folglich gehen diese Beträge in die inländischen Besteuerungsgrundlagen ein, und zwar unabhängig davon, ob es sich um inländische oder ausländische Beteiligungserträge handelt. Diese sind jedoch gem. § 3 Nr. 40 EStG zur Hälfte steuerbefreit, sog. **Halbeinkünfteverfahren**. Dies geschieht in der Weise, dass von den nach § 20 Abs. 1 Nr. 1 EStG steuerpflichtigen Einkünften die Hälfte von der Bemessungsgrundlage auszunehmen sind. **Abbildung 3-44** zeigt im Einzelnen, welche Einkünfte dem Halbeinkünfteverfahren unterliegen. Wichtig ist hierbei, dass diese Regelungen sowohl für Anteile des Privatvermögens sowie des Betriebsvermögens eines Einzelunternehmers oder einer Personengesellschaft gelten. Hierfür werden keine zusätzlichen Voraussetzungen (etwa hinsichtlich der Höhe oder der Dauer der Beteiligung bzw. bezüglich der von der Kapitalgesellschaft ausgeübten Tätigkeit) verlangt. Etwas anderes würde nur dann gelten, wenn die Regelungen zur sog. Hinzurechnungsbesteuerung gem. §§ 7 ff. AStG anzuwenden wären.[362]

---

[362] Vgl. hierzu Kaminski, B./Strunk, G., Steuern in der internationalen Unternehmenspraxis, Wiesbaden 2006, S. 84 ff.

Abbildung 3-44: *Einkünfte, die dem Halbeinkünfteverfahren unterliegen (§ 3 Nr. 40 EStG)*

lit. a)	Anteilsveräußerungen oder Gewinne aus der Entnahme von Anteilen aus einem Betriebsvermögen – vorbehaltlich evtl. Teilwert-Abschreibung, die bisher noch nicht ergebniswirksam korrigiert wurden oder eine Begünstigung durch § 6b EStG[363] oder ähnlicher Vorschriften erfolgte.
lit. b)	Veräußerungspreis i. S. d. § 16 Abs. 2 EStG (z. B. Verkauf eines Mitunternehmeranteils, soweit wie er auf eine Beteiligung an einer Kapitalgesellschaft entfällt, die von der Personengesellschaft gehalten wird und in der Vergangenheit keine Begünstigung durch § 6b EStG oder ähnliche Regelungen erfolgte)
lit. c)	Gewinn aus dem Verkauf einer Beteiligung i. S. d. § 17 EStG, d. h., Beteiligungen des Privatvermögens, wenn der Steuerpflichtige zum Zeitpunkt des Verkaufs oder zu irgendeinem Zeitpunkt innerhalb der letzten 5 Jahre (unmittelbar oder mittelbar) zu mindestens 1 % beteiligt war
lit. d)	Dividenden, Liquidationserlöse, § 20 Abs. 1 Nr. 9 EStG (insbesondere Auskehrungen von Genossenschaften)
lit. e)	Gewinne aus der Kapitalherabsetzung oder der Liquidation
lit. f)	besondere Entgelte oder Vorteile neben oder an Stelle der in § 20 Abs. 1 und 2 EStG bezeichneten Einnahmen
lit. g)	Einnahmen aus der Veräußerung von Dividendenscheinen
lit. h)	Einnahmen aus der Abtretung von Dividendenansprüchen
lit. i)	Zuwendungen von Stiftungen (i. S. d. § 22 Nr. 1 Satz 2 EStG)
lit. j)	Gewinne aus privaten Veräußerungsgeschäften i. S. d. § 23 Abs. 3 EStG. Hiervon sind die Fälle erfasst, bei denen die Frist zwischen dem Kauf- und dem Verkauf der Beteiligung an der Kapitalgesellschaft weniger als 12 Monate besteht.

Normalerweise werden steuerfreie Einkünfte bei der Ermittlung des anzuwendenden Steuersatzes auf die steuerpflichtigen Einkünfte berücksichtigt. Der Progressionsvorbehalt ist in § 32b EStG geregelt. Damit soll der Forderung nach einer Besteuerung nach Maßgabe der wirtschaftlichen Leistungsfähig Rechnung getragen werden. Dies geschieht, indem der Vorteil aus der Steuerfreiheit der Einkünfte zwar erhalten bleibt, der Vorteil des geringeren Steuersatzes, der aus einem nicht erfolgenden Anstieg der Progression resultiert, kompensiert werden. Der infolge des Halbeinkünfteverfahrens steuerfrei bleibende Teil der Kapitaleinkünfte ist jedoch nicht in den Progressionsvorbehalt einbezogen worden. Folglich kommt es nicht zum Anstieg des Steuersatzes bei

---

[363] § 6b Abs. 10 EStG ermöglicht unter bestimmten Voraussetzungen die Übertragung von stillen Reserven auf Beteiligungen. Im Ergebnis müssen diese nicht sofort besteuert werden, sondern erst bei einer Veräußerung der Beteiligung. Durch die Sonderregelung soll erreicht werden, dass zu diesem Zeitpunkt eine Besteuerung erfolgt, die nicht durch das Halbeinkünfteverfahren begünstigt ist.

den steuerpflichtigen Einkünften. Dies ist ein klarer Verstoß gegen den Leistungsfähigkeitsgedanken. Hieraus resultieren Verwerfungen und Ungleichbehandlungen gegenüber anderen steuerfreien Einnahmen. Gleichwohl handelt es sich um eine Regelung, die die Steuerpflichtigen begünstigt. Zu beachten ist, dass bei Einkünften aus § 20 EStG, die im Bereich des Privatvermögens entstehen, ein Anstieg des Steuersatzes bis auf 45 % nach Maßgabe der sog. Reichensteuer erfolgen kann.

Die Beteiligungserträge unterliegen in voller Höhe, also einschließlich des nach § 3 Nr. 40 EStG steuerfreien Teils, gem. § 43 Abs. 1 Nr. 2 EStG der Kapitalertragsteuer in Höhe von 20 %. Diese kann gem. § 36 Abs. 2 Satz 2 EStG in voller Höhe (also einschließlich des Teils, der auf den nach § 3 Nr. 40 EStG steuerfreien Betrag entfällt) auf die Einkommensteuerschuld angerechnet werden. Eine Erstattung erfolgt, wenn die einbehaltene Kapitalertragsteuer höher als die tatsächliche Steuer ist.

Werden die Anteile an der Kapitalgesellschaft von der natürlichen Person **veräußert**, ergeben sich für die daraus resultierenden Gewinne oder Verluste unterschiedliche Besteuerungsfolgen in Abhängigkeit vom „Steuerstatus" des Gesellschafters. Folgende Fälle sind zu unterscheiden:[364]

Fall 1:
Die Anteile werden im Privatvermögen gehalten und es handelt sich nicht um eine Beteiligung im Sinne von § 17 EStG. Folglich ist bzw. war der Gesellschafter innerhalb der letzten 5 Jahre nicht zu mindestens 1 % an der Gesellschaft beteiligt. Ferner liegen die Voraussetzungen für ein privates Veräußerungsgeschäft im Sinne von § 23 EStG nicht vor. Dies ist der Fall, wenn die Beteiligung an der Kapitalgesellschaft länger als ein Jahr besteht. Der entstehende Veräußerungsgewinn oder Verlust ist nicht steuerbar, weil die Voraussetzungen für steuerlich relevante Einkünfte nicht vorliegen.

Fall 2:
Es handelt sich um Anteile des Privatvermögens, wobei die Beteiligung geringer als 1 % ist und innerhalb der letzten 5 Jahre war. Folglich sind die Voraussetzungen des § 17 EStG nicht erfüllt. Gleichwohl soll eine Veräußerung der Anteile innerhalb der Ein-Jahresfirst des § 23 EStG erfolgen. In diesem Fall liegen steuerbare Einkünfte gem. § 23 EStG vor. Ein entstehender Veräußerungsgewinn ist gem. § 3 Nr. 40 lit. j) EStG zur Hälfte von der Steuer befreit. Die andere Hälfte unterliegt der Besteuerung, wobei gem. § 23 Abs. 3 Satz 6 EStG eine Freigrenze in Höhe von 512,- EUR zu beachten ist. Führt hingegen die Veräußerung zu einem Verlust, ist eine Sonderregelung zu beachten: Diese negativen Einkünfte können nicht nach den allgemeinen Grundsätzen ausgeglichen werden. Vielmehr sieht § 23 Abs. 3 Sätze 8 f. EStG eine besondere Behandlung vor. Zunächst hat ein Ausgleich mit privaten Veräußerungsgewinnen des gleichen Veranlagungszeitraums zu erfolgen. Verbleibt hiernach noch ein negativer Saldo oder wurden keine entsprechenden positiven Einkünfte erzielt, sind die bisher noch

---

[364] Auf die Übergangsregelungen für sog. einbringungsgeborene Anteile vor Änderung von § 21 UmwStG durch das SEStEG vom 12.12.2006, BGBl. I 2006, S. 2782.

nicht genutzten Verluste in zukünftige Veranlagungszeiträume vorzutragen und nur mit zukünftigen privaten Veräußerungsgewinnen zu verrechnen. Insoweit erfolgt also auf diese Einkunftskategorie bezogene Begrenzung der Verlustnutzungsmöglichkeit.

Fall 3:

Handelt es sich um Anteile im Privatvermögen und beträgt die Beteiligungsquote 1 % – entweder zum Zeitpunkt des Verkaufs oder innerhalb der letzten 5 Jahre – liegen steuerbare und steuerpflichtige Veräußerungsgewinne vor. § 17 EStG qualifiziert diese als gewerbliche Einkünfte. Gleichwohl kommt es zu keiner Belastung mit Gewerbesteuer. Gem. § 3 Nr. 40 lit. c) EStG erfolgt nur eine hälftige Besteuerung eines entstehenden Veräußerungsgewinns. Hierbei ist folgende Begünstigung zu berücksichtigen: § 17 Abs. 3 EStG enthält einen Freibetrag in Höhe von 9.600,- EUR, der sich jedoch um den Betrag verringert, um den der Veräußerungsgewinn 36.100,- EUR überschreitet. Entsteht aus der Veräußerung hingegen ein Verlust, so sind die Einschränkungen des § 17 Abs. 2 Satz 4 EStG zu beachten. Danach scheidet eine Verlustberücksichtigung aus, wenn innerhalb der letzten 5 Jahre ein unentgeltlicher Erwerb erfolgt ist und der Rechtsvorgänger Veräußerungsverluste ebenfalls nicht hätte geltend machen können oder die Beteiligung nicht innerhalb der letzten 5 Jahre oder ggfs. seit Gründung der Gesellschaft (wenn dieser Zeitraum kürzer ist) bestanden hat.

Fall 4:

Es wird eine im Privatvermögen gehaltene Beteiligung im Sinne von § 17 EStG innerhalb der Frist für private Veräußerungsgeschäfte veräußert. Damit sind sowohl die Tatbestandsvoraussetzungen von § 17 als auch von § 23 EStG erfüllt. Zwar führt die Anwendung beider Regelungen zu einer hälftigen Steuerfreiheit, doch eröffnet § 17 EStG die Anwendung des Freibetrages, während gem. § 23 EStG nur die Freigrenze genutzt werden kann. Für diesen Fall ordnet § 23 Abs. 2 Satz 2 EStG an, dass § 17 EStG nicht zur Anwendung kommt, sondern eine Versteuerung nach § 23 EStG zu erfolgen hat. Hieraus folgt für den Steuerpflichtigen, dass die für ihn ungünstigeren Regelungen anzuwenden sind. Es wird kein Freibetrag gewährt, sondern nur die Freigrenze von max. 512,- EUR.

Fall 5:

Werden hingegen Anteile veräußert, die sich im Betriebsvermögen einer Personengesellschaft oder eines Einzelunternehmers befinden, liegen immer steuerpflichtige Veräußerungsgewinne vor. Ursächlich hierfür ist, dass – wie bei jedem anderen Wirtschaftsgut – der Veräußerungsgewinn als laufender Gewinn zu erfassen ist. Eine Besonderheit besteht lediglich dann, wenn eine 100 %-ige Beteiligung an einer Kapitalgesellschaft veräußert wird. Diese gilt gem. § 16 Abs. 1 Nr. 1 Satz 2 EStG als Teilbetrieb. Die Veräußerung wird gem. § 16 Abs. 4 EStG durch einen Freibetrag begünstigt, wenn die dort genannten Voraussetzungen erfüllt sind. Ferner erfolgt eine hälftige Steuerbefreiung nach § 3 Nr. 40 lit. a) EStG, so dass insoweit eine Gleichbehandlung mit Anteilen im Privatvermögen erfolgt[365].

Aus dem Halbeinkünfteverfahren ergeben sich auch Rückwirkungen für die steuerliche Abzugsfähigkeit der Aufwendungen, die mit den durch § 3 Nr. 40 EStG begünstigten Einkommensbeträgen im Zusammenhang stehen. Ein steuerlicher Abzug dieser Aufwendungen setzt zunächst voraus, dass diese überhaupt steuerlich relevant sind. So bleiben etwa Veräußerungsverluste, die außerhalb der Regelungen der §§ 16 und 23 EStG entstehen unberücksichtigt, weil es sich um nicht steuerbare Vorgänge handelt. Außerdem ist zu prüfen, inwieweit aufgrund der allgemeinen Einkommensermittlungsvorschriften eine Berücksichtigung überhaupt erfolgen kann: Bei den sog. Überschusseinkünften und damit bei den Anwendungsfällen der §§ 17 und 23 EStG wirken sich Vermögensverluste nur aus, wenn diese tatsächlich realisiert werden. Ist dies nicht der Fall, scheidet eine steuerliche Berücksichtigung aus. Darüber hinaus sieht § 3c Abs. 2 EStG vor, dass nur ein hälftiger Abzug in Form von Werbungskosten bzw. als Betriebsausgaben erfolgen kann. Damit soll dem Umstand Rechnung getragen werden, dass § 3 Nr. 40 EStG eine hälftige Steuerfreiheit vorsieht. Für die Abzugsbeschränkung kommt es nicht darauf an, inwieweit im Veranlagungszeitraum (oder zu irgendeinem anderen Zeitpunkt) aus einer Beteiligung tatsächlich hälftig steuerbefreite Einkünfte erzielt werden. Vielmehr ist in jedem Fall nur eine hälftige Abzugsfähigkeit gegeben. Dies gilt sowohl für Anteile, die im Privat- als auch für solche des Betriebsvermögens.

Beispiel:
Die natürliche Person A erwirbt eine 3 %-Beteiligung an der Z-AG über die Börse. Zur Finanzierung des Kaufpreises nimmt er ein Darlehen von 10 Mio. EUR auf, das mit 5 % verzinst wird. Vom Zinsaufwand in Höhe von insgesamt 500.000,- EUR ist die Hälfte nicht abzugsfähig, die übrige Hälfte kann als Werbungskosten im Rahmen von § 20 EStG steuerlich berücksichtigt werden.

Die A-KG hat vor etlichen Jahren eine Beteiligung an der A-GmbH erworben (Beteiligungsbuchwert: 8 Mio. EUR). Infolge diverser Forderungsausfälle und Qualitätsproblemen muss die A-GmbH ein Insolvenzverfahren beantragen. Der Richter lehnt die Eröffnung eines Insolvenzverfahrens ab, weil die vorhandene Vermögensmasse nicht ausreicht, um die Kosten der Insolvenzverwaltung zu decken. Die A-KG muss in ihrer Bilanz den vollen Beteiligungsbuchwert ausbuchen. Allerdings hat infolge des § 3c Abs. 2 EStG eine hälftige Hinzurechnung der Teilwertabschreibung zu erfolgen, so dass sich letztlich nur der halbe Betrag ergebniswirksam auswirken kann.

Von § 3c Abs. 2 EStG wird jede Form von Einkunftsminderungen erfasst. Hierbei kann es sich neben laufenden Aufwendungen (wie insbesondere Zinsen) auch im einmali-

---

[365] Anteile an Kapitalgesellschaften, ungeachtet der Beteiligungshöhe sind stets solche im Sinne des § 17 EStG, wenn sie durch eine Einbringung gegen Gewährung von Gesellschaftsrechten unter den Teilwerten entstanden sind (vgl. § 17 Abs. 6 EStG). Ferner erfasst § 16 EStG nur die Fälle, in denen sich die gesamte Beteiligung im Betriebsvermögen befindet.

gen Aufwand (etwa Abschreibungen, Gutachtenkosten oder Veräußerungsverluste) handeln. Aus Sicht der Steuerpflichtigen wirkt sich diese Regelung dann besonders belastend aus, wenn im Zusammenhang mit der Beteiligung hohe Aufwendungen entstehen und über einen längeren Zeitraum keine Dividenden ausgeschüttet werden.

3.5.1.2 Überlassung als Fremdkapital

Bei einer Überlassung von Fremdkapital erzielen die Gläubiger stets Einkünfte aus Kapitalvermögen. Hierbei kommt es darauf an, ob eine Besicherung durch Hypotheken oder Renten erfolgt, denn dann liegen Einkünfte gem. § 20 Abs. 1 Nr. 5 EStG vor, oder ob dies nicht der Fall ist. Dann sind Erträge aus sonstigen Kapitalforderungen gegeben, die nach § 20 Abs. 1 Nr. 7 EStG ebenfalls zu den Einkünften aus Kapitalvermögen zählen. In beiden Fällen hat gem. § 43 Abs. 1 Nr. 1a EStG ein Abzug von 20 % Kapitalertragsteuer von 20 % an der Quelle zu erfolgen. Dies hat den Zweck, beim Gesellschafter zu gewährleisten, dass er die Zinsen im Rahmen seiner Steuererklärung deklariert. Die Kapitalertragsteuer ist eine Steuer, die die Gesellschaft für Rechnung des Gesellschafters einbehält, und die bei ihm anrechenbar ist. Auf Ebene der die Zinsen zahlenden Kapitalgesellschaft stellen diese abzugsfähige Betriebsausgaben dar. Etwas anderes ergibt sich lediglich, wenn die Grundsätze zur verdeckten Gewinnausschüttung zur Anwendung kommen[366], insbesondere wenn überhöhte Vergütungen bezahlt werden.

Aufwendungen im Zusammenhang mit der Einnahmeerzielung der Zinsen sind grundsätzlich abzugsfähig. Bei natürlichen Personen wird die steuermindernde Geltendmachung eines aus einem evtl. Ausfall des Darlehens entstehenden Vermögensverlusts versagt. Demgegenüber können Kapitalgesellschaften sowie natürliche Personen, die die Anteile im Betriebsvermögen halten, etwaige Vermögensverluste steuermindernd berücksichtigen. Anders als bei Aufwendungen im Zusammenhang mit dem Halbeinkünfteverfahren unterliegenden Beträgen, hat ein vollständiger Abzug zu erfolgen. Nach unserer Auffassung steht die Regelung des § 8b Abs. 3 Satz 3 KStG einer Wertberichtigung auf ein Darlehen, das eine Mutterkapitalgesellschaft ihrer Tochterkapitalgesellschaft gewährt hat, nicht entgegen. Entscheidend hierfür ist, dass der Zusammenhang zu steuerfreien Erträgen im Sinne von § 8b Abs. 2 KStG fehlt.

Natürliche Personen erhalten gem. § 20 Abs. 4 EStG einen Freibetrag von 750,- EUR. Im Ergebnis ist festzustellen, dass die steuerlichen Konsequenzen der Überlassung von Eigen- gegenüber Fremdkapital beim Kapitalgeber sehr unterschiedlich sind.

---

[366] Vgl. hierzu nochmals S. 193 ff.

Hieraus folgt für den Steuerpflichtigen, dass er diese Folgen sehr genau im Rahmen seiner Finanzierungsüberlegungen analysieren und berücksichtigen muss.[367]

3.5.2 Einkünfte aus der Überlassung von Wirtschaftsgütern zur unternehmerischen Nutzung

Vermietet oder verpachtet eine Person Wirtschaftsgüter an Unternehmen, die hiermit unternehmerische Tätigkeiten vornehmen, erzielt der Vermieter oder Verpächter in der Regel Einkünfte aus Vermietung und Verpachtung gem. § 21 EStG. Erfolgt die Überlassung aufgrund eines schuldrechtlichen Vertrages zwischen einem Gesellschafter/Mitunternehmer einer Personengesellschaft und „seiner" Personengesellschaft, führt dies gem. § 15 Abs. 1 Satz 1 Nr. 2 2. Hs. EStG zu Einkünften aus Gewerbebetrieb. In diesen Fällen liegt eine eigene originäre unternehmerische Nutzung des Wirtschaftsgutes durch den Unternehmer bzw. Mitunternehmer vor. Die Wirtschaftsgüter werden zu Sonderbetriebsvermögen. Aller Aufwendungen, die hiermit im Zusammenhang entstehen, sind vollständig abzugsfähig. Evtl. Veräußerungsgewinne unterliegen als gewerbliche Einkünfte der Besteuerung. Im Ergebnis erfolgt eine Behandlung wie bei Betriebsvermögen, jedoch mit der Einschränkung, dass bei Personengesellschaften sich hieraus keine Auswirkungen auf das Gesamthandsvermögen ergeben, sondern nur Konsequenzen für den überlassenden Gesellschafter entstehen können.

Bei der Vermietung und Verpachtung durch Nichtgesellschafter an Personengesellschaften und von Gesellschaftern wie Nichtgesellschaftern an Kapitalgesellschaften liegen Unternehmenstätigkeiten im weiteren Sinne vor. Gegenstand der Vermietung können sowohl Sachen, Grundvermögen als auch Rechte und sonstige immaterielle Wirtschaftsgüter sein. Die mit der Überlassung im Zusammenhang stehenden Aufwendungen, wie z. B. Fremdkapitalkosten zur Finanzierung des vermieteten Wirtschaftsgutes sowie Abschreibungen können steuermindernd geltend gemacht werden. Eine Bilanzierung der Wirtschaftsgüter beim Mieter oder Pächter scheidet in der Regel aus, da das wirtschaftliche Eigentum i. S. d. § 39 Abs. 2 Nr. 1 AO beim Vermieter/Verpächter verbleibt.[368]

Im Gegensatz zur Vermietung von Wirtschaftsgütern durch den Gesellschafter an „seine" Personengesellschaft ändert sich durch die Vermietung an die Kapitalgesellschaft nichts an der Zuordnung des Wirtschaftsgutes zur Vermögensart. Sofern also

---

367 Vgl. zu einer eingehenden Analyse Kaminski, B./Strunk, G., Einfluss von Steuern auf unternehmerische Entscheidungen, Kriftel 2003, S. 248 ff. für den Inlandsfall und für den grenzüberschreitenden Fall Kaminski, B./Strunk, G., Steuern in der internationalen Unternehmenspraxis, Wiesbaden 2006, S. 150 ff.

368 Vgl. zur bilanziellen Zurechnung von Wirtschaftsgütern Strunk, G./Kaminski, B., Steuerliche Gewinnermittlung bei Unternehmen, Kriftel 2001, S. 24 ff.

der Gesellschafter das vermietete oder verpachtete Wirtschaftsgut im Privatvermögen hat, kommt es unter Berücksichtigung des § 23 EStG in der Regel nicht zur Steuerbarkeit der Veräußerungsgewinne und -verluste. Evtl. Aufwendungen im Zusammenhang mit dem vermieteten Wirtschaftsgut sind vom Vermieter vollständig als Werbungskosten abzugsfähig, sofern dem nicht besonderer Regelungen des EStG oder allgemeinen Einkunftsermittlungsgrundsätze entgegenstehen.

4 Zu erwartende Änderungen durch die Unternehmenssteuerreform 2008

4.1 Einleitung

Am 5. Februar 2007 wurde der **Referentenentwurf** für die Unternehmenssteuerreform 2008 veröffentlicht. Dieser bildet die Grundlage für die weiteren Gesetzgebungsarbeiten der Bundesregierung. Dieses Verfahren soll bis zur parlamentarischen Sommerpause 2007 abgeschlossen sein, damit die Unternehmen sich auf das Inkrafttreten der Änderungen einstellen können. Diese sollen – von einigen Ausnahmen abgesehen – grundsätzlich mit Wirkung **zum 1. Januar 2008** Anwendung finden. Sofern abweichende Anwendungszeitpunkte gelten, wird hierauf im Folgenden jeweils gesondert hingewiesen.

Die Vorgaben für die Neuregelungen gehen zurück auf die Koalitionsvereinbarung zwischen CDU, CSU und SPD vom 11. November 2005.[369] Danach werden mit der Reform die folgenden Zielsetzungen verfolgt:

- Verbesserung der internationalen Wettbewerbsfähigkeit und Europatauglichkeit,

- weitgehende Rechtsform- und Finanzierungsneutralität,

- Einschränkung von Gestaltungsmöglichkeiten,

- Verbesserung der Planungssicherheit für Unternehmen und öffentliche Haushalte,

- nachhaltige Sicherung der deutschen Steuerbasis.

Diese Vorgaben haben die – bereits im Vorfeld intensiv geführte – Diskussion um Ansätze für eine grundlegende Reform der Unternehmensbesteuerung weiter intensiviert.[370] Das Bundeskabinett hat am 12. Juli 2006 sog. Eckpunkte für diese Reform beschlossen, die durch den vorliegenden Entwurf umgesetzt werden. Inhaltlich wurden die folgenden Vorgaben gemacht:

---

[369] Diese Vereinbarung kann auf den Internetseiten der jeweiligen Parteien abgerufen werden.

[370] Vgl. zu einem Überblick z. B. Müller-Gatermann, J., Steuerberater-Jahrbuch 2005/06, Köln 2006, S. 20 ff.

▨ Obwohl an der **Gewerbesteuer** vielfältige Kritik geübt wird und die verlangten Reformen von der Abschaffung bis hin zu einer „Revitalisierung" (mit Einbeziehung von selbständig Tätigen sowie Land- und Forstwirte in diese Steuer), soll an dieser Steuer im Wesentlichen unverändert festgehalten werden. Speziell soll die – ursprünglich diskutierte – Vereinheitlichung der Bemessungsgrundlage von Einkommen- bzw. Körperschaftsteuer und Gewerbesteuer nicht erfolgen.

▨ Angestrebt wird eine **deutliche Absenkung der Steuersätze.** Diese sollen nominell auf unter 30 % sinken, um damit ein als international wettbewerbsfähig erachtetes Niveau zu erreichen. Hierbei stehen die Belastungen von Kapitalgesellschaften im Mittelpunkt, weil dies die häufig von ausländischen Investoren gewählte Rechtsform ist. Allerdings ergibt sich hieraus auch die Notwendigkeit zu Entlastungsmaßnahmen für Einzelunternehmen und Personengesellschaften, um eine Benachteiligung dieser Rechtsformen zu vermeiden.

▨ Aus fiskalischen Gründen sollen die **Steuerausfälle**, die infolge der Unternehmenssteuerreform entstehen, auf **5 Mrd. EUR** begrenzt werden. Da die Absenkung der Steuersätze alleine zu erheblich höheren Steuerausfällen führt, soll eine Kompensation erfolgen. Die politische Vorgabe besteht darin, dass diese Gegenfinanzierung – zumindest zu weiten Teilen – im Unternehmensbereich (einschließlich der Gesellschafter) erfolgen soll. Hieraus ergibt sich, dass Maßnahmen zur Verbreiterung der Bemessungsgrundlage erfolgen sollen. Für Unternehmen resultieren hieraus zwei einschneidende Konsequenzen: Einerseits kommt es nicht generell zu einer nachhaltigen Senkung der effektiven Steuersätze.[371] Es wird einer Senkung der nominellen Steuersätze eine erhöhte Bemessungsgrundlage gegenüber gestellt, mit der Maßgabe, dass das entstehende Produkt im Grundsatz unverändert hoch bleiben soll. Damit wird deutlich, dass die angestrebte Verbesserung der internationalen Wettbewerbsfähigkeit nur dann eintritt, wenn unterstellt wird, dass international agierende Investoren ihre Entscheidungen an der Höhe der nominellen Steuersätze ausrichten. Andererseits wird die Analyse der Gegenfinanzierungsmaßnahmen zeigen, dass Unternehmen hiervon in unterschiedlichem Umfang betroffen sein werden. Hieraus folgt, dass es durchaus Fälle geben kann, bei denen das einzelne Unternehmen in weitaus größerem Maße von der Senkung der nominellen Steuersätze profitiert, als es infolge der Verbreiterung der Bemessungsgrundlage belastet wird. In gleicher Weise wird der umgekehrte Fall eintreten, wonach die Mehrbelastungen bei der Bemessungsgrundlage die Steuersatzsenkungen deutlich überwiegen. Insoweit sind allgemeine Aussagen nicht möglich. Vielmehr sind allenfalls „Tendenzaussagen" für bestimmte Branchen möglich.

---

[371] Vgl. zur Ermittlung der effektiven Steuersätze z. B. King, M. A./Fullerton, D., The Taxation of Income from Capital, Chicago 1984, Devereux, M. P./Griffith, R., The taxation of discrete investment choices, London 1999, Spengel, C./Lammersen, L., StuW 2001, S. 23 ff.

- Auf private Veräußerungsgewinne und Kapitalerträge soll eine **Abgeltungssteuer** eingeführt werden. Durch diese sollen die praktischen Probleme bei der Erfassung dieser Einkünfte gelöst werden. Zugleich resultieren hieraus Folgeprobleme für die Fälle, in denen der individuelle Steuersatz unter 25 % liegt, die durch die Möglichkeit zur Veranlagung gelöst werden sollen.

Im Folgenden sollen die geplanten Änderungen und die sich hieraus ergebenden Auswirkungen auf die unternehmerischen Tätigkeiten im engeren und im weiteren Sinne einer ersten Analyse unterzogen werden. Hierbei ist zu beachten, dass es sich beim vorliegenden Referentenentwurf „nur" um eine **vorläufige Fassung** handelt, die im Rahmen des Gesetzgebungsverfahrens noch Änderungen erfahren kann. Im Rahmen einer unternehmerischen Tätigkeit erweist sich die Beschäftigung mit geplanten Änderungen als notwendig, denn regelmäßig lassen sich erforderlich werdende Anpassungsmaßnahmen als Reaktion auf veränderte steuerliche Rahmenbedingungen nicht so kurzfristig umsetzen, wie dies aus steuerlicher Sicht sinnvoll wäre. Hieraus folgt zugleich, dass solche Änderungen für die betroffenen Unternehmen zu einer Kostenbelastung führen können, ohne dass damit Vorteile verbunden sind. Diese können daraus resultieren, dass geprüft wird, inwieweit zukünftig bestimmte Vorgehensweisen wirtschaftlich noch sinnvoll sind oder besondere verfahrensrechtliche Regelungen zu beachten sind. Denkbar ist auch, dass das Ergebnis dieser Prüfung dazu führt, dass sich für das eigene Unternehmen keine Veränderungen ergeben. In einem solchen Fall beschränken sich die Belastungen auf die Informationsbeschaffungskosten, die ggf. auch Prüfungsaufträge hinsichtlich der zu beachtenden Rechtslage einschließen.

Dem Aufbau dieser Einführung folgend wird zwischen Änderungen im Bereich der unternehmerischen Tätigkeit im engeren und solchen im weiteren Sinne unterschieden. Entscheidend hierfür ist, dass der Gesetzgeber nicht nur Veränderungen bei der Besteuerung auf Ebene der Unternehmen vorsieht, sondern auch solche, die den Gesellschafter betreffen. Hieraus folgt, dass eine zusammenfassende Betrachtung beider Ebenen zu erfolgen hat.

Literaturhinweise:

- Herzig, N., Reform der Unternehmensbesteuerung, WPg 2007, S. 7

4.2 Änderungen bei der Besteuerung einer unternehmerischen Tätigkeit im engeren Sinne

Wie die vorstehenden Ausführungen bereits gezeigt haben, soll eine weitgehende Gegenfinanzierung im Bereich der Unternehmensbesteuerung erfolgen. Hieraus folgt, dass es Gegenfinanzierungsmaßnahmen gibt, die alle Unternehmen unabhängig von ihrer Rechtsform betreffen. Darüber hinaus werden Entlastungsmaßnahmen vorgesehen, die in Abhängigkeit von der Rechtsform unterschiedlich ausgestaltet sind. Diese Maßnahmen sollen – soweit sie sich auf im Rahmen dieser Einführung behandelte Fragestellungen erstrecken – im Folgenden dargestellt werden, um die sich hieraus ergebenden Auswirkungen vor dem Hintergrund der gleichzeitig eintretenden Entlastungen zusammenfassend würdigen zu können.

4.2.1 Für alle Unternehmen

4.2.1.1 Einschränkungen im Bereich der Abschreibungen

Einen zentralen Bereich der Gegenfinanzierungsmaßnahmen stellen Einschränkungen im Bereich der Abschreibungen dar. Der Entwurf sieht hierzu vor, dass für alle nach dem 31. Dezember 2007 angeschafften oder hergestellten Wirtschaftsgüter die degressive Abschreibung nicht mehr zulässig ist. Vielmehr können diese Wirtschaftsgüter zukünftig ausschließlich linear abgeschrieben werden.

Bisher besteht die Möglichkeit, sog. geringwertige Wirtschaftsgüter, also solche, deren Anschaffungs- bzw. Herstellungskosten weniger als 410,- EUR betragen, im Jahr der Anschaffung bzw. Herstellung in voller Höhe abzuschreiben. Diese Maßnahmen führten zu erheblichen praktischen Erleichterungen, weil damit der Buchungsaufwand nachhaltig verringert werden konnte. Zukünftig besteht diese Möglichkeit lediglich für die Steuerpflichtigen, die gewerbliche Einkünfte erzielen und die die Größenmerkmale des § 7g Abs. 1 Satz 2 Nr. 1 EStG nicht überschreiten. Dies sind die folgenden Kriterien:

- Das Betriebsvermögen beträgt nicht mehr als 210.000,- EUR, wobei diese Voraussetzung bei den Steuerpflichtigen als erfüllt gilt, die ihren Gewinn nach § 4 Abs. 3 EStG ermitteln.

- Der Gewinn bei einer Gewinnermittlung nach § 4 Abs. 3 EStG ohne Berücksichtigung des Investitionsabzugsbetrages nach § 7g EStG nicht mehr als 100.000,- EUR beträgt.

▓ Das Wirtschaftsgut mindestens ein Jahr nach seiner Anschaffung bzw. Herstellung in einer inländischen Betriebsstätte verbleibt[372],

▓ Bei land- und forstwirtschaftlichen Betrieben: Der Einheitswert nicht mehr als 125.000,- EUR beträgt.

▓ Das Wirtschaftsgut im Jahr der Sonderabschreibung im Betrieb des Steuerpflichtigen ausschließlich oder fast ausschließlich betrieblich genutzt wird.

Alternativ ist die Regelung auch dann anwendbar, wenn der Steuerpflichtige Überschusseinkünfte erzielt. Bei allen anderen Steuerpflichtigen können Sofortabschreibungen nur dann geltend gemacht werden, wenn – neben den bisher schon verlangten sachlichen Voraussetzungen – die Anschaffungs- bzw. Herstellungskosten 60,- EUR je Wirtschaftsgut nicht überschreiten. U.E. wäre eine solche Regelung nicht sachgerecht, weil sie dazu führt, dass auch Wirtschaftsgüter mit einem geringen Wert über ihre Nutzungsdauer abgeschrieben werden müssten. Aus Vereinfachungsgesichtspunkten wäre ein deutlich höherer Betrag wünschenswert.

4.2.1.2   Einführung einer modifizierten Zinsschranke im EStG und KStG

Eine der zentralen Maßnahmen der Gegenfinanzierung bildet die Einführung einer modifizierten Zinsschranke. Diese Regelung sieht vor, dass der Gewinn vor Steuern und Zinsaufwand zu bestimmen ist und nur in Höhe eines bestimmten Prozentsatzes (derzeit: 30 %) durch Zinsaufwendungen verringert werden darf. Damit wird im Ergebnis eine Regelung geschaffen, die zu einer **Begrenzung der maximal steuerlich abzugsfähigen Finanzierungskosten** führt, wenn der tatsächliche Finanzierungsaufwand oberhalb dieser Grenze liegt. Diese Regelung gilt sowohl für Einzelunternehmen, für Personengesellschaften als auch für Kapitalgesellschaften. Bei letzteren gelten ergänzende Besonderheiten, wobei gleichzeitig die Regelung der Begrenzung der Gesellschafter-Fremdfinanzierung in § 8a KStG abgeschafft wird.[373] Hingegen kommt es auf die Frage, an wen die Zinszahlungen geleistet werden nicht mehr an. Folglich unterliegen sowohl Gesellschafter-Darlehen als beispielsweise auch übliche Bankdarlehen dieser Regelung.

Von dieser Regelung sind Aufwendungen für die **Überlassung von Geldkapital** betroffen. Hierzu zählen – zumindest nach bisheriger Gesetzesfassung – keine Aufwendungen, die nur einen Zinsanteil haben, wie dies z. B. bei Leasingraten der Fall ist.[374] Im Einzelnen ist die folgende Vorgehensweise anzuwenden: Erzielt ein Unternehmen Zinserträge, sind in dieser Höhe Schuldzinsen in vollem Umfang abzugsfähig, so dass keine Einschränkung des Betriebsausgabenabzugs erfolgt. Sind die Zinsaufwendungen geringer als 1 Mio. EUR (Freigrenze) scheidet eine Anwendung der Zinsschranke

---

[372] Diese Regelung ist u. E. mit Europarecht nicht zu vereinbaren.

[373] Vgl. zu den hierbei bestehenden Besonderheiten S. 256 ff.

[374] Vgl. zu den insoweit abweichenden Regelungen bei der Gewerbesteuer S. 245 ff.

aus. Damit sollen kleine und mittlere Unternehmen aus dem Anwendungsbereich der Regelung entfernt werden. Wenn von einer marktüblichen Verzinsung von ca. 8 % ausgegangen wird, entspricht dies einem Darlehensvolumen von 12,5 EUR. Hierbei ist jedoch zu beachten, dass das gesamte verzinsliche Fremdkapital zusammen zu rechnen ist. Unverzinsliches Fremdkapital (insbesondere Verbindlichkeiten aus Lieferungen und Leistungen) haben für diese Regelung keine Bedeutung. In einem nächsten Schritt werden alle Gesellschaften von der Vorschrift ausgenommen, die nicht zu einem Konzern im Sinne der Zinsschranke gehören. Ein Unternehmen gehört gem. § 4f Abs. 3 EStG-E zu einem Konzern, wenn er nach den IFRS, den US-GAAP oder den HGB-Vorschriften in einem Konzernabschluss konsolidiert werden muss oder werden könnte. Dies ist außerdem immer dann der Fall, wenn „seine Finanz- oder Geschäftspolitik mit einem oder mehreren anderen Betrieben einheitlich bestimmt werden kann". Für die Nicht-Konzerngesellschaften unterbleibt die Anwendung der Zinsschrankenregelungen. Bei den verbleibenden Unternehmen ist zu prüfen, ob die 30 %-Grenze überschritten wird. Hierbei ist auf das steuerliche Ergebnis vor Zinsaufwand und Zinsertrag abzustellen. Ist der tatsächliche Zinsaufwand höher, ist der 30 % übersteigende Teil des steuerlichen Ergebnisses steuerlich nicht abzugsfähig. Diese nicht abzugsfähigen Zinsen können im Wege des sog. **Zinsvortrages** berücksichtigt werden. Dies geschieht in der Weise, dass diese nicht genutzten Zinsabzugsmöglichkeiten – vergleichbar einem Verlustvortrag – in den jeweils folgenden Veranlagungszeitraum vorgetragen werden. In diesem können sie wie laufender Zinsaufwand berücksichtigt werden. Hieraus folgt, dass der Zeitpunkt einer entlastenden Berücksichtigung davon abhängig ist, inwieweit nach Maßgabe der Zinsschrankenregelung im laufenden Jahr ein Zinsabzug möglich ist. Ein ggf. verbleibender Zinsabzug wird in zukünftige Veranlagungszeiträume vorgetragen. Zwar enthält das Gesetz keine zeitliche Obergrenze für diesen Vortrag, doch führt die Aufgabe des Betriebes oder die Umwandlung der Gesellschaft zu einem Untergang der verbleibenden Verlustabzugsbeträge.

Die Zinsschranke führt dazu, dass auf Ebene des Unternehmens ein **Betriebsausgabenabzug** in Höhe des die „Schranke" übersteigenden Betrages **nicht zugelassen** wird. Hieraus ergibt sich, dass insoweit kein Betriebsausgabenabzug zulässig ist bzw. bei einem erfolgten Abzug von entsprechenden Beträgen in Handels- und Steuerbilanz eine außerbilanzielle Korrektur zu erfolgen hat. Hiermit ist eine Erhöhung der Bemessungsgrundlage der Einkommen- bzw. Körperschaftsteuer als auch der Gewerbesteuer verbunden. Im Bereich der Gewerbesteuer steht diese Regelung neben den übrigen Hinzurechnungstatbeständen, insbesondere neben den im Folgenden noch zu erläuternden Vorschriften für die Hinzurechnung von Zahlungen mit Zinsanteilen. Mittelbar ergeben sich auch Auswirkungen auf den SolZ.

Literaturhinweise:

- Herzig, N./Bohn, A., Modifizierte Zinsschranke und Unternehmensfinanzierung – Diskussion von Plänen zur Unternehmenssteuerreform 2008, DB 2007, S. 1

4.2.1.3 Verschärfungen bei der Gewerbesteuer

Eine der grundlegenden Neuregelungen besteht darin, dass die Gewerbesteuer zukünftig nicht mehr als Betriebsausgabe abzugsfähig sein soll. Folglich wird dadurch weder die eigene Bemessungsgrundlage verringert, noch die der Einkommen- bzw. Körperschaftsteuer. Um die hieraus entstehenden Belastungen zu kompensieren, erfolgt eine höhere Anrechnung im Bereich der Einzelunternehmen bzw. Personengesellschaften bzw. eine Absenkung des Steuersatzes bei der Körperschaftsteuer. Gleichzeitig wird eine – rechtsformunabhängige – Gewerbesteuermesszahl von 3,5 (bisher 5 %, wobei bei Personengesellschaften und Einzelunternehmen zusätzlich der Staffeltarif zu beachten war[375]) eingeführt.

Im Ergebnis ist damit die Gewerbesteuerbelastung zukünftig wie folgt zu berechnen:

$$S_{GewSt} = m * h,$$

wobei m die einheitliche Messzahl von 3,5 bildet und h den Hebesatz der jeweiligen Gemeinde. Wird beispielsweise von einem Hebesatz von 400 v. H. ausgegangen, so beträgt die Belastung mit Gewerbesteuer zukünftige 14,00 %, wobei zu beachten ist, dass die Bemessungsgrundlage von Einkommen- bzw. Körperschaftsteuer hierdurch nicht verringert wird.

Darüber hinaus sind gravierende Änderungen bei den Hinzurechnungsvorschriften vorgesehen. Die bisher vorzunehmende Hinzurechnung der hälftigen Entgelte für Dauerschuldzinsen bei der Gewerbesteuer gem. § 8 Satz 1 Nr. 1 GewStG entfällt. Allerdings wird diese durch eine umfassendere Neuregelung ersetzt: Danach erfolgt eine 25 %-ige Hinzurechnung der Zinsen sowie der Zinsanteile in Mieten, Pachten und Leasingraten. Der Gesetzgeber gibt vor, wie hoch der Zinsanteil in den einzelnen Zahlungsformen ist, indem er die folgende Gruppeneinteilung vornimmt:

Abbildung 4-1: *Fiktive Zinsanteile bei unterschiedlichen Zahlungen für Zwecke der gewerbesteuerlichen Hinzurechnungen*

Zahlungsart	Fiktiver Zinsanteil
Zinsen, Renten, dauernde Lasten, Gewinnanteile des stillen Gesellschafters	100 %
Mieten, Pachten und Leasingraten für bewegliche Wirtschaftsgüter, Lizenzen	25 %
Mieten, Pachten und Leasingraten für unbewegliche Wirtschaftsgüter	75 %

---

[375] Vgl. hierzu S. 127 ff.

Hierbei ist zu beachten, dass diese Zinsanteile nur dann zu einer Hinzurechnung führen, wenn deren Summe den **Freibetrag von 100.000,- EUR** übersteigen. Ist dies nicht der Fall, unterbleibt eine Hinzurechnung. Hiermit sollen kleinere Unternehmen entlastet werden. Allerdings müssen zunächst vergleichsweise aufwändige Berechnungen durchgeführt werden, um bestimmen zu können, ob sich der Steuerpflichtige auf die Freibetragsregelung berufen kann.

Aus den auf S. 243 ff. dargestellten Regelungen zur modifizierten Zinsschranke ergibt sich die Notwendigkeit, eine Abstimmung mit den Regelungen zur Hinzurechnung im Gewerbesteuergesetz vorzunehmen. Hierbei erfolgt eine Hinzurechnung für Zwecke der Gewerbesteuer nur dann, wenn die Aufwendungen nach Maßgabe der Zinsschrankenregelung abzugsfähig sind. Scheidet ein Zinsabzug hingegen infolge der Zinsschranke aus, findet auch keine Hinzurechnung für Zwecke der Gewerbesteuer statt. Wird im Rahmen des Zinsvortrags ein Abzug erlangt, kommt es insoweit zu einer Hinzurechnung bei der Gewerbesteuer. Gehen Zinsvortragsbeträge unter, führt dies nicht zu gewerbesteuerlichen Konsequenzen, weil ein Einfluss auf den Gewerbeertrag nicht erfolgte und auch nicht mehr erfolgen wird.

Aus betriebswirtschaftlicher Sicht erweist sich die Hinzurechnung von ertragsunabhängigen Komponenten zur Gewerbesteuer als problematisch. Sie führt im Ansatz bereits zu einer „künstlichen" Erhöhung von Gewinnen und unter Umständen zu einer Belastung von Unternehmen mit Gewerbesteuer, die im Ergebnis keine positiven Einkünfte erzielt haben. Dies ist dann der Fall, wenn zwar die Einkünfte aus Gewerbebetrieb Null betragen (oder negativ sind), aber infolge der Hinzurechnungen ein positiver Gewerbeertrag und deshalb eine Belastung mit Gewerbesteuer eintritt. Zwar ist die Reduzierung der Hinzurechnung für die Dauerschuldzinsen von bisher 50 % auf nunmehr 25 % zu begrüßen, gleichwohl verschärfen sich diese Probleme bei den anderen Finanzierungsformen. Insoweit führt die Neuregelung zu einer besonderen Belastung der Unternehmen, die eine geringe Eigenkapitalausstattung haben und deshalb auf alternative Finanzierungsformen angewiesen sind. Als positiv ist allerdings zu würdigen, dass die vorgesehene Regelung unabhängig von der Behandlung beim Gläubiger der Zahlungen erfolgt und damit die bisher infolge der sog. Eurowings-Entscheidung des EuGH[376] bestehenden Probleme beseitigt werden.

4.2.1.4 Verschärfungen bei einer grenzüberschreitenden Unternehmenstätigkeit

Der Entwurf sieht eine Reihe von Verschärfungen für **grenzüberschreitend tätige Untenehmen** vor, die hier nur überblicksartig angesprochen werden sollen:

---

[376] Vgl. EuGH-Urt. vom 26.10.1999, Rs. C–294/97, EUGHE 1999, Seite I-07447 und hierzu die gleichlautenden Ländererlasse vom 18.10.2006, IV B 7 – G 1422 – 16/06, BStBl. I 2006, S. 611 für DBA-Fälle.

▓ Die **Dokumentationsanforderungen** gem. § 90 Abs. 3 AO werden verschärft. Während es bei der Vorlagepflicht der Dokumentation für gewöhnliche Geschäftsvorfälle bei der bisherigen Frist von 60 Tagen verbleibt, wird diese Frist für die Dokumentation für außergewöhnliche Geschäftsvorfälle auf 30 Tage verkürzt.

▓ Es erfolgt eine Verschärfung der **Schätzungsfälle** des § 162 AO. Dies gilt insbesondere auch dann, wenn eine im Ausland ansässige nahe stehende Person ihren Mitwirkungspflichten nicht nachgekommen ist. Voraussetzung hierfür ist das Vorliegen von Anhaltspunkten. Im Ergebnis kann damit die Nichtmitwirkung einer ausländischen Gesellschaft zu Besteuerungsnachteilen für die inländische Gesellschaft führen.

▓ Ausdehnung des **Fremdvergleichsgrundsatzes des § 1 AStG** und Ankündigung einer Rechtsverordnung für Fälle der Funktionsverlagerung und weiterer Verrechnungspreisaspekte. Bei der Methodenwahl ist laut § 1 Abs. 3 AStG der Preisvergleichsmethode stets der Vorzug zu geben. Der sog. hypothetische Fremdvergleich wird erstmals im Gesetz festgeschrieben.

4.2.2 Für Einzelunternehmen

4.2.2.1 Änderungen beim Steuersatz und bei der Steueranrechnung

Wie die vorstehenden Ausführungen bereits gezeigt haben, kommt es zu einer Mehrbelastung, indem die Gewerbesteuer zukünftig nicht mehr als abzugsfähige Betriebsausgabe anzusehen ist. Dies wird neben der einheitlich auf 3,5 abgesenkten Messzahl durch eine Veränderung der „Anrechnung" der Gewerbesteuer auf die Einkommensteuer berücksichtigt. Während § 35 EStG die Ermäßigung der Einkommensteuer, die auf gewerbliche Einkünfte entfällt, um das 1,8-fache des Gewerbesteuermessbetrages vorsah, wird dieser Faktor nunmehr auf **3,8** erhöht. Hieraus ergeben sich – in Abhängigkeit von den gewerbesteuerlichen Hebesätzen – die **Abbildung 4-2** in dargestellten Belastungswirkungen.

Abbildung 4-2: Steuerbelastungsvergleich eines Einzelunternehmers vor und nach der Reform

H	200 %	395 %	470 %
Gewinn	100.000,- EUR	100.000,- EUR	100.000,- EUR
./. GewSt	7.000,- EUR	13.825,- EUR	16.450,- EUR
./. ESt (42 %)	42.000,- EUR	42.000,- EUR	42.000,- EUR
Anrechnung § 35 EStG	7.000,- EUR	13.300,- EUR	13.300,- EUR
verbleibende ESt	35.000,- EUR	28.700,- EUR	28.700,- EUR
./. SolZ	1.925,- EUR	1.578,50 EUR	1.578,50 EUR
= **Nettoeinkünfte**	**56.075,- EUR**	**55.896,50 EUR**	**53.271,50 EUR**
Gesamtsteuerbelastung	43.925,- EUR	44.103,50 EUR	46.728,50 EUR
Bisherige Steuerbelastung	40.740,91 EUR	45.565,76 EUR	47.218,62 EUR
Differenz	3.184,09 EUR	- 1.462,26 EUR	- 490,12 EUR
	Mehrbelastung	**Entlastung**	**Entlastung**

In der vorletzten Zeile wurden die entsprechenden Belastungen nach geltendem Recht dargestellt. Damit zeigt sich, dass die Neuregelung bei Einzelunternehmen nur zu einer geringeren Entlastung führt. Insoweit darf jedoch nicht übersehen werden, dass hier von einer **einheitlichen Bemessungsgrundlage** ausgegangen wurde. Angesichts der vielfältigen „Verbreiterungen" der Bemessungsgrundlage ist dies jedoch wenig wahrscheinlich. Daher ist u. E. davon auszugehen, dass es in einer Vielzahl von Fällen zu einer höheren Belastung kommt, sofern nicht eine der anderen Entlastungsmaßnehmen (insbesondere die „Thesaurierungsmöglichkeit") zu einer weiteren Begünstigung der Einzelunternehmung führt.

Im Bereich des niedrigen Hebesatzes, der hier mit dem nach § 16 Abs. 4 Satz 2 GewStG gesetzlich angeordneten Mindestbetrages angesetzt wurde, ergibt sich eine erhebliche Mehrbelastung. Diese ist darauf zurück zu führen, dass bisher die Anrechnungsmöglichkeit unabhängig von der Höhe der tatsächlich gezahlten Gewerbesteuer war. Nunmehr ist vorgesehen, dass eine Beschränkung der Anrechnung auf den Betrag erfolgt, der tatsächlich als Gewerbesteuer bezahlt wurde. Dies führt dazu, dass nicht der sich eigentlich ergebende rechnerische Wert von 13.300,- EUR angerechnet werden kann, sondern nur die tatsächlich gezahlte Gewerbesteuer in Höhe von 7.000,- EUR. Insoweit kommt es gerade für die Unternehmen zu einer nachhaltigen Beeinträchtigung, die auf das Ausnutzen von niedrigen Hebesätzen abgezielt haben. Gleichwohl zeigt sich, dass in Abhängigkeit vom Hebesatz immer noch steuerliche Vorteile entstehen, so dass diesem Recht der Gemeinden auch in Zukunft bei der Standortwahl noch Bedeutung zukommt.[377] Gleichwohl wird ihnen im Ergebnis zum Teil die Möglichkeit genommen, ihre Attraktivität als Standort über einen niedrigen Hebesatz zu erhöhen.

Der bisher geltende Staffeltarif im Bereich der Gewerbesteuer[378] soll abgeschafft werden. Dies erstaunt, weil in der Vergangenheit der Freibetrag damit begründet wurde, dass bei Einzelunternehmen und Personengesellschaften schuldrechtliche Verträge zwischen Gesellschaft und Gesellschafter – anders als bei Kapitalgesellschaften, steuerlich nicht anzuerkennen sind. Hierfür war nach bisherigem Verständnis eine besondere Entlastung bei der GewSt nötig. Nunmehr wird die Entlastung abgeschafft, ohne dass im Gegenzug entsprechende schuldrechtliche Verträge steuerlich anerkannt werden. Wenn dies vor dem Hintergrund der bisher nur geringen Entlastung infolge der veränderten Anrechnungsmöglichkeiten gesehen wird und berücksichtigt wird, dass für kleine und mittlere Unternehmen der Staffeltarif betragsmäßig eine relativ hohe Bedeutung hat, dann zeigt sich, dass hier eine Mehrbelastung entstehen kann. Vor diesem Hintergrund erklärt sich die Fortgeltung der GWG-Abschreibung für diese Unternehmen, allerdings ist fraglich, ob damit eine vollständige Kompensation der Mehrbelastung erfolgen kann.

4.2.2.2 Einführung einer „Thesaurierungsmöglichkeit"

Eine der Zielsetzungen des Koalitionsvertrages besteht darin, dass eine möglichst rechtsformneutrale Besteuerung erfolgen soll. Im Ergebnis soll damit die Frage nach der Rechtsform nicht durch steuerliche Kriterien beeinflusst werden. Zwar bestehen mit dem erst durch das SEStEG[379] neugefassten Umwandlungssteuergesetz die Möglichkeit einer Rechtsformwahl, so dass insoweit ein Wechsel erfolgen kann, doch ergeben sich regelmäßig erhebliche Probleme. Beispielhaft sei nur auf die erforderlichen Voraussetzungen für die Steuerneutralität, eine evtl. Belastung mit Grunderwerbsteuer, zu beachtende Verbleibensfristen oder die entstehenden Transaktionskosten verwiesen. Insoweit erwies sich dieser Weg häufig als nachteilig. Zugleich zeigen Belastungsvergleiche, dass die Steuerbelastung von vollausschüttenden Kapitalgesellschaften in etwa mit denen von Personengesellschaften vergleichbar war. Erhebliche Besteuerungsunterschiede ergaben sich jedoch, wenn Gewinne im Unternehmen verbleiben und reinvestiert werden. Hier kam es zu einer deutlichen Benachteilung für Einzelunternehmen (und bei Personengesellschaften) weil auch in diesen Fällen eine Besteuerung auf Ebene der (Mit-)Unternehmern nach den allgemeinen Grundsätzen erfolgte. Für private Zwecke entnommene Gewinne wurden in der gleichen Weise besteuert wie solche, die reinvestiert wurden. Dies erscheint gesamtwirtschaftlich problematisch, weil damit Investitionen von Einzelunternehmen (und Personengesell-

---

[377] Die Ausführungen zu den Kapitalgesellschaften werden zeigen, dass die entstehende Gesamtsteuerbelastung sehr stark von der Höhe der Gewerbesteuer bestimmt wird.

[378] Vgl. hierzu S. 122 ff.

[379] Vom 7.12.2006, BGBl. I 2006, S. 2782.

schaften) im Vergleich zu solchen von Kapitalgesellschaften benachteiligt wurden. Um dieses Problem zu lösen, wurden unterschiedliche Lösungen diskutiert. Insbesondere das sog. **Optionsmodell** spielte eine große Rolle, nachdem Personengesellschaften – ggf. auch zwangsweise – zur Körperschaftsteuerpflicht übergehen sollten (oder müssten). Diese Modelle erwiesen sich – insbesondere im grenzüberschreitenden Verhältnis – als problematisch und wurden deshalb nicht umgesetzt.

Der Gesetzgeber will diesen Überlegungen dadurch Rechnung tragen, dass nunmehr eine Regelung in § 34a EStG geschaffen werden soll, die es Einzelunternehmen (und Mitunternehmern)[380] ermöglicht, Einkommen in vergleichbarer Weise zu besteuern, wie dies bei Kapitalgesellschaften geschieht.[381]

Hiermit wird auch dem Umstand Rechnung getragen, dass infolge der Absenkung des Körperschaftsteuersatzes auf zukünftig 15 % sich diese Belastungsunterschiede weiter vergrößern. Der Steuerpflichtige erhält nunmehr die Möglichkeit einen Antrag zu stellen, um nicht entnommenen laufenden Gewinn nicht nach seinem regulären individuellen Einkommensteuersatz besteuern zu müssen, sondern lediglich einem ermäßigten Steuersatz von zukünftig 28,25 % zu unterwerfen. Dabei ist zu berücksichtigen, dass auch für diese begünstigt besteuerten Gewinne die Anrechnung der Gewerbesteuer erfolgen soll. Hieraus ergibt sich eine deutlich geringere Belastung mit Einkommensteuer. Dabei ist zu berücksichtigen, dass die allgemeinen Grenzen zur Begrenzung der Gewerbesteueranrechnung entsprechend gelten. Folglich kann maximal die gezahlte Gewerbesteuer angerechnet werden, auch wenn nach Anwendung der allgemeinen Anrechnungsgrundsätze ein höherer Betrag entsteht. Im Ergebnis soll damit erreicht werden, dass Einzelunternehmen (und Personengesellschaften) motiviert werden, verstärkt Gewinne im Unternehmen zu thesaurieren und für weitere Investitionen zu nutzen. Werden die ermäßigt besteuerten Gewinne zu einem späteren Zeitpunkt entnommen, erfolgt eine Nachversteuerung auf Ebene des Gesellschafters. Diese ist mit der Dividendenbesteuerung vergleichbar. In Anlehnung an die – auf S. 258 ff. noch darzustellenden – Regelungen zur Abgeltungsteuer soll ein Steuersatz von 25 % (zuzüglich Solidaritätszuschlag) angewendet werden. Um sicher zu stellen, dass alle bisher nur ermäßigt besteuerten Einkünfte beim Gesellschafter tatsächlich der Nachversteuerung unterliegen, wird durch verfahrensrechtliche Regelungen die gesonderte Feststellung und Fortschreibung des nachzuversteuernden Betrages angeordnet. Nur in dieser Höhe erfolgt eine tatsächliche Nachversteuerung. Um Gestaltungsansätze zu vermeiden sieht das Gesetz vor, dass einzelne Sondertatbestände ebenfalls zu einer Nachversteuerung führen, unabhängig davon, ob dies vom Gesellschafter gewollt wird. Dies gilt insbesondere dann, wenn der positive Saldo der Entnahmen und Einlagen des Wirtschaftsjahres den durch Betriebsvermögen ermittelten

---

[380] Darüber hinaus wird diese Regelung auch für alle anderen Gewinneinkunftsarten gelten, so dass alle unternehmerischen Tätigkeiten im weiteren Sinne hiervon Gebrauch machen können.

[381] Vgl. hierzu grundlegend Wissenschaftlichen Beirat Steuern der Ernst Young AG, BB 2005, S. 1653 ff., unter der Bezeichnung T-Modell.

laufenden Gewinn übersteigt. Auch die Übertragung oder Überführung eines Wirtschaftsgutes zum Buchwert kann eine Nachversteuerung auslösen, sofern nicht weitere im Gesetz vorgesehene Ausnahmen greifen. Sofern eine Betriebsveräußerung, Betriebsaufgabe oder eine Einbringung eines Betriebes in eine Kapitalgesellschaft nach § 20 UmwStG erfolgt, ein Wechsel der Gewinnermittlungsart oder die Nachversteuerung durch den Steuerpflichtigen beantragt wird, erfolgt ebenfalls eine Nachversteuerung.

Um die entstehenden Entlastungswirkungen dieser Regelung beurteilen zu können, kommt es entscheidend darauf an, inwieweit von der Thesaurierungsmöglichkeit Gebrauch gemacht werden kann. Hierbei ist jedoch zu berücksichtigen, dass die entstehenden Besteuerungskonsequenzen dazu führen, dass diese Regelung für solche Einzelunternehmer (und Mitunternehmer einer Personengesellschaft) von vornherein ungeeignet ist, die über einen niedrigen Steuersatz verfügen. Entscheidend hierfür ist, dass die „Vorbelastung" auf Ebene der Personengesellschaft einerseits und die Belastung infolge der „Nachversteuerung" auf Ebene des Gesellschafters andererseits zu einer nicht unerheblichen Steuerbelastung führen. Da einer der wesentlichen Vorteile der Personengesellschaft und ihrer transparenten Besteuerung gerade darin liegt, dass die gewerblichen Einkünfte dem individuellen Steuersatz des Gesellschafters unterliegen, sind Fälle denkbar, in denen dieser deutlich unterhalb der so entstehenden steuerlichen Belastung verbleibt. Nach Aussagen der Bundesregierung im Rahmen des Gesetzgebungsverfahrens unterlagen 97 % aller Personengesellschaften einem Steuersatz von weniger als 38,65 %, 90 % einem Steuersatz von weniger als 20 % und 75 % von weniger als 15 %.[382] Wenn diese statistischen Aussagen zutreffen, dürfte dieses Modell nur für wenige Einzelunternehmer und Mitunternehmer von Bedeutung sein. Es begünstigt diejenigen, die über hohe individuelle Einkommensteuersätze verfügen. Gleichwohl darf nicht übersehen werden, dass der vorstehende Ansatz einen nachhaltigen Beitrag zur Rechtsformneutralität leistet. Vergleichbare Friktionen bei Gesellschaftern mit niedrigen Steuersätzen entstehen auch im Bereich der Kapitalgesellschaften. Ferner haben die vorstehenden Überlegungen deutlich werden lassen, dass gerade thesaurierende Kapitalgesellschaften im Vergleich zu Einzelunternehmen und Personengesellschaften in den Fällen der Reinvestition von Gewinnen nachhaltig bevorteilt werden. Die vom Gesetzgeber beabsichtigte Regelung zur Vermeidung dieser Nachteile ist unsere Erachtens nicht geeignet. Grund hierfür ist die einkommensteuerliche Belastung der zu entnehmenden Steuer auf den Thesaurierungsbetrag. Hierdurch entsteht bei Personengesellschaften anders als bei Kapitalgesellschaften eine zusätzliche Steuerbelastung. Bei entsprechenden Belastungsrechnungen darf zwar nicht übersehen werden, dass nunmehr auch die Möglichkeit besteht, durch zeitliche Verlagerung von Einkünften steuerliche Vorteile zu erzielen, doch müssen die Thesaurierungszeiträume sehr lang sein. Denkbare weitere Vorteile, die in eine Gesamtbetrachtung mit einbezogen werden müssten, wären entstehenden Zins- und Zinseszinseffekten aus einer erst später erfolgenden Nachversteuerung auf Ebene des

---

[382] Vgl. Eckpunktepapier der Bundesregierung vom 12.7.2006, Anlage 2.

Gesellschafters. Insofern erscheint eine allgemeine Analyse schwierig, zumal unterschiedliche Annahmen hinsichtlich Zinssätzen und entstehenden Wiederanlagen gesetzt werden müssen. Wenn jedoch davon ausgegangen wird, dass diese Zinseffekte vernachlässigt werden können, dann lassen sich die entstehenden Steuerbelastungen wie in **Abbildung 4-3** dargestellt verdeutlichen.

Abbildung 4-3: *Steuerbelastung einer zunächst „thesaurierenden" Personengesellschaft mit anschließender Nachversteuerung*

Thesaurierungsvolumen	0%	50%	100%
Gewinn vor Steuern und Zinsen	100.000 EUR	100.000 EUR	100.000 EUR
./. GewSt (h = 395 %)	13.825 EUR	13.825 EUR	13.825 EUR
./. ESt[383]	0 EUR	9.855 EUR	19.710 EUR
./. SolZ	0 EUR	542 EUR	1.084 EUR
Thesaurierungsvolumen	0 EUR	32.690 EUR	65.381 EUR
regelbesteuerter Gewinn	100.000 EUR	67.310 EUR	34.619 EUR
ESt auf Thesaurierungsvolumen (28,25 %)	-	9.235 EUR	18.470 EUR
+ ESt auf regelbesteuerten Gewinn (42%)	42.000 EUR	28.270 EUR	14.540 EUR
= ESt	42.000 EUR	37.505 EUR	33.010 EUR
./. Anrechnung § 35 EStG	13.300 EUR	13.300 EUR	13.300 EUR
./. verbleibende ESt	28.700 EUR	24.205 EUR	19.710 EUR
./. SolZ	1.579 EUR	1.331 EUR	1.084 EUR
Gesamtsteuerbelastung im Zeitpunkt der Thesaurierung	44.104 EUR	39.361 EUR	34.619 EUR
Nachversteuerung ESt (25 %)	-	8.173 EUR	16.345 EUR
SolZ	-	449 EUR	899 EUR
Gesamtsteuerbelastung im Zeitpunkt der Nachversteuerung	-	8.622 EUR	17.244 EUR
Gesamtsteuerbelastung	44.104 EUR	47.983 EUR	51.863 EUR

Es zeigt sich, dass bei einer vollständigen Thesaurierung und anschließenden Vollausschüttung die Steuerbelastung insgesamt höher ausfällt als bei einer Nichtnutzung dieser Regelung. Gleichwohl sind die Vorteile dann erheblich, wenn eine Thesaurierung erfolgt und die Nachversteuerung erst zu einem späteren Zeitpunkt eintritt. Insofern bleibt abzuwarten, inwieweit diese Regelungen praktische Relevanz erlangen werden. Vom theoretischen Standpunkt erscheint sie jedoch als eine relativ einfache Regelung, um das Ziel der Rechtsformneutralität – wie sie sich als politische Vorgabe aus der Koalitionsvereinbarung ergibt – umzusetzen. Hierbei ist auch zu berücksichtigen, dass für die Unternehmen, die geringe Einkünfte erzielen, andere Begünstigun-

---

[383] $ESt = \dfrac{0{,}5016 + 0{,}0161 \cdot h}{2{,}8686} \cdot Gewinn$, Herleitung vgl. Kleineidam, H.-J./Liebchen, D., DB 2007, S. 410.

gen dafür sorgen sollen, dass sie eine alternative Entlastung bekommen. Dies gilt insbesondere auf die Fortgeltung der Regelungen zur Nutzung der Abschreibung für sog. geringwertige Wirtschaftsgüter (GWG) und die Ausdehnung der Regelung des § 7g EStG. Infolge des Wahlrechts für den Steuerpflichtigen besteht große Flexibilität, so dass individuell entschieden werden kann, ob von dieser Möglichkeit Gebrauch gemacht wird.

4.2.3 Ergänzende Besonderheiten für Personengesellschaften

Grundsätzlich gelten die Ausführungen, die für die Besteuerung von Einzelunternehmern gemacht wurden, für die Mitunternehmer einer Personengesellschaft entsprechend. Eine Besonderheit besteht jedoch, wenn ein Gesellschafterwechsel bei einer Personengesellschaft erfolgt: Verfügt die Personengesellschaft über bisher noch ungenutzte Zinsabzugsbeträge, führt ein partieller Gesellschafterwechsel insoweit zum Untergang der bisher ungenutzten Beträge.

Wie die vorstehenden Ausführungen im Bereich des Einzelunternehmers gezeigt haben, bewirkt die Erhöhung des maximalen Anrechnungsbetrages auf das 3,8-fache des Gewerbesteuermessbetrages, dass die Regelung des § 35 EStG für die Besteuerung von Personengesellschaften nachhaltig an Bedeutung gewinnt. Dies hat zur Konsequenz, dass die bereits bisher schon bestehenden Probleme bei der „Anrechnung" der Gewerbesteuer auf die Einkommensteuer bei Personengesellschaften sich nachhaltig verstärken werden. Hieraus folgt, dass gerade bei diesen Gesellschaften, bei denen infolge der unterschiedlichen Verteilung der gewerblichen Einkünfte auf die Mitunternehmer (insbesondere infolge von steuerlich nicht anzuerkennenden schuldrechtlichen Verträgen zwischen Personengesellschaft und Mitunternehmer) die entstehenden Verwerfungen noch größer sind. Insofern kommt Gestaltungsansätzen (wie z. B. der Festschreibung von Gewinnverteilungsschlüsseln im Gesellschaftsvertrag oder bilanzpolitischen Maßnahmen) besondere Bedeutung zu, um die entstehenden Friktionen bei § 35 EStG zu vermeiden. Unverständlich ist, dass obwohl der Gesetzgeber nunmehr sowohl im § 10d Abs. 2 EStG als auch im Rahmen der Regelungen zur Zinsschranke einen Mechanismus vorgesehen hat, nach dem in einer Periode nicht genutzte Beträge in eine andere Periode übertragen werden können, eine vergleichbare Regelung für bisher nicht genutzte Anrechnungshöchstbeträge im Sinne von § 35 EStG geschaffen wurde. Es erscheint zweifelhaft, warum im Bereich der Verlustvorträge und der Zinsvorträge eine solche Regelung praktikabel sein soll und sie für den Fall der ermäßigten Besteuerung von gewerblichen Einkünften gesondert geschaffen wird aber ausgerechnet beim § 35 EStG praktisch undurchführbar sein soll.

Die Regelungen zur Möglichkeit einer ermäßigten Besteuerung auf Antrag von gewerblichen Einkünften gelten auch im Bereich der Personengesellschaften. Bei diesen ist das Antragsrecht gesellschafterbezogen auszuüben. Hieraus folgt, dass jeder Gesellschafter individuell entscheiden kann, inwieweit er eine begünstigte Besteuerung herbeiführen möchte. Denkbar ist damit, dass einzelne Gesellschafter sich für eine „Thesaurierung", andere sich für die bisher geltenden Besteuerungsgrundsätze entscheiden. Eine Bindung über einzelne Veranlagungszeiträume hinweg besteht insoweit nicht. Hieraus ergibt sich auch, dass die Feststellung von bisher noch nicht nachversteuerten Beträgen bezogen auf den einzelnen Gesellschafter zu erfolgen hat. Folglich ist auch das Auslösen von Nachversteuerungstatbeständen, wie z. B. die Veräußerung eines Mitunternehmeranteils, bezogen auf den einzelnen Gesellschafter zu prüfen und ggf. auch jeweils gesondert zu besteuern.

4.2.4 Änderungen für Kapitalgesellschaften

4.2.4.1 Senkung der Steuersätze

Vom Gesetzgeber wird die Absenkung des Körperschaftsteuersatzes als der Kern der Reform betrachtet. Dadurch soll erreicht werden, dass der Steuersatz in Deutschland auf ein international wettbewerbsfähiges Niveau geführt wird. Eine solche Annahme ist aus mehreren Gründen zweifelhaft. Zunächst haben die obigen Ausführungen gezeigt, dass eine weitgehende Gegenfinanzierung der Steuersatzsenkung im Unternehmensbereich erfolgen soll, um die Einnahmeausfälle kurzfristig auf 5 Mrd. EUR zu begrenzen und langfristig eine Aufkommensneutralität zu erreichen. Hieraus ergibt sich jedoch zwingend, dass eine nachhaltige Senkung der effektiven Steuerbelastung nicht erfolgt. Damit kann sich die Attraktivität des Standortes für Ausländer nur dann erhöhen, wenn unterstellt wird, dass diese ausschließlich auf die nominellen Steuersätze abstellen. Dies ist jedoch unrealistisch, weil im internationalen Umfeld erhebliche Unterschiede bei der Bestimmung der Bemessungsgrundlage bestehen und insoweit diese Größe zwingend mit zu beachten ist. Außerdem ist zu berücksichtigen, dass selbst wenn dieser Argumentation gefolgt wird, die Bundesrepublik Deutschland auch nach der Reform – die wenig wahrscheinliche Untätigkeit der anderen Staaten in Europa unterstellt – einen Platz im oberen Mittelfeld belegt.

Der Körperschaftsteuersatz soll auf 15 % gesenkt werden, wobei zu berücksichtigen ist, dass die Gewerbesteuer zukünftig nicht mehr die körperschaftsteuerliche Bemessungsgrundlage verringert. Damit entstehen in Abhängigkeit von anzuwendenden Hebesätzen die in **Abbildung 4-4** dargestellten Belastungen.

Abbildung 4-4:   *Belastung von thesaurierenden Kapitalgesellschaften bei unterschiedlichen Hebesätzen*

H	200 %	395 %	470 %
Zu versteuerndes Einkommen[384]	100.000,- EUR	100.000,- EUR	100.000,- EUR
./. GewSt	7.000,- EUR	13.825,- EUR	16.450,- EUR
./. KSt (15 %)	15.000,- EUR	15.000,- EUR	15.000,- EUR
./. SolZ	825,- EUR	825,- EUR	825,- EUR
= Gesamtsteuerbelastung neu	22.825,- EUR	29.650,- EUR	32.275,- EUR
Steuerbelastung aktuell	33.070,- EUR	37.340,- EUR	40.380,- EUR
Differenz	10.245,- EUR	7.690,- EUR	8.105,- EUR

In der vorletzten Zeile ist die bisherige Belastung dargestellt, in der letzten Zeile die Differenz zum geltenden Recht. Wie die Zahlen zeigen, kommt es zu einer deutlichen Entlastung. Hierbei ist jedoch zu beachten, dass vereinfachend von einer einheitlichen Bemessungsgrundlage ausgegangen wurde. Infolge der bereits erläuterten Veränderungen bei der Gewinnermittlung kommt es jedoch regelmäßig zu einem höheren zu versteuernden Einkommen, wobei sich nicht pauschal sagen lässt, wie groß dieser Einkommenseffekt ist. Ferner ist zu beachten, dass sich – voraussichtlich ab dem 1. Januar 2009 Änderungen bei der Besteuerung der Dividenden von natürlichen Personen ergeben werden, die zu weiteren Belastungen führen.[385] Insoweit sind die Zahlen nur eingeschränkt vergleichbar. Zugleich zeigt sich, dass die Gesamtsteuerbelastung einer Kapitalgesellschaft höher als nach geltendem Recht sein wird, wenn die Maßnahmen zur Verbreiterung der Bemessungsgrundlage größere Auswirkungen haben, als die Absenkung des Steuersatzes. Dies hängt insbesondere davon ab, inwieweit die Kapitalgesellschaft in der Vergangenheit die degressive Abschreibung und die Sofortabschreibung von GWG genutzt hat. Hinzu kommt, dass tendenziell solche Gesellschaften belastet werden, die nur ein geringes Eigenkapital aufweisen, weil diese sowohl von der Zinsschranke als auch von der Ausweitung der gewerbesteuerlichen Hinzurechnungstatbestände besonders betroffen sein werden.

---

[384] Vereinfachend wird angenommen, dass es keine Unterschiede in der körperschaftsteuerlichen und der gewerbesteuerlichen Bemessungsgrundlage gibt. Dies wäre der Fall, wenn sich die gewerbesteuerlichen Hinzurechnungen und Kürzungen ausgleichen.

[385] Vgl. hierzu S. 258 ff.

Die Belastungsrechnung zeigt auch die **Zusammensetzung der Gesamtsteuerbelastung** einer Körperschaft: Wenn durchschnittliche Hebesätze unterstellt werden, setzt sich diese etwa zur Hälfte aus Gewerbesteuer und zur Hälfte aus Körperschaftsteuer zusammen. Hieraus folgt, dass allen Überlegungen besondere Bedeutung zukommt, die das Eingreifen von gewerbesteuerlichen Hinzurechnungstatbeständen verhindern können. Ferner zeigt sich bei Kapitalgesellschaften eine hohe Abhängigkeit der Gesamtsteuerbelastung vom anzuwendenden Hebesatz. Anders als bei Einzelunternehmen und Personengesellschaften erfolgt bei ihnen keine „Benachteiligung", wenn niedrige Hebesätze genutzt werden, wie dies insbesondere im Rahmen des § 35 EStG und der darin vorgesehenen Begrenzung der Anrechnungsmöglichkeit auf die tatsächlich bezahlte Gewerbesteuer erfolgt. Daher ist zu erwarten, dass die Unternehmen, die gezielt diese niedrigen Hebesätze nutzen wollen, verstärkt die Rechtsform der Kapitalgesellschaft wählen werden.

4.2.4.2 Modifizierte Zinsschranke

Wie bereits dargelegt, ersetzt die modifizierte Zinsschranke die Regelungen zur Begrenzung der Gesellschafter-Fremdfinanzierung in § 8a KStG. Der Gesetzgeber sieht jedoch für Kapitalgesellschaften einige ergänzende Besonderheiten vor, die über die Regelungen für Einzelunternehmen und Personengesellschaften[386] hinausgehen.

Für die Anwendung der 30 %-Grenze ist auf das zu versteuernde Einkommen der Kapitalgesellschaft abzustellen. Hieraus folgt, dass insbesondere auch nachträgliche Veränderungen zu einer Anpassung dieser Grenze führen. Dies ist insbesondere dann der Fall, wenn im Rahmen einer Betriebsprüfung eine verdeckte Gewinnausschüttung festgestellt wird und sich deshalb das zu versteuernden Einkommen erhöht.

Für die Anwendung der Zinsschranke soll zukünftig zwischen konzernzugehörigen und nicht konzernzugehörigen Kapitalgesellschaften differenziert werden. Eine konzernzugehörige Gesellschaft kann sich auf die Nichtanwendung der 30 %-Grenze nur dann berufen, wenn sie nachweist, dass nicht mehr als 10 % des Schuldzinsenüberhangs als Zinsen an zu mehr als 25 % mittelbar oder unmittelbar beteiligte Anteilseiger, diesen nahe stehenden Personen oder an rückgriffsberechtigte Dritte gewährt wird. Diese Regelung sieht im Ergebnis vor, dass der Steuerpflichtige einen besonderen Nachweis führen muss, um die gezahlten Zinsen als Betriebsausgaben steuerlich geltend machen zu können. Hierfür wird auf einen konzernweiten Vergleich der Eigen-/Fremdkapitalrelation abgestellt. Dabei dient als Referenzpunkt die Eigenkapitalausstattung, wie sie sich aus dem Konzernabschluss ergibt. Dieser bekommt damit unmittelbar steuerliche Bedeutung und zwar auch dann, wenn er nach IFRS bzw. US-GAAP aufgestellt wird. Bei nichtkonzernzugehörigen Kapitalgesellschaften ist ein unbeschränkter Zinsabzug nur zulässig, wenn keine Fremdfinanzierung durch den Gesellschafter erfolgt. Dies ist dann der Fall, wenn die Kapitalgesellschaft nachweist, dass

---

[386] Vgl. hierzu S. 243 ff.

nicht mehr als 10 % des Schuldzinsenüberhangs an zu mehr als 25 % mittelbar oder unmittelbar beteiligte Gesellschafter, denen nahe stehende Personen oder an rückgriffsberechtigte Dritte gewährt wird.

Literaturhinweise:

- Herzig, N./Bohn, A., Modifizierte Zinsschranke und Unternehmensfinanzierung – Diskussion von Plänen zur Unternehmenssteuerreform 2008, DB 2007, S. 1

4.2.4.3 Nutzung von Verlustvorträgen (Mantelkaufregelung)

Wie bereits auf S. 211 ff. dargestellt, will der Gesetzgeber den Handel mit sog. Verlustmänteln vermeiden. Im Ergebnis soll eine Kapitalgesellschaft nur dann Verluste nutzen können, wenn sie wirtschaftlich und rechtlich identische mit der Gesellschaft ist, die diese Verluste erzielt hat. Nunmehr nimmt der Gesetzgeber einer Neuregelung vor, die sowohl für die Körperschaftsteuer als auch für die Gewerbesteuer gilt.

Diese Regelungen beinhalten eine nachhaltige Verschärfung. Während bisher erst bei einer Übertragung von mehr als 50 % der Anteile Verlustvorträge nicht mehr genutzt werden können, ist nunmehr eine zweistufige Vorgehensweise vorgesehen:

- Werden **nicht mehr als 25 %** der Anteile übertragen, kann ein bestehender Verlustvortag im vollen Umfang genutzt werden.

- Werden innerhalb von fünf Jahren mittelbar oder unmittelbar **zwischen 25 % und 50 % der Anteile** an einen fremden Dritten oder eine nahe stehende Person übertragen (oder erfolgt ein wirtschaftlich vergleichbarer Vorgang), sind insoweit die bisher noch nicht genutzten Verluste nicht abzugsfähig. Hieraus folgt, dass ein Untergang der Verlustvorträge im Umfang der Übertragungsquote erfolgt.

- Werden innerhalb von fünf Jahren mittelbar oder unmittelbar **mehr als 50 % der Anteile** an einen fremden Dritten oder eine nahe stehende Person übertragen (oder erfolgt ein wirtschaftlich vergleichbarer Vorgang), gehen die bisher nicht genutzten Verluste vollständig unter.

Gerade im Rahmen von **Unternehmenskäufen** werden diese Regelungen zu erheblichen Problemen führen. Schließlich wird in diesen Fällen regelmäßig zumindest eine Mehrheitsbeteiligung angestrebt, so dass die vorhandenen Verlustvorträge vollständig untergehen. Hieraus folgt, dass mit Hilfe von Gestaltungsmöglichkeiten versucht werden muss, die vorhandenen Verlustvorträge vor dem Verkauf nutzen zu können. Zwar kann daran gedacht werden, einzelne Wirtschaftsgüter aus dem Betriebsvermögen zu erwerben, um so die vorhandenen stillen Reserven aufzudecken und bei der erwerbenden Gesellschaft Abschreibungspotential zu schaffen. Gleichwohl führt die Regelung zur Mindestbesteuerung in § 10d Abs. 2 EStG i. V. m. § 8 Abs. 1 KStG dazu, dass solche Gestaltungen – jenseits des Sockelbetrages von 1 Mio. EUR – nur sehr eingeschränkt möglich sind.

4.2.4.4 Regelung zur Wertpapierleihe

In der Praxis wurden die Regelungen des § 8b KStG genutzt, um mit Hilfe von Wertpapierleihen gezielt steuerliche Vorteile herbeizuführen. Diese beruhten im Ergebnis darauf, dass bei Banken Dividenden nicht nach § 8b Abs. 1 KStG steuerfrei waren, während bei anderen Körperschaften diese Regelung genutzt werden konnte. Durch ein Verleihen von Aktien aus dem Eigentum einer Bank an eine andere Körperschaft konnte damit erreicht werden, dass die während der Leihphase ausgeschütteten Dividenden bei der Körperschaft – abgesehen von der 5 %-Pauschale nach § 8b Abs. 5 KStG – steuerfrei bleiben. Gleichzeitig wurde für die Leihe eine Gebühr an die Bank bezahlt, die bei dieser ebenso steuerpflichtig war, wie eine evtl. Dividende. Im Ergebnis entstand aus solchen Geschäfte bei der Körperschaft ein nur steuerlicher Verlust, den diese verrechnen konnte, ohne dass dem ein wirtschaftlicher Werteverzehr in entsprechender Höhe gegenüber stand. Um solchen Gestaltungen entgegen zu wirken, sind zukünftig alle Betriebsausgaben nicht abzugsfähig, die der Entleiher im Zusammenhang mit der Wertpapierleihe bezahlt. Hiermit wird diesem Modell die Attraktivität genommen, weil damit bei der entleihenden Körperschaft die angestrebten steuerlichen Verluste nicht mehr entstehen.

4.3 Änderungen bei der Besteuerung einer unternehmerischen Tätigkeit im weiteren Sinne

Im Zusammenhang mit der Unternehmenssteuerreform 2008 plant der Gesetzgeber auch Änderungen, die die Besteuerung einer nur mittelbaren unternehmerischen Betätigung betreffen. Dies gilt sowohl für den Fall der Stellung als Gesellschafter einer Kapitalgesellschaft als auch für die Überlassung von Fremdkapital an ein Unternehmen.

4.3.1 Abgeltungssteuer für private Kapitaleinkünfte und Veräußerungsgewinne

In der Vergangenheit führte sowohl die vollständige Erfassung von Zinseinkünften als auch die unterschiedliche Behandlung von Dividenden einerseits und Zinsen andererseits zu erheblichen Problemen. Diese Schwierigkeiten sollen im Rahmen der Unternehmenssteuerreform 2008 mit gelöst werden. Allerdings wird die Besteuerung der privaten Kapitaleinkünfte **zum 1. Januar 2009** umgesetzt, doch ist sie aufgrund der engen Verbindung zur Unternehmensteuerreform bereits im laufenden Gesetzgebungsverfahren enthalten. Zinsen, Dividenden und private Veräußerungsgewinne bei Wertpapieren und Beteiligungen an Kapitalgesellschaften sollen im Privatvermögen zukünftig einheitlich besteuert werden. Hierfür ist zukünftig ein einheitlicher Steuersatz von 25 % vorgesehen, wobei diese Besteuerung abgeltende Wirkung hat. Hinzu kommt noch die Belastung mit SolZ. Im Gegenzug sind Werbungskosten bei den entsprechenden Einkünften nicht mehr abzugsfähig. Eine solche Regelung hat jedoch den Nachteil, dass Steuerpflichtige mit niedrigen Steuersätzen benachteiligt werden. Denkbar ist, dass bei ihnen im Falle einer Veranlagung ein geringerer Steuersatz anzuwenden ist und deshalb die Abgeltungssteuer zu einer erheblichen Mehrbelastung führt.

Um dieses Problem zu lösen, bekommen die Steuerpflichtigen, deren persönlicher Steuersatz unter 25 % liegt, die Möglichkeit eine Veranlagung zu wählen. In einem solchen Fall scheidet der Abzug von Werbungskosten im Zusammenhang mit den der Veranlagung unterliegenden Einkünfte aus. Im Ergebnis werden diese Einkünfte dann dem individuellen Steuersatz des Gesellschafters unterworfen.

Für das Jahr 2008 bleibt es bei der bisherigen Besteuerung nach Maßgabe der Grundsätze des Halbeinkünfteverfahrens, so wie sie auf S. 225 ff. dargestellt worden sind.

In **Abbildung 4-5** werden die bisher geltenden und die zukünftigen Regelungen gegenübergestellt. Dabei wird unterstellt, dass die entstehenden Unterschiede bei der Bestimmung der Bemessungsgrundlage auf Ebene der Kapitalgesellschaft nicht zu unterschiedlich hohen Dividenden führen.[387] Um eine Gesamtsteuerbelastung bestimmen zu können, wird auch die Steuerbelastung auf Ebene der Kapitalgesellschaft mit angegeben. Hierbei wird ein gewerbesteuerlicher Hebesatz von 395 % unterstellt. Ferner wird davon ausgegangen, dass der Gesellschafter nicht der sog. „Reichensteuer" unterliegt, sondern ein Steuersatz von 42 % zur Anwendung kommt. Freibeträge bzw. der Sparer-Pauschbetrag bleiben unberücksichtigt.

---

[387] Dies liegt darin begründet, dass sich die Ausschüttungen nach den handelsrechtlichen Gewinnermittlungsvorschriften richten und nicht nach den steuerlichen Vorgaben.

Abbildung 4-5:   *Dividendenbesteuerung bei Anwendung der Abgeltungssteuer im Vergleich zum Halbeinkünfteverfahren*

		Altes Recht	**Neues Recht**
	Gewinn	100.000,- EUR	100.000,- EUR
./.	GewSt, KSt und SolZ[388]	40.380,- EUR	29.650,- EUR
=	Gewinn nach Steuern	59.620,- EUR	70.350,- EUR
	Einkünfte des Gesellschafters	59.620,- EUR	70.350,- EUR
./.	Steuer beim Gesellschafter		
	– Halbeinkünfteverfahren (42 %)	12.520,20 EUR	–
	– Abgeltungssteuer (25 %)	–	17.587,50 EUR
./.	SolZ	688,61 EUR	967,31 EUR
=	Nettozufluss beim Gesellschafter	46.411,18 EUR	51.795,19 EUR
→	Gesamtsteuerbelastung	53.588,81 EUR	45.204,81 EUR

Wie die Belastungsrechnung zeigt, kommt es im vorliegenden Fall zu einer Entlastung von rd. 5.380,- EUR. Dabei darf nicht übersehen werden, dass hier zwei wichtige Prämissen Einfluss auf das Ergebnis haben:

■ Es wurde in beiden Fällen ein **identisch hoher Ausgangsgewinn** unterstellt. Dies ist infolge der erheblichen Gegenfinanzierungsmaßnahmen im Unternehmensbereich nicht realistisch. Wenn insoweit nach neuem Recht von einer höheren Bemessungsgrundlage ausgegangen wird, verändert sich die Vorteilhaftigkeit. Dies wäre vorliegend der Fall, wenn die Bemessungsgrundlage nach neuem Recht um ca. 11 % ansteigt. Dies verdeutlicht, dass erhebliche Belastungsunterschiede entstehen können. Bei Unternehmen, die in starkem Maße von Gegenfinanzierungsmaßnahmen betroffen sind, kann es im Ergebnis zu einer höheren Belastung als nach geltendem Recht kommen.

■ Es wurde die **sofortige Vollausschüttung** unterstellt. Wie die Berechnung zeigt, sind die Vorteile des neuen Systems umso größer, je länger eine Thesaurierung erfolgt. Entscheidend hierfür ist, dass eine Verlagerung der Belastung von der Gesellschaft auf den Gesellschafter vorgenommen wird. Folglich kommt es zu höheren Steuerzahlungen im Rahmen der Abgeltungssteuer, doch treten diese erst bei einer tatsächlichen Ausschüttung ein.

---

[388] Vereinfachend wird unterstellt, dass keine Unterschiede bei der Bestimmung der Bemessungsgrundlage von Gewerbe- und Körperschaftsteuer bestehen.

Besonders hinzuweisen ist darauf, dass diese Abgeltungssteuer auch **Veräußerungs- gewinne** aus Wertpapieren und Wertzuwächse aus Finanzinnovationen unterliegen sollen. Dies ergibt sich aus § 20 Abs. 2 EStG n. F., der solche Einkünfte zu Einkünften aus Kapitalvermögen erklärt. Anders als nach geltendem Recht soll es hierfür nicht auf die Behaltensdauer ankommen, sondern eine Steuerpflicht ist immer gegeben. Dar- über hinaus soll eine Reihe von weiteren Transaktionen von dieser Regelung erfasst werden. Dies gilt z. B. für die Veräußerung von Anteilen an vermögensverwaltenden Personengesellschaften, die Anteile an Kapitalgesellschaften besitzen. Diese Regelun- gen sollen für Veräußerungsgewinne für **nach dem 31. Dezember 2008 angeschaffte** Wertapiere gelten. Hingegen bleibt es für alle vorher erworbenen Wertpapiere bei der bisherigen Rechtslage, so dass auf die Frist des § 23 EStG oder die Beteiligungshöhe des § 17 EStG abzustellen ist.

Werden Wirtschaftsgüter an einen fremden Dritten gegen Entgelt zur Nutzung über- lassen sind die sich ergebenden Veräußerungsgewinne grundsätzlich nicht steuerbar, sofern die Wirtschaftsgüter im Privatvermögen gehalten werden. Über die bereits heute geltenden Fristen zwischen An- und Verkauf der Wirtschaftsgüter von einem Jahr bei beweglichen Wirtschaftsgütern und zehn Jahren bei Immobilien hinaus soll bei entgeltlichen Nutzungsüberlassungen die Nichtsteuerbarkeit erst bei Überschrei- ten eines Zehnjahreszeitraums zwischen An- und Verkauf zur Anwendung kommen.

4.3.2 Teileinkünfteverfahren als Ersatz für das Halbeinkünfteverfahren im Betriebsvermögen von Nichtkörperschaften

Die Regelungen zur Abgeltungssteuer sollen nicht für Anteile gelten, die in einem Betriebsvermögen gehalten werden. Fließen aus diesen nach dem 31. Dezember 2008 Dividenden zu, werden sie nur noch zu 40 % von der Steuer freigestellt. Die verblei- benden **60 % der Dividenden** unterliegen dem persönlichen Einkommensteuersatz des jeweiligen Gesellschafters. Mit den Erträgen im Zusammenhang stehende Be- triebsausgaben können zu 60 % steuermindernd geltend gemacht werden. Im Ergebnis wird somit aus dem Halbeinkünfteverfahren ein „**Teileinkünfteverfahren**". Damit kommt es zu einer deutlichen Verschlechterung gegenüber der bisherigen Besteue- rungssituation beim Gesellschafter. Allerdings ist zu berücksichtigen, dass auf Ebene der Kapitalgesellschaft eine Entlastung infolge der gesunkenen Steuersätze eingetreten ist. In **Abbildung 4-6** wird ein Vergleich der bisherigen und der geplanten Regelungen vorgenommen.

Abbildung 4-6: *Gesamtsteuerbelastung bei ausschüttenden Kapitalgesellschaften mit Anteilen im Betriebsvermögen – Halbeinkünfte- vs. Teileinkünfteverfahren*

		Altes Recht	**Neues Recht**
	Gewinn	100.000,- EUR	100.000,- EUR
./.	GewSt, KSt und SolZ[389]	40.380,- EUR	29.650,- EUR
=	Gewinn nach Steuern	59.620,- EUR	70.350,- EUR
	Einkünfte des Gesellschafters	59.620,- EUR	70.350,- EUR
./.	Steuer beim Gesellschafter[390]		
	– Halbeinkünfteverfahren (42 % auf 50 %)	12.520,20 EUR	–
	– Teileinkünfteverfahren (42 % auf 60 %)	–	17.728,20 EUR
./.	SolZ	688,61 EUR	975,05 EUR
=	Nettozufluss beim Gesellschafter	46.411,19 EUR	51.646,75 EUR
→	Gesamtsteuerbelastung	53.588,81 EUR	48.353,25 EUR

Bei dieser Berechnung ist zu berücksichtigen, dass von einer **einheitlichen Bemessungsgrundlage** ausgegangen wurde. Dies würde im Ergebnis bedeuten, dass das Unternehmen von den Gegenfinanzierungsmaßnahmen überhaupt nicht betroffen wäre. Dies ist jedoch wenig wahrscheinlich. Wie bereits auf S. 260 ausgeführt, hängen die entstehenden Belastungen von einer Reihe von Faktoren ab. Es zeigt sich, dass im Fall der Vollausschüttung in ein Betriebsvermögen die höhere Besteuerung der Dividenden beim Gesellschafter die Vorteile der niedrigeren Besteuerung bei der Gesellschaft zwar mindert, aber nicht vollständig ausgleicht. Im Ergebnis kommt es zu einer geringeren Steuerbelastung in Höhe von rd. 5.000,- EUR. Hierbei ist jedoch auf die unterstellte Gleichheit der Bemessungsgrundlagen zu verweisen. Wird diese Prämisse aufgegeben, kann es zu einer Überkompensation der Entlastung kommen. Im Ergebnis zeigt sich damit erneut, dass die sich ergebenden Nettoauswirkungen entscheidend davon abhängen, inwieweit das Unternehmen von den Maßnahmen zur Verbreiterung der Bemessungsgrundlage betroffen ist.

---

[389] Vereinfachend wird unterstellt, dass keine Unterschiede bei der Bestimmung der Bemessungsgrundlage von Gewerbe- und Körperschaftsteuer bestehen.

[390] Es wird davon ausgegangen, dass die Voraussetzungen der Kürzungsvorschrift des § 9 Nr. 2a GewStG erfüllt sind, so dass für Zwecke des Gewerbeertrages eine Kürzung erfolgt. Damit tritt keine Belastung mit Gewerbesteuer ein und die Möglichkeit der „Anrechnung" der Gewerbesteuer auf die Einkommensteuer scheidet aus.

4.3.3 Verlustverrechnungsbeschränkung für Einkünfte aus Kapitalvermögen

Nach bisherigem Recht können negative Einkünfte aus Kapitalvermögen grundsätzlich mit anderen positiven Einkünften ausgeglichen werden. Dies ist zukünftig nicht mehr möglich. Ab 1. Januar 2009 scheiden sie aus dem allgemeinen Verlustausgleich und -abzug aus. Vielmehr können negative Einkünfte aus Kapitalvermögen nur noch mit zukünftigen Einnahmen aus Kapitalvermögen ausgeglichen werden. Dadurch soll sichergestellt werden, dass die Verluste sich ausschließlich im Bereich des Abgeltungssteuersatzes auswirken können.

4.3.4 Schaffung eines Sparer-Pauschbetrages

Nach bisherigem Recht konnte jeder Steuerpflichtigen einen Sparerfreibetrag gem. § 20 Abs. 4 EStG in Höhe von 750,- EUR geltend machen. Außerdem gab es die Möglichkeit, gem. § 9a Satz 1 Nr. 2 einen Werbungskostenpauschbetrag von 51,- EUR abzuziehen. Diese beiden Regelungen gehen in einem Sparer-Pauschbetrag in Hohe von 801,- EUR auf. Hingegen besteht keine Möglichkeit mehr, die tatsächlich angefallenen Werbungskosten steuerlich geltend zu machen. Diese Regelung ist nur für die Einkünfte aus § 20 EStG relevant, während für das Betriebsvermögen abweichende Regelungen gelten. Ein Werbungskostenabzug schiedet auch dann aus, wenn die Einkünfte des Steuerpflichtigen aus Kapitalvermögen auf Antrag in die Veranlagung einbezogen werden.

4.4 Ausblick

Wie bereits auf S. 239 ff. dargestellt, verfolgt(e) die Bundesregierung ausweislich der Regelungen in der Koalitionsvereinbarung eine ambitionierte Zielsetzung. Gemessen an diesen Vorgaben erweisen sich die nunmehr vorliegenden Regelungen als eher bescheiden. Zwar wird das Ziel der Verbesserung der Europatauglichkeit betont, doch sehen die vorliegenden Regelungen keine Beseitigung von bestehenden Diskriminierungen zwischen reinen Inlandsfällen und grenzüberschreitenden Geschäftsbeziehungen vor, sondern verschärfen diese Ungleichbehandlungen – wie z. B. anhand der Änderungen im § 1 Abs. 1 AStG – weiter. Insoweit wird diese Zielsetzung nicht erreicht. Ferner sollte die Planungssicherheit der Unternehmen verbessert werden. Da Steuern aus Sicht der Unternehmen stets einen negativen Ergebnisbeitrag darstellen und allein die Prüfung, ob bestimmte Regelungen für Unternehmen zu einer veränderten Belastung führt, zu einem Anstieg der Transaktionskosten führt, enttäuschen die Regelungen. Zwar führt jede Neuregelung zu Umsetzungs- und Einführungsproblemen und diese sind tendenziell größer, wenn grundlegende Veränderungen erfolgen, gleichwohl erweisen sich einige Regelungen mit erheblichen Detailproblemen behaftet. Dies gilt z. B. für die Ungleichbehandlung der verschiedenen Einkunftsarten infolge der Abgeltungssteuer. Es ist gesamtwirtschaftliche zweifelhaft, wenn z. B. die Kapitalanlage in verzinslichen Wertpapieren anders besteuert wird, als etwa Investitionen in Immobilien oder eine selbständige Tätigkeit. Eine sachliche Rechtfertigung ist – abgesehen von evtl. praktischen Problemen im Rahmen des Besteuerungsverfahrens – u. E. nicht ersichtlich. Die Verschärfungen bei den Abschreibungen führen zu einer nachhaltigen Verschlechterung der Innenfinanzierung und belasten damit gerade die Unternehmen, die in großem Umfang in materielle Wirtschaftsgüter investieren. Da hiermit regelmäßig die Schaffung oder zumindest Sicherung von Arbeitsplätzen verbunden ist, können die bisherigen Regelungen durchaus gesamtwirtschaftlich begründet werden. Auch einige Detailregelungen erweisen sich als zweifelhaft. Wenn etwa für Zwecke der Zinsschranke an den Konzernabschluss angeknüpft wird, stellt sich sowohl die Frage nach der Sinnhaftigkeit als auch nach der Praktikabilität: Einerseits wird im Konzernabschluss aufgrund der mit ihm verfolgten Zielsetzung eine möglichst hohe Bewertung des Vermögens vorgenommen. Hieraus folgt zugleich, dass das Eigenkapital auch möglichst hoch angesetzte wird, was insbesondere für die Abschlüsse gilt, die nach internationalen Rechnungslegungsstandards erstellt werden. Wenn dies nun für steuerliche Zwecke als Vergleichsmaßstab herangezogen wird, werden die unterschiedlichen Zielsetzungen ignoriert, so dass zweifelhafte Ergebnisse vorprogrammiert sind. Ferner bleibt abzuwarten, inwieweit die Finanzverwaltung es schafft, ihre Prüfer mit ausreichenden – und hinreichend aktuellen – Kenntnissen in der internationalen Rechnungslegung zu versehen, um eine Anwendung oder zumindest Überprüfung dieser Regelungen vornehmen zu können. Die Frage, ob hier Aufwand und Nutzen in einem angemessenen Verhältnis zueinander stehen, ist berechtigt.

Hinzu kommt, dass teilweise nicht unmittelbare gesetzliche Regelungen geschaffen werden sollen, sondern Rechtsverordnungsermächtigungen. Dies führt dazu, dass nicht nur eine weitere Aufgliederung von Regelungen erfolgt, sondern auch, dass die Steuerpflichtigen erst bei Verabschiedung der Verordnung erfahren können, welchen Verpflichtungen sie tatsächlich obliegen. Dies führt zu einem weiteren Anstieg der Steuererhebungskosten auf Ebene der Unternehmen.

Im Vorfeld des Referentenentwurfs wurde eine Reihe von Maßnahmen diskutiert, die im Laufe des Gesetzgebungsverfahrens jedoch **nicht** weiter verfolgt werden sollen. Hierbei sind im Einzelnen die folgenden Maßnahmen zu nennen:

- Angleichung der Bemessungsgrundlage von Körperschaftsteuer bzw. Einkommensteuer an die Gewerbesteuer, indem die gewerbesteuerlichen Hinzurechnungstatbestände auch auf die Körperschaft- bzw. Einkommensteuer ausgedehnt werden.

■ Einführung einer Grundsteuer C, die speziell für Immobilien gegolten hätte, die sich in einem Betriebsvermögen befinden. Hierfür hätte ein höherer Hebesatz zur Anwendung kommen sollen.

Wie die vorstehenden Ausführungen gezeigt haben, sind die Regelungen der Unternehmensbesteuerung durch kontinuierliche Veränderungen gekennzeichnet. Häufig lassen sich diese Änderungen nicht vorhersagen. Daher kommt bei Gestaltungen solchen Ansätzen besondere Bedeutung zu, die es ermöglichen, sich an veränderte Rahmenbedingungen anpassen zu können. Zugleich zeigt sich, dass die nunmehr vorgeschlagenen Maßnahmen nicht zu einer nachhaltigen Vereinfachung der Unternehmensbesteuerung führen werden. Vielmehr müssen sich die Steuerpflichtigen darauf einrichten, dass mit einer Unternehmenstätigkeit vielfältige steuerliche Pflichten verbunden sind, die zu mehr oder weniger hohen „Erfüllungskosten" führen. Diese müssen im Rahmen von betriebswirtschaftlichen Kalkulationen mit einbezogen werden. Da der Gesetzgeber in immer größerem Umfang die Erfüllung von Nachweis und Dokumentationspflichten verlangt, steigen diese Kosten kontinuierlich immer stärker an.

5 Ansatzpunkte für weitere Überlegungen

Zu Beginn der Ausführungen wurde festgestellt, dass nach unserem Verständnis die steuerrechtlichen Regelungen nur die Rahmenbedingungen für unternehmerische Entscheidungen bilden, diese aber i. d. R. nicht eindeutig determinieren. Erforderlich für eine Analyse im Rahmen der Betriebswirtschaftlichen Steuerlehre ist vielmehr, dass eine Antwort auf die Frage gegeben wird, welche der sich bietenden Alternativen die vor dem Hintergrund der jeweils verfolgten Zielsetzung die optimale ist. Diese Fragestellungen ziehen sich wie ein „roter Faden" durch die Forschungsaktivitäten der Betriebswirtschaftlichen Steuerlehre. So stellt sich z. B. im Rahmen der Einkunfts-ermittlung die Frage, ob der Steuerpflichtige – wenn dies rechtlich möglich ist – eine Zuordnung bestimmter Wirtschaftsgüter zu seinem Betriebs- oder Privatvermögen vornehmen soll. Die oben dargestellte Umsetzung von unternehmerischen Tätigkeiten in Einkünfte mit unterschiedlichen steuerlichen Konsequenzen hat auch Einfluss auf originäre unternehmerische Entscheidungen. So stellt sich z. B. – vor dem Hintergrund der im 3. Kapitel deutlich gewordenen rechtsformspezifischen Besteuerungs- und damit Belastungsunterschiede – die Frage, welche Rechtsform ein Steuerpflichtiger für seine unternehmerische Betätigung im engeren Sinne wählen soll bzw. im Rahmen eines bereits bestehenden Unternehmens, ob diese Entscheidung zu revidieren ist. Entsprechende Vorteilhaftigkeitsüberlegungen ergeben sich auch bei anderen unter-nehmerischen Wahlrechten, z. B. im Zusammenhang mit der Frage, ob eine Kapitalge-sellschaftsbeteiligung mit Eigen- oder Fremdkapital finanziert werden soll. Entspre-chende Überlegungen lassen sich auch bei grenzüberschreitenden Geschäftsaktivitäten herleiten.

In der Betriebswirtschaftlichen Steuerlehre stehen weniger Fragen nach der Besteue-rung als Solche im Vordergrund, sondern es geht vielmehr darum, wie vor dem Hin-tergrund der bestehenden Besteuerungssituation Vorteilhaftigkeitsüberlegungen an-zustellen sind, die eine maximal mögliche Zielerreichung für das Unternehmen (und die dahinter stehenden Gesellschafter) erreichen lassen. Hinzu tritt außerdem die Frage, ob bestimmte Regelungen als sachgerecht anzusehen sind. Ist es z. B. sinnvoll, wenn Rechtsformen unterschiedlich behandelt werden oder wenn die Zuführung von Kapital zu grundlegend unterschiedlichen Besteuerungskonsequenzen führt, in Ab-hängigkeit von der Ausgestaltung der Kapitalgewährung (Eigen- oder Fremdkapital)? Insoweit handelt es sich um normative Überlegungen, die auf einer Beurteilung der geltenden steuerrechtlichen Regelungen vor dem Hintergrund steuerlicher und be-triebswirtschaftlicher Beurteilungskriterien erfolgen. Einige diese Kriterien wurden in der folgenden **Abbildung 5-1** zusammengefasst. Es lässt sich nur im Einzelfall entscheiden, wann welches Kriterium heranzuziehen ist. Diese Überlegungen zielen darauf ab, im Rahmen der Besteuerung auf der Grundlage von übergeordneten Kriterien ein System zu entwickeln, dass letztlich als ein geordnetes Ganzes angesehen werden kann und nicht lediglich ein Konglomerat einzelner Regelungen darstellt.

Abbildung 5-1: *Beurteilungskriterien*

betriebswirtschaftliche	steuerliche
– Auswirkungen auf Finanzierungsentscheidungen	– Rechtsformneutralität
– Auswirkungen auf Investitionsentscheidungen	– Finanzierungsneutralität
– Auswirkungen auf konstitutive Entscheidungen wie z. B. Rechtsform- und Standortwahl	– Diskriminierungsverbot
	– Angemessenheit des Steuererhebungsaufwandes
– Auswirkungen auf die Entscheidungsfindung (Entscheidungen unter Unsicherheit)	– Rechtssicherheit und Planbarkeit
– Auswirkungen auf die Kostenrechnung und das Controlling (z. B. Beteiligungscontrolling oder Verrechnungspreise)	– Vermeidung der Doppelbesteuerung
	– Gleichmäßigkeit der Besteuerung
	– Leistungsfähigkeitsprinzip
– Auswirkungen auf die Organisationsstruktur (z. B. steuerinduzierte Holdingstrukturen)	– Prinzip der Totalgewinnbesteuerung
	– Prinzip der Abschnittsbesteuerung
– Auswirkungen auf Marketing und werbliche Maßnahmen	– Prinzip der Besteuerung nach der wirtschaftlichen Leistungsfähigkeit

Der Leser wird dabei eine Reihe von Erkenntnissen gewinnen. Unter anderem wird sich immer wieder zeigen, dass „Steuern" banal gesagt schwierig sind. Die gesetzlichen Regelungen erweisen sich als kompliziert und ihre Umsetzung in der Praxis ist mit vielfältigen Schwierigkeiten verbunden. Dies ist für den Rechtsanwender Problem und Chance zugleich. Ein **Problem**, weil ein Zugang zu bestimmten Regelungen nur sehr schwer möglich ist. Verantwortlich ist hierfür u. a. eine häufig vom Gesetzgeber verwendete Verweisungstechnik. Deshalb ist ein Verständnis umso einfacher möglich, je fundierter die Kenntnis der steuerrechtlichen Regelungen ist. Erschwerend kommen die immer häufiger erfolgenden Rechtsänderungen hinzu, die die Materie als unübersichtlich und z. T. geradezu chaotisch erscheinen lassen. Genau hierin liegt aber auch die **Chance** für diejenigen, die einen „dornigen Weg" nicht scheuen. Wohl kaum ein Bereich der Betriebswirtschaftslehre kann seinen Absolventen so sichere Beschäftigungschancen bieten wie die Betriebswirtschaftliche Steuerlehre. Ursächlich hierfür ist einerseits eine unverändert hohe Nachfrage seitens vieler Beratungs- und Wirtschaftsunternehmen und andererseits, dass nach unserer Auffassung Fragen der Besteuerung in den Unternehmen einen deutlichen Bedeutungswandel erfahren haben. Nachdem viele Geschäftsprozesse optimiert wurden, wird nun verstärkt im steuerlichen Bereich nach „Einsparpotenzial" gesucht.[391] Außerdem kommt hinzu, dass gerade bei grenzüberschreitenden Geschäftsaktivitäten die steuerlichen Risiken für die Unternehmen immer größer werden, wie sich dies am Beispiel des e-Commerce deutlich zeigen lässt.[392] Hieraus folgt, dass immer mehr Unternehmen dem Faktor „Steuern" eine deutlich größere Aufmerksamkeit beimessen, als dies in der Vergangenheit der Fall war, so dass eine zusätzliche Nachfrage nach „Steuerleuten" entsteht.

Eine weitere Erkenntnis wird sein, dass der Einfluss von Steuern auf unternehmerische Entscheidungen erheblich sein kann. Dieser liegt einerseits in der finanziellen Belastung durch die Steuern selbst. Andererseits kann es zu einer Verschiebung der Vorteilhaftigkeit zwischen den Handlungsalternativen kommen. Ursächlich hierfür ist eine fehlende Neutralität der Besteuerung: Es fehlt an einer Gleichmäßigkeit der Besteuerung im Hinblick auf die betrachteten Alternativen, sodass eine der Handlungsmöglichkeiten steuerlich so stark anders behandelt wird, dass eine ansonsten bestehende Vorteilhaftigkeit sich ändert. Damit wird zugleich deutlich, wie groß die Gefahr von suboptimalen Entscheidungen ist, wenn die Besteuerung im Rahmen von betriebswirtschaftlichen Überlegungen nicht oder nicht exakt berücksichtigt wird. Eine Fehllenkung von Produktionsfaktoren und damit eine geringe Zielerreichung wären die Folgen.

---

[391] Offensichtlich wird damit dem Gesetz von fallenden Grenzerträgen gefolgt.
[392] Vgl. hierzu z. B. Strunk, G. (Hrsg.), Steuern und Electronic Commerce, 2. Aufl., Neuwied 2003.

Glossarium

Querverweise auf andere Begriffe innerhalb dieses Glossariums sind durch *Kursivdruck* und <u>Unterstreichung</u> kenntlich gemacht.

Abgaben
Sammelbegriff für alle kraft öffentlicher Finanzhoheit zur Erzielung von Einnahmen erhobenen Zahlungen. Sie stellen damit den Oberbegriff für *Steuern*, *steuerliche Nebenleistungen*, *Gebühren* und *Beiträge* dar.

Abschreibungen
Berücksichtigung von Wertminderungen bei abnutzbaren *Vermögensgegenständen*, indem die *Anschaffungs-* oder *Herstellungskosten* des Vermögensgegenstandes über die Jahre seiner Nutzung verteilt werden. Handels- und steuerrechtlich ist eine Abschreibung maximal in Höhe der Anschaffungs- oder Herstellungskosten zulässig, d. h., eine Abschreibung auf Grundlage der (erwarteten) Wiederbeschaffungskosten ist nicht zulässig.

Abgeltungssteuer
Steuer, die direkt an der Einkunftsquelle erhoben wird und die in diesem Staat abgeltende Wirkung für alle Steuerpflichten des Steuerpflichtigen hat. So wird z. B. gem. § 50a Abs. 2 EStG für beschränkt steuerpflichtige Aufsichtsratsmitglieder einer inländischen Kapitalgesellschaft auf deren Tätigkeitsvergütung eine Steuer von 30 % erhoben, die abgeltende Wirkung hat. D. h., dass diese Aufsichtsratsmitglieder keine Möglichkeit haben, sich die einbehaltene Steuer erstatten zu lassen, andererseits aber auch keinen weiteren steuerlichen Verpflichtungen im Inland unterliegen. Wesensmerkmal von Abgeltungssteuern ist, dass die erhobene Steuer im Erhebungsland definitiv wird. Ihr Vorteil liegt in der Vereinfachung des Besteuerungsverfahrens und in der maximal möglichen Reduzierung der Mitwirkungspflichten des die Einkünfte erzielenden Steuerpflichtigen.

Abzugssteuer
Siehe *Quellensteuer*

AfA (= Absetzung für Abnutzung)
den steuerlichen Vorschriften entsprechende *Abschreibungen*, die den Werteverzehr infolge Verschleißes oder technischen Fortschritts erfasst. Neben der linearen AfA

(Abschreibung in gleichen Jahresbeträgen) gibt es die degressive (Abschreibung in fallenden Jahresbeträgen) und die AfA nach Maßgabe der Leistung.

Analogie

Eine über den Wortsinn hinausgehende Weiterentwicklung von Prinzipien, Regeln und Gedanken, die einem Gesetz oder einer Rechtsnorm zu Grunde liegen. Durch einen Analogieschluss wird auf einen vom Gesetzeswortlaut nicht erfassten Sachverhalt eine für einen ähnlichen Sachverhalt, im Gesetz vorgesehene Lösung auf diesen (nicht geregelten) Sachverhalt übertragen.

Angehörige

Gem. § 15 AO zählen u. a. folgende Personen zu den Angehörigen i. S. d. Steuerrechts: Verlobte, Ehegatten, Verwandte und Verschwägerte gerader Linie, Geschwister, Kinder von Geschwistern, Ehegatte der Geschwister und Geschwister der Ehegatten, Geschwister der Eltern und Pflegeeltern bzw. -kinder. Hingegen stellen die Partner einer eingetragenen gleichgeschlechtlichen Lebenspartnerschaft keine Angehörigen im Sinne von § 15 AO dar.

Anrechnungsmethode

Methode zur Vermeidung oder zumindest zur Verminderung der internationalen *Doppelbesteuerung*. Ein Staat behandelt die vom Ausland erhobene *Steuer* praktisch wie eine Vorauszahlung auf die von ihm zu erhebende Steuer. Nach deutschem Steuerrecht gibt es Höchstgrenzen für die Anrechnung ausländischer Steuern, vgl. §§ 34c EStG, 26 KStG und 21 ErbStG. Siehe auch *Freistellungsmethode.*

Anschaffungskosten

Bewertungsmaßstab für entgeltlich erworbene *Wirtschaftsgüter*. Die Anschaffungskosten bilden die absolute Obergrenze der Bewertung. Sie umfassen alle Aufwendungen zum Erwerb und zur Herstellung der Betriebsbereitschaft eines *Wirtschaftsgutes*, soweit sie diesem einzeln zugerechnet werden können, vgl. R. 6.3 EStR.

Anschlusstarif

Tarifform, bei der der *Steuerpflichtige* alle Tarifintervalle nacheinander durchläuft, bis seine Bemessungsgrundlage aufgezehrt ist. Beispiel: Gewerbeertragsteuer bei Personengesellschaften und Einzelunternehmen: Die Messzahl für die ersten 12.000,- EUR beträgt 0,01, für die zweiten 12.000,- EUR 0,02 usw. bis schließlich 0,05 als Spitzenwert erreicht wurde, der sich nicht weiter erhöht. Die Gesamtsteuerbelastung ergibt sich aus der Summe der Steuerbelastungen der einzelnen Stufen. Siehe auch *Stufentarif.*

Äquivalenzprinzip

Theoretischer Ansatz zur Bestimmung der Steuerbelastung der Wirtschaftssubjekte, nach dem sich die Leistungen des Steuerzahlers und des Staates entsprechen sollen.

Die zu zahlende *Steuer* ist danach ein Äquivalent zu den von dem Steuerpflichtigen in Anspruch genommenen Leistungen des Staates.

Aufenthalt, gewöhnlicher
Ort an dem sich jemand so aufhält, dass daraus zu schließen ist, dass er dort nicht nur vorübergehend verweilt. § 9 Satz 2 AO begründet die unwiderlegbare Vermutung, dass ein Aufenthalt im Inland von mehr als sechs Monaten einen inländischen gewöhnlichen Aufenthalt von Anfang an begründet. Lediglich wenn der Inlandsaufenthalt ausschließlich Besuchs-, Kur- oder Erholungszwecken dient, verlängert sich dieser Zeitraum auf ein Jahr. Ein kürzerer Aufenthalt von weniger als sechs Monaten begründet dann einen gewöhnlichen Aufenthalt im Inland, wenn zuvor ein längerer Aufenthalt geplant war.

Ausländische Einkünfte
Sie werden (abschließend) im § 34d EStG aufgeführt. Im Prinzip handelt es sich um die Einkünfte im Sinne der §§ 13 ff. EStG, soweit sie in einem ausländischen Staat erzielt werden. Diese Aufzählung wird z. B. für die Tarifbegünstigung nach § 34c EStG benötigt.

Außenprüfung
Siehe *Betriebsprüfung*

Außensteuergesetz
Das „Gesetz über die Besteuerung von Auslandsbeziehungen" (v. 8.9.1972, BGBl. I, S. 1713) soll verhindern, dass bei grenzüberschreitenden Geschäftsbeziehungen mit nahe stehenden Personen die inländischen Einkünfte gemindert werden, Steuerinländer aus der Nutzung des internationalen Steuergefälles unangemessene Steuervorteile erzielen und die Wohnsitzverlegung von Steuerinländern in Niedrigsteuerländer eindämmen. Im Einzelnen werden die Folgenden wesentliche Bereiche im AStG angesprochen:

- Die Berichtigung von Einkünften (§ 1 AStG),
- Die Regelungen zur erweitert *beschränkten Steuerpflicht* (§§ 2, 4, 5 AStG),
- Die Vermögenszuwachsbesteuerung (§ 6 AStG),
- Die sog. *Hinzurechnungsbesteuerung* (§§ 7 – 14 AStG) ,
- Regelungen für Familienstiftungen (§ 15 AStG) und
- Verfahrensrechtliche Besonderheiten und Ermittllungsregelungen (§§ 16 – 18 AStG).

Außergewöhnliche Belastungen
Aufwendungen, die einem *Steuerpflichtigen* zwangsläufig in größerer Höhe erwachsen, als der Mehrzahl der Steuerpflichtigen bei gleichen Einkommens- und Vermögensverhältnissen sowie gleichem Familienstand. Soweit sie die zumutbare Belastung über-

schreiten, dürfen sie gem. §§ 33 ff. EStG vom Gesamtbetrag der Einkünfte abgezogen werden.

Außerordentliche Einkünfte

Sie werden im § 34 Abs. 2 EStG abschließend aufgezählt und erfassen die Fälle, in denen Einkünfte, die wirtschaftlich während einer Vielzahl von Jahren entstanden sind, in einem einheitlichen Vorgang aufgelöst werden. Dies hätte einen starken Anstieg des Steuersatzes zur Folge. Um diesen Progressionseffekt zu begrenzen, sieht § 34 EStG die Anwendung eines ermäßigten Steuersatzes bis zur Höchstgrenze von 5 Mio. EUR vor. Dieser Steuersatz ergibt sich, als 56 v. H. des durchschnittlichen Steuersatzes, der sich ergäbe, wenn die tarifliche Einkommensteuer nach dem gesamten zu versteuernden Einkommen zuzüglich der dem Progressionsvorbehalt unterliegenden Einkünfte zu bemessen wäre, mindestens jedoch 16 v. H.

Beiträge

Aufwendungsersatzleistungen für die Herstellung, Anschaffung oder Erweiterung öffentlicher Einrichtungen und Anlagen oder für die Verbesserung von Straßen, Wegen und Plätzen, die hoheitlich zur Finanzbedarfsdeckung denjenigen auferlegt werden, die die Möglichkeit haben, die Leistung in Anspruch zu nehmen. Der Aufwendungsersatz wird erhoben, weil (kausaler Zusammenhang!) eine konkrete Gegenleistung, ein konkreter wirtschaftlicher Vorteil, in Anspruch genommen werden kann (Möglichkeit genügt).

Bemessungsgrundlage

Betrag, auf den der Steuersatz anzuwenden ist, um die *Steuer* zu ermitteln. Die Bemessungsgrundlage ist die (Wert- oder Mengen-) Größe, die den Tatbestand, an dem das jeweilige Gesetz die Steuerpflicht knüpft, quantifiziert. So ist z. B. die Bemessungsgrundlage für die Einkommensteuer das zu versteuernde Einkommen.

Beschränkte Steuerpflicht

Sie ist im Bereich der Einkommen-, Körperschaft- und Erbschaftsteuer denkbar und setzt voraus, dass der Steuerpflichtige weder seinen Wohnsitz (§ 8 AO) noch seinen gewöhnlichen Aufenthalt (§ 9 AO) bzw. weder Sitz (§ 11 AO) noch Geschäftsleitung (§ 10 AO) im Inland hat. Die beschränkte Steuerpflicht bewirkt die persönliche Steuerpflicht einer Person, die nicht im Inland ansässig ist. Als Bemessungsgrundlage dienen lediglich die *inländischen Einkünfte* (i. S. d. § 49 EStG) bzw. das *inländische Vermögen* (i. S. d. § 121 BewG).

Besitzsteuern

Gruppe von *Steuern*, die an den Ertrag, das Einkommen oder das Vermögen anknüpfen. Zu den Besitzsteuern gehören: die Grund-, Gewerbe-, Körperschaft-, Einkommen-, die frühere Vermögen- und die Erbschaftsteuer.

Bestimmungslandprinzip

Das Bestimmungslandprinzip hat Bedeutung für die indirekten Steuern, insbesondere für die Umsatzsteuer. Grundidee ist es dabei, Lieferungen und Leistungen nur in dem Land zu besteuern, in dem ihr Verbrauch erfolgt. Dadurch wird eine mehrfache Besteuerung mit indirekten Steuern verhindert.

Betriebsaufspaltung

Aufspaltung des (bisherigen) Betriebs in zwei Unternehmen. Klassischerweise werden die *Wirtschaftsgüter* auf eine Besitzpersonengesellschaft und alle betrieblichen Funktionen auf die Betriebskapitalgesellschaft aufgeteilt. Ferner ist auch die Aufspaltung in eine Betriebspersonen- und eine Besitzkapitalgesellschaft möglich, sog. umgekehrte Betriebsaufspaltung. Schließlich können das Besitz- und das Betriebsunternehmen ausschließlich Kapitalgesellschaften, sog. kapitalorientierte Betriebsaufspaltung, oder ausschließlich Personengesellschaften, sog. mitunternehmerische Betriebsaufspaltung, sein. Voraussetzung für die steuerliche Anerkennung sind die sachliche und personelle Verflechtung (H. 15.7 Abs. 4 ff. EStR). Die sachliche Verflechtung liegt vor, wenn ein Unternehmen die *wesentlichen Betriebsgrundlagen* an eine gewerblich tätige Personen- oder Kapitalgesellschaft überlässt. Die personelle Voraussetzung ist erfüllt, wenn eine Person oder eine Personengruppe sowohl das Besitz- als auch das Betriebsunternehmen so beherrscht, dass sie in beiden Unternehmen ihren einheitlichen geschäftlichen Betätigungswillen durchsetzen kann.

Betriebsausgaben

Aufwendungen (nach betriebswirtschaftlicher Terminologie: Ausgaben), die durch den Betrieb veranlasst sind, vgl. § 4 Abs. 4 EStG. U. a. in § 4 Abs. 5 und 6 gibt es einen Katalog von Betriebsausgaben, die den Gewinn nicht mindern dürfen.

Betriebseinnahmen

Alle betrieblich veranlassten Wertzugänge zum Betriebsvermögen, die keine Einlagen darstellen.

Betriebsgrundlagen, wesentliche

Was als wesentliche Betriebsgrundlagen eines Betriebs anzusehen ist, richtet sich nach der Art des Betriebs (z. B. Handel, Produktion) und der Funktion der einzelnen *Wirtschaftsgüter*. Wirtschaftsgüter, die für den Betrieb wesentlich sind und erhebliche stille Reserven enthalten, gelten stets als wesentliche Betriebsgrundlagen, sog. funktionale Betrachtungsweise. Ob auch funktional unwesentliche Wirtschaftsgüter, die erhebliche stille Reserven enthalten, zu den wesentlichen Betriebsgrundlagen zählen (sog. funktional-quantitative Betrachtungsweise), ist streitig. Im Rahmen einer *Betriebsaufspaltung* kommt es für die Beurteilung, ob es sich um wesentliche Betriebsgrundlagen handelt, nicht darauf an, ob das Wirtschaftsgut stille Reserven enthält, vgl. H. 15.7 Abs. 5 EStR.

Betriebsprüfung

Maßnahmen zur Ermittlung und Überprüfung der steuerlich bedeutsamen Sachverhalte durch die Finanzverwaltung. Rechtsgrundlage hierfür bilden die §§ 193 – 207 AO. Der Umfang der Betriebsprüfung kann sich auf eine oder mehrere Steuerarten, einen oder mehrere Besteuerungszeiträume oder auf bestimmte Sachverhalte beschränken. Es sind also auch Betriebsprüfungen für spezielle Teilbereiche wie z. B. die Lohnsteuer, die Umsatzsteuer usw. möglich.

Betriebsstätte

„Jede feste Geschäftseinrichtung oder Anlage, die der Tätigkeit eines Unternehmens dient", § 12 Satz 1 AO. Satz 2 enthält eine beispielhafte Aufzählung. Danach sind z. B. die Stätte der *Geschäftsleitung*, eine Zweigniederlassung, eine Geschäftsstelle, Fabrikations- oder Werkstätten eine Betriebsstätte. Diese Definition gilt nur für das deutsche Steuerrecht. In *Doppelbesteuerungsabkommen* werden zum Teil andere Definitionen verwendet, vgl. Art. 5 des OECD-Musterabkommens zur Vermeidung der Doppelbesteuerung auf dem Gebiet der Steuern vom Einkommen und Vermögen.

Betriebsvermögen

Summe aller aktiven und passiven *Wirtschaftsgüter* eines Betriebs. Die Abgrenzung des Betriebsvermögens ist von zentraler Bedeutung, weil alle Aufwendungen die im Zusammenhang mit Betriebsvermögen entstehen grundsätzlich *Betriebsausgaben* sind, während alle Einnahmen grundsätzlich zu *Betriebseinnahmen* führen. Bei der Gewinnermittlung nach § 4 Abs. 1 oder nach § 5 Abs. 1 EStG, sog. vollständiger Betriebsvermögensvergleich, wird zwischen notwendigem Betriebsvermögen, gewillkürtem Betriebsvermögen und notwendigem Privatvermögen unterschieden. Notwendiges Betriebsvermögen stellen alle *Wirtschaftsgüter* dar, die dem Betrieb unmittelbar nutzen. Darunter fallen auch Wirtschaftsgüter, die betrieblich und privat genutzt werden, und deren betrieblicher Nutzungsanteil 50 % übersteigt. *Wirtschaftsgüter*, die ihrer Art und Verwendung nach nicht eindeutig und überwiegend eigenbetrieblich genutzt werden, können gewillkürtes Betriebsvermögen darstellen. Allerdings müssen sie in einem gewissen objektiven Zusammenhang mit dem Betrieb stehen und dazu bestimmt und geeignet sein, ihm zu dienen. Der *Steuerpflichtige* hat dabei einen gewissen Entscheidungsspielraum. *Wirtschaftsgüter*, die ausschließlich privaten Zwecken des *Steuerpflichtigen* dienen, sind notwendiges Privatvermögen. Dies gilt auch für *Wirtschaftsgüter*, die sowohl betrieblich als auch privat genutzt werden, deren betrieblicher Nutzungsanteil jedoch geringer als 10 % ist. *Wirtschaftsgüter* können grundsätzlich nur einer der drei Vermögensarten zugeordnet werden, d. h. eine nur anteilige Zuordnung ist nicht möglich, weil keine Aufteilung eines einheitlichen Wirtschaftsgutes erfolgen darf. Neben dem Gesamthandsvermögen gehört bei Personengesellschaften auch das *Sonderbetriebsvermögen* zum *Betriebsvermögen*.

Betriebsvorrichtungen

Alle Vorrichtungen einer Betriebsanlage, die in so enger Beziehung zu dem auf einem Grundstück ausgeübten *Gewerbebetrieb* stehen, dass dieser unmittelbar mit ihr betrieben wird. Der Begriff ist u. a. für das Ertragsteuer- als auch das Bewertungsrecht von Bedeutung. Ertragsteuerlich handelt es sich bei Betriebsvorrichtungen um selbständig abnutzbare Wirtschaftsgüter, die als solche eigenständig zu aktivieren und abzuschreiben sind. Bewertungsrechtlich stellen sie nicht einen Teil des Grundstücks dar, sondern sind i. d. R. in das (bewegliche) Betriebsvermögen mit einzubeziehen.

Betriebswirtschaftliche Steuerlehre

Teilgebiet der *Steuerwissenschaften,* die sich mit allen Fragen, die sich für das Unternehmen und dessen Eigentümer aus dem Zwang zum Zahlen von Steuern beschäftigt (mikroökonomische Betrachtungsweise).

Bundessteuern

Steuern, deren Aufkommen ausschließlich dem Bund zufließen. Dies sind derzeit die Verbrauchsteuern (soweit sie nicht den Ländern und Gemeinden zufließen), die Versicherungssteuer und der *Solidaritätszuschlag.* Ferner fließt das Aufkommen aus den *Zöllen* und Finanzmonopolen ausschließlich an den Bund.

Dauerschulden

Die Gewerbesteuer hat einen Objektcharakter (*Objektsteuern*), d. h. bei ihr soll – zumindest teilweise – von den konkreten Gegebenheiten des einzelnen Betriebs abstrahiert werden. Deshalb hat gem. § 8 Nr. 1 GewStG eine hälftige Hinzurechnung der Entgelte für Dauerschulden im Rahmen der Ermittlung des Gewerbeertrags zu erfolgen. Unter Dauerschulden sind dabei Schulden zu verstehen, die wirtschaftlich mit der Gründung oder dem Erwerb des Betriebes im Zusammenhang stehen oder seiner Erweiterung oder Verbesserung dienen und eine nicht nur vorübergehende Verstärkung des Betriebskapitals darstellen. Schulden im Rahmen des laufenden Geschäftsbetriebes werden dann als Dauerschulden angesehen, wenn sie eine Laufzeit von mehr als einem Jahr aufweisen.

Direkte Anrechnung

Methode zur Vermeidung der doppelten (oder mehrfachen) Besteuerung, die sich sowohl in *Doppelbesteuerungsabkommen* als auch im Rahmen der unilateralen Maßnahmen findet (insbesondere § 34c EStG, § 26 KStG). Nach nationalem Recht wird die Anrechnung nur auf Antrag und im Rahmen bestimmter Höchstgrenzen gewährt. Ferner müssen eine Reihe von Voraussetzungen erfüllt sein, um eine direkte Anrechnung vornehmen zu können, insbesondere muss die im Ausland gezahlte und keinem Ermäßigungsanspruch mehr unterliegende Steuer der deutschen Einkommen- bzw. Körperschaftsteuer entsprechen.

Direkte Steuern

Sammelbegriff für die Einkommen-, die Körperschaft-, die frühere Vermögen-, die Erbschaft- bzw. Schenkung- und die Grundsteuer. Direkte Steuern sind dadurch charakterisiert, dass sie nicht auf andere überwälzt werden können.

Doppelbesteuerung, internationale

Zwei verschiedene Steuergewalten (i. d. R. Staaten) erheben von derselben Person eine gleiche oder gleichartige *Steuer* für denselben Veranlagungszeitraum wegen desselben Tatbestandes, sog. rechtliche Doppelbesteuerung. Wird die Forderung nach der Personenidentität fallen gelassen, so liegt eine wirtschaftliche Doppelbesteuerung vor.

Doppelbesteuerungsabkommen

(Kurz: DBA, eigentlich: Abkommen zur Vermeidung der *Doppelbesteuerung*) sie erstrecken sich entweder auf die Steuer vom Einkommen und/oder vom Vermögen und werden zwischen – i. d. R. zwei – Staaten abgeschlossen. Daneben gibt es noch Doppelbesteuerungsabkommen für Nachlass-, Erbschaft- und Schenkungsteuern. In Doppelbesteuerungsabkommen wird das Besteuerungsrecht für bestimmte Sachverhalte aufgeteilt, an denen ein Wirtschaftssubjekt beteiligt ist, das in mindestens einem der vertragschließenden Staaten ansässig ist.

Durchschnittsteuersatz

Prozentuale Steuerbelastung, die sich ergibt, wenn die zu entrichtende *Steuer* durch die *Bemessungsgrundlage* dividiert wird. Der Durchschnittsteuersatz gibt an, wie viel Prozent seines Einkommens von jeder verdienten Mark der *Steuerpflichtige* an den Fiskus abgeführt hat.

Einheitswert

Gemeinsame *Bemessungsgrundlage* für verschiedene Steuerarten, die alle auf das gleiche Vermögen zugreifen. Die Feststellung des Einheitswerts erfolgt unabhängig von der Steuerfestsetzung.

Einlagen

Alle *Wirtschaftsgüter*, die der *Steuerpflichtige* im Laufe des Wirtschaftsjahres dem Betrieb zugeführt hat, § 4 Abs. 1 Satz 5 EStG.

Einnahmen

Alle Güter, die in Geld oder Geldeswert bestehen und dem *Steuerpflichtigen* im Rahmen der Einkünfte aus nichtselbständiger Arbeit, aus Kapitalvermögen, aus Vermietung und Verpachtung oder aus den sonstigen Einkünften i. S. d. § 22 EStG zufließen, vgl. § 8 Abs. 1 EStG.

Entnahmen

Alle *Wirtschaftsgüter*, die der *Steuerpflichtige* seinem Betrieb für sich, für seinen Haushalt oder für einen anderen betriebsfremden Zweck im Laufe des Wirtschaftsjahres entnimmt, § 4 Abs. 1 Satz 2 EStG.

Ergänzungsbilanz

Bilanz, in der die Besonderheiten bei dem einzelnen Gesellschafter gegenüber der Bilanz der Personengesellschaft (Gesamthandsbilanz) berücksichtigt werden. Sie kommen u. a. in Betracht beim Gesellschafterwechsel, bei *Einbringungen* in Personengesellschaften und bei der Inanspruchnahme personenbezogener Steuervergünstigungen (wie z. B. § 6b EStG) durch die Personengesellschaft für einzelne ihrer Gesellschafter.

Ermittlungsgrundsatz

Grundsatz, der besagt, dass die Finanzverwaltung bei der Besteuerung alle Sachverhalte zu berücksichtigen hat und zwar auch diejenigen, die für den Steuerpflichtigen günstig sind, vgl. § 88 AO. Damit soll gewährleistet werden, dass eine umfassende Würdigung des Sachverhaltes erfolgt und nicht nur einseitig auf fiskalische Interessen abgestellt wird.

Finanzwissenschaft

Teilgebiet der *Steuerwissenschaft*, das sich u. a. mit den staatlichen Aktivitäten beschäftigt, die sich in Ausgaben oder Einnahmen des Staates niederschlagen (makroökonomische Betrachtungsweise). Dabei fallen unter den Staat neben dem Bund, den Ländern und den Gemeinden auch sog. Parafisci. Dies sind Sondervermögen des Bundes, Neben- und Schattenhaushalte (streitig).

Freibetrag

Betrag, der von der *Bemessungsgrundlage* abgezogen wird und stets steuerfrei bleibt, unabhängig davon, wie hoch die Einkünfte des Steuerpflichtigen sind. Beispiele: § 20 Abs. 4 EStG – Freibetrag von 750,- EUR pro Person bei den Einkünften aus Kapitalvermögen, *Grundfreibetrag*.

Freigrenze

Betrag, bis zu dem die *Bemessungsgrundlage* steuerfrei bleibt, bei dessen Überschreiten dann aber die volle Bemessungsgrundlage besteuert wird. Beispiel: § 23 Abs. 3 Satz 6 EStG: Private Veräußerungsgewinne bleiben steuerfrei, soweit sie 512,- EUR nicht übersteigen. Der Nachteil von Freigrenzen liegt darin, dass sobald die Freigrenze – um theoretisch nur einen Cent – überschritten wird, der gesamte Betrag der Besteuerung unterworfen werden muss, was in diesem Bereich zu hohen *Grenzsteuersätzen* führt.

Freistellungsmethode

Methode zur Vermeidung der internationalen *Doppelbesteuerung*. Der eine Staat besteuert das Einkommen (oder das Vermögen) und der andere berücksichtigt es im Rahmen seiner Besteuerung des *Steuerpflichtigen* überhaupt nicht. I. d. R. wird eine Freistellung nur unter *Progressionsvorbehalt* vereinbart; d. h., das Einkommen bzw. Vermögen wird nicht in die Bemessungsgrundlage einbezogen, wohl aber bei der Ermittlung des auf die übrigen Einkünfte anzuwendenden Steuersatzes berücksichtigt. Siehe auch *Anrechnungsmethode.*

Gebühren

Geldleistungen, die als Gegenleistung für eine besondere Leistung der Verwaltung (z. B. die Erteilung einer Bescheinigung) oder für die Inanspruchnahme von öffentlichen Einrichtungen oder Anlagen (z. B. Benutzungsgebühr in einer öffentlichen Bibliothek) hoheitlich zur Finanzbedarfsdeckung denjenigen auferlegt werden, die diese Leistungen in Anspruch nehmen.

Gemeiner Wert

Preis, der im gewöhnlichen Geschäftsverkehr bei einer Veräußerung zu erzielen wäre. Dabei sind alle preisbeeinflussenden Umstände zu berücksichtigen, es sei denn, es handelt sich um ungewöhnliche oder persönliche Verhältnisse. Diese Definition des § 9 Abs. 2 BewG stellt – anders als der *Teilwert* – auf einen isolierten Verkauf ab, während der Teilwert die Einbindung in den Betrieb besonders berücksichtigt. Der gemeine Wert ist im Bereich der Erbschaft- und Schenkungsteuer der dominierende Wertmaßstab.

Gemeindesteuern

Steuern, deren Aufkommen ausschließlich den Gemeinden zufließt. Dies sind derzeit die Gewerbesteuer, die Grundsteuer und örtliche Verbrauch- und Aufwandsteuern (z. B. Verpackungsteuern).

Gemeinschaftsteuer

Steuer, deren Aufkommen nicht nur einem *Steuergläubiger* zusteht, sondern an dem mehrere beteiligt sind. So fließt z. B. das Aufkommen der Körperschaftsteuer zu je 50 % an den Bund und die Länder, vgl. Art. 106 Abs. 3 Satz 2 GG. Weitere Gemeinschaftsteuern sind derzeit die Einkommen- und die Umsatzsteuer.

Geschäftsleitung

Mittelpunkt der geschäftlichen Oberleitung, § 10 AO. Dieser befindet sich regelmäßig dort, wo im gewöhnlichen Geschäftsverkehr der für die Geschäftsführung maßgebliche Wille gebildet wird. Dabei wird auf das Gesamtbild der tatsächlichen Verhältnisse abgestellt. Entscheidend ist die kaufmännische, nicht die technische Leitung.

Gewerbebetrieb

Selbständige, nachhaltige Betätigung, die mit Gewinnerzielungsabsicht unternommen wird und eine Beteiligung am allgemeinen wirtschaftlichen Verkehr darstellt, die weder die Ausübung von Land- und Forstwirtschaft noch selbständige Arbeit i. S. v. § 18 EStG darstellt und nicht nur reine Vermögensverwaltung ist, vgl. § 15 Abs. 2 EStG.

Gewinn

Unterschiedsbetrag zwischen dem Betriebsvermögen am Schluss des Wirtschaftsjahres und dem Betriebsvermögen am Schluss des vorangegangenen Wirtschaftsjahres, vermehrt um den Wert der *Entnahmen* und vermindert um den Wert der *Einlagen*, § 4 Abs. 1 Satz 1 EStG. Diese Gewinndefinition gilt unabhängig davon, ob das sich ergebende Ergebnis positiv, ausgeglichen oder negativ (Verlust) ist.

Gewinneinkunftsarten

Sammelbegriff für die Einkünfte aus Land- und Forstwirtschaft, aus Gewerbebetrieb und aus selbständiger Arbeit. Der *Gewinn* ergibt sich durch Betriebsvermögensvergleich, d. h. durch Gegenüberstellung des Betriebsvermögens am Ende dieses Jahres und am Ende des letzten Jahres.

Gewöhnlicher Aufenthalt

Den gewöhnlichen Aufenthalt hat jemand dort, wo er sich unter Umständen aufhält, die darauf schließen lassen, dass er an diesem Ort oder in diesem Gebiet nicht nur vorübergehend verweilt, § 9 Satz 1 AO. Das Gesetz enthält eine Fiktion, nach der ein Aufenthalt im Inland von mehr als 6 Monaten einen gewöhnlichen Aufenthalt (von Anbeginn an) im Inland begründet. Diese Frist verdoppelt sich, wenn der Aufenthalt ausschließlich Kur- oder Erholungszwecken dient.

GoB

Grundsätze ordnungsmäßiger Buchführung, Regeln über Formen und Inhalt der Buchführung, des Inventars sowie der Bilanzierung und der Bewertung im handelsrechtlichen Jahresabschluss. Einige GoB sind im HGB kodifiziert, andere haben sich gewohnheitsrechtlich etabliert.

Grenzsteuersatz

Prozentuale Steuerbelastung, die auf eine – streng genommen infinitesimal kleine – Erhöhung der steuerlichen *Bemessungsgrundlage* entfällt. Mathematisch ergibt sich der Grenzsteuersatz als erste Ableitung der Funktion des Steuertarifs.

Grundfreibetrag

Nach ständiger Rechtsprechung des Bundesverfassungsgerichts darf das Existenzminimum eines Steuerpflichtigen nicht besteuert werden. Dies wird erreicht, indem ein Teil des Einkommens vom zu versteuernden Einkommen abgezogen wird und stets steuerfrei bleibt. Die Höhe dieses Betrages richtet sich in etwa danach, was ein Sozial-hilfeempfänger als Grundversorgung vom Staat beanspruchen kann.

Hebesatzautonomie

Recht der Gemeinden, die Hebesätze für bestimmte Steuern zu bestimmen, vgl. Art. 106 Abs. 6 GG. Hierbei handelt es sich um die Gewerbe- und die Grundsteuer. In beiden Fällen wird die Steuer durch die Anwendung des von der Gemeinde vorgegebenen Hebesatzes auf den Steuermessbetrag angewendet. Dieser ergibt sich, indem ein gesetzlich festgelegter Prozent- oder Promillesatz auf die Steuerbemessungsgrundlage (Gewerbeertrag oder den Einheitswert des Grundbesitzes) angewendet wird. Der Hebesatz der Gewerbesteuer muss für alle Unternehmen innerhalb der Gemeinde gleich hoch sein. Hingegen besteht bei der Grunderwerbsteuer keine Hebesatzautonomie, sondern eine Steuersatzautonomie.

Herstellungskosten

Bewertungsmaßstab für selbst erstellte *Wirtschaftsgüter* (z. B. fertige und unfertige Erzeugnisse und Maschinen, die in der eigenen Produktion eingesetzt werden sollen, unfertige Erzeugnisse). Die Herstellungskosten repräsentieren die absolute Obergrenze der Bewertung. Steuerrechtlich bilden die Materialeinzel-, Fertigungseinzel-, die Sondereinzelkosten der Fertigung, die Material- und die Fertigungsgemeinkosten, sowie die durch die Fertigung veranlassten *Abschreibungen* die Herstellungskosten (R. 6.3 EStR). Für die Kosten der allgemeinen Verwaltung, die Aufwendungen für freiwillige soziale Leistungen und für die betriebliche Altersversorgung sowie für die Fremdkapitalzinsen besteht ein Wahlrecht. Die Vertriebskosten dürfen weder in der Handels- noch in der Steuerbilanz in die Herstellungskosten einbezogen werden.

Indirekte Steuern

Sammelbegriff für die Umsatzsteuer und sämtliche Verbrauch- und Verkehrsteuern. Charakteristisch ist, dass sie grundsätzlich (zumindest teilweise) in den Preisen der Güter und Leistungen auf die Verbraucher bzw. Abnehmer überwälzt werden können.

Inländische Einkünfte

Einkünfte, die bei *beschränkt Steuerpflichtigen* zur Einkommen- bzw. Körperschaftsteuer als Bemessungsgrundlage herangezogen werden. § 49 Abs. 1 EStG enthält eine abschließende Aufzählung der inländischen Einkünfte, die über § 8 Abs. 1 KStG auch für das Körperschaftsteuerrecht Anwendung findet.

Inländisches Vermögen

Vermögen, das bei *beschränkt Steuerpflichtigen* zur Erbschaftsteuer als Bemessungsgrundlage herangezogen wird. § 121 BewG enthält eine abschließende Aufzählung des inländischen Vermögens.

Isolierende Betrachtungsweise

Bezeichnung für die Regelung im § 49 Abs. 2 EStG, nach der im Ausland gegebene Besteuerungsmerkmale außer Betracht bleiben, wenn bei ihrer Berücksichtigung inländische Einkünfte im Sinne des § 49 Abs. 1 EStG nicht angenommen werden können.

Kontrollmitteilung

Instrument der steuerlichen Betriebsprüfung, mit dem Sachverhalte, die anlässlich einer Außenprüfung ermittelt werden und die für die Besteuerung eines Dritten von Bedeutung sein können dem Finanzamt mitgeteilt werden, das für die Besteuerung dieses Dritten zuständig ist. Dadurch wird überprüft, ob die Angaben der Steuerpflichtigen miteinander korrespondieren.

Konzernsteuerrecht

Ein eigenständiges Steuerrecht für die Besteuerung von Konzern gibt es im geltenden deutschen Steuerrecht nicht. Vielmehr werden dem Mutterunternehmen im Rahmen der *Organschaft* für die Bereiche des Körperschaft-, Gewerbe- und Umsatzsteuerrechts besondere Möglichkeiten eingeräumt.

Ländersteuern

Steuern, deren Aufkommen ausschließlich in die Kassen der Bundesländer fließen. Dies sind derzeit die Erbschaftsteuer, die Kraftfahrzeugsteuer, die Verkehrsteuern (sofern sie nicht dem Bund zustehen) und die Biersteuer. Außerdem erhalten die Länder die Abgaben der Spielbanken.

Liebhaberei

Der Begriff dient der negativen Abgrenzung gegenüber den steuerbaren Einkünften. Dadurch soll eine nicht auf Gewinnerzielung gerichtete Tätigkeit sich steuerlich nicht auswirken können. Dies ist der Fall, wenn über die Totalperiode (z. B. von der Gründung bis zur Liquidation eines Betriebes) kein Gewinn erzielt wird.

Mantelkauf

Erwerb eines Unternehmens, das keiner Tätigkeit mehr nachgeht und i. d. R. vermögenslos ist. Nach dem Kauf wird dann neues Kapital zugeführt und schließlich wieder eine Geschäftstätigkeit aufgenommen. Die Gründe für einen Mantelkauf können z. B. in der Einsparung von Gründungskosten liegen. Aus steuerlicher Sicht könnte daran gedacht werden, Gesellschaften mit hohen Verlustvorträgen zu kaufen, um diese (später) – unter Berücksichtigung der Regelungen zur sog. *Mindestbesteuerung* – nutzen zu können. Solche Gestaltungen verhindert jedoch § 8 Abs. 4 KStG.

Maßgeblichkeitsprinzip

Grundsatz, der besagt, dass Gewerbetreibende bei ihrer Bilanzierung das Betriebsvermögen anzusetzen haben, das nach handelsrechtlichen Grundsätzen ordnungsmäßiger Buchführung (*GoB*) anzusetzen ist, § 5 Abs. 1 Satz 1 EStG. Aufgrund des sog.

umgekehrten Maßgeblichkeitsprinzips (Satz 2) dürfen steuerliche Wahlrechte bei der Gewinnermittlung nur in Übereinstimmung mit dem handelsrechtlichen Jahresabschluss ausgeübt werden. Die sog. verlängerte Maßgeblichkeit besagt, dass grundsätzlich die Steuerbilanzwerte in die *Vermögensaufstellung* zu übernehmen sind.

Mindestbesteuerung

Regelungen zur Ergänzung des sog. Verlustvortrages. Gem. § 10d Abs. 2 EStG dürfen positive Einkünfte eines Veranlagungszeitraumes nur in Höhe von maximal 1 Mio. EUR durch Verlustvorträge vollständig ausgeglichen werden. Sofern höhere positive Einkünfte in einem Veranlagungszeitraum erzielt werden und höhere Verlustvorträge vorhanden sind, dürfen die positiven Einkünfte, die den Sockelbetrag von 1 Mio. übersteigen, nur zu 60 % durch Verlustvorträge verringert werden. Der verbleibende Teil unterliegt – trotz vorhandener weiterer Verlustvorträge – der Besteuerung. Ziel dieser Regelung war das zeitliche Hinausschieben der Nutzung vorhandener Verlustvorträge, um so zu höheren Steuereinnahmen zu kommen.

Mitunternehmer

Gesellschafter einer Personengesellschaft, der zugleich Mitunternehmerinitative entfaltet (= Teilhabe an unternehmerischen Entscheidungen) und Mitunternehmerrisiko trägt (= Teilnahme am Erfolg oder Misserfolg; soll nach der Rechtsprechung immer dann vorliegen, wenn der Gesellschafter mindestens die Rechte eines Kommanditisten hat, wie das HGB sie vorsieht). Um feststellen zu können, ob eine Mitunternehmerschaft vorliegt, ist immer auf das Gesamtbild der tatsächlichen Verhältnisse abzustellen. Die Stellung als Mitunternehmer führt gem. § 15 Abs. 1 EStG zu Einkünften aus Gewerbebetrieb.

Nichtveranlagungsbescheinigung

Bescheinigung des Wohnsitzfinanzamtes für einen unbeschränkt *Steuerpflichtigen,* wenn eine Veranlagung voraussichtlich nicht in Betracht kommt, weil seine steuerlichen Einkünfte sehr niedrig sind. Vorteile ergeben sich für den Steuerpflichtigen aufgrund einer solchen Bescheinigung im Bereich des Abzugs von Kapitalertragsteuer.

Non-Affektation, Grundsatz der

Die Summe der Einnahmen des Staates wird herangezogen, um die Summe seiner Ausgaben zu decken. Es gibt keine Zweckbindung zwischen dem Aufkommen aus einer *Steuer* und der Verwendung dieses Aufkommens für einen bestimmten Bereich. Ausnahme: Teile des Mineralölsteueraufkommens müssen zwingend für den Straßenbau verwendet werden.

Objektsteuer

(= Realsteuern) Steuergegenstand ist eine Sache. Anders als bei *Personensteuern,* bleibt die persönliche Leistungsfähigkeit des *Steuerpflichtigen* völlig unberücksichtigt. Eine Objektsteuer ist z. B. die Gewerbeertragsteuer, die infolge der Hinzurechnungen (§ 8

GewStG) und Kürzungen (§ 9 GewStG) eine Abstrahierung von den Gegebenheiten des einzelnen Betriebs vornimmt.

Ökosteuern

Schlagwort, mit dem ausgedrückt werden soll, dass bestimmte *Steuern* eingesetzt werden sollen, um die Wirtschaftssubjekte zu umweltfreundlicherem Verhalten zu bewegen. Beispiel: Steuer auf den Ausstoß von Kohlendioxid (CO_2) – derzeit in der Bundesrepublik Deutschland (noch) nicht realisiert. Ansätze gibt es allerdings im Bereich der Mineralöl- und der Kfz-Steuer.

Opfertheorie

Ansatz zur Erklärung, in welcher Höhe den einzelnen Wirtschaftssubjekten *Steuern* aufzuerlegen sind. Grundgedanke ist, dass sich die Besteuerung daran zu orientieren hat, wie hoch das Opfer des Einzelnen ist, das die Steuer bei ihm verursacht, weil Teile des Einkommens bzw. Vermögens infolge der Steuerzahlungen der privaten Verwendung entzogen werden.

Organschaft

Führt zur steuerlichen Berücksichtigung der wirtschaftlichen Einheit eines Konzerns (*Konzernsteuerrecht*). Die Organschaft ist im Bereich des Körperschaft-, Gewerbe- und des Umsatzsteuerrechts möglich.

Pauschbetrag

Bestimmte Aufwendungen des *Steuerpflichtigen* können ohne Einzelnachweise in der jeweils im Gesetz genannten Höhe von den einzelnen Einkunftsarten oder vom Gesamtbetrag der Einkünfte abgezogen werden. Ziel dieser Maßnahme ist die Vereinfachung. Übersteigen die tatsächlichen Aufwendungen den Pauschbetrag, kann dieser tatsächliche Betrag angesetzt werden, allerdings müssen hierfür die entsprechenden Nachweise erbracht werden. So gewährt z. B. § 9a Nr. 1 lit. a) EStG Arbeitnehmern einen Pauschbetrag in Höhe von 920,- EUR. Sofern die Werbungskosten des Arbeitnehmers höher sind, können diese (gegen entsprechende Nachweise) grundsätzlich geltend gemacht werden.

Personensteuern

Steuern, bei denen die Person des *Steuerpflichtigen* und seine persönlichen Verhältnisse im Vordergrund stehen. Dies sind z. B. die Einkommensteuer (einschließlich Lohn- und Kapitalertragsteuer), die Körperschaftsteuer, die Erbschaft- bzw. Schenkungsteuer sowie die Kirchensteuer.

Progression

Eine Zunahme der *Bemessungsgrundlage* bewirkt, dass ein höherer Steuersatz anzuwenden ist. Beispiel: Einkommensteuer – mit der Höhe des zu versteuernden Einkommens erhöht sich der Steuersatz immer weiter.

Progressionsvorbehalt

Bestimmte Sachverhalte werden nicht bei der Ermittlung des zu versteuernden Einkommens berücksichtigt, aber bei der Ermittlung des Steuersatzes, § 32b EStG. Beispiel: *Freistellung* ausländischer Einkünfte unter Progressionsvorbehalt. Die ausländischen Einkünfte sind im Inland nicht steuerpflichtig, aber auf die übrigen (nicht im Inland freigestellten) Einkünfte wird der Steuersatz angewendet, der sich bei einer Berücksichtigung der ausländischen Einkünfte ergeben hätte. Sie gehen also in die Ermittlung des Steuersatzes ein, nicht aber in die *Bemessungsgrundlage*.

Quellensteuer

Besondere Technik der Steuererhebung, bei der die Steuer direkt an der Quelle einbehalten wird. Ein solches Verfahren wird z. B. bei der Lohnsteuer oder bei der Kapitalertragsteuer angewendet. Für unbeschränkt *Steuerpflichtige* (natürliche Personen mit Wohnsitz oder gewöhnlichem Aufenthalt bzw. Körperschaften i. S. v. § 1 Abs. 1 KStG mit Sitz oder Geschäftsleitung im Inland) erfolgt eine Anrechnung im Rahmen der Jahresveranlagung auf die Einkommen- bzw. Körperschaftsteuerschuld. Für beschränkt Steuerpflichtige behält die Quellensteuer ihren definitiven Charakter, d. h. im Inland erfolgt keine Erstattung oder Anrechnung.

Realsteuern

Siehe *Objektsteuern*

Rechtshilfe

Siehe *Amtshilfe*

„Reichensteuer“

Zuschlag zur Einkommensteuer, der bei ledigen Steuerpflichtigen ab einem zu versteuernden Einkommen von 250.000,- EUR und bei verheirateten ab 500.000,- EUR zu einem Anstieg des Spitzensteuersatzes von 42 % auf 45 % führt. Hiervon sind lediglich die Überschusseinkunftsarten betroffen, nicht aber die Gewinneinkunftsarten.

Sachbezüge

Einnahmen, die nicht in Geld bestehen wie z. B. freie Wohnung, verbilligter Warenbezug eines Mitarbeiters. Erhält ein Arbeitnehmer Sachbezüge, so führen diese – bewertet mit ihrem üblichen Endpreis – zu laufendem Arbeitslohn und sind nach § 19 steuerbar und in der Regel steuerpflichtig.

Schätzung

Methode zur Ermittlung von *Bemessungsgrundlagen* an Stelle einer genauen Berechnung. Grund hierfür können z. B. die Unsicherheit (z. B. bei der Nutzungsdauer einer Maschine) oder wirtschaftliche Überlegungen sein, wenn eine exakte Erfassung zu hohe Kosten verursachen würde. Im § 162 AO sind gesetzliche Grundlagen zur Schätzung niedergelegt. Danach hat eine Schätzung zu erfolgen, wenn die Besteuerungsgrundlagen aus den vorhandenen Unterlagen nicht sicher ermittelt werden können oder wenn der Steuerpflichtige seinen Mitwirkungspflichten (§§ 90, 140 ff. AO) nicht nachkommt.

Schlussbesprechung

Erörterungen über die Prüfungsfeststellungen im Anschluss an eine *Außenprüfung* zwischen Vertretern des Unternehmens und den Betriebsprüfern.

Selbstanzeige, strafbefreiende

§ 371 AO sieht vor, dass Steuerpflichtige unter bestimmten Voraussetzungen in der Vergangenheit nicht oder zu niedrig erklärte Einkünfte nacherklären können. Hiermit verbunden ist die Verpflichtung, die zu Unrecht nicht entrichtete Steuer nunmehr nachzahlen zu müssen. Der Vorteil dieses Instruments besteht darin, dass der Steuerpflichtige straffrei bleibt, sofern die Voraussetzungen erfüllt sind. Diese Möglichkeit besteht insbesondere dann nicht mehr, wenn bereits ein Ermittlungsverfahren gegen den Steuerpflichtigen eingeleitet wurde.

Sitz

Ort der durch Gesetz, Gesellschaftsvertrag, Satzung, Stiftungsgeschäft oder derglei- chen bestimmt ist, § 11 AO. Dabei wird auf die rechtliche Gestaltung gezielt, nicht auf die wirtschaftliche. Kapitalgesellschaften sind verpflichtet, ihren Sitz in der Satzung bzw. im Gesellschaftsvertrag anzugeben. Außerdem müssen sie ihn zum Handelsre- gister anmelden.

Solidaritätszuschlag

Ergänzungsabgabe von derzeit 5,5 % zur Einkommen- (einschließlich Kapitalertrag-) und Körperschaftsteuer. Der SolZ stellt eine nichtabziehbare Ausgabe dar und darf deshalb das zu versteuernde Einkommen nicht mindern.

Sonderausgaben

Sind Aufwendungen, die der privaten Lebensführung dienen und trotz des generellen Abzugsverbots in § 12 Satz 1 EStG das zu versteuernde Einkommen mindern. § 10 Abs. 1 EStG enthält, ergänzt durch die Regelungen der §§ 10a und 10b EStG, eine abschließende Aufzählung der Sonderausgaben. Durch ihren Abzug wird – neben anderen Maßnahmen – den persönlichen Verhältnissen des Steuerpflichtigen Rech- nung getragen. Für Kapitalgesellschaften haben sie keine Bedeutung.

Sonderbetriebsausgaben

Aufwendungen, die dem mitunternehmerisch an einer Personengesellschaft beteilig- ten Gesellschafter (*Mitunternehmer*) durch den Erwerb, die Nutzung oder Veräußerung von *Wirtschaftsgütern* des *Sonderbetriebsvermögens*, im Zusammenhang mit Sonderver- gütungen oder direkt durch die Beteiligungen entstehen. Diese Aufwendungen min- dern die Einkünfte aus Gewerbebetrieb bei dem Gesellschafter, bei dem sie angefallen sind. Allerdings setzt dies voraus, dass die Anforderungen an Betriebsausgaben erfüllt werden und keine speziellen Abzugsverbote einer Berücksichtigung entgegenstehen.

Sonderbetriebsvermögen

Wirtschaftsgüter, die zivilrechtlich im Eigentum des Gesellschafters stehen, wenn sie dazu bestimmt sind, dem Betrieb der Gesellschaft zu dienen. Es liegt dann sog. Sonderbetriebsvermögen I vor. Dient das Wirtschaftsgut der Begründung oder Verstärkung der Beteiligung des *Mitunternehmers* an der Gesellschaft, handelt es sich um Sonderbetriebsvermögen II. Im Ergebnis wird das Sonderbetriebsvermögen wie „normales" Betriebsvermögen behandelt. Eine Besonderheit besteht jedoch darin, dass dadurch nicht das Ergebnis der Gesamthandsgemeinschaft beeinflusst wird. Vielmehr ergeben sich hieraus nur für den Mitunternehmer steuerliche Konsequenzen, in dessen zivilrechtlichem Eigentum sich das Vermögen befindet.

Sonderbilanz

Bilanz, in der das *Sonderbetriebsvermögen* eines *Mitunternehmers* ausgewiesen wird.

Souveränitätsprinzip

Völkerrechtlich allgemein anerkannter Grundsatz, nachdem jeder Staat das alleinige Recht hat, seine Gesetzgebungs-, Verwaltungs- und Rechtsprechungsakte innerhalb seines Staatsgebietes so zu gestalten, wie er es für geboten hält.

Splitting-Verfahren

Besonderes Verfahren zur Berechnung der Einkommensteuer von zusammen veranlagten Ehegatten. Das gemeinsame zu versteuernde Einkommen der Ehegatten wird durch zwei geteilt und dieser Betrag dann nach der Grundtabelle versteuert. Dieser Steuerbetrag wird anschließend verdoppelt und stellt damit die Steuer der Ehegatten dar. Dieses Verfahren führt aufgrund des progressiven Einkommensteuertarifs zu (unter Umständen erheblichen) Entlastungen, wenn die Ehegatten unterschiedlich hohe zu versteuernde Einkommen gehabt hätten. Ist das Einkommen gleich hoch, entsteht kein Vorteil. Durch diese Regelung soll eine steuerliche Begünstigung von Familien erfolgen.

Ständiger Vertreter

Person, die nachhaltig die Geschäfte eines Unternehmens besorgt und dabei dessen Sachweisungen unterliegt, § 13 Satz 1 AO. Diese Definition wird in Satz 2 durch zwei typische Beispiele ergänzt. Danach ist eine Person, die a) für ein Unternehmen nachhaltig Verträge abschließt oder vermittelt oder Aufträge einholt oder b) einen Bestand von Gütern oder Waren unterhält und davon Auslieferungen vornimmt, ein ständiger Vertreter dieses Unternehmens.

Steuerbescheid

Verwaltungsakt, mit dem die Finanzverwaltung dem Steuerpflichtigen die Höhe der von ihm zu zahlenden Steuer bekannt gibt. Gegen einen solchen Bescheid ist innerhalb einer bestimmten Frist die Möglichkeit des Einspruchs gegeben. Häufig werden solche Bescheide nur unter dem Vorbehalt der Nachprüfung erlassen. Folglich tritt eine Bestandskraft des Steuerbescheides gerade noch nicht ein, sondern die Finanzverwaltung behält sich vor, insbesondere im Rahmen einer *Betriebsprüfung* die vom Steuerpflichtigen gemachten Angaben zu überprüfen.

Steuerbilanz

Eine den steuerlichen Vorschriften entsprechende Bilanz, § 60 Abs. 2 Satz 2 EStDV. Sie wird aus der Handelsbilanz abgeleitet, indem eine den handelsrechtlichen Vorschriften entsprechende Bilanz aufgrund der steuerlichen Spezialvorschriften korrigiert wird. In der Praxis gibt es häufig nur eine Bilanz, die Handels- und Steuerbilanz zugleich ist, weil sie sowohl den Anforderungen des Handels- als auch des Steuerrechts genügt, sog. Einheitsbilanz.

Steuerdestinatär

Derjenige, der eine *Steuer* nach der Intention des Gesetzgebers wirtschaftlich tragen soll.

Steuergläubiger

Derjenige, der das Aufkommen aus der *Steuer* erhält, also Bund und/oder Länder und/oder Gemeinden; bei der Kirchensteuer sind dies die Kirchen.

Steuerhinterziehung

Gem. § 379 AO gelten die folgenden Taten als Steuerhinterziehung: wenn jemand der Finanzbehörde oder einer anderen Behörde über steuerlich erhebliche Tatsachen unrichtige oder falsche Angaben macht, die Finanzbehörde pflichtwidrig über steuerlich erhebliche Tatsachen in Unkenntnis gelassen wird oder pflichtwidrig Steuerzeichen oder Steuerstempel nicht verwendet. Damit wird die Täuschung über Tatsachen sanktioniert, nicht aber das Abweichen von der Rechtsauffassung der Verwaltung oder der Rechtsprechung.

Steuerliche Nebenleistungen

Dienen – anders als *Steuern* – nicht der Erzielung von Einnahmen, sondern sollen die Betroffenen zu einem bestimmten Tun oder Unterlassen bewegen. So soll z. B. durch die Festsetzung von Verspätungszuschlägen bei verspäteter Abgabe von Steuererklärungen nicht primär eine weitere Einnahmequellen für den Staat erschlossen werden, sondern vielmehr durch die präventive Wirkung die reibungslose Abwicklung des Besteuerungsverfahrens sichergestellt werden.

Steuern

Geldleistungen, die keine Gegenleistung für eine besondere Leistung darstellen, und zur Erzielung von Einnahmen allen von einem öffentlich-rechtlichen Gemeinwesen auferlegt werden, bei denen der Tatbestand verwirklicht ist, an den das Gesetz die Leistungspflicht knüpft, § 3 Abs. 1 Satz 1 AO. Die Erzielung von Einnahmen kann Nebenzweck der Besteuerung sein.

Steuerpflichtiger

(= Steuersubjekt) ist, wer eine *Steuer* schuldet, für eine Steuer haftet, eine Steuer für Rechnung eines Dritten einzubehalten und abzuführen hat, wer eine Steuererklärung abzugeben, Sicherheit zu leisten, Bücher und Aufzeichnungen zu führen oder andere ihm durch die Steuergesetze auferlegte Verpflichtungen zu erfüllen hat, § 33 AO. Nicht jeder Steuerpflichtige muss tatsächlich Steuern bezahlen.

Steuerplanung

Dieser Begriff wird nicht einheitlich verwendet. Nach dem hier zugrunde liegenden Verständnis wird hierunter die gedankliche Vorwegnahme von entstehenden Steuerbelastungen verstanden, um auf Grundlage einer bestimmten Zielsetzung eine Auswahl zu treffen.

Steuerrechtswissenschaften

Teilgebiet der *Steuerwissenschaft*, die sich mit der rechtlichen Ordnung der Besteuerung beschäftigt. Dies gilt insbesondere für die Vereinbarkeit von Steuergesetzen mit höherrangigem Recht (z. B. dem Grundgesetz oder EG-Recht).

Steuerschuldner

Ist derjenige, der die *Steuer* zu zahlen hat oder einen Anspruch auf Zahlung (z. B. Rückerstattung) gegen das Finanzamt hat, § 43 AO. Steuerschuldner sind diejenigen *Steuerpflichtigen*, die Geld an das Finanzamt zu zahlen haben oder von ihm bekommen. Wer Steuerschuldner ist, ist auch Steuerpflichtiger, wer Steuerpflichtiger ist, muss aber nicht Steuerschuldner sein.

Steuerstundungsmodelle

Ausgestaltungsform von Investitionen, die darauf beruhen, dass zu einer frühen Phase eines Investitionsprojektes Verluste entstehen, die beim zeichnenden Investor zu Steuererstattungen infolge der zugewiesenen Verluste entstehen. Erst in der Zukunft werden dann Gewinne realisiert, die der Besteuerung unterliegen. Die Vorteilhaftigkeit solcher Investitionen beruht zumindest zum Teil auf den eintretenden Steuerstundungseffekten. Durch § 15b EStG wird solchen Modellen entgegengewirkt.

Steuersystem

Gesamtheit der einzelnen *Steuern* eines Staates inklusive ihrer gegenseitigen Beziehungen und der angewendeten Besteuerungsprinzipien.

Steuerverkürzungen
Diese Steuerstraftat ist dann verwirklicht, wenn die rechtzeitige und vollständige Verwirklichung des staatlichen Steueranspruchs gefährdet wird. Gem. § 370 Abs. 4 Satz 1 AO ist dies dann der Fall, wenn Steuern nicht, nicht in voller Höhe oder nicht rechtzeitig festgesetzt werden.

Steuerwissenschaften
Sammelbegriff für die *Finanzwissenschaft*, die *Steuerrechtswissenschaft* und die *Betriebswirtschaftliche Steuerlehre*.

Stufentarif
Tarifform, bei der innerhalb bestimmter Intervalle („Stufen") ein einheitlicher Steuersatz gilt. Auf die gesamte *Bemessungsgrundlage* ist der Steuersatz anzuwenden, der sich nach der Letzten erreichten Stufe ergibt. Siehe auch *Anschlusstarif*.

Subsidiaritätsprinzip
Regelt das Verhältnis der sieben Einkunftsarten des § 2 Abs. 1 EStG zueinander. Die ersten vier Einkunftsarten (Land- und Forstwirtschaft, Gewerbebetrieb, selbständige Arbeit und nichtselbständige Arbeit) gelten als Haupteinkunftsarten, die Übrigen drei als Nebeneinkunftsarten. Das Subsidiaritätsprinzip führt zum Vorliegen einer Haupteinkunftsart, wenn ein verwirklichter Sachverhalt sowohl die Voraussetzung einer Haupt- als auch einer Nebeneinkunftsart erfüllt. Beispiel: Ein Gewerbetreibender legt sein betriebliches Bankguthaben in festverzinslichen Wertpapieren an. Die daraus fließenden Zinsen sind keine Einkünfte aus Kapitalvermögen, sondern Einkünfte aus Gewerbebetrieb, § 20 Abs. 3 EStG. Hieraus folgt u. a., dass kein Anspruch auf einen Sparerfreibetrag nach § 20 Abs. 4 EStG besteht.

Substanzsteuern
Sammelbegriff für die *Steuern*, die an einen Vermögenswert anknüpfen, wie z. B. die frühere Vermögen-, die Grund-, die Erbschaft- bzw. Schenkung- und die frühere Gewerbekapitalsteuer. Sie sind dadurch charakterisiert, dass sie unabhängig vom Ertrag/Einkommen entstehen und auch in Verlustsituationen bezahlt werden müssen.

Teilbetrieb
Mit einer gewissen Selbständigkeit ausgestatteter, organisch geschlossener Teil des Gesamtbetriebs der für sich betrachtet alle Merkmale eines Betriebs im Sinne des Einkommensteuergesetzes aufweist und für sich lebensfähig ist, vgl. R. 16 Abs. 3 Satz 1 EStR. Wesentliche Bedeutung hat der Teilbetriebsbegriff insbesondere bei der Teilbetriebsaufgabe bzw. -veräußerung und bei Umwandlungsvorgängen.

Teilwert
Betrag, den ein Erwerber des ganzen Betriebs im Rahmen des Gesamtkaufpreises für das einzelne *Wirtschaftsgut* ansetzen würde, wobei davon auszugehen ist, dass der

Betrieb fortgeführt wird, § 6 Abs. 1 Nr. 1 Satz 3 EStG. Es bestehen erhebliche Schwierigkeiten bei der praktischen Umsetzung dieser Definition, die mit Hilfe von sog. Teilwertvermutungen (vgl. R. 6.7 EStR) behoben werden sollen. Im Ergebnis orientiert sich der Teilwert stark an Marktpreisen oder an den (fortgeführten) *Anschaffungs-* oder *Herstellungskosten*.

Territorialprinzip

Grundsatz, der besagt, dass ein Staat nur auf seinem Staatsgebiet Steuern erheben kann. Dieses Prinzip ist in der Bundesrepublik Deutschland zwar für beschränkt, nicht aber für unbeschränkt *Steuerpflichtige* verwirklicht worden. Für Letztere wird das sog. *Universalprinzip* angewendet.

Tonnagebesteuerung

Vereinfachte Form zur Bestimmung der Bemessungsgrundlage für die Einkünfte aus Schifffahrt, wenn die Schiffe im internationalen Verkehr betrieben werden. Bemessungsgrundlage bildet hier nicht das tatsächliche Ergebnis sondern der Stauraum (die Tonnage) des Schiffes. Die Besonderheit dieser Regelung besteht darin, dass hierdurch auch eventuell entstehende Veräußerungsgewinne abgegolten sind.

Überschusseinkunftsarten

Sammelbegriff für die Einkünfte aus nichtselbständiger Arbeit, aus Kapitalvermögen, aus Vermietung und Verpachtung und aus den sonstigen Einkünften i. S. d. § 22 EStG. Sie werden ermittelt, indem von den Einnahmen die Werbungskosten abgezogen werden. Folglich wirken sich bei ihnen Wertminderungen des investierten Kapitals (z. B. ein Kursverlust bei Aktien) steuerlich – wenn überhaupt – erst aus, wenn sie durch eine Veräußerung tatsächlich realisiert werden.

Unbeschränkte Steuerpflicht

Ihr unterliegen natürliche Personen die ihren *Wohnsitz* oder *gewöhnlichen Aufenthalt* bzw. juristische Personen, die ihren *Sitz* oder ihre *Geschäftsleitung* im Inland haben. Sie erstreckt sich grundsätzlich auf das gesamte Welteinkommen bzw. –vermögen.

Universalprinzip

Grundsatz, nach dem *Steuerpflichtige* in ihrem Sitzstaat mit ihren in- und ausländischen Einkünften und Vermögen der Besteuerung unterliegen, unabhängig davon, ob diese Einkünfte (bzw. dieses Vermögen) im In- oder Ausland erzielt wird (bzw. belegen) ist. Die Anwendung dieses Prinzips führt grundsätzlich zu einer internationalen *Doppelbesteuerung*, die durch uni- oder bilaterale Maßnahmen zu beseitigen ist. Die Bundesrepublik Deutschland folgt für unbeschränkt Steuerpflichtige diesem Prinzip.

Verdeckte Gewinnausschüttung (vGA)

Vermögensminderung (oder verhinderte Vermögensmehrung) einer Kapitalgesellschaft, die durch das Gesellschaftsverhältnis veranlasst ist und nicht im Zusammenhang mit einer offenen Gewinnausschüttung steht. Dabei wird eine Veranlassung durch das Gesellschaftsverhältnis vermutet, wenn ein fremder Dritter bei Anwendung der Sorgfalt eines ordentlichen und gewissenhaften Geschäftsleiters dieses Geschäft unter sonst gleichen Bedingungen nicht oder nicht in der vorgenommenen Form abgeschlossen hätte. Eine verdeckte Gewinnausschüttung darf nicht zu einer Minderung des Einkommens einer Kapitalgesellschaft führen, vgl. § 8 Abs. 3 Satz 2 KStG.

Verlustabzug
Sammelbegriff für Verlustrück- und -vortrag, also die Übertragung von Verlusten auf andere Veranlagungszeiträume, vgl. § 10d EStG. Die Verluste sind zunächst zurückzutragen. Dieser Rücktrag ist auf 1 Jahr begrenzt. Als Obergrenze sind zu beachten: a) der Gesamtbetrag der Einkünfte des Rücktragsjahres, d. h. durch den Verlustrücktrag darf kein Verlust im Rücktragsjahr entstehen und b) max. 511.500,- EUR. Gem. § 10d Abs. 1 Satz 4 EStG kann der *Steuerpflichtige* auf Antrag auf den Verlustrücktrag ganz oder teilweise verzichten. Verbleibende Verluste sind – zeitlich unbegrenzt – in kommende Veranlagungszeiträume vorzutragen, wobei jedoch erneut die Regelungen über die *Mindestbesteuerung* zu beachten sind. Danach kann das laufende Einkommen bis zum Sockelbetrag in Höhe von 1 Mio. EUR vollständig durch Verlustvorträge verringert werden. Ein eventuell darüber hinaus gehender Betrag darf nur in Höhe von maximal 60 % durch weitere Verlustabzüge verringert werden. Der verbleibende Teil von 40 % unterliegt der Besteuerung.

Verlustausgleich
Ausgleich von Verlusten innerhalb der gleichen Einkunftsart (interner Verlustausgleich) oder mit anderen Einkunftsarten innerhalb der gleichen Periode (externer Verlustausgleich), vgl. § 2 Abs. 3 EStG. Bei bestimmten Einkunftsarten wird der allgemeine Verlust gleich ausgeschlossen und lediglich eine einkunftsartenbezogene (z. B. § 23 EStG) oder sogar eine einkunftsquellenbezogene (z. B. § 15b EStG) Betrachtung vorgenommen.

Vermögen
Gesamtheit der im wirtschaftlichen Eigentum (vgl. § 39 Abs. 2 AO) einer natürlichen oder juristischen Person stehenden *Wirtschaftsgüter*.

Vermögensaufstellung
Besondere Aufstellung zur Ermittlung des *Einheitswerts* des Betriebsvermögens. Seit 1.1.1993 sind grundsätzlich die Werte aus der *Steuerbilanz* zu übernehmen, sog. verlängerte *Maßgeblichkeit*. Ausnahmen gibt es z. B. für Grundstücke und Anteile an Kapitalgesellschaften.

Vermögensgegenstand

Materielles oder immaterielles Gut bzw. ein wirtschaftlicher Vorteil, das bzw. der selbständig bewertbar und übertragbar ist, wenn ein Kaufmann das wirtschaftliche Verfügungsrecht hat.

Vorbehalt der Nachprüfung

Steuerbescheide können unter dem Vorbehalt der Nachprüfung (§ 164 AO) erlassen werden. Dadurch ist eine unbegrenzte Aufhebung oder Änderung der Steuerfestsetzung möglich. Der Vorbehalt ist zulässig, solange der Fall nicht abschließend (z. B. im Rahmen einer *Betriebsprüfung*) geprüft wurde. Die Wirkung des Vorbehalts der Nachprüfung endet spätestens, wenn die Festsetzungsfrist (Verjährungsfrist) abläuft oder wenn sich im Rahmen einer *Betriebsprüfung* keine Änderungen ergeben.

Werbungskosten

Aufwendungen zur Erwerbung, Sicherung und Erhaltung von Einnahmen, § 9 Abs. 1 Satz 1 EStG. Sie dürfen bei den jeweiligen Einkunftsarten abgezogen werden, zu denen sie gehören und mindern damit die steuerliche *Bemessungsgrundlage*. § 9a EStG enthält *Pauschbeträge* für bestimmte Werbungskosten, die unabhängig von der Höhe der tatsächlichen Werbungskosten ohne jegliche Nachweise in Anspruch genommen werden können.

Wirtschaftliche Betrachtungsweise

Methode zur Auslegung von Steuergesetzen und zur Beurteilung von Sachverhalten. Dabei geht es insbesondere darum, nicht auf die Einkleidung eines Sachverhalts abzustellen, sondern auf seinen ökonomischen Kern.

Wirtschaftsgut

Sachen und Rechte im bürgerlich-rechtlichen Sinne sowie sonstige vermögenswerte Vorteile, wenn für deren Erlangung Aufwendungen getätigt worden sind, ihnen im Geschäftsverkehr ein selbständiger Wert beigelegt wird und sie allein oder im Rahmen des gesamten Betriebs verkehrsfähig sind.

Wohnsitz

Ort, an dem jemand eine Wohnung „unter Umständen inne hat, die darauf schließen lassen, dass er die Wohnung beibehalten und benutzen wird", § 8 AO. Anders als nach bürgerlichem Recht ist nicht der Wille entscheidend, einen Wohnsitz zu begründen, sondern es ist auf die tatsächlichen Verhältnisse abzustellen.

Zinsschranke

Begrenzung der maximal abzugsfähigen Zinsaufwendungen auf einen bestimmten Prozentsatzes des Gewinns vor Finanzierungskosten und Steuern.

Zölle

Abgaben, die der Staat bei Warenbewegungen über die Staatsgrenze (Einfuhr, Ausfuhr, Durchfuhr) erhebt. Bei ihnen steht der wirtschaftspolitische Lenkungszweck (z. B. Schutz der inländischen Produzenten) im Vordergrund, weniger die Einnahmeerzielung. Bei Warenbewegungen innerhalb des Europäischen Binnenmarktes werden keine Zölle mehr erhoben.

Stichwortverzeichnis

Mehr wissen – weiter kommen

Internationales Steuerwissen: kompakt – fundiert – praxisorientiert

Inhalt:
- Grundlagen der Besteuerung grenzüberschreitender Aktivitäten
- Geschäftsleitungsentscheidungen
- Glossar

Die zunehmende Internationalisierung unternehmerischer Aktivitäten erfordert sicheres Wissen über steuerliche Pflichten und Konsequenzen. Dieses Lehrbuch analysiert den Einfluss der Besteuerung auf grenzüberschreitende Sachverhalte. Im Einzelnen werden die folgenden Themen behandelt:
- Rechtliche Aspekte grenzüberschreitender Geschäftsaktivitäten
- Standortwahl
- Steueroptimale rechtliche Ausprägungsformen
- Investitions- und Finanzierungsentscheidungen
- Zuordnung von Funktionen und Konsequenzen für die Leistungsverrechnung
- Personalentsendungen
- Einfluss auf das Rechnungswesen.

Ein schneller Einstieg in die Materie wird durch die Konzentration auf zentrale Prinzipien, praxisbezogene Beispiele sowie übersichtliche Darstellungen erreicht. Das Buch basiert auf dem Rechtsstand 1. März 2006.

Bert Kaminski | Günther Strunk
Steuern in der internationalen Unternehmenspraxis
Grundlagen – Auswirkungen – Beispiele
2006. XXIV, 208 S.,
Br. € 24,90
ISBN 978-3-8349-0092-0

Änderungen vorbehalten.
Stand: März 2007.

Gabler Verlag · Abraham-Lincoln-Str. 46 · 65189 Wiesbaden · www.gabler.de **GABLER**

The manufacturer's authorised representative in the EU is Springer
Nature Customer Service Centre GmbH, Europaplatz 3, 69115 Heidelberg,
Germany. If you have any concerns regarding our products, please
contact ProductSafety@springernature.com

Printed and bound by CPI Group (UK) Ltd, Croydon, CR0 4YY
28/04/2026
02098468-0020